ZWANGSARBEIT IM NATIONALSOZIALISMUS

Begleitband zur Dauerausstellung,
herausgegeben von Daniel Logemann,
Rikola-Gunnar Lüttgenau und
Jens-Christian Wagner

Wallstein Verlag

ZWANGSARBEIT IM NATIONALSOZIALISMUS

Begleitband zur Dauerausstellung, herausgegeben von
Daniel Logemann, Rikola-Gunnar Lüttgenau und Jens-Christian Wagner

2. Auflage, Göttingen 2025

Die Ausstellung wurde 2010 erstmals unter dem Titel
„Zwangsarbeit. Die Deutschen, die Zwangsarbeiter und der Krieg"
im Jüdischen Museum Berlin gezeigt.

Texte: **Jens Binner, Daniel Logemann, Rikola-Gunnar Lüttgenau,**
Lutz Prieß, Eva Rincke, Friedemann Rincke, Jens Schley,
Sabine Schweitzer, Jens-Christian Wagner, Johanna Wensch

Redaktion: **Jens-Christian Wagner, Kim-Eileen Sommerer,**
Daniel Logemann, Aljoscha Weddig

Gestaltung: **werkraum_media, Weimar**

Druck: **Druckhaus Gera GmbH**

ISBN 978-3-8353-5772-3

Gefördert durch die Beauftragte der Bundesregierung für Kultur und
Medien aufgrund eines Beschlusses des Deutschen Bundestages sowie
vom Thüringer Ministerium für Bildung, Wissenschaft und Kultur.

Titelabbildung: **Ankunft sowjetischer Zwangsarbeiterinnen**
im Durchgangslager Berlin-Wilhelmshagen, Dezember 1942.
(Deutsches Historisches Museum, Berlin)

EINLEITUNG

Mehr als 20 Millionen Menschen aus fast allen Ländern Europas mussten für das nationalsozialistische Deutschland Zwangsarbeit leisten, sowohl in den von den Deutschen besetzten oder kontrollierten Ländern als auch im Deutschen Reich. Die diesen Menschen abgepresste Arbeit war unabdingbar für die deutsche Kriegsführung, und sie trug außerdem zur Sicherung des Lebensstandards der Deutschen im Krieg bei. Deutsche „Herrenmenschen" gaben sich das Recht, Unterworfene und angebliche „Untermenschen" rücksichtslos auszubeuten. Auch wenn die Nationalsozialist:innen die Zwangsarbeit Nichtdeutscher aus rassistisch-ideologischen Gründen zunächst im Wesentlichen auf die besetzen Länder beschränken wollten, gehörten Zwangsarbeitslager sowie Zwangsarbeiterinnen und Zwangsarbeiter spätestens seit 1942 zum Alltag im nationalsozialistischen Deutschland. Denn die aus allen Teilen Europas herangezogenen Arbeitskräfte sind überall eingesetzt worden: in Rüstungsbetrieben ebenso wie auf Baustellen, in der Landwirtschaft, im Handwerk, in öffentlichen Einrichtungen oder in Privathaushalten. Ob als Besatzungssoldat in Polen oder als Bäuerin in Thüringen – alle Deutschen begegneten Zwangsarbeiter:innen, fast alle waren involviert. Die Ausbeutung der Zwangsarbeiter:innen war kein Geheimnis. Sie war ein weitgehend öffentliches Verbrechen.

Die Geschichte dieses Verbrechens – zugleich eine europäische Erfahrung ohne Beispiel – in all seinen Voraussetzungen, Entwicklungen und Ausprägungen darzustellen, ist das Anliegen des Museums Zwangsarbeit im Nationalsozialismus. Seine Dauerausstellung geht zurück auf die 2010 von der Stiftung Gedenkstätten Buchenwald und Mittelbau-Dora erarbeitete und von der Stiftung Erinnerung, Verantwortung und Zukunft (EVZ) geförderte internationale Wanderausstellung „Zwangsarbeit. Die Deutschen, die Zwangsarbeiter und der Krieg". Sie präsentiert erstmals die ganze Bandbreite der Zwangsarbeit im Nationalsozialismus: Erzählt wird die Zwangsarbeit vor und während des Zweiten Weltkrieges und es wird der Blick sowohl auf die Zwangsarbeit in den besetzten Gebieten als auch im Deutschen Reich gerichtet. Zudem stehen alle Gruppen von Zwangsarbeiter:innen im Fokus: Zivilarbeiter:innen aus dem besetzten Europa, Kriegsgefangene, Strafgefangene, KZ-Häftlinge, Jüdinnen und Juden sowie Sinti:zze und Rom:nja. Schließlich werden auch die Folgen nach der Befreiung der überlebenden Zwangsarbeiter:innen im Frühjahr 1945, die beschämend lange Geschichte ausbleibender Entschädigungen und die zu späte Würdigung der Überlebenden thematisiert.

Vor allem wird die Zwangsarbeit aber als eine Beziehungsgeschichte zwischen der deutschen Mehrheitsgesellschaft und den Zwangsarbeiter:innen erzählt. Damit greift die Ausstellung über das eigentliche Thema Zwangsarbeit weit hinaus. Tatsächlich ist es eine Ausstellung über die nationalsozialistische Gesellschaft, eine Gesellschaft, die radikal rassistisch formiert war und auf zwei Säulen stand: Integrationsangeboten an die als „Volksgemeinschaft" propagierte Mehrheit auf der einen Seite und Ausgrenzung, Verfolgung und am Ende oft auch Mord an denen, die nicht dazugehören sollten, auf der anderen Seite. Die Ausstellung zeigt, wie eine rassistische Gesellschaft, mit Folgen bis hin zu mörderischer Gewalt, funktioniert.

DER STANDORT DES MUSEUMS: DAS EHEMALIGE GAUFORUM IN WEIMAR

Wo könnte eine solche Ausstellung dauerhaft besser präsentiert werden als im ehemaligen Gauforum in Weimar? Hier sollte der 1942 zum „Generalbevollmächtigen für den Arbeitseinsatz" (GBA) ernannte Fritz Sauckel seinen Dienstsitz als Gauleiter von Thüringen haben. Als GBA war Sauckel maßgeblich für die millionenfache Verschleppung von Zwangsarbeiter:innen in das Deutsche Reich verantwortlich. Bezogen hat Sauckel sein bis zum Kriegsende nicht ganz fertiggestelltes Dienstgebäude am Forum zwar nie, seine monumentale Architektur vermittelt aber auch heute noch den Herrschaftsanspruch der Nationalsozialist:innen und ihre Idee von der „Volksgemeinschaft", die insbesondere auch auf Ausschluss beruhte: Das Gauforum öffnet sich nicht zur Stadt, sondern grenzt sich zu ihr ab. Innerhalb des geschlossenen Gebäudekomplexes bot das Gauforum einen Aufmarschplatz für Tausende „Volksgenossen" und „Volksgenossinen", die dort der NS-Ideologie und Funktionären wie Sauckel huldigen sollten.

Das Museum Zwangsarbeit im Nationalsozialismus nutzt den südlichen Flügel des ehemaligen Gauforums, in dem die Diensträume von Fritz Sauckel untergebracht werden sollten. Der größte Teil der Dauerausstellung befindet sich im geplanten Empfangssaal Sauckels. Dessen Funktion als „Generalbevollmächtigter für den Arbeitseinsatz" wird dort – wie das Wirken der Arbeitsverwaltung insgesamt – detailliiert dargestellt. Zwar wurden von hier aus keine Verbrechen organisiert, da das Gebäude vor Kriegsende ja nicht mehr bezogen wurde (Sauckels engste Mitarbeiter in seiner Funktion als Generalbevollmächtigter für den Arbeitseinsatz saßen deshalb im „Thüringenhaus" in Berlin). Trotzdem versteht sich der Museumsstandort im geplanten monumentalen Machtzentrum Sauckels als historisch-politische Intervention mit dem Ziel, den Täter- zu einem Bildungsort zu machen Hier sollen sich die Besucher:innen mit der Frage beschäftigen können, wie die nationalsozialistische Gesellschaft formiert war und welche Folgen Ausgrenzung, Verfolgung und Zwangsarbeit für diejenigen hatten, die nicht zur propagierten „Volksgemeinschaft" gehörten.

Mit dieser Perspektive verortet sich das Museum nicht nur im engeren Rahmen des ehemaligen Gauforums, sondern insgesamt in der „Klassikerstadt" Weimar und ihrem musealen Bildungsangebot zur deutschen und europäischen Geschichte der Moderne. In unmittelbarer Nachbarschaft befinden sich das Bauhaus-Museum und das Museum Neues Weimar, das Kunstwerke der frühen Moderne zeigt. In fußläufiger Nähe befinden sich zudem das Haus der Weimarer Republik und das Stadtmuseum. Und am Rande der Stadt, auf dem Ettersberg, befindet sich mit der Gedenkstätte Buchenwald einer der wichtigsten internationalen Gedenk- und Bildungsorte zur Geschichte des Nationalsozialismus und seiner Verbrechen. Mit abgestimmten Bildungsangeboten richten sich die genannten Häuser gezielt an ein gemeinsames Publikum und laden zum Nachdenken über die jüngere deutsche und europäische Geschichte und damit darüber ein, wie wir in Zukunft leben möchten.

DIE AUSSTELLUNG

Der erste Abschnitt der Ausstellung ist der Zeit vor Beginn des Zweiten Weltkrieges, also den Jahren 1933 bis 1939 gewidmet. Hier werden insbesondere die rassistisch-ideologischen Wurzeln der nationalsozialistischen Zwangsarbeit offengelegt. Einerseits adelte Arbeit angeblich die Mitglieder der selbsternannten „Herrenrasse", andererseits war Arbeit aber ein Mittel zur Entwürdigung und Ausgrenzung von Menschen, die von den Nationalsozialist:innen als minderwertig bezeichnet wurden. Zwangsarbeit war so von Anfang an ein zentraler Bestandteil der nationalsozialistischen Gesellschaftsordnung und damit weit mehr als eine Begleiterscheinung des Krieges. Was in diesen Jahren propagiert, teils rechtlich kodifiziert und mit breiter gesellschaftlicher Beteiligung in die Praxis umgesetzt wurde, bildete den Ausgangspunkt für die nachfolgende Radikalisierung der Zwangsarbeit im besetzten Europa, bis hin zur Arbeit als Vernichtung. Dieser Ausweitung und Radikalisierung ist der zweite Abschnitt der Ausstellung gewidmet. Der dritte Ausstellungsabschnitt wendet sich der Zwangsarbeit – als Massenphänomen – im Deutschen Reich ab 1941/42 zu. Er endet mit den Massakern an Zwangsarbeiter:innen bei Kriegsende. Der vierte Teil der Ausstellung umfasst die Zeit von der Befreiung 1945 bis in die Gegenwart. Behandelt werden die unmittelbaren Folgen der Befreiung, Ansätze der juristischen Ahndung und Aufarbeitung und schließlich der lange Weg vom Leugnen und Beschweigen hin zur gesellschaftlichen Auseinandersetzung und Anerkennung der Zwangsarbeit als Verbrechen. Das letzte Wort haben ehemalige Zwangsarbeiterinnen und Zwangsarbeiter.

Die Beziehungsgeschichte von Deutschen und Zwangsarbeiter:innen lässt sich nicht auf eine kleine Gruppe von Funktionsträgern des Regimes eingrenzen. Jede Deutsche, jeder Deutsche musste sich entscheiden, wie sie, wie er Zwangsarbeiterinnen und Zwangsarbeitern begegnete: mit einem Rest von Mitmenschlichkeit oder der angeblich gebotenen – rassistisch gerechtfertigten – Kälte und Unerbittlichkeit des Angehörigen eines vermeintlich höherwertigen Volkes. Es gab Handlungsspielräume – und wie von diesen Gebrauch gemacht wurde, sagt nicht nur etwas über die Einzelnen aus, sondern auch über die Präge- und Anziehungskraft nationalsozialistischer Verheißungen der Ungleichheit. Die Geschichte der nationalsozialistischen Zwangsarbeit – so der Befund – lässt sich keinesfalls auf ein bloßes Regimeverbrechen reduzieren, sie wird vielmehr als Gesellschaftsverbrechen erkennbar. Denn immerhin gehörten zu den Profiteur:innen und Akteur:innen der Zwangsarbeit nicht nur genuin nationalsozialistische Institutionen oder große (Rüstungs-)Unternehmen, sondern auch Millionen von Handwerker:innen, Landwirt:innen, Privathaushalte und sogar karikative Einrichtungen u.a. der Kirchen. Anders gesagt, Zwangsarbeit formierte die von den Nationalsozialist:innen propagierte, auf Inklusion und rassistischer Exklusion beruhende „Volksgemeinschaft" zugleich als Zugewinngemeinschaft – und dies nicht nur materiell. Die rassistische Herabstufung und Ausgrenzung angeblich Minderwertiger, die Trennung von „Herrenmenschen" und „Arbeitsvölkern" ermöglichte „arischen" Deutschen auch eine im Alltag erlebbare Aufwertung und Höherstellung, mochten sie auf der innergesellschaftlichen sozialen Stufenleiter noch so niedrig stehen. Um kein Missverständnis aufkommen zu lassen: Mit der Herausarbeitung der nationalsozialistischen Durchdringung der deutschen Gesellschaft will die Ausstellung nicht einer Kollektivschuld das Wort reden, wohl aber einen möglichst tiefenscharfen Blick auf den NS-Staat und damit auf die denkbar radikalste Form einer rassistischen Gesellschaftsordnung ermöglichen. Dazu ist die differenzierte Darstellung der gesellschaftlichen Akteure und ihrer Handlungen im Spannungsfeld von aktiver Teilnahme über passive Duldung der Verbrechen bis hin zu heimlicher Anteilnahme, Verweigerung oder Widerstand unerlässlich.

Im Sinne der hier umrissenen Aufgabenstellung und um das überaus komplexe, multidimensionale Thema für die Besucher:innen greifbar und plastisch zu machen, bilden über sechzig repräsentative Fallgeschichten den sachlichen Kern der Ausstellung. Sie wurden, wie überhaupt die Mehrzahl der gezeigten Dokumente und Bildüberlieferungen, akribisch in einer Vielzahl von Archiven in ganz Europa und darüber hinaus eigens für die Ausstellung recherchiert. Thematisch reichen diese Fallgeschichten von der entwürdigenden Arbeit politisch Verfolgter in Chemnitz nach der Machtübergabe an die Nationalsozialist:innen bis hin zur mörderischen Sklavenarbeit von Jüdinnen und Juden im besetzten Polen oder dem Zwangsarbeitsalltag auf einem Bauernhof in Niederösterreich. Der repräsentative – bzw. exemplarische – Charakter der Fallgeschichten hat unterschiedliche Bezugspunkte. Zum einen geht es darum, allen Betroffenengruppen und ihren spezifischen Erfahrungen Ausdruck zu geben. Zum anderen sollen aber auch die verschiedenen Einsatzformen und -gebiete sowie die Schlüsselbranchen der Beschäftigung von Zwangsarbeiter:innen deutlich werden. Und nicht zuletzt wurde bei der Auswahl der Beispiele darauf Wert gelegt, die Entwicklung der Zwangsarbeit und des Zwangsarbeitsregimes in seiner Radikalisierung kenntlich zu machen.

Zu den Überraschungen der umfangreichen internationalen Archivrecherchen gehörte die Entdeckung einer unerwartet breiten und dichten fotografischen Überlieferung signifikanter Ereignisse. Deren quellenkritisch fundierte Präsentation in Verbindung mit den Fallgeschichten bildet – inhaltlich, gestalterisch und ausstellungsdidaktisch – die zweite Säule der Ausstellung. Rekonstruiert werden konnten zum einen ganze Fotoserien, die – mit aller Vorsicht formuliert – einen gleichsam szenischen Zugang zu Aspekten der Geschichte der Zwangsarbeit ermöglichen. Dies kommt nicht nur einer Vielzahl von Ausstellungsbesucher:innen, nicht zuletzt Jugendlichen, im Zeitalter der Visualität entgegen. Die fotografische Vergegenwärtigung historischer Szenen und Personen in einem Handlungskontext entspricht auch dem Anliegen, die Geschichte der Zwangsarbeit als Beziehungsgeschichte zu vergegenwärtigen und begreifbar zu machen. Zudem erleichtert sie den Zugang zur Frage, wie Deutsche von ihren Handlungsspielräumen Gebrauch gemacht haben. Um diese visuellen Repräsentationen der Geschichte tatsächlich als interesseweckende, Erkenntnisprozesse in Gang setzende Quellen – im Gegensatz zu sich vermeintlich selbsterklärenden Widerspiegelungen der Vergangenheit – erfahrbar und erforschbar zu machen, wurden nicht nur die einzelnen Fotos der Serien – soweit möglich – ermittelt, sondern auch deren Urheber:innen, die Situation, abgebildete Personen und die Verwendungs- bzw. Überlieferungsgeschichte. Visualität in Gestalt quasi filmisch angeordneter Foto- oder Fotoausschnittsvergrößerungen ist also kein Selbstzweck, will nicht überwältigen oder vordergründig Attraktionen schaffen. Sie bildet vielmehr den Ausgangsspunkt für die tiefer- und weitergehende Auseinandersetzung mit der Geschichte. Dazu sind den vergrößerten Präsentationen der Fotos oder ihrer Ausschnitte Vitrinen zugeordnet, in denen die Fotos im Originalformat im Kontext weiterer Quellen gezeigt werden. Dieser transparente und quellenkritische Umgang mit der historischen Fotografie reagiert zugleich auf ein anderes Überlieferungsproblem. Die Sachüberlieferung zur Zwangsarbeit im Nationalsozialismus ist nicht nur in vielerlei Hinsicht redundant bzw. nur eingeschränkt signifikant – man denke an die sich gleichenden Produkte der Zwangsarbeit wie Waffenteile und Munition –, sie kann auch in die Irre führen, etwa dann, wenn man von vielfach überlieferten selbstgefertigten Andenken auf den tatsächlichen Charakter der Zwangsarbeit schließen würde.

DER BEGLEITBAND

Der vorliegende Begleitband knüpft hier an. Er versammelt die zentralen Texte der Ausstellung, die historische Kontexte erschließen, und dokumentiert ausführlich die visuell überlieferten Fallgeschichten. Zusätzlich versammelt er eine Reihe bündelnder bzw. vertiefender Fachaufsätze und Literaturberichte, um das in der Ausstellung zwangsläufig verdichtete Quellenmaterial und die historischen Fallbeispiele in der aktuellen Forschungslandschaft zu verorten und eine weiterführende Beschäftigung mit dem Thema zu ermöglichen.

Drei Beiträge bündeln die in der Ausstellung behandelten Sachverhalte in Überblicksdarstellungen: Jens-Christian Wagner beschreibt die Geschichte der NS-Zwangsarbeit, Constantin Goschler den langen Weg zur Anerkennung und Entschädigung der NS-Zwangsarbeiter nach dem Krieg. Benno Nietzel schließt daran an mit einem Essay über das Auszahlungsprogramm der Stiftung EVZ in den frühen 2000er Jahren. Weitere Essays gehen über die eigentliche Ausstellung hinaus: Justus H. Ulbricht und Christiane Wolf stellen die Geschichte des Weimarer Gauforums vor, in dem das Museum Zwangsarbeit im Nationalsozialismus sein Domizil hat. Im Gauforum sollte Fritz Sauckel in seiner Funktion als Gauleiter seinen Dienstsitz haben. Seiner Funktion als Generalbevollmächtigten des Arbeitseinsatzes wie auch der Organisation der Zwangsarbeit durch seine Behörde widmet sich Swantje Greve.

Dass die Geschichte der Zwangsarbeit im Deutschen Reich seit den 1980er Jahren nicht nur in Deutschland, sondern auch international zu einem eigenen Forschungsgenre geworden ist, macht Andreas Heusler in seinem Literaturbericht deutlich. Er verweist aber auch darauf, dass es trotz der mittlerweile kaum noch zu überblickenden Menge von Einzel- und Regionalstudien in der Forschung zur NS-Zwangsarbeit immer noch erstaunliche Lücken gibt. Das gilt insbesondere, wie Dieter Pohl in seinem Beitrag nachweist, für die Geschichte der Zwangsarbeit in den besetzten Gebieten und hier wiederum besonders für Ost- und Südosteuropa.

Über die Frage nach der Beziehungsgeschichte zwischen Deutschen und Zwangsarbeiter:innen hinaus setzt die Ausstellung einen weiteren inhaltlichen Schwerpunkt mit der Thematisierung der Wechselwirkungen zwischen Zwangsarbeit und Vernichtung. Beide Themen, über die in den vergangenen Jahren und Jahrzehnten teils kontroverse Forschungsdebatten geführt wurden, in ihrer

Vielschichtigkeit umfassender auszuleuchten als dies eine Ausstellung kann, ist das Ziel zweier Forschungsbeiträge: Manfred Grieger verweist überzeugend darauf, dass die Zwangsarbeit von Jüdinnen und Juden immer vor dem Hintergrund des nationalsozialistischen Mordprogramms zu sehen ist. In anderen Fällen – so etwa in den Konzentrationslagern der zweiten Kriegshälfte – war das Massensterben von Zwangsarbeiter:innen dagegen oft eher eine Folge situativer Bedingungen denn ideologisch-programmatischer Faktoren. Dietmar Süß schließlich widmet sich in seinem differenzierenden Beitrag der Frage, wie die deutsche Gesellschaft, die von den Nationalsozialisten als „Volksgemeinschaft" propagiert wurde, den überwiegend ausländischen Zwangsarbeiter:innen gegenübertrat.

DANK

Besonderer Dank gilt der Stiftung Erinnerung, Verantwortung und Zukunft (EVZ), dem Freistaat Thüringen und der Bundesbeauftragten für Kultur und Medien (BKM). Die Stiftung EVZ hat das Vorhaben, eine umfassende Wanderausstellung zur Geschichte und Nachgeschichte der Zwangsarbeit im Nationalsozialismus zu erarbeiten, initiiert und finanziert. Der Freistaat Thüringen hat mit erheblichen Mitteln den Umbau der Räumlichkeiten im ehemaligen Gauforum in Weimar für die Nutzung durch unser Museum finanziert und trägt dauerhaft die Kosten für den Betrieb des Museums. Die BKM wiederum förderte großzügig die Anpassung und den Einbau der Ausstellung in die Räumlichkeiten des Museums. Den drei Fördermittelgebern sei herzlich gedankt. Größten Dank schulden wir auch den vielen ehemaligen Zwangsarbeiter:innen, die das Projekt seit dem Beginn der Arbeiten im Jahr 2007 freundschaftlich begleitet und ihre Erfahrungen in die Ausstellung eingebracht haben. Viele von ihnen sind mittlerweile verstorben. Ihnen widmen wir die Ausstellung.

In den Gesprächen mit den ehemaligen Zwangsarbeiter:innen wurde immer wieder deutlich gemacht, wie wichtig es ist, die transnationale Erfahrung der nationalsozialistischen Zwangsarbeit zu einem lebendigen Kern eines europäischen Gedächtnisses zu machen. Mit Absicht wanderte die Ausstellung deshalb zunächst durch Europa und wurde an mehreren Orten in Deutschland sowie in Russland, Polen, Tschechien und Österreich präsentiert, bevor sie nun dauerhaft in das Museum Zwangsarbeit im Nationalsozialismus in Weimar eingezogen ist. Hier will sie ein Ankerpunkt für die dauerhafte Auseinandersetzung mit dem Gesellschaftsverbrechen Zwangsarbeit sein, einem Verbrechen, das von Deutschen europaweit begangen wurde und an dem sich die verheerenden Konsequenzen rassistischer Politik ablesen lassen.

Daniel Logemann, Rikola-Gunnar Lüttgenau, Jens-Christian Wagner

PROLOG

Mehr als 20 Millionen Menschen aus fast ganz Europa mussten während des Zweiten Weltkrieges Zwangsarbeit im Deutschen Reich oder den besetzten Ländern leisten. Das nationalsozialistische Regime hatte den Krieg lange geplant und vorbereitet. Sein Ziel war die Unterwerfung und Ausbeutung Europas. Dafür wurden die besetzten Gebiete ausgeplündert und Millionen Männer, Frauen und Kinder nach Deutschland verschleppt.

Überall wurden Zwangsarbeiter:innen eingesetzt – in Rüstungsbetrieben ebenso wie auf Baustellen, in der Landwirtschaft, im Handwerk oder in Privathaushalten. Jede:r aus der Bevölkerung ist ihnen begegnet – ob als Besatzungssoldat in Polen oder als Bäuerin in Thüringen. Der nationalsozialistische Rassismus prägte das Verhältnis zu den Zwangsarbeiter:innen. Gleichwohl gab es Handlungsspielräume. Ob Zwangsarbeiter:innen erniedrigt und misshandelt wurden oder ob sie einem Rest von Menschlichkeit begegneten, hing auch vom Verhalten des Einzelnen ab.

Sowjetische Zwangsarbeiterinnen
bei der Ankunft in Berlin, Dezember 1942.
(Deutsches Historisches Museum, Berlin)

GEWÖHNUNG.
GEWALT UND AUSGRENZUNG VOR DEM KRIEG

Arbeit Adelt

ARBEIT ALS „EHRENDIENST AM DEUTSCHEN VOLKE“

Arbeit bedeutete im Nationalsozialismus nicht für alle das Gleiche. Während „Minderwertige“ erniedrigende Zwangsarbeit leisten mussten, galt die Arbeit „arischer“ Deutscher als Ehrendienst am deutschen Volk.

Alle Deutschen sollten durch Arbeit ihren Beitrag zur „Volksgemeinschaft“ leisten. Diese wurde als überlegene „Blutsgemeinschaft“ vorgestellt, die sich im Kampf gegen alles rassisch Fremde bewähren müsse und geadelt werde. Als Idealtypen des Kämpfers beschwor die Propaganda den deutschen Arbeiter und Soldaten. Die rassistische Leistungsideologie überdeckte soziale Gegensätze und schuf zugleich Vorwände, politische Gegner:innen, angeblich Minderwertige und „Arbeitsscheue“ zu verfolgen.

Häuserfront in einem Reichsarbeitsdienstlager, 1935.
(ullstein bild, Berlin)

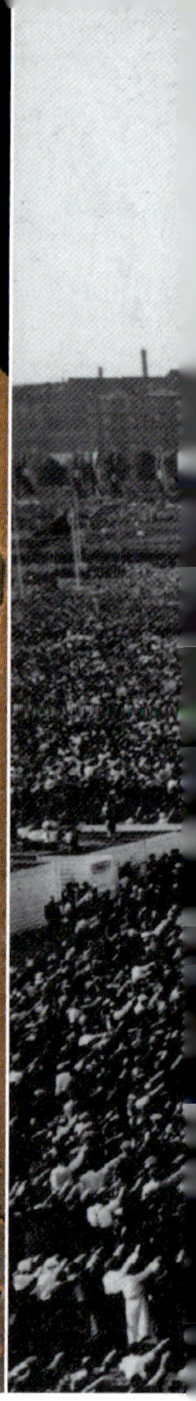

links: Propagandaplakat der Deutschen Arbeitsfront, 1933. Das Plakat spielt auf die „Schützengrabengemeinschaft" aus dem Ersten Weltkrieg an. Die Deutsche Arbeitsfront wurde nach der Auflösung der Gewerkschaften als Einheitsverband gegründet und 1934 der NSDAP angegliedert. (Bundesarchiv Bildarchiv Koblenz)

rechts: Massenkundgebung auf dem Tempelhofer Feld in Berlin, 1. Mai 1934. (Bayerische Staatsbibliothek München / Fotoarchiv Hoffmann)

BERLIN, 1. MAI 1933
„TAG DER NATIONALEN ARBEIT"

Der junge Architekt Albert Speer wurde im April 1933 von der NSDAP damit beauftragt, auf dem Tempelhofer Feld in Berlin eine Massenkundgebung zum 1. Mai zu inszenieren. Nach seinen Planungen wurde der Platz durch Tribünen und Fahnen eingefasst. Die Teilnehmer:innen sollten sich auf dem sonst leeren und weiten Feld umschlossen fühlen und ihre Aufmerksamkeit auf die alles überragende „Führertribüne" richten.

Der 1. Mai war traditionell der Tag, an dem die Arbeiterbewegung ihre Interessen und ihr Selbstbewusstsein demonstrierte. Nun sollte stattdessen in Massenveranstaltungen eine scheinbar klassenlose Gemeinschaft inszeniert werden. Gleichzeitig wurde die Zerschlagung der Gewerkschaften für den nächsten Tag, den 2. Mai 1933, vorbereitet.

Am 2. Mai 1933 stürmten SA- und SS-Trupps in ganz Deutschland Gewerkschaftshäuser, beschlagnahmten das Vermögen der Gewerkschaften und verhafteten ihre Funktionäre, soweit sie sich überhaupt noch auf freiem Fuß befanden.

Wenig später wurden alle Arbeitnehmer:innen und Arbeitgeber:innen mit der Deutschen Arbeitsfront (DAF) in einen Pflichtverband zusammengeführt. Wie die Gewerkschaften wurden bis zum Sommer 1933 auch die Parteien und viele Vereine und Verbände verboten. An ihre Stelle traten die nach dem „Führerprinzip" strukturierten Organisationen der NSDAP.

Verwüstung des Leipziger Gewerkschaftshauses durch Männer der SA und SS, 2. Mai 1933.
(Stadtgeschichtliches Museum Leipzig)

„ARBEIT ADELT“

Angehörige des Reichsarbeitsdienstes auf dem Parteitag der NSDAP in Nürnberg, September 1937. (Bundesarchiv, Koblenz)

Das Motto „Arbeit adelt“ sollte den 1935 eingeführten und streng militärisch organisierten „Reichsarbeitsdienst“ aufwerten. Jeder junge deutsche Mann musste ihn für sechs Monate absolvieren. Arbeit wurde mit Aufopferung für die propagierte „Volksgemeinschaft“ gleichgesetzt. Die „Arbeitsmänner“ halfen beim Bau von Straßen oder bei Kultivierungsarbeiten. Neben der Reduzierung der sichtbaren Arbeitslosigkeit diente der Arbeitsdienst vor allem der ideologischen Schulung und der paramilitärischen Vorbereitung auf den Krieg.

Der „Reichsarbeitsdienst“ war somit ein wesentliches Mittel zur Durchsetzung nationalsozialistischer Gesellschaftspolitik und Teil des totalen Zugriffs des Staates auf die Jugend: Jungen kamen vom Jungvolk in die Hitlerjugend, leisteten anschließend den Arbeitsdienst und wurden dann zur Wehrmacht eingezogen. Mädchen kamen in den Bund Deutscher Mädel und mussten anschließend ein Pflichtjahr ableisten.

Plakat zur Ausstellung „Volksgemeinschaft - Blutsgemeinschaft" in Stuttgart, Dezember 1938. Die Schattengrafik ist einer Schülerarbeit entnommen. Sie stellt die nationalsozialistische Volksgemeinschaft (oben) als die Vollendung deutscher Geschichte seit den Hünengräbern (unten) dar. (Staatsarchiv Ludwigsburg)

EIN WETTBEWERB FÜR SCHÜLER:INNEN

Der Nationalsozialistische Lehrerbund veranstaltete 1937 einen Wettbewerb für Schüler:innen mit dem Titel „Volksgemeinschaft – Blutsgemeinschaft". In der Ausschreibung hieß es, der Wettbewerb solle „der deutschen Jugend die Bedeutung von Blut und Rasse" nahe bringen. Die eingereichten Arbeiten wurden in einer Ausstellung zuerst in Berlin, dann in anderen Städten präsentiert.

Der Wettbewerb zeigt, wie weit die schulische Erziehung ideologisch durchdrungen war. Deutsche Kinder und Jugendliche sollten dazu erzogen werden, für ihre vermeintlich überlegene „Rasse" bedingungslos zu kämpfen.

Ich bin ein
Rassenschän
Jude J. Rosen
Ringstr
Ich blonder Enge
schlief bei diese
Judenbeng
Elisabeth Makow

„VOLKSGENOSSEN“ UND AUSGESTOSSENE

Die öffentliche Anprangerung und Demütigung von politischen Gegner:innen und von Menschen, die für rassisch minderwertig erklärt wurden, gehörte seit 1933 zum Alltag im nationalsozialistischen Deutschland.

Nicht nur Partei- und Polizeiorgane verfolgten die zu Feind:innen Erklärten. Viele Deutsche denunzierten Nachbar:innen und Arbeitskolleg:innen und beteiligten sich an öffentlichen Entwürdigungen, in denen erniedrigende Arbeiten häufig eine wichtige Rolle spielten. Wer sich mit den Verfolgten solidarisch zeigte, wurde ebenfalls angeprangert. Die nationalsozialistische Ideologie stellte den deutschen „Ariern“ vor allem bösartige Zerrbilder von Jüdinnen und Juden gegenüber. Diesen wurde unterstellt, zu ehrlicher Arbeit nicht fähig zu sein und das deutsche Volk zu zersetzen. Jeder „Volksgenosse“, jede „Volksgenossin“ durfte sich ungestraft über sie erheben.

Demütigung von Bernhard Kuhnt in Chemnitz, März 1933. Die Beschriftung spielt auf die Legende an, meuternde sozialdemokratische und kommunistische Matrosen hätten die Niederlage des Deutschen Reiches im Ersten Weltkrieg verschuldet. (Bundesarchiv Bildarchiv Koblenz)

CHEMNITZ, MÄRZ 1933
DEMÜTIGUNG POLITISCHER GEGNER:INNEN

Die inszenierte öffentliche Ausgrenzung politischer Gegner:innen etablierte sich im Deutschen Reich schnell als Machtdemonstration der NSDAP. So organisierten SA-Einheiten in Chemnitz nach der Reichstagswahl am 5. März 1933 ein Spektakel in den Straßen der Stadt: Sie zwangen den SPD-Reichstagsabgeordneten Bernhard Kuhnt und andere sozialdemokratische und kommunistische Politiker zu entwürdigenden Arbeiten. Vor Schaulustigen mussten sie Wahlplakate und Aufrufe der Arbeiterbewegung von Wänden und Zäunen entfernen. Anschließend wurden sie in das nahe KZ Sachsenburg verschleppt.

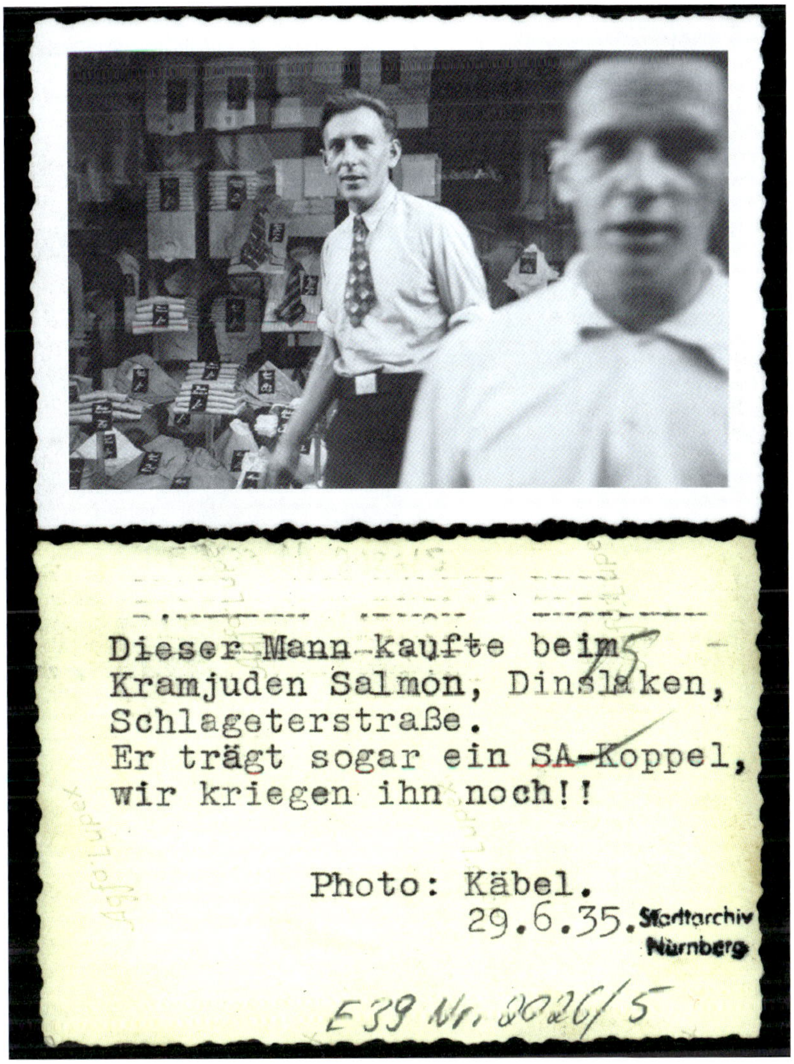

Schnappschuss von einem Kunden der Textilhandlung Salmon in Dinslaken mit Rückseite, 29. Juni 1935.
(Foto: Hans Käbel; Stadtarchiv Nürnberg)

DINSLAKEN, JUNI 1935

ÖFFENTLICHER DRUCK AUF DIE „VOLKSGENOSSEN“

Im Sommer 1935 stand der Buchhalter Hans Käbel in Dinslaken (Niederrhein) wiederholt vor Geschäften jüdischer Inhaber:innen und fotografierte die Kund:innen. Die Fotos beschriftete er und schickte sie an das antisemitische Hetzblatt „Der Stürmer“. Viele solcher Fotos wurden zusammen mit den Namen der Kund:innen in den Zeitungen veröffentlicht.

Die Nationalsozialisten waren anfangs beunruhigt, dass viele Deutsche trotz aller antisemitischen Hetze weiter bei jüdischen Geschäftsinhaber:innen einkauften. Doch nach und nach wirkten Propaganda und Denunziation: Die meisten Kund:innen fügten sich dem Druck und mieden den Kontakt zu den aus der „Volksgemeinschaft“ Ausgeschlossenen.

Öffentliche Demütigung und Anprangerung von Juda Rosenberg und Elisabeth Makowiak in Gelsenkirchen, 7. August 1935.
(Stadtarchiv Nürnberg)

GELSENKIRCHEN, AUGUST 1935
GEWALT UND AUSGRENZUNG

Juda Rosenberg und Elisabeth Makowiak wurden im August 1935 von SA- und SS-Männern durch die Innenstadt von Gelsenkirchen getrieben. Viele Schaulustige ergötzten sich an ihrer Erniedrigung. Am Abend zuvor hatte jemand das Paar beobachtet, wie es zusammen spazieren ging, und wegen „Rassenschande" denunziert.

Liebesbeziehungen zwischen Juden und „arischen" Frauen galten als Verbrechen gegen die „Volksgemeinschaft". Durch das öffentliche Spektakel wurde jedem unmissverständlich klar gemacht, wer zur deutschen „Volksgemeinschaft" gehören sollte und wer nicht.

Elisabeth Makowiak zog bald nach den Ereignissen nach Kassel und weiter nach Frankfurt am Main. Juda Rosenberg versuchte in den folgenden Jahren vergeblich, nach Chile auszuwandern. Kurz nach Kriegsbeginn wurde er verhaftet und in das KZ Sachsenhausen eingeliefert. Dort starb er am 18. Mai 1940. Das weitere Schicksal von Elisabeth Makowiak ließ sich nicht klären.

Der Rassenschänder Julius Rosenberg am Pranger

Die ehr- und artvergessene Elisabeth Makowiak als Judendirne – Tausende führen die Rassenschänder durch die Straßen Gelsenkirchens – Einmütige Zustimmung der Bevölkerung zu diesen drastischen Abwehrmaßnahmen – Reinerhaltung von Art und Blut ist unsere vornehmste Aufgabe

Gelsenkirchen. Man hätte annehmen können, daß die Machtergreifung durch den Nationalsozialismus, der von Anbeginn seines Kampfes an den Kampf gegen Rassenschändung und für die Reinerhaltung des deutschen Blutes auf seine Fahnen geschrieben hat, für das Judentum eine dringende Warnung gewesen wäre, nun von seinem rassenschänderischen Treiben, dem in den Systemjahren jährlich Zehntausende von deutschen Mädchen und Frauen zum Opfer gefallen sind, abzulassen und endlich die Pflichten zu respektieren, die ein fremder Gast gegenüber seinen Gastgebern innehalten muß.

Aber so wenig wie die Katze das Mausen läßt, so wenig dachten auch die Juden daran, im Hitler-Deutschland die Ehre und das Blut deutscher Mädchen zu achten.

Einer der widerwilligsten Vertreter dieser Rassenschänder ist der Jude Julius Rosenberg, in der Ringstraße 48 wohnhaft, der schon seit Jahren systematisch deutsche Frauen schändet, obwohl er ein „festes" Verhältnis mit der Verkäuferin Elisabeth Makowiak, genannt „Mak", Franz-Seldte-Straße 76, unterhält.

Erst im vorigen Jahr machte dieser Wüstling von sich reden, als er auf Grund seines schamlosen Verhaltens aus Norderney ausgewiesen wurde, wo er mit seiner [illegible] Makowiak zusammen sich einlogiert hatte, um seinen Urlaub zu verbringen. Diese Tatsache ging damals durch die gesamte Gelsenkirchener Presse, aber das hielt den Juden keineswegs ab, auch noch weiter seine rassenschänderischen Beziehungen zu der Makowiak aufrechtzuerhalten.

Seit Wochen schon bildeten die beiden, die sich fast Abend für Abend am Bahnhof trafen, um dann die Wohnung des Juden in der Ringstraße aufzusuchen, ein Ärgernis für die deutsch denkende Bevölkerung Gelsenkirchens, und so kam es am Dienstagabend dazu, daß sich die Kriminalpolizei veranlaßt sah, den Juden mit seiner Dirne in Schutzhaft zu nehmen, um ihn vor der empörten Bevölkerung, die das schamlose Treiben dieses Juden nicht mehr länger dulden wollte, zu schützen.

Als der Jude mit seinem Liebchen am Mittwochnachmittag wieder aus der Schutzhaft entlassen wurde, hatte sich vor dem Polizeiamt eine mehrere hundert Personen zählende erregte Menschenmenge angesammelt, die die beiden zwang, mit ihnen zu gehen und dem Juden ein Schild mit der Inschrift:

„Ich bin ein Rassenschänder
Jude Julius Rosenberg, Ringstraße 48"

und der Judendirne ein solches mit der Inschrift:

„Ich blonder Engel
schlief bei diesem Judenbengel.
Elisabeth Makowiak, Franz-Seldte-Straße 76"

umhängte. Außerdem wurde der Hut des Juden mit der großen Inschrift „Rassenschänder" geziert. Immer wieder hörte man Stimmen aus der nach Tausenden zählenden Volksmenge, die sich ansammelte:

„So ist es recht, das wird hoffentlich den anderen Juden eine heilsame Lehre sein."

Durch die Bahnhofstraße, die Bochumer Straße, die Vereins-, Ring-, Kirch- und die Roonstraße bewegte sich der immer mehr anschwellende Zug durch die Franz-Seldte-Straße an der Wohnung der Eltern der Makowiak vorbei, denen die Schande ihrer Tochter so vor Augen geführt wurde. Durch die Adolf-Hitler-Straße kam der riesige Zug auf der „Wiese" an, auf der sich ebenfalls zahlreiche Volksgenossen versammelt hatten, die den jüdischen Rassenschänder mit seiner abgrundtiefen Häßlichkeit und die Judendirne mit verachtenden Blicken strafften. Zur eigenen Sicherheit bat das saubere Paar die Polizei, es in Schutzhaft zu nehmen.

Ueberall erregte der Zug das Aufsehen, das notwendig ist, um alle deutschen Väter und Mütter, vor allem aber die weibliche Jugend Gelsenkirchens, darauf aufmerksam zu machen, daß der Jude die größte Gefahr für das deutsche Blut darstellt, und daß er wie die Pest zu meiden ist.

Wir, die wir den Juden und seine hemmungslose Gier nach der Ehre und dem Blut deutscher Mädchen und Frauen kennen, wir wissen freilich, daß der Jude auch durch solche Methoden nicht gebessert werden kann. Das konnte man auch dem Juden Julius Rosenberg am Gesicht ablesen, daß er nur einen Gedanken hatte, sich für diese Prozedur bitter an uns zu rächen. Aber wenn wenigstens durch diese drastische Maßnahme erreicht wird, daß die deutschen Frauen und Mädchen über das rassenschänderische Treiben der Juden aufgeklärt werden, dann hat sie vollkommen ihren Zweck erfüllt.

Und so rufen wir den Eltern unserer weiblichen Jugend und ihr selbst zu: „Hütet euch vor dem Juden, er ist der Verderber des Leibes und der Seele der deutschen Frau! Haltet euer Blut rein, denn es ist das kostbarste Gut, das ihr im Interesse der Zukunft der Nation sauber und rein zu bewahren habt."

Ich bin ein Rassenschänder
Jude J Rosenberg
Ringstr. [illegible]

Ich blonder Engel
schlief bei diesem
Judenbengel
Elisabeth Makowiak
Franz-Seldte-Str. 76

Judenbengel und Judendirne am Pranger

Photos: Donner

Gelsenkirchener Nationalzeitung, 8. August 1935.

3

25

Gelsenkirchen, den 7. August 1935.

Es erscheint der SS Scharführer Kurt G r ü n
34 Jahre alt, hier, Schonebeckerstr. 84 wohnhaft
und erklärt :

Mir ist seit längerer Zeit bekannt, das der Ostjude Rosenberg mit einem Frl. Makowiack aus Gelsenkirchen, welches ein Christmädel ist, im intimen Verkehr steht. Ich habe beide sehr oft beobachtet, als sie zusammen gingen und sich im freundschaftlichen Tone unterhielten.

In der Nacht zum Mittwoch sah ich die Makowiack allein die Vereinsstrasse in der Richtung zum Elisabethplatz gehen. Ich verfolgte die M. mit mehreren Parteigenossen, weil wir ein Zusammentreffen der M. mit dem Juden vermuteten. Tatsächlich traf die M. den Juden Rosenberg und ging mit diesem den Kussweg entlang. Ob es zwischen beiden zu einem geschlechtlichen Verkehr in dem dunklen Kussweg kam, haben wir nicht feststellen können, immerhin hatten beide ein zärtliches Benehmen und eine auffallend freundschaftliche Unterhaltung. Unser Verfolgen dauerte etwa 1 Stunde, bis dass es zu der erfolgten Festnahme kam. Der Jude nebst seiner Begleiterin sind auch anderen SA Männern und auch Zivilpersonen aufgefallen, zumal der Jude Rosenberg in Gelsenkirchen als Schürzenjäger bekannt ist.

Die Gemeinschaft eines Juden, besonders eines Ostjuden, mit einem christlichen Mädel, verstösst aufs Schärfste gegen die Auffassung des Nationalsozialismus.

v. g. u.

Kurt Grün

SS. Scharführer.

Gesehen. [illegible]

Krim. Ass.

Aussage von SS-Scharführer Kurt Grün gegenüber der Geheimen Staatspolizei über seine Verfolgung von Juda Rosenberg und Elisabeth Makowiak, 7. August 1935. (Institut für Stadtgeschichte Gelsenkirchen)

ARBEIT
FREI

„ERZIEHUNG DURCH ARBEIT“

In den Anfangsjahren der NS-Herrschaft wiesen Polizei und Justiz zahlreiche politische Gegner:innen in Straf- und Konzentrationslager ein. Sie waren die ersten, die systematisch Zwangsarbeit leisten mussten.

Im Unterschied zu Jüdinnen und Juden galten den Nationalsozialisten die „arischen“ politischen Häftlinge als Teil des deutschen Volkes. Durch Zwangsarbeit sollte ihr Widerstandswille gebrochen werden. In Straflagern der Justiz und den von Polizei und SS geführten Konzentrationslagern waren NS-Gegner:innen der Gewalt und dem Hass ihrer Bewacher :innen ausgesetzt. Die Propaganda verharmloste den Terror als „Erziehung durch Arbeit“.

Die Konzentrationslager waren Instrumente des Terrors. Im Laufe der Zeit übernahmen sie jedoch zunehmend auch wirtschaftliche Funktionen. Ab 1936/37 ging die SS dazu über, die Arbeitskraft der Häftlinge in SS-eigenen Unternehmen auszubeuten, vor allem in Steinbrüchen und Ziegeleien. Die Inschrift „Arbeit macht frei“ an den Lagertoren der KZ Dachau, Sachsenhausen und Flossenbürg spielte auf den Gedanken der Erziehung durch Arbeit an. Tatsächlich war sie aber vor allem als Verhöhnung der Häftlinge gedacht. Auch in später eingerichteten Konzentrationslagern wurde die Parole verwandt.

Strafgefangene bei der Moorkultivierung (Emsland), 1935. Die Fotos stammen aus einem Album, dass die SA 1935 Adolf Hitler zu Weihnachten schenken wollte. (Library of Congress, Washington)

DIE EMSLANDLAGER

Im Sommer 1933 ließ das preußische Innenministerium nahe der niederländischen Grenze drei Konzentrationslager errichten. In ihnen wurden vor allem politische Gegner inhaftiert, aber auch Zeugen Jehovas und später zudem sogenannte Asoziale. Ab 1934 kamen mehrere Lager für Justizgefangene hinzu. Die Häftlinge mussten Zwangsarbeit bei der Trockenlegung der Moorlandschaften leisten. Die Arbeit sollte die Menschen zermürben. Bewusst wurde auf den Einsatz von Maschinen verzichtet.

Die Wachmannschaften bestanden zum größten Teil aus SA- und SS-Leuten. Misshandlungen bis hin zu Morden waren bei ihnen an der Tagesordnung. Aber auch Vorarbeiter privater Firmen übernahmen Überwachungsaufgaben. Die Emslandlager waren Teil eines immer größer werdenden Lagersystems, das nach und nach im ganzen Deutschen Reich errichtet wurde.

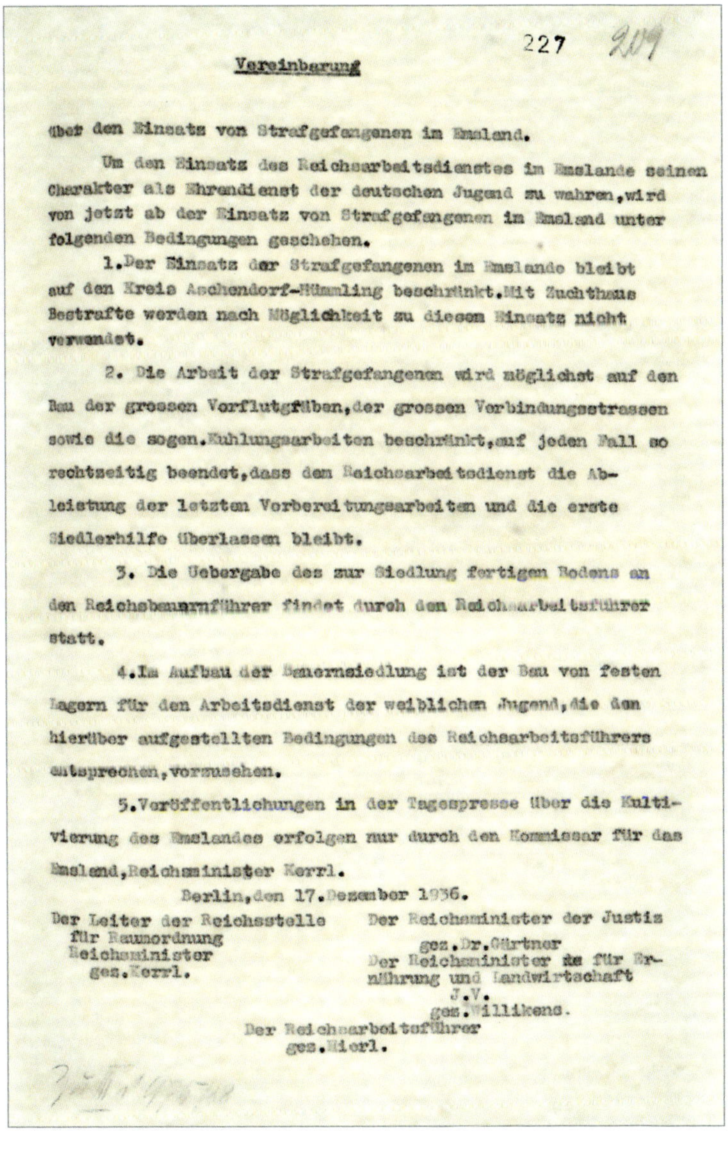

227 209

Vereinbarung

über den Einsatz von Strafgefangenen im Emsland.

Um den Einsatz des Reichsarbeitsdienstes im Emslande seinen Charakter als Ehrendienst der deutschen Jugend zu wahren, wird von jetzt ab der Einsatz von Strafgefangenen im Emsland unter folgenden Bedingungen geschehen.

1. Der Einsatz der Strafgefangenen im Emslande bleibt auf den Kreis Aschendorf-Hümmling beschränkt. Mit Zuchthaus Bestrafte werden nach Möglichkeit zu diesem Einsatz nicht verwendet.

2. Die Arbeit der Strafgefangenen wird möglichst auf den Bau der grossen Vorflutgräben, der grossen Verbindungsstrassen sowie die sogen. Kuhlungsarbeiten beschränkt, auf jeden Fall so rechtszeitig beendet, dass dem Reichsarbeitsdienst die Ableistung der letzten Vorbereitungsarbeiten und die erste Siedlerhilfe überlassen bleibt.

3. Die Uebergabe des zur Siedlung fertigen Bodens an den Reichsbauernführer findet durch den Reichsarbeitsführer statt.

4. Im Aufbau der Bauernsiedlung ist der Bau von festen Lagern für den Arbeitsdienst der weiblichen Jugend, die den hierüber aufgestellten Bedingungen des Reichsarbeitsführers entsprechen, vorzusehen.

5. Veröffentlichungen in der Tagespresse über die Kultivierung des Emslandes erfolgen nur durch den Kommissar für das Emsland, Reichsminister Kerrl.

Berlin, den 17. Dezember 1936.

Der Leiter der Reichsstelle für Raumordnung Reichsminister gez. Kerrl.

Der Reichsminister der Justiz gez. Dr. Gürtner

Der Reichsminister für Ernährung und Landwirtschaft J.V. gez. Willikens.

Der Reichsarbeitsführer gez. Hierl.

Lagertor des Konzentrationslagers Sachsenhausen, vermutlich 1941. Das KZ Sachsenhausen wurde 1936 auf Befehl der SS von Häftlingen aus den Emslandlagern im Norden Berlins errichtet. (Gedenkstätte und Museum Sachsenhausen)

Vereinbarung über den Einsatz von Strafgefangenen im Emsland, 17. Dezember 1936. Um die Zwangsarbeit der Strafgefangenen vom „Ehrendienst" der ebenfalls im Emsland arbeitenden Männer des Reichsarbeitsdienstes abzugrenzen, wurde das Emsland in Regionen aufgeteilt. (Bundesarchiv Berlin)

„Kolonne Grünsp

AUSGRENZUNG UND LAGER

Durch Boykotte und Berufsverbote wurden die meisten deutschen Jüdinnen und Juden bis 1938 um Arbeit und Einkommen gebracht. Mit der Begründung, sie seien „arbeitsscheu", zwang man sie dann zu demütigenden Arbeiten in der Öffentlichkeit.

Nach dem Pogrom 1938 begannen die Arbeitsämter, Jüdinnen und Juden in separaten Arbeitskolonnen auf Baustellen zu beschäftigen. Im selben Jahr wies die Polizei Tausende Sinti und Roma als „Asoziale" in Konzentrationslager ein. Schon zuvor waren „Zigeunerlager" eingerichtet worden. Die dort Zusammengepferchten mussten zwar noch keine Zwangsarbeit leisten. Mit diesen Lagern schufen die Behörden jedoch frühzeitig ein Mittel der Ausgrenzung, das im Krieg zum Massenphänomen werden sollte.

Ein jüdischer Einwohner Wiens wird gezwungen, NS-feindliche Aufrufe von Häuserwänden zu waschen, März 1938.
(Foto: Fritz Wokurka; Stadtarchiv Nürnberg)

WIEN, MÄRZ 1938
ARBEIT ALS DEMÜTIGUNG

Nach dem Anschluss Österreichs an das Deutsche Reich im März 1938 drangen Fritz Wokurka und einige Gleichgesinnte in die Wohnungen jüdischer Menschen in Wien ein. Sie zerrten sie auf die Straße und zwangen sie zu demütigenden Arbeiten. Mit Bürsten mussten die Gedemütigten Aufrufe für die österreichische Eigenstaatlichkeit von Bürgersteigen und Wänden waschen. Solche „Reibaktionen" spielten sich vielerorts in Wien ab. Fast überall fand sich eine johlende Menge ein, die das Treiben beobachtete. Für die Verfolgten läuteten die öffentlichen Demütigungen die soziale Isolation und Zerstörung jeglicher Sicherheit ein.

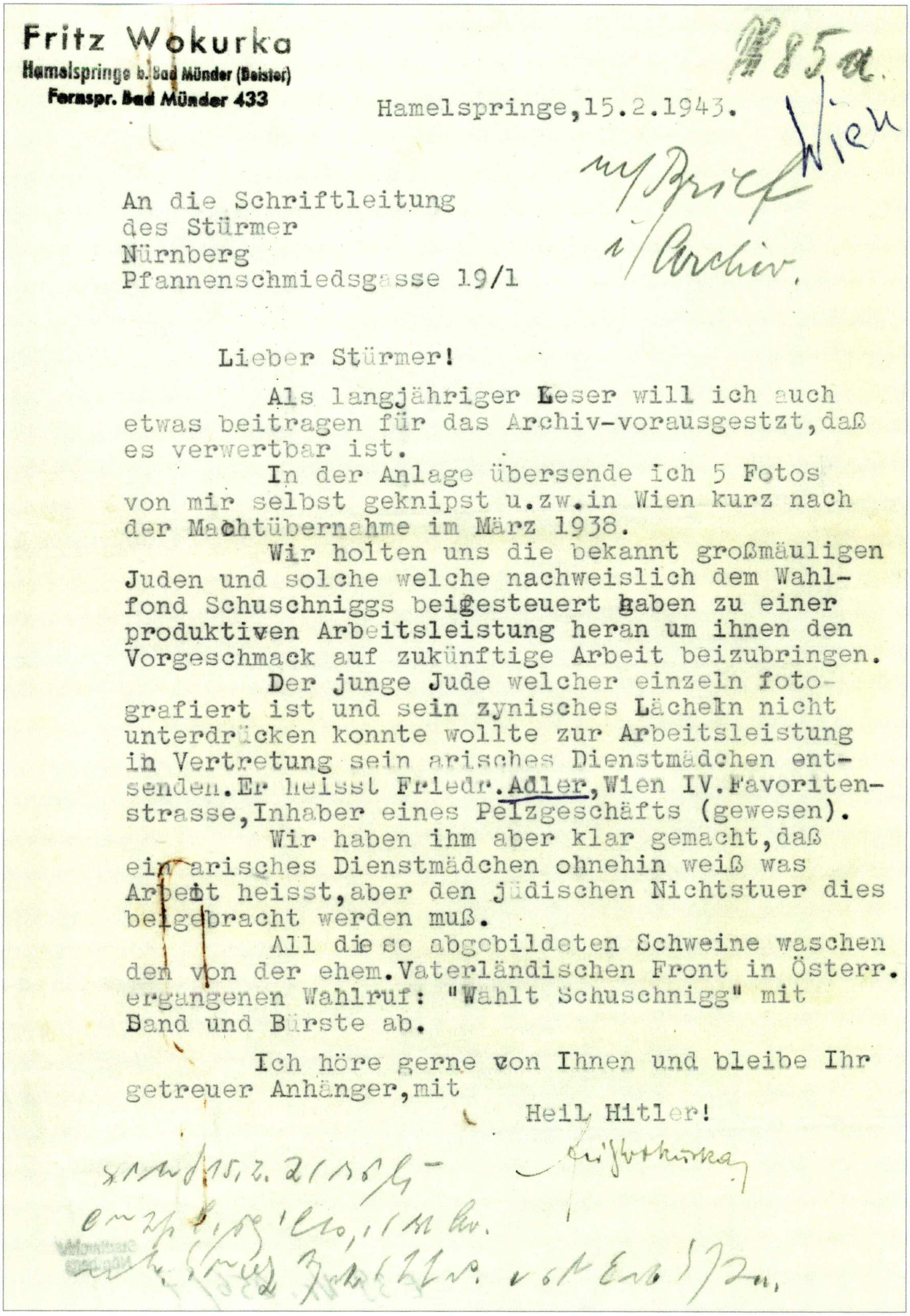
Fritz Wokurka
Hamelspringe b. Bad Münder (Deister)
Fernspr. Bad Münder 433

W 85 a.

Hamelspringe, 15.2.1943.

Wien

m/ Brief
i/ Archiv.

An die Schriftleitung
des Stürmer
Nürnberg
Pfannenschmiedsgasse 19/1

Lieber Stürmer!

Als langjähriger Leser will ich auch etwas beitragen für das Archiv-vorausgestzt, daß es verwertbar ist.

In der Anlage übersende ich 5 Fotos von mir selbst geknipst u.zw.in Wien kurz nach der Machtübernahme im März 1938.

Wir holten uns die bekannt großmäuligen Juden und solche welche nachweislich dem Wahlfond Schuschniggs beigesteuert haben zu einer produktiven Arbeitsleistung heran um ihnen den Vorgeschmack auf zukünftige Arbeit beizubringen.

Der junge Jude welcher einzeln fotografiert ist und sein zynisches Lächeln nicht unterdrücken konnte wollte zur Arbeitsleistung in Vertretung sein arisches Dienstmädchen entsenden. Er heisst Friedr. Adler, Wien IV. Favoritenstrasse, Inhaber eines Pelzgeschäfts (gewesen).

Wir haben ihm aber klar gemacht, daß ein arisches Dienstmädchen ohnehin weiß was Arbeit heisst, aber den jüdischen Nichtstuer dies beigebracht werden muß.

All die so abgebildeten Schweine waschen den von der ehem. Vaterländischen Front in Österr. ergangenen Wahlruf: "Wahlt Schuschnigg" mit Sand und Bürste ab.

Ich höre gerne von Ihnen und bleibe Ihr getreuer Anhänger, mit

Heil Hitler!

Fritz Wokurka

Brief von Fritz Wokurka an den „Stürmer", 15. Februar 1943, in dem er auf das Foto (links) Bezug nimmt.
(Stadtarchiv Nürnberg)

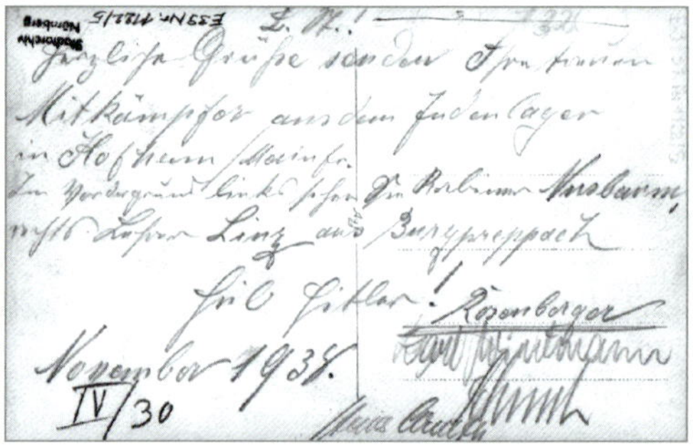
Herzliche Grüße senden Ihre treuen
Mitkämpfer aus dem Judenlager
in Hofheim/Mainfr.
Im Vordergrund links sehen Sie Rabiner Nussbaum,
rechts Lehrer Linz aus Burgpreppach
Heil Hitler! Rosenberger
November 1938.
IV/30

oben: **Beim Pogrom verhaftete Juden aus Burgpreppach bei der Zwangsarbeit, November 1938.** (Stadtarchiv Nürnberg)

unten: **An den „Stürmer" geschicktes Foto mit beschrifteter Rückseite: „Herzliche** Grüße senden Ihre treuen Mitkämpfer aus dem Judenlager in Hofheim/Mainfranken. Im Vordergrund links sehen sie Rabiner Nussbaum, rechts Lehrer Linz aus Burgpreppach. Heil Hitler! November 1938." (Stadtarchiv Nürnberg)

BURGPREPPACH, NOVEMBER 1938
NOVEMBERPOGROM 1938

In Burgpreppach (Bayern) wurden jüdische Männer im November 1938 gezwungen, die Trümmer der während des Pogroms niedergebrannten Synagoge zu beseitigen und auf Feldern zu arbeiten. Auf dem Weg zur Arbeit mussten sie ein Transparent vor sich hertragen, das sie als „arbeitsscheu" verhöhnte und ihnen die Schuld am Pogrom gab. Nach zwei Wochen wurden die Männer in das KZ Dachau gebracht.

Als Vorwand für die Pogrome nutzten die Nationalsozialisten ein Attentat in Paris. Dort hatte Herschel Grynszpan aus Verzweiflung über die Vertreibung seiner Familie aus Deutschland auf einen deutschen Diplomaten geschossen. Die Novemberpogrome von 1938 markieren den Übergang von der systematischen Ausgrenzung und Entrechtung der Jüdinnen und Juden zu ihrer gewalttätigen Verfolgung. Über 1400 Synagogen wurden zerstört und etwa 30.000 männliche Juden verhaftet und in Konzentrationslager verschleppt.

MAX LINZ, LEHRER AUS BURGPREPPACH
GEBOREN AM 25. SEPTEMBER 1902 IN HERSFELD
GESTORBEN AM 15. AUGUST 1942 IM KZ MAJDANEK

Am 1. Juni 1929 trat Max Linz eine Stelle als Lehrer und Kantor in der jüdischen Gemeinde von Burgpreppach an. Zusammen mit seiner Frau Helene wohnte er im Schulhaus direkt neben der Synagoge. In der Pogromnacht vom 9. auf den 10. November 1938 konnten sie noch rechtzeitig aus dem Haus entkommen, bevor die Flammen von der brennenden Synagoge übergriffen. Max Linz wurde wie die anderen jüdischen Männer der Gemeinde verhaftet. Nach seiner Entlassung aus dem KZ Dachau bemühten er und seine Frau sich um die Auswanderung in die USA, doch ohne Erfolg. Sie wurden in das KZ Theresienstadt deportiert. Von dort wurde Max Linz in das KZ Majdanek eingeliefert, wo er am 15. August 1942 starb. Seine Frau blieb nach dem Krieg verschollen.

Der Lehrer Max Linz (hinten rechts) mit seinen Schüler:innen, 1934. (Privatbesitz Cordula Kappner)

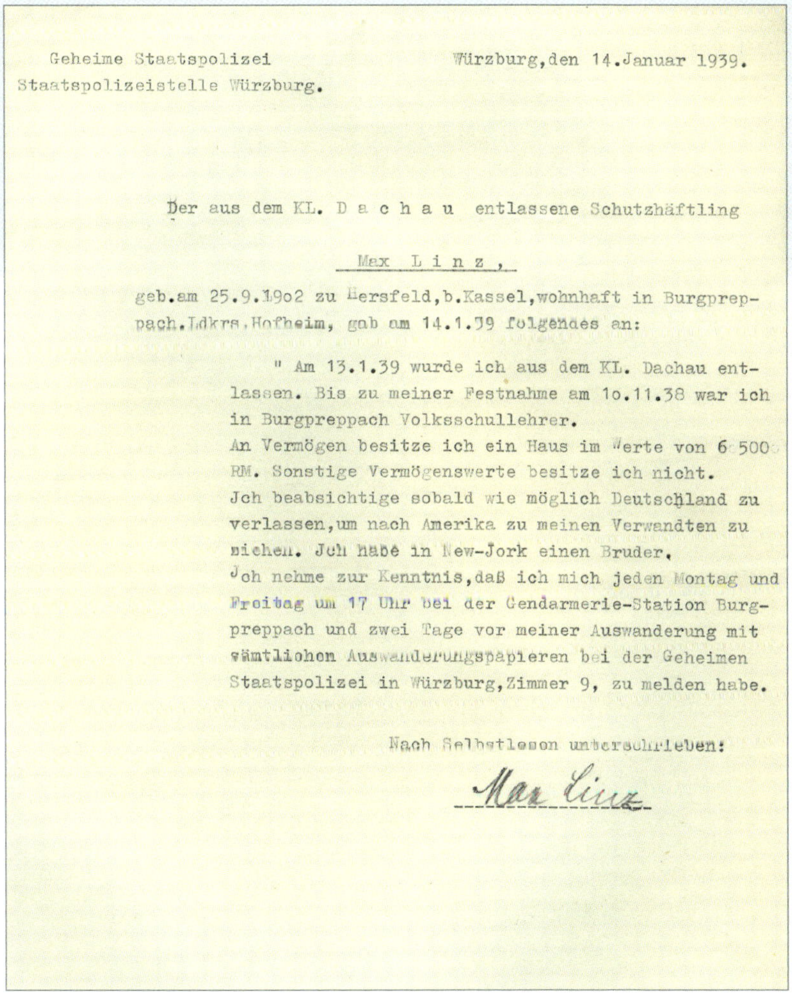

Geheime Staatspolizei Würzburg,den 14.Januar 1939.
Staatspolizeistelle Würzburg.

Der aus dem KL. D a c h a u entlassene Schutzhäftling

Max L i n z ,

geb.am 25.9.1902 zu Hersfeld,b.Kassel,wohnhaft in Burgpreppach.Ldkrs.Hofheim, gab am 14.1.39 folgendes an:

" Am 13.1.39 wurde ich aus dem KL. Dachau entlassen. Bis zu meiner Festnahme am 10.11.38 war ich in Burgpreppach Volksschullehrer.
An Vermögen besitze ich ein Haus im Werte von 6 500 RM. Sonstige Vermögenswerte besitze ich nicht.
Jch beabsichtige sobald wie möglich Deutschland zu verlassen,um nach Amerika zu meinen Verwandten zu ziehen. Jch habe in New-Jork einen Bruder.
Jch nehme zur Kenntnis,daß ich mich jeden Montag und Freitag um 17 Uhr bei der Gendarmerie-Station Burgpreppach und zwei Tage vor meiner Auswanderung mit sämtlichen Auswanderungspapieren bei der Geheimen Staatspolizei in Würzburg,Zimmer 9, zu melden habe.

Nach Selbstlesen unterschrieben:

Max Linz

Erklärung von Max Linz gegenüber der Gestapo, 14. Januar 1939. Mit der KZ-Haft drängte die Gestapo Juden zu dieser Zeit häufig noch zur Auswanderung. Die Beantragung eines Passes zur Emigration konnte eine Entlassung beschleunigen. (Staatsarchiv Würzburg)

Friedrich Syrup, undatiert.
(Bundesarchiv Bildarchiv Koblenz)

FRIEDRICH SYRUP
CHEF DER ARBEITSVERWALTUNG
1881 – 1945

Syrup wurde 1927 Präsident der „Reichsanstalt für Arbeitsvermittlung und Arbeitslosenversicherung" und somit Chef der Arbeitsverwaltung. Nach 1933 spielte er eine entscheidende Rolle bei der Ausweitung der Verfügungsgewalt der Arbeitsämter über die Arbeitnehmer:innen. Im Dezember 1938 erließ er die Richtlinien für den „geschlossenen Arbeitseinsatz" von Jüdinnen und Juden. Seit 1936 war er zudem Leiter der „Geschäftsgruppe Arbeiteinsatz" innerhalb der Vierjahresplan-Behörde. In dieser Funktion hatte er während des Krieges maßgeblichen Anteil an der Organisation des Einsatzes von ausländischen Zwangsarbeiter:innen. 1942 schied Syrup aus Krankheitsgründen aus dem Dienst aus. Im August 1945 starb er im sowjetischen Speziallager Nr. 7 (Sachsenhausen).

„GESCHLOSSENER ARBEITSEINSATZ"
FÜR JÜDINNEN UND JUDEN

Bis 1938 hatten die meisten deutschen Jüdinnen und Juden ihre Arbeit verloren und waren auf Unterstützung angewiesen. Die Arbeitsämter und Kommunen klagten nun über die Kosten. Zwar hatten sie vielerorts die Unterstützung für erwerbslose Jüdinnen und Juden schon stark gekürzt, aber für eine völlige Streichung fehlte die rechtliche Grundlage. Seit Dezember 1938 gab ihnen ein Erlass die Möglichkeit, auf Zuwendungen angewiesene Juden in Kolonnen – getrennt von den „arischen" Arbeitskräften – zur Arbeit z. B. auf Baustellen heranzuziehen. Häufig wurden dafür provisorische Lager eingerichtet. Vielfach mussten Jüdinnen und Juden ab 1938/39 Zwangsarbeit beim Talsperrenbau verrichten, so etwa im Harz und im Thüringer Wald.

Lager für Sinti:zze und Rom:nja bei Düsseldorf, Winter 1937/38. 1935 begannen die Behörden in Düsseldorf mit den Planungen eines Lagers für sogenannte Zigeuner. 1937 wurden außerhalb der Stadt Wohnbaracken errichtet, das Gelände umzäunt, mit Stacheldraht gesichert und die Sinti:zze und Rom:nja der Umgebung gezwungen, dort zu leben. Am Eingang war ein Schild mit der Aufschrift „Betreten des Lagers strengstens verboten. Der Polizeipräsident" angebracht. (Bundesarchiv Bildarchiv Koblenz)

VERFOLGUNG DER SINTI:ZZE UND ROM:NJA

Seit Mitte der 1930er Jahre gingen die kommunalen Behörden überall in Deutschland immer mehr dazu über, die Bewegungsfreiheit von Sinti:zze und Rom:nja einzuschränken und sie in abgegrenzten städtischen Lagern unterzubringen. Außerdem hinderte man sie an der Ausübung ihrer Berufe, etwa indem ihnen Gewerbescheine entzogen wurden.

Im Dezember 1937 erließ SS-Chef Heinrich Himmler eine Verordnung zur „vorbeugenden Verbrechensbekämpfung". Danach sollten alle, die als „arbeitsscheu" galten, in Schutzhaft genommen und in ein Konzentrationslager eingeliefert werden. Tatsächlich ging es darum, die Konzentrationslager mit Arbeitskräften zu füllen und zugleich die gesamte Arbeiter:innenschaft zu disziplinieren. Im April und Juni 1938 verhafteten die Kriminalpolizei und die Gestapo über 10.000 Männer als „Asoziale", darunter viele Juden und mehrere Hundert Sinti und Roma. Unabhängig davon, ob sie Arbeit hatten, selbstständig oder erwerbslos waren, mussten sie fortan in Konzentrationslagern für die SS arbeiten. Sie blieben bis zum Ende des Krieges gefangen oder starben in den Lagern.

„VOLK OHNE RAUM“

Das nationalsozialistische Deutschland zielte auf Expansion durch Krieg. Slaw:innen galten als Menschen zweiter Klasse und sollten deshalb dem deutschen „Herrenvolk“ unterworfen werden.

Ein zentrales Schlagwort der Nationalsozialisten war der angeblich mangelnde „Lebensraum“ der Deutschen. Willkürlich erklärten sie ganze Landstriche Mittel- und Osteuropas zum „deutschen Kulturboden“. Daraus leiteten sie das Recht ab, Osteuropa zu germanisieren, die einheimische Bevölkerung zu vertreiben oder als Arbeitsvolk auszubeuten. Weil antislawische Ressentiments in der deutschen Bevölkerung verbreitet waren, stießen die aggressiven Absichten auf keinen Widerspruch.

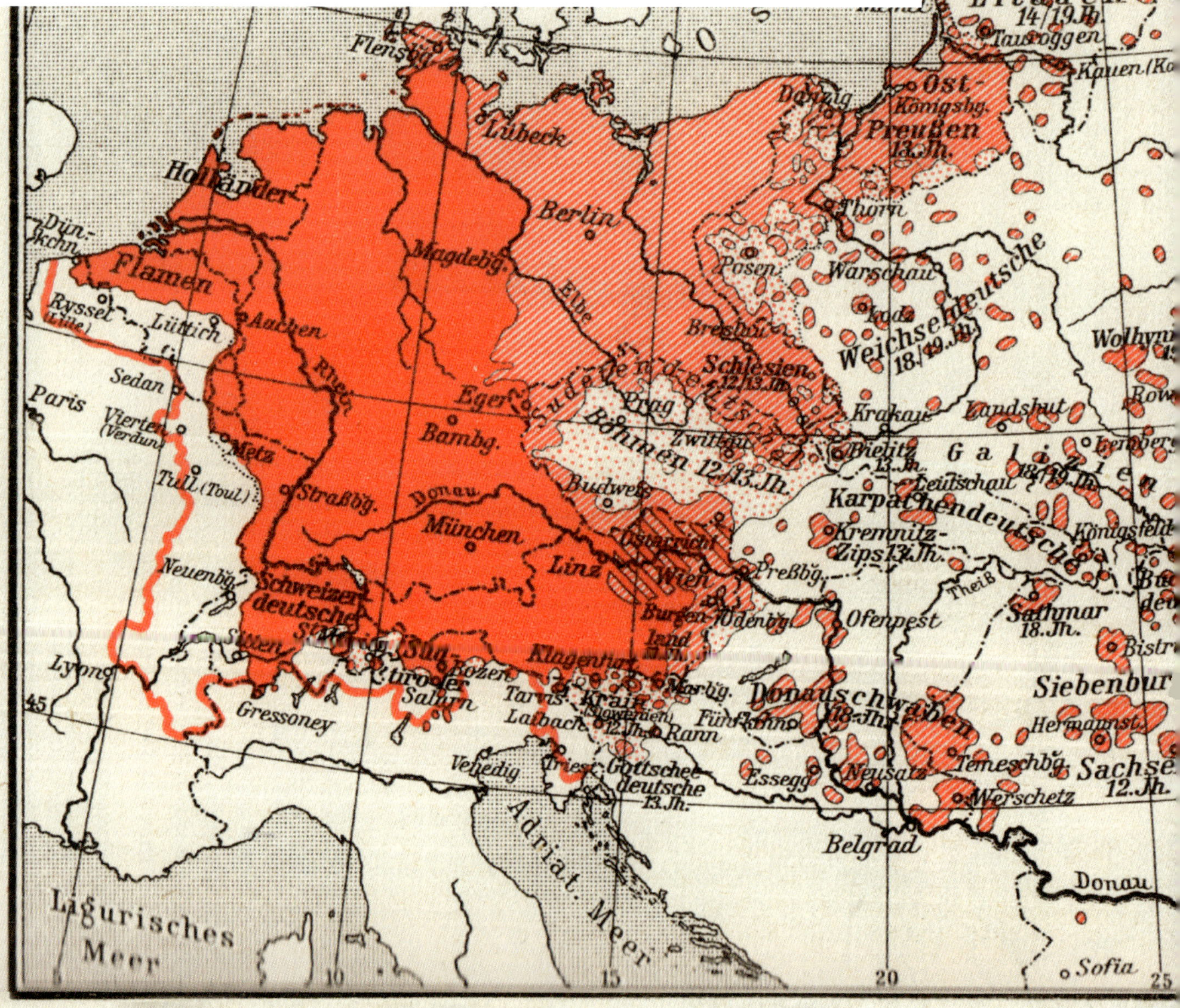

Deutsche Ostsiedlung vom 11.–19. Jahrh.

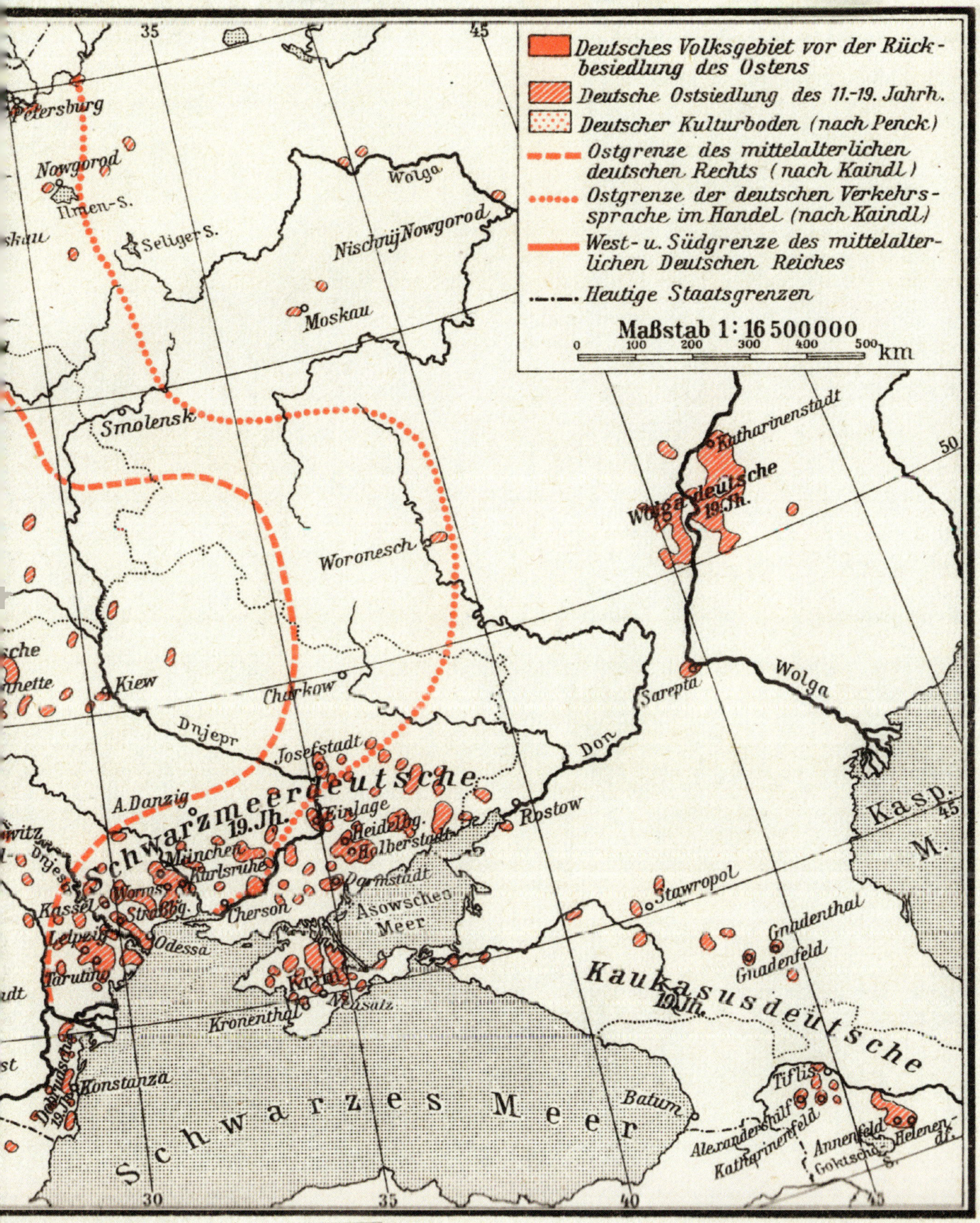

„Deutsche Ostsiedlung vom 11. bis 19. Jahrhundert". Der Anspruch auf eine deutsche Vorherrschaft in Mittel- und Osteuropa wurde aus mittelalterlichen deutschen „Ostsiedlungen" und „deutschem Kulturboden" abgeleitet. Dazu dienten auch willkürlich gezogene Grenzen der deutschen Sprache und des mittelalterlichen Deutschen Reiches. (Der Neue Brockhaus, 1937)

Eröffnung der Ausstellung „Grenzland in Not“, 22. Juni 1933. (Stadtarchiv München)

MÜNCHEN, JUNI 1933
PROPAGANDA FÜR DEN KRIEG

Studenten der Technischen Universität München organisierten im Sommer 1933 eine Ausstellung mit dem Titel „Grenzland in Not“. Darin riefen sie zur gewaltsamen Revision des Versailler Vertrages und Eroberung „deutschen Volksbodens“ in Mittel- und Osteuropa auf. Die Fotos zeigen die Eröffnungsfeier der Ausstellung im Großen Physikalischen Hörsaal der Technischen Hochschule München am 22. Juni 1933. Neben Parteiformationen der NSDAP sind uniformierte Abordnungen studentischer Burschenschaften angetreten.

Schon 1933 arbeitete das NS-Regime auf den Krieg hin. Seine Aufrüstungspolitik begleitete es mit stetiger Propaganda, die sowohl aggressiv die Expansion forderte als auch das Drohbild einer „jüdisch-bolschewistischen Weltverschwörung“ entwarf, die das Deutsche Reich zerstören wolle. Der lang geplante Eroberungskrieg sollte 1939 so als notwendiger Verteidigungskampf des deutschen Volkes erscheinen.

RADIKALISIERUNG.
ZWANGSARBEIT
IM BESETZTEN EUROPA

ARBEITSKRÄFTE ALS KRIEGSBEUTE

Weite Teile Europas wurden im Zweiten Weltkrieg vom Deutschen Reich unterworfen. Die Besatzer:innen betrachteten die Arbeitskraft der einheimischen Bevölkerung als Kriegsbeute.

Der Wehrmacht und der Zivilverwaltung folgten die Firmenvertreter in die besetzten Gebiete. Sie nutzten die Eroberungen, um sich bestehende Betriebe einzuverleiben und die Einheimischen als Zwangsarbeiter:innen auszubeuten. Ihrer rassistischen Ideologie entsprechend gingen die Besatzer:innen besonders in Polen und der Sowjetunion rücksichtslos vor. Die sowjetischen Kriegsgefangenen setzte die Wehrmacht zunächst kaum zur Arbeit ein, weil sie als Gefahr für das Reich galten. Bis zum Frühjahr 1942 ließen Wehrmacht und SS zwei Millionen Kriegsgefangene verhungern oder brachten sie um.

links: Büro eines deutschen Arbeitsamtes in Polen, Oktober 1940. Die Uniform lässt die deutschen Mitarbeiter:innen der Arbeitsämter militärisch erscheinen. (Narodowe Archiwum Cyfrowe, Warszawa)

rechts: Deutsches Arbeitsamt in Łódź (1940-1945 Litzmannstadt), September 1939. (Foto: Eitel Lange, Bayerische Staatsbibliothek München / Fotoarchiv Hoffmann)

„REICHSGAU WARTHELAND", HERBST 1939
ARBEITSÄMTER ORGANISIEREN DIE ZWANGSARBEIT

Die Arbeitsämter gehörten zu den ersten deutschen Dienststellen, die in den besetzten Gebieten eingerichtet wurden. Ihre wichtigste Aufgabe war die sofortige Erfassung der Arbeitskräfte. Das Arbeitsamt Litzmannstadt (Łódź) wurde am 12. September 1939 eingerichtet, noch vor der endgültigen Niederlage Polens. Die Stadt lag in Westpolen und wurde als Teil des „Reichsgaus Wartheland" in das Deutsche Reich eingegliedert. Arbeitsämter waren hier mehr als reine Verwaltungsbehörden. Die Übernahme umfangreicher Kontroll- und Strafbefugnisse machte sie zu einem entscheidenden Instrument der Besatzungsherrschaft.

Für die einheimische Bevölkerung waren die Arbeitsämter notgedrungen wichtige Anlaufstellen: Nur wer sich dort registrieren ließ, hatte ein Anrecht auf Lebensmittelmarken. Auch an der Vertreibung der einheimischen polnischen Bevölkerung waren die Arbeitsämter beteiligt: Sie entschieden, wer als Arbeitskraft gebraucht wurde und wer für deutsche Interessen unnütz schien.

führen, um es zu erhalten. Da sind aber auch die Frauen, von denen der Krieg das Höchste forderte und die nun allein in ihrer Not ihren Weg finden müssen.

um und hilf da, wo du Not siehst. Sprich mit deiner Blockfrauenschaftsleiterin darüber; sie, die „Mutter des Blocks“, wird dir helfen, in der Betreuung den richtigen Weg zu finden. Und

Todesstrafe für gewalttätige Polin

Schnell gesühnter Angriff auf Beamtinnen des Arbeitsamtes

Durch die Geheime Staatspolizei wurde gestern abend die Polin Maria Goralczyk aus Posen dem Oberstaatsanwalt in Posen vorgeführt, die eine Angestellte des hiesigen Arbeitsamtes tätlich angegriffen hatte. Die G. war auf ihrer letzten Arbeitsstelle bereits dadurch aufgefallen, daß sie ihre Arbeit nachlässig verrichtete und gegen einen Abteilungsleiter handgreiflich geworden war. Nunmehr sollte sie durch das Arbeitsamt in eine neue Stellung vermittelt werden. Als ihr die Sachbearbeiterin eine Stelle in einem anderen Betriebe anbot, in dem sie nur leichtere Arbeit zu verrichten gehabt hätte, lehnte sie in frechem Tone das Angebot ab und schlug dabei sogar mit der Faust auf den Tisch. Eine deutsche Angestellte, die gerade das Zimmer betrat, wies sie darauf hin, daß ihr Verhalten einer deutschen Behörde gegenüber eine Ungehörigkeit darstelle und forderte sie energisch auf, das Zimmer zu verlassen. Daraufhin wurde die Polin rabiat, packte die deutsche Angestellte an den Haaren, zog sie ein Stück durchs Zimmer, schlug auf sie ein und trat sie. Als eine Arbeitskameradin der Mißhandelten zu Hilfe eilte, wurde auch sie von der Polin getreten. Erst einem hinzukommenden deutschen Angestellten war es möglich, die tobende Polin aus dem Zimmer zu entfernen und seine Arbeitskameradinnen vor weiteren Mißhandlungen zu schützen.

Sofort nach der Anzeige erhob der Oberstaatsanwalt Anklage vor dem Sondergericht, das noch am gleichen Abend zusammentrat. Nach eingehender Beweisaufnahme wurde die Polin wegen einer Gewalttat gegen Angehörige einer deutschen Behörde entsprechend dem Antrage des Staatsanwalts zum Tode verurteilt.

Gastspiel Albrecht Schoenhals'

Im Kleinen Haus am 13 und 14. März

Der bekannte Filmschauspieler Albrecht Schoenhals gibt am 13. und 14. März 1942 drei Gastspiele im Reichsgautheater Posen. Schoenhals, der vor allem durch die Filme „Mazurka“, „Fürst Woronzeff“, „Kreutzersonate“, „Rote

Umsiedler-Vermögen melden

Bis spätestens 31. März der DUT

Erneut wird darauf aufmerksam gemacht, daß Umsiedler aus Bessarabien und Nordbuchenland, die der Deutschen Umsiedlungs-Treuhand-Gesellschaft bisher noch keine formularmäßige Anmeldung über ihre im Herkunftsland zurück-

„Ostdeutscher Beobachter“, 20. Februar 1942. Nach Angaben der Zeitung wurde Maria Góralczykowa zwei Tage nach der Verurteilung hingerichtet. Zeugen berichteten später, sie sei bereits im Arbeitsamt zu Tode geprügelt worden. Das Todesurteil sollte den Mord verschleiern. (Deutsche Zentralbibliothek für Wirtschaftswissenschaften, Kiel)

»Die Polen (die sog. Interessenten) wurden im Arbeitsamt oft von den Deutschen geschlagen. […] Der extremste Fall von Prügeln war die Angelegenheit der Góralczykowa. Sie konnte ihre Kinder nicht alleine zuhause lassen und wehrte sich deshalb dagegen, die Arbeit anzunehmen, die ihr die Leiterin der Frauenabteilung, die Deutsche Kleise, zugewiesen hatte. Vor diesem Hintergrund kam es zu einem Wortgefecht, in dessen Verlauf die Deutsche die Góralczykowa schubste. Dann stieß die Góralczykowa einige Male jene Deutsche. Die Folge war, dass Ignaz Kuhlemann und Gustav Seiler, Beamte des Arbeitsamtes deutscher Nationalität, die Góralczykowa in den Keller brachten und sie dort so verprügelten, dass sie wahrscheinlich schon im Arbeitsamt starb. Die Deutschen verurteilten sie am selben Tag im Sondergericht zum Tode, und am nächsten Tag wurde verkündet, dass das Todesurteil vollstreckt worden war. Meiner Ansicht nach war dieses Urteil die nachträgliche Sanktionierung der bereits verübten Tötung.«

Zeugenaussage von Stefan Bienert, 1947. Der Pole Stefan Bienert war während des Krieges im Arbeitsamt Posen beschäftigt. 1943 wurde er verhaftet, weil er illegal Arbeitskarten ausgestellt hatte. Nach dem Krieg gab er seine Kenntnisse über die Arbeitsämter zu Protokoll. (Instytut Zachodni w Poznaniu)

DEUTSCHE EROBERUNGEN IM ZWEITEN WELTKRIEG

Der Zweite Weltkrieg begann am 1. September 1939 mit dem deutschen Überfall auf Polen. 1940 wurden Dänemark, Norwegen, Belgien, Luxemburg, die Niederlande und Frankreich nach „Blitzkriegen“ besetzt. Anfang 1941 folgten Jugoslawien und Griechenland. Nach dem deutschen Angriff auf die Sowjetunion im Juni 1941 erreichte der deutsche Machtbereich 1942 seine größte Ausdehnung: von Norwegen bis Nordafrika, von Frankreich bis in den Kaukasus.

Bei den deutschen Angriffen spielten wirtschaftliche Gründe eine entscheidende Rolle. Ohne Rohstoffe, etwa Erz und Kohle aus Frankreich und Belgien oder Öl aus dem verbündeten Rumänien, ließ sich der Krieg nicht weiterführen. Wegen des erbitterten Widerstandes der Roten Armee und nach dem Kriegseintritt der USA kam der deutsche Vormarsch 1942 zum Stehen. Seit 1943 drängten die Alliierten die Wehrmacht in verlustreichen Kämpfen an allen Fronten zurück. Am 8. Mai 1945 endete der Krieg in Europa mit der deutschen Kapitulation.

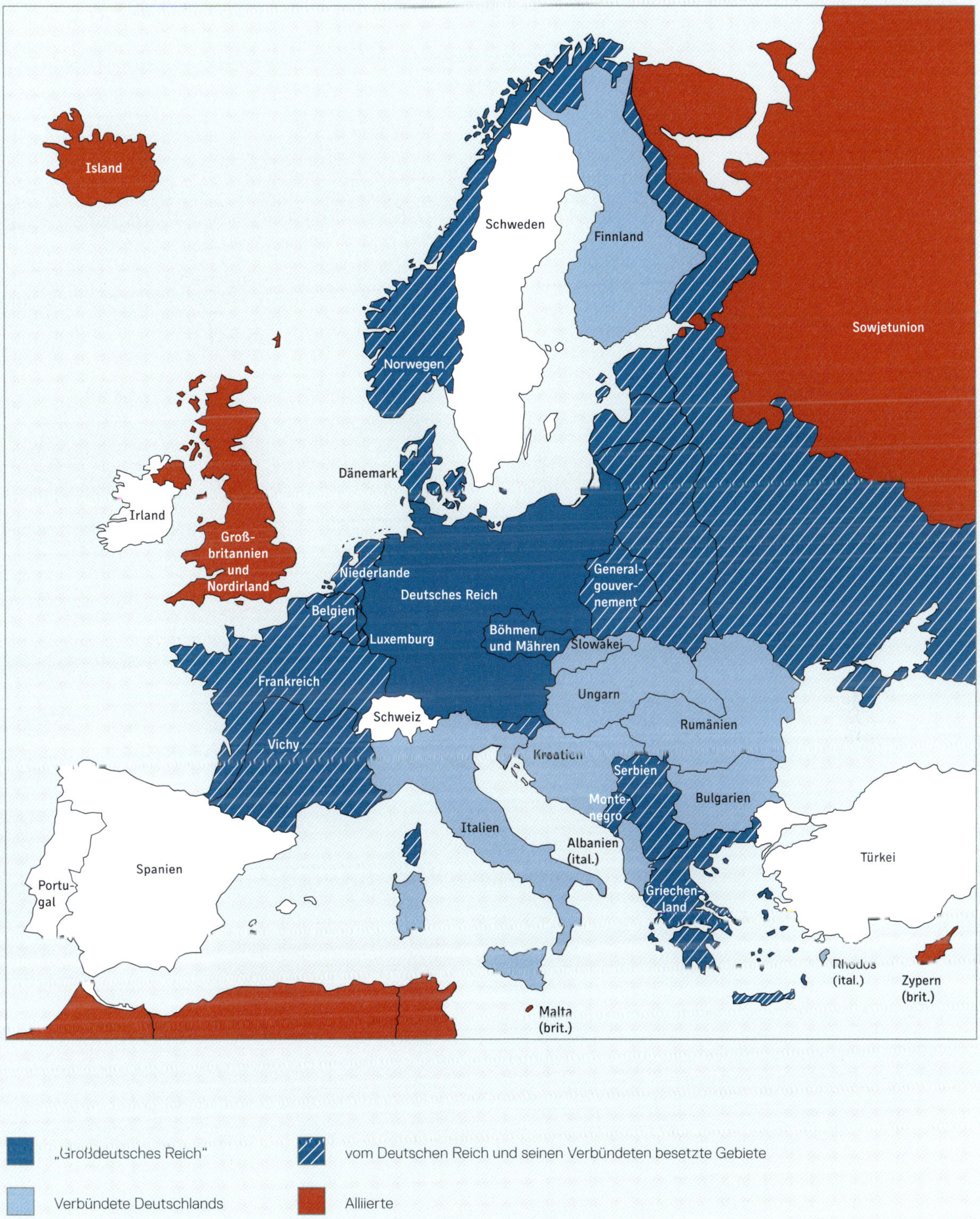

Die deutsch besetzten und kontrollierten Gebiete im November 1942 zum Zeitpunkt der größten Ausdehnung des Deutschen Reiches.

MINSK, SEPTEMBER 1942
DEUTSCHE FIRMEN IM BESETZTEN OSTEUROPA

Im weitgehend zerstörten Minsk unterhielt Daimler-Benz einen großen Reparaturbetrieb für Kraftfahrzeuge der Wehrmacht. Gemeinsam mit der Organisation Todt (OT) errichtete Daimler auf dem Gelände einer zerstörten russischen Kaserne mehr als 30 Reparaturhallen. Das Werk war mit 5000 Beschäftigten bald einer der größten Wirtschaftsbetriebe im besetzten Osteuropa. Die Bauleitung setzte Kriegsgefangene und Einheimische ein, darunter auch Jüdinnen und Juden. Weitere Arbeitskräfte wurden bei der Partisanenbekämpfung aus den belarussischen Dörfern in das Minsker Werk verschleppt.

Viele deutsche Firmen nutzten die Möglichkeit, sich einheimische Betriebe in den besetzten Gebieten Osteuropas einzuverleiben oder eigene Zweigwerke zu errichten. Dabei war die uneingeschränkte Verfügbarkeit über die einheimischen Arbeitskräfte Teil ihres Kalküls.

Fotoserie aus einem Album des Daimler-Werkes in Minsk, September 1942.
(Mercedes-Benz Classic, Archive, Stuttgart)

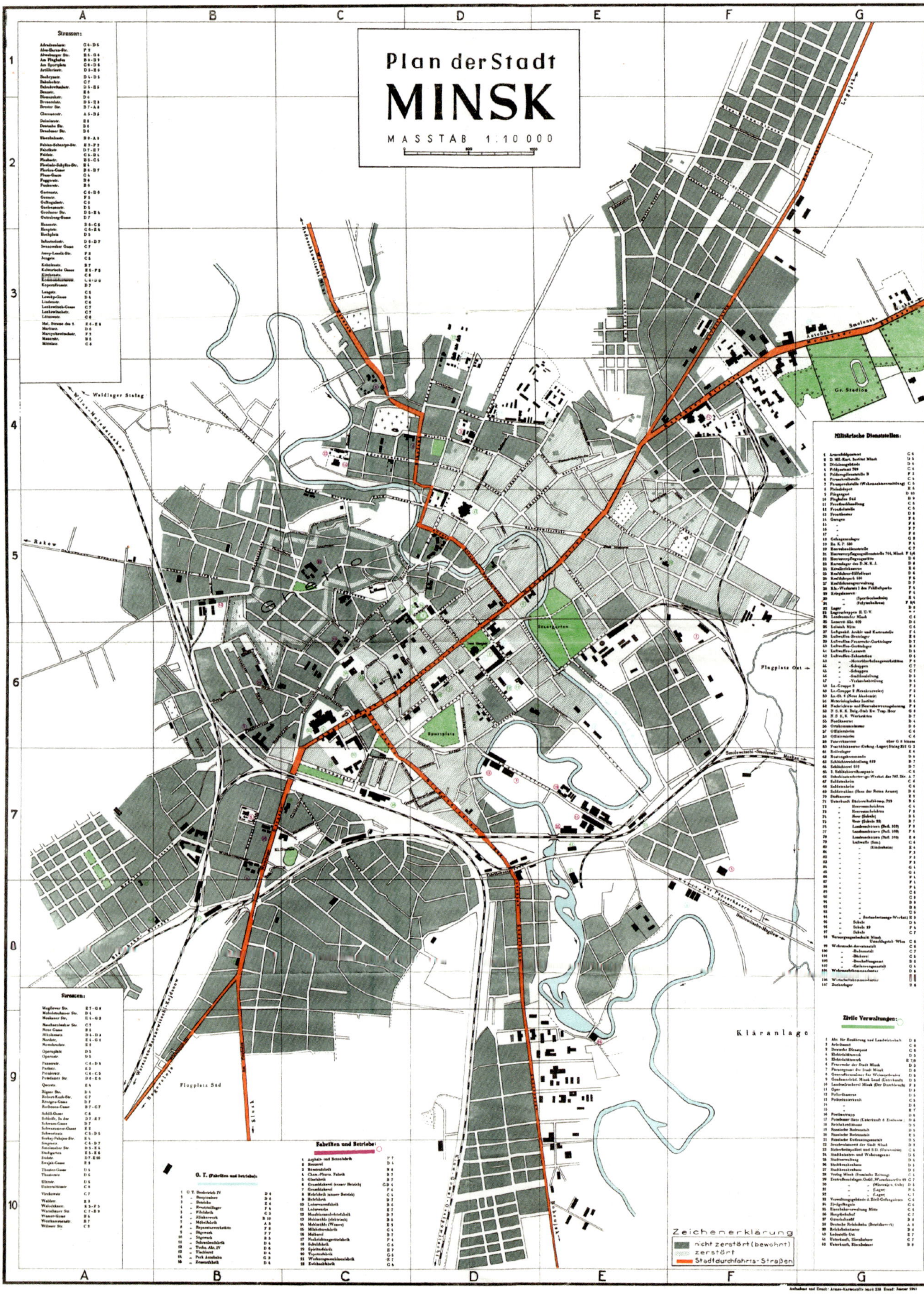
Plan der Stadt
MINSK
MASSTAB 1:10 000
Strassen:
Militärische Dienststellen:
Zivile Verwaltungen:
Fabriken und Betriebe:
Flugplatz Ost
Flugplatz Süd
Gr. Stadion
Sportplatz
Kläranlage
Zeichenerklärung
nicht zerstört (bewohnt)
zerstört
Stadtdurchfahrts-Straßen

Dr.-Ing. Otto Hoppe, nach 1930.
(Mercedes-Benz Classic, Archive, Stuttgart)

DR.-ING. OTTO HOPPE
VORSTANDSMITGLIED DER DAIMLER BENZ AG
1884 – 1968

Otto Hoppe war seit 1930 im Vorstand von Daimler Benz für das Werk Untertürkheim zuständig. 1933 trat er in das Nationalsozialistische Kraftfahr-Korps ein. Auf Drängen der Deutschen Arbeitsfront und der SS wurde er 1942 aus dem Vorstand entlassen, weil er eine jüdische Ehefrau hatte. Danach leitete er bis Kriegsende als Mitarbeiter des „Büro Werlin" in Berlin den Aufbau der „Groß-K-Werke" in der besetzten Sowjetunion. Damit trug er auch die Verantwortung für den umfassenden Einsatz von Zwangsarbeiter:innen an den drei Standorten der Werke. Bereits am 9. Mai 1945 wurde er wieder in den Vorstand von Daimler berufen, weil er als politisch unbelastet galt.

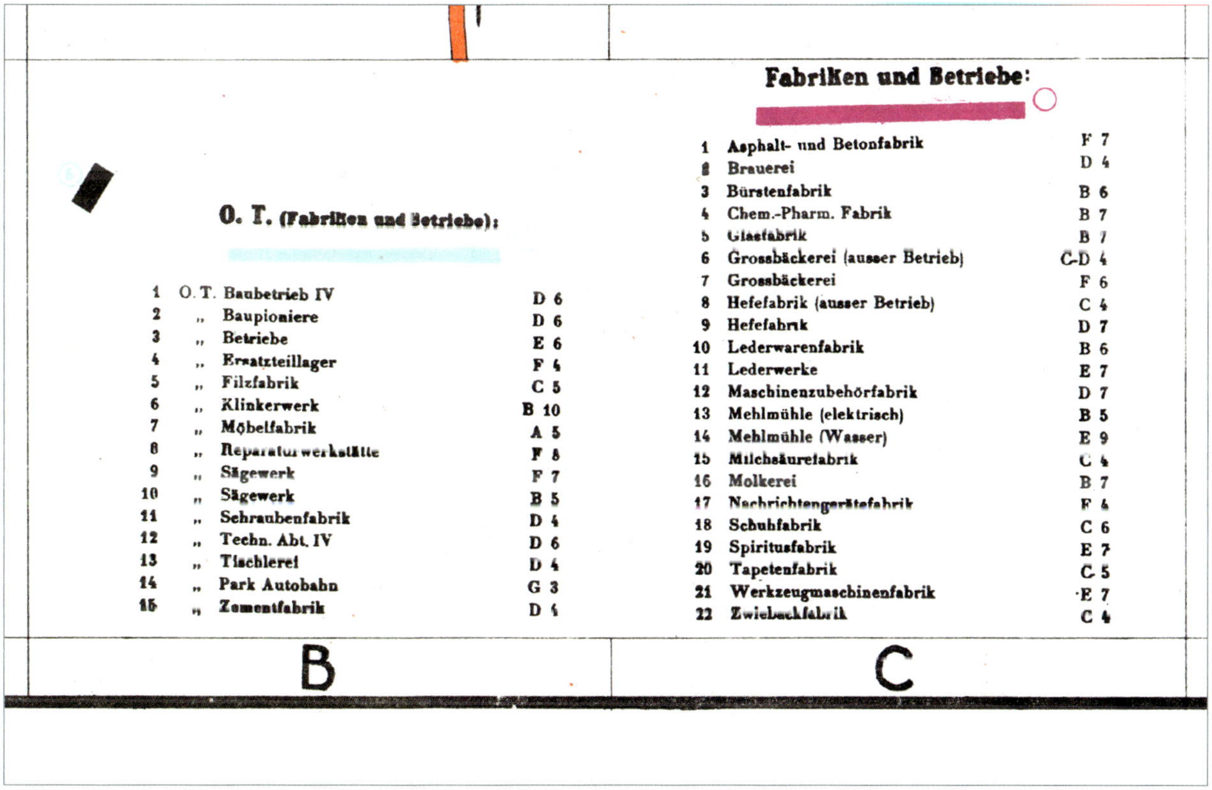

Stadtplan von Minsk, Januar 1942. In der zuvor weitgehend zerstörten Stadt nutzten fast alle deutschen Militär-, Verwaltungs- und Wirtschaftsstellen Einheimische als Zwangsarbeiter:innen. Das „Groß-K-Werk" von Daimler lag im Südosten auf dem Gelände der Panzerkaserne.
(Hamburger Institut für Sozialforschung)

Sterbender Soldat in einer Kolonne Kriegsgefangener, Gebiet Ternopol, Herbst 1941.
(Rossijskij gosudarstwennyj archiw kinofotodokumentow, Krasnogorsk)

SOWJETISCHE KRIEGSGEFANGENE: HUNGERTOD STATT ARBEITSEINSATZ

Im Vernichtungskrieg gegen die Sowjetunion behandelte die deutsche Wehrmacht die Kriegsgefangenen als „slawische Untermenschen", ihr Leben galt als wertlos. Sie wurden in Sammel- und Durchgangslagern auf offenem Feld untergebracht. Hunger, Hitze, Kälte, Krankheiten und Erschießungen forderten bis Anfang 1942 unter den mehr als drei Millionen Gefangenen zwei Millionen Opfer.

In Erwartung des schnellen Sieges war für die die Mehrheit der sowjetischen Kriegsgefangenen zunächst keine Zwangsarbeit im Deutschen Reich vorgesehen. Die Behörden fürchteten Gefahren für die Sicherheit und die ethnische „Reinheit" des deutschen Volkes. Doch bereits im Sommer 1941 nahmen Arbeitseinsätze von Kriegsgefangenen einen großen Umfang ein. Auf Drängen vor allem aus dem Bergbau wurde das Verbot für den „Russeneinsatz" Ende 1941 aufgehoben.

Gefangenenlager nach den Kesselschlachten von Minsk und Smolensk, Sommer 1941.
In den ersten Kriegsmonaten gerieten bei Białystok und Minsk 328.000, bei Smolensk 310.000 und bei Kiew etwa 600.000 sowjetische Soldaten in deutsche Gefangenschaft.
(Foto: Arthur Grimm; ullstein bild)

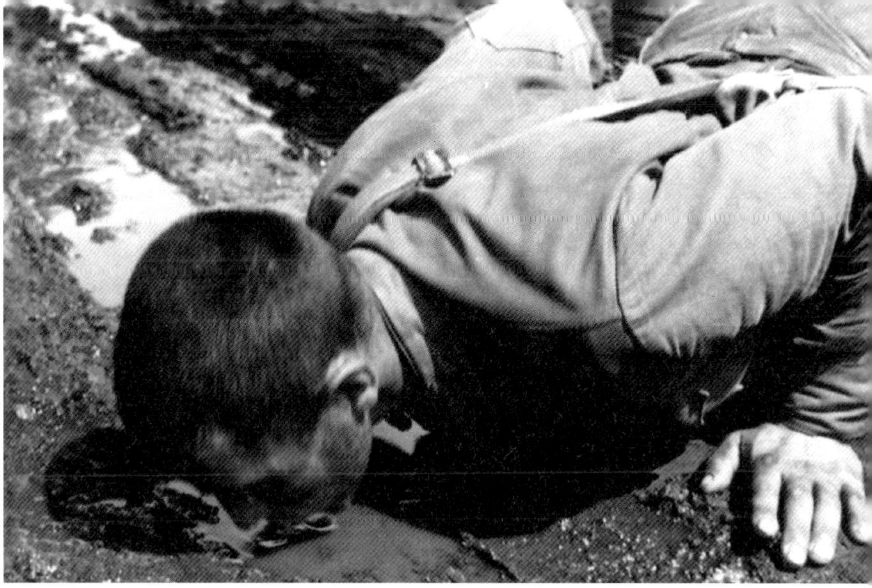

oben: Sammellager, Herbst 1941.
(Rossijskij gosudarstwennyj archiw kinofotodokumentow, Krasnogorsk)

unten: Sowjetische Kriegsgefangene in einem Sammellager in der besetzten Sowjetunion, Herbst 1941. (ullstein bild)

NORWEGEN
RADIKALISIERUNG AM POLARKREIS

Serbische Zwangsarbeiter mit deutschen Bewachern, 1943. Das Foto stammt aus dem privaten Album eines Mitarbeiters der Baufirma Hans Röllinger KG aus Fürth, die im Auftrag der Organisation Todt in Norwegen Straßen bauen ließ. (Saltdal Kulturenhet)

In Schnee, Regen und Kälte mussten sowjetische Kriegsgefangene und serbische Häftlinge Zwangsarbeit in Norwegen leisten. Die Wehrmacht ließ Tausende von ihnen zum Ausbau von Straßen und Bahnverbindungen an den Polarkreis transportieren. Damit verfügte sie auch im „germanischen" Norwegen über Arbeitskräfte, die aufgrund ihrer rassistischen Einstufung der uneingeschränkten Ausbeutung ausgesetzt waren.

Die serbischen Gefangenen wollte die SS zunächst wegen Unterstützung der „Partisanen" ermorden, gab aber der Forderung nach Arbeitern für Norwegen nach. Dort nahmen die Organisation Todt und die Wehrmacht keine Rücksicht auf ihre Gesundheit. Enorm hohe Todesraten waren die Folge. Viele Serben, die wegen Erschöpfung oder Krankheiten nicht mehr arbeiten konnten, wurden von der SS auch gezielt ermordet. Die Organisation Todt (OT) war eine militärisch organisierte staatliche Bauorganisation, für die europaweit Huntertausende Menschen Zwangsarbeit leisten mussten.

links: Zwangsarbeiter beim Bau des „Atlantikwalls", 1943. (Foto: Schmähmann; Süddeutsche Zeitung Photo)

rechts: Französische Zwangsarbeiter auf einer Baustelle des „Atlantikwalls", 1942. Die Angehörigen der Organisation Todt gaben nicht nur fachliche Anweisungen. Sie hatten auch Disziplinar- und Strafgewalt. (Foto: Kraupa / Tuskany / Duskamp; Bundesarchiv Bildarchiv Koblenz)

FRANKREICH
ZWANGSARBEIT AM „ATLANTIKWALL"

Ein gigantisches Programm zum Bau von Bunkern und Sperranlagen sollte ab August 1942 die alliierte Invasion in Westeuropa verhindern. Der „Atlantikwall" erstreckte sich von Frankreich über Dänemark bis Norwegen. Zur Realisierung dieses utopischen Bauvorhabens, das nie fertiggestellt wurde, zog die Organisation Todt (OT) mehrere Hunderttausend Zwangsarbeiter aus allen besetzten Ländern heran.

Allein im Gebiet um die nordfranzösische Stadt Cherbourg unterhielt die OT zusammen mit deutschen Firmen 39 Lager für französische und sowjetische Zwangsarbeiter, die bei Bauarbeiten für den „Atlantikwall" eingesetzt wurden. Vor allem für französische Juden und die zahlreichen zivilen und kriegsgefangenen sowjetischen Zwangsarbeiter war der Alltag auf den Baustellen lebensbedrohlich. Nur wenige Monate Einsatz auf den OT-Baustellen brachten sie an den Rand des Todes.

ZWANGSARBEIT UND VERNICHTUNG

Das nationalsozialistische Deutschland nutzte den Krieg zur Ermordung der europäischen Jüdinnen und Juden sowie von Sinti:zze und Rom:nja. Das Morden ging auch dann weiter, als die Kriegswirtschaft ihre Arbeitskraft dringend benötigt hätte.

Jüdinnen und Juden sowie Sinti:zze und Rom:nja wurden in Zwangsarbeitslagern, Ghettos und Konzentrationslagern zur Arbeit gezwungen. Zahlreiche Firmen erzielten daraus hohe Gewinne. Manche Unternehmer zeigten deshalb Interesse, Arbeitskraft und Leben dieser Zwangsarbeiter:innen zu erhalten. Für die NS-Führung und die SS hatte jedoch die Vernichtung Vorrang. Bei Selektionen entschieden SS-Männer, Ärzt:innen oder Mitarbeiter:innen der Arbeitsämter nach Augenschein, wer nicht mehr „arbeitsfähig" war. Entkräftete wurden ebenso ermordet wie Alte und Kinder, die gar nicht erst zur Arbeit herangezogen wurden.

BESETZTES POLEN, HERBST 1939
SOLDATEN SCHIKANIEREN JUDEN

Nach dem Einmarsch der Wehrmacht in Polen zwangen deutsche Soldaten polnische Jüdinnen und Juden vielerorts zu erniedrigenden, meist sinnlosen Arbeiten. Dabei misshandelten sie ihre Opfer mit Schlägen und rasierten orthodoxen Juden die Bärte ab. Häufig beteiligten sich deutschstämmige Nachbar:innen an den Quälereien. Als die Wehrmacht 1941 in zuvor sowjetisch besetzte Gebiete einrückte, ereigneten sich an vielen Orten ähnliche Szenen.

oben: Ein deutscher Uniformierter schikaniert einen Juden, Polen 1939. Ein Foto des Mannes mit dem Spaten wurde im November 1939 im „Stürmer" veröffentlicht. Es wurde in derselben Situation aufgenommen, zeigte aber weder den Uniformierten noch die zuschauenden Kinder. (Stadtarchiv Nürnberg)
unten: Foto eines deutschen Soldaten, Oktober 1939. Der Text auf der Rückseite lautet: „Nachdem man sich einen Haufen Juden ausgesucht hatte, wurde die koschere Ladung zum Flugplatz verfrachtet. Krosno, Okt. ´39. [Vermerk] Eins[endung] Feldw[ebel] Wolf; Fliegerhorstkomp[anie] Hörsching". Die antisemitische Zeitschrift „Der Stürmer" betrieb Hetze zum Mitmachen: Wehrmachtssoldaten wurden aufgefordert, Fotos einzusenden, die zeigten, wie sie Jüdinnen und Juden schikanierten und zum Arbeiten zwangen. Auf den Rückseiten kommentierten sie die Fotos. (Stadtarchiv Nürnberg)

Juden lernen arbeiten

Ein Bericht von der Front

Lieber Stürmer!

Der Feldzug in Polen führte uns u. a. in ein kleines polnisches Städtchen südlich um Warschau herum. Auch dieser Ort wurde wirtschaftlich völlig vom Juden beherrscht. Fünf Judenfamilien mit insgesamt 25 männlichen Mitgliedern betätigten sich als üble Wucherer. Fast die gesamte polnische Einwohnerschaft war an sie verschuldet.

Nach unserem Einzug versammelten wir die Juden in einem Saal, d. h. wir mußten sie zuerst unter dem Waihgeschrei ihrer Weiber unter den Betten hervorholen. Die „Helden" hatten sich nämlich schleunigst verkrochen, als sie hörten, daß die Deutschen kamen.

Und nun begann das Schlimmste für das „auserwählte Volk". Sie, die in ihrem ganzen Leben noch nichts gearbeitet hatten, [illegible] und andere Verbrechen begangen hatten, sie mußten nun plötzlich eine körperliche Arbeit verrichten. Wir lernten ihnen das Fällen der Bäume, das Absägen der Stämme und vor allem das Holzmachen. Und bei dieser wirklich produktiven Beschäftigung habe ich die Juden fotografiert (siehe Bilder!). Ich übersende Dir diese Aufnahmen als einen Beweis dafür,

1. daß die Juden trotz allem von uns anständig behandelt werden,
2. daß es einer geschickten Erziehungsarbeit auch gelingen könnte, die Juden im Kriege zu nutzbringender Arbeit anzuleiten.

In diesem Sinne grüße ich den Stürmer herzlich!

Heil Hitler!
Harry Hahnewald.

Jüdische Wucherer bei nutzbringender Arbeit

Aller Anfang ist schwer!

Doch allmählich lernen sie es schon!

Ein Baum wird gefällt.

Endlich produktive Arbeit!

Sie wollen uns aushungern

Der Jude Budzislawski schrieb in der „Neuen Weltbühne":
Abschnüren müßte man die braune Eiterbeule, den neuen Militärstaat einkreisen, aushungern, verfemen, ächten!

Vom Judentum entfesselt

Was Staatsminister Farinacci über den Krieg sagte

Wer die wahren Kriegstreiber in Europa sind, und wer den jetzigen Kampf heraufbeschworen hat, das weiß man auch in Italien. In vielen italienischen Zeitungen wird immer wieder auf den unheilvollen Einfluß des Weltjudentums hingewiesen. Von besonderer Bedeutung ist eine Rede des italienischen Staatsministers Farinacci, die er am 8. September 1939 in Cremona gehalten hat. Er sagte u. a. wörtlich:

„Nun heute sind wir davon überzeugt, daß der gegenwärtige Konflikt vom Judentum entfesselt wurde, das immer das Bedürfnis hat, im Trüben zu fischen aus seinem Egoismus heraus, um sich die Vorherrschaft zu sichern, seine wahnsinnigen Träume zu verwirklichen und wegen seiner wirtschaftlichen Interessen. Wir sind sicher, daß die Juden nicht triumphieren. Sie haben aus Rache Polen in den Krieg gegen Deutschland gehetzt.

Farinacci gehört zu den bedeutendsten Persönlichkeiten der italienischen Regierung. Sein Urteil über den jüdischen Weltfeind verdient daher besondere Beachtung.

Juden an der Seite Englands

Der Zionistenführer Waizmann, der der englischen Regierung eine Ergebenheitserklärung des jüdischen Volkes übermittelt hat, wiederholte seine Erklärungen, daß die Juden nunmehr an der Seite der Demokratien kämpfen würden. Der jüdische Nachrichtendienst in Palästina kündigt an, daß Juden und Jüdinnen zwischen 18 und 50 Jahren Hilfsdienste für die englischen Armeen leisten würden. Die Engländer werden mit diesen jüdischen „Helden" allerdings ihre blauen Wunder erleben!

Auch seine Heimat ist Polen

links: Deutsche Soldaten zwingen Juden zu Holzarbeiten, Polen 1939. Der Obergefreite Harry Hahnewald schickte vier Fotos an den „Stürmer", auf denen orthodoxe Juden bei der Zwangsarbeit zu sehen sind. (Stadtarchiv Nürnberg)
rechts: „Juden lernen arbeiten." Im Oktober 1939 veröffentlichte „Der Stürmer" einen Bericht und die Fotos von Harry Hahnewald aus dem besetzten Polen. (Deutsches Historisches Museum, Berlin)

»[…] Unter den Fängern spielten die Sadisten die erste Geige. Sadismus, in Verbindung mit der Suche nach Spaß, meistens plump und witzlos – das war es, was oft über die Art der Arbeit der Zusammengetriebenen entschied. Daher solche Ideen wie das Säubern von Teppichen mit Zahnbürsten, und zwar ohne die Knie zu beugen; das Anspitzen von Bleistiften auf der Glatze eines Juden; das Putzen von Toiletten mit bloßen Händen; das Ausklopfen von Fußmatten mit Knüppeln auf dem Rücken eines jüdischen Leidensgenossen […], das Übergießen von Kohle mit Wasser, um sie danach, ohne eine Schaufel zu benutzen, in den Keller zu tragen, wobei man sich mit den verrußten Händen das Gesicht und die Stirn gründlich abwischen musste, und wenn das nicht entsprechend gemacht wurde, musste ein Jude den anderen schmutzig machen […]. Die geringste Zurückhaltung oder die Unfähigkeit zur Ausführung der Arbeit zog Schläge nach sich, daher fing man an vielen Orten mit Schlägen an und hörte mit Schlägen auf […].«

Augenzeugenbericht, Ghetto Warschau, um 1940. Vergraben in einer Metallschachtel überdauerte der Bericht den Krieg. Der Verfasser überlebte wahrscheinlich nicht. (Żydowski Instytut Historyczny im. Emanuela Ringelbluma, Warszawa)

Straßenbau bei Tarnopol (Ostgalizien), um 1942. Juden arbeiten auf einer Baustelle auf der Durchgangsstraße IV. (Instytut Pamięci Narodowej, Warszawa)

OSTGALIZIEN, SOMMER 1942
ZWANGSARBEIT AN DER „DURCHGANGSSTRASSE IV"

Die „Durchgangsstraße IV", die durch Ostpolen und die Ukraine verlief, war eine wichtige Nachschubstraße für die Wehrmacht. Zehntausende Juden mussten bei der Instandhaltung dieser Straße Zwangsarbeit leisten.

Bei der harten Arbeit auf den Baustellen an der Straße und in Steinbrüchen hatten die jüdischen Zwangsarbeiter unter Misshandlungen von Wachmännern und Vorarbeitern zu leiden. Ausgezehrte Häftlinge wurden erschossen. Damit der Straßenbau trotzdem weiterging, holte die SS immer wieder neue Zwangsarbeiter aus den Ghettos, um die Toten zu ersetzen.

Eine Hoffnung zu überleben hatten die jüdischen Zwangsarbeiter nur, wenn ihnen die Flucht gelang. Doch dazu waren sie fast immer auf die Hilfe von Menschen angewiesen, die bereit waren, das eigene Leben zu riskieren.

FRITZ KATZMANN
SS- UND POLIZEIFÜHRER DES DISTRIKTS GALIZIEN
1906 – 1957

Der fanatische Antisemit leitete die Ermordung der jüdischen Bevölkerung Ostpolens. Im ganzen Distrikt richtete er Zwangsarbeitslager für Juden ein. Im Juni 1943 verfasste er einen 90seitigen Bericht über die „Lösung der Judenfrage im Distrikt Galizien“. Darin heißt es: „Der Distrikt Galizien ist damit, bis auf die Juden, die sich in den unter Kontrolle des SS- und Polizeiführers stehenden Lagern befinden, judenfrei.“ Nach dem Krieg lebte Katzmann unter falschem Namen in Süddeutschland. Er wurde nie für seine Verbrechen zur Verantwortung gezogen.

Fritz Katzmann (zweiter von links) bei einem Besuch von Heinrich Himmler (zweiter von rechts), 18. August 1942. (Katzmann-Bericht; Instytut Pamięci Narodowej, Warszawa)

Beim Ausrücken zur Arbeit kann man von "Stimmung" nicht reden.

Nach Arbeitsschluss und beim Essenempfang ist schon wieder eitel Sonnenschein.

Auch die wichtigsten Nebenstraßen wurden in Ordnung gebracht

22312
22313
22314
22315

Archiwum Głównej Komisji Badania Zbrodni Niem. w Polsce
Dok. N.

Katzmann-Bericht, Galizien, Juni 1943. Zynisch dokumentiert Fritz Katzmann die Zwangsarbeit und schrittweise Ermordung der galizischen Jüdinnen und Juden. Die Seite zeigt eine Fotoserie über die von ihm eingerichteten Zwangsarbeitslager für Juden in Galizien. (Instytut Pamięci Narodowej, Warszawa)

v.l.n.r.: Tischlerei, 1942. Die Ghettoinsassen Mendel Grossmann und Henryk Ross fotografierten im Frühjahr des Jahres die Ghettowerkstätten. Ihre Bilder sollten die Effizienz der Produktion im Ghetto Litzmannstadt belegen. Auf manchen ist jedoch der schlechte gesundheitliche Zustand der Ghettoinsass:innen deutlich zu erkennen.

Schusterwerkstatt, 1942. Als Lehrlinge in die „kriegswichtige" Produktion des Ghettos eingegliedert, konnten Kinder über zehn Jahren zunächst vor der Deportation ins Vernichtungslager geschützt werden.

Essensausgabe, 1942. Auch nach der Einführung öffentlicher Küchen verhungerten täglich Menschen.

(alle Fotos: Mendel Grossmann / Henryk Ross; Archiwum Państwowe w Łodzi)

GHETTO LITZMANNSTADT (ŁÓDŹ)
VERLORENER KAMPF UMS ÜBERLEBEN

Die Frauen, Männer und Kinder arbeiteten bis zur völligen Erschöpfung in den Ghettowerkstätten. Chaim Rumkowski, der von Stadtkommissar Albert Leister eingesetzte Vorsitzende der jüdischen Verwaltung, hatte sie aufbauen lassen. Mit Aufträgen der Wehrmacht versuchte er, die Arbeiter:innen der Werkstätten für die Besatzer unentbehrlich zu machen, um zumindest einige der Ghetto-Bewohner:innen zu retten.

Doch die städtische Ghettoverwaltung unter Hans Biebow lieferte zu wenig Lebensmittel. So starb ein Viertel der 200.000 Menschen im Ghetto Litzmannstadt an Hunger und Krankheiten. Zudem ließ die SS Kranke, Kinder unter zehn Jahren und ältere Menschen als „nicht arbeitsfähig" in das Vernichtungslager Kulmhof deportieren. Bei der größten Deportation, der „Gehsperre" im September 1942, durften die Ghettobewohner:innen tagelang ihre Wohnungen nicht verlassen. Gestapo und die von den Deutschen eingesetzte jüdische Hilfspolizei durchkämmten das Ghetto und wählten 20.000 Menschen zum Transport nach Kulmhof aus. Die SS ermordete dort zwischen 1942 und 1944 fast 78.000 Jüdinnen und Juden und über 3.000 Sinti:zze und Rom:nja aus dem Ghetto Litzmannstadt. Im Sommer 1944 ordnete SS-Chef Himmler die Deportation der noch lebenden Ghettoinsass:innen nach Auschwitz an. Damit scheiterte die Strategie der Rettung durch Arbeit endgültig.

rechts: Namensschild „Gehsperre", September 1942. Während der „Gehsperre" mussten Kinder unter zehn Jahren ein Schild mit Namen und Geburtsdatum um den Hals tragen. Ilona Winograd gehörte zu 226 Kindern, die nicht deportiert wurden, da ihre Eltern für die Ghettoverwaltung arbeiteten. Ilona und ihre Eltern überlebten. (United States Holocaust Memorial Museum, Washington)

links: Ilona (links) im Ghetto, um 1943.
(United States Holocaust Memorial Museum, Washington)

KZ-Häftlinge auf der IG Farben-Baustelle, Auschwitz, um 1943. Walther Dürrfeld, der Betriebsleiter der IG Auschwitz, wurde im Nürnberger Nachfolgeprozess gegen die IG Farben angeklagt. Bei seiner Vernehmung legte er diese Bilder vor. Seiner Aussage nach hatte die Werksleitung in Auschwitz über 20.000 Fotos machen lassen. (Bundesarchiv Bildarchiv Koblenz)

AUSCHWITZ-MONOWITZ
IG FARBEN: ZWANGSARBEIT NEBEN DEM VERNICHTUNGSLAGER

Bei der Ankunft der Züge in Auschwitz-Birkenau selektierten SS-Männer noch an den Gleisen einen kleinen Teil der deportierten Jüdinnen und Juden für die Zwangsarbeit aus. Alle anderen wurden sofort in den Gaskammern des Vernichtungslagers ermordet.

Die meisten als arbeitsfähig eingestuften Menschen brachte die SS nach Auschwitz-Monowitz. Dort betrieb der Chemie-Großkonzern IG Farbenindustrie ein KZ-Nebenlager. Beim Bau des Kunststoffwerkes mussten KZ-Häftlinge derart harte Arbeit verrichten, dass sie nach nur wenigen Wochen vollkommen entkräftet waren. Die Bauleitung des IG Farben-Werks bestand darauf, dass die SS die nicht mehr arbeitsfähigen jüdischen Häftlinge austauschte. Die Geschwächten wurden in Auschwitz-Birkenau ermordet.

DIE ERMORDUNG DER EUROPÄISCHEN JÜDINNEN UND JUDEN

Ankunft ungarischer Jüdinnen und Juden in Auschwitz-Birkenau, 26. Mai 1944.
(Foto: SS-Erkennungsdienst Auschwitz; Yad Vashem, Jerusalem)

Der nationalsozialistische Völkermord an den Jüdinnen und Juden fand vor allem im besetzten Polen und in den besetzten Gebieten der Sowjetunion statt. In Polen isolierten die deutschen Besatzer:innen die einheimische jüdische Bevölkerung und Deportierte aus dem Deutschen Reich und Westeuropa in abgeriegelten Stadtvierteln, den Ghettos. Dort starben viele Menschen an Krankheiten und Hunger.

Nach dem Angriff auf die Sowjetunion im Sommer 1941 erschossen sogenannte Einsatzgruppen hinter der Front mehrere Hunderttausend jüdische Frauen, Männer und Kinder. 1942 verlagerte sich das Morden in Vernichtungslager im besetzten Polen. In Auschwitz-Birkenau, Treblinka und anderen Lagern erstickte die SS Jüdinnen und Juden aus den Ghettos, aus dem Deutschen Reich und aus den besetzten Gebieten in Gaskammern.

Die Zwangsarbeit in den Ghettos und Konzentrationslagern war für die meisten Jüdinnen und Juden die letzte Station vor dem Tod. Insgesamt ermordeten die Nationalsozialist:innen fast sechs Millionen Jüdinnen und Juden.

links: Häftlingsbaracken im Lager Lety, 1942/43. In den Holzhütten standen bis zu sechs Dreistockbetten. Im ganzen Lager gab es lediglich zwei Latrinen. Aufgrund der schlechten hygienischen Bedingungen waren Krankheiten die häufigste Todesursache. Im Januar 1943 kam es zu einer Typhusepidemie. Über das Lager wurde eine Quarantäne verhängt. (Výbor pro odškodnění romského holocaustu)

rechts: Häftlinge des Lagers Lety beim Straßenbau, 1942/43. Männer wurden in Arbeitskommandos außerhalb des Lagers zur Arbeit gezwungen. Frauen und Kinder ab zehn Jahren mussten im Lager arbeiten. (Státní Ústřední Archiv, Praha)

LETY, 1942/43
MORD AN DEN EUROPÄISCHEN SINTI:ZZE UND ROM:NJA

Das Internierungs- und Zwangsarbeitslager Lety wurde im August 1942 für Sinti:zze und Rom:nja aus dem besetzten Tschechien errichtet. Sie wurden im Steinbruch oder in der Landwirtschaft zur Arbeit gezwungen. Schon bald häuften sich die Todesfälle, nicht zuletzt aufgrund zahlreicher Misshandlungen durch das Wachpersonal.

In allen besetzten Gebieten wurden Sinti:zze und Rom:nja verfolgt, interniert und zur Arbeit gezwungen. In Osteuropa wurden sie auch bei Massenerschießungen durch Einsatzgruppen und Wehrmachtseinheiten ermordet.

Im Dezember 1942 befahl SS-Chef Himmler die Deportation der noch lebenden Sinti:zze und Rom:nja nach Auschwitz-Birkenau. Dort starben fast alle der über 22.000 Männer, Frauen und Kinder. Es lässt sich nicht mehr klären, wie viele Sinti:zze und Rom:nja dem Völkermord zum Opfer gefallen sind. Schätzungen reichen von 100.000 bis 500.000 Menschen.

3

Der Generalkommandant
der Nichtuniformierten Protektoratspolizei.

St 17 — 100 — 78
30. 9. 1942

DA: Zigeunerbekämpfung
– Lagerordnung für die Zigeunerlager Lety bei Pisek (Böhmen) und Hodonin bei Kunstadt (Mähren) –.

I. Allgemeines.

1. Zweck.

Die Zigeunerlager bezwecken, die Zigeuner und Zigeunermischlinge

a) aus der Gemeinschaft auszuschalten,

b) zur Arbeit, Ordnung und Disziplin zu erziehen.

In die Zigeunerlager können daher Männer, Weiber und auch Kinder eingeliefert werden.

2. Anwendung der Lagerordnung.

Für alle in ein solches Lager eingelieferten Personen ist ohne Unterschied des Alters und Geschlechtes die Lagerordnung bindend.

Ausnahmen sind nicht zulässig.

Die Lagerordnung ist allen Eingelieferten bekanntzugeben.

3. Maßnahmen bei der Einlieferung.

Sämtliche in ein Zigeunerlager überstellten Personen sind

a) körperlich zu reinigen — ihre Kleider sind zu desinfizieren —,

b) ärztlich zu untersuchen.

Die Haare sind den Männern kahl, den Frauen kurz zu schneiden.

II. Unterbringung und Verpflegung.

1. Dauer der Unterbringung.

Die Dauer der Unterbringung ist zeitlich nicht beschränkt.

2. Art der Unterbringung.

a) Grundsätzlich werden die in ein Zigeunerlager eingelieferten Personen untergebracht in der

(1) Baracke 1 alle männlichen Personen über 14 Jahre,

(2) Baracke 2 alle weiblichen Personen über 14 Jahre,

(3) Baracke 3 Kinder bis zu 14 Jahren.

b) Bei weit vom Lager entfernt liegender Außenarbeit kann die Unterbringung vorübergehend in nächster Nähe der Arbeitsstelle sinngemäß wie zu vorstehend a) erfolgen. Voraussetzung hierfür ist das Vorhandensein der erforderlichen Unterkunftsmöglichkeiten (Baubaracken usw.). Die Entscheidung hierüber trifft in jedem Einzelfalle der Kommandant des Zigeunerlagers — bei dessen Verhinderung sein Vertreter —.

Als entfernt liegend gilt eine Arbeitsstelle erst dann, wenn sie mehr als 6 km vom Zigeunerlager entfernt liegt.

3. Bekleidung und Ausstattung.

a) Bekleidung.

Die

(1) Männer haben vorgeschriebene Lagerkleider,

(2) Frauen und Kinder vorerst eigene Kleider zu tragen.

Lagerordnung für die Lager Lety und Hodonin, 30. September 1942. (Státní Ústřední Archiv, Praha)

REKRUTIERUNG FÜR DEN „REICHSEINSATZ“

Zur Ausbeutung der besetzten Gebiete gehörte die Verschleppung von Millionen Menschen zur Zwangsarbeit ins Deutsche Reich. Sie sollten die Lücken füllen, die in der Kriegswirtschaft durch Einberufungen zur Wehrmacht entstanden waren.

Um möglichst viele Arbeitskräfte ins Reich zu holen, war den Besatzungsverwaltungen jedes Mittel recht: von der Werbung mit falschen Versprechungen über Dienstverpflichtungen bis hin zu brutalen Razzien. Polizei und Wehrmacht unterstützten die Mitarbeiter:innen der Arbeitsämter. Während man in Westeuropa anfangs oft versuchte, Freiwillige zu werben, wandte man im Osten vom ersten Tag an systematisch Gewalt an. Das rücksichtslose Vorgehen der Besatzer:innen, aber auch die Beteiligung einheimischer Kollaborateur:innen riefen in allen Ländern Widerstand hervor.

Abtransport nach Deutschland, Ukraine, Frühjahr 1943. Frauen und Mädchen, die zur Zwangsarbeit ins Deutsche Reich gebracht werden, steigen unter Bewachung in den Waggon. Die Aufnahmen stammen von einem Fotografen der Propagandakompanien der Wehrmacht. (Foto: Thiemann; Bundesarchiv Bildarchiv Koblenz)

Arbeitsamt in Paris, Februar 1941. Fotografen der Propagandakompanien lieferten Fotos wie dieses zur Illustration von Werbebroschüren, die Franzosen zu einer freiwilligen Arbeitsaufnahme im Deutschen Reich bewegen sollten. (Bayerische Staatsbibliothek München / Fotoarchiv Hoffmann)

PARIS, 1941/42
ANWERBUNG VON „FREIWILLIGEN“

Anders als auf Propagandafotos suggeriert, meldeten sich die Menschen in Frankreich keinesfalls in Massen freiwillig zur Arbeit im Deutschen Reich. Mit einer großen Propagandaaktion, der „Relève“ („Ablösung“), versuchten die deutsche Arbeitsverwaltung und die französische Kollaborationsregierung im Sommer 1942, Druck aufzubauen. Für je drei Freiwillige, die sich zur Arbeit in Deutschland meldeten, sollte ein Kriegsgefangener in die Heimat entlassen werden. Doch von den erhofften 150.000 qualifizierten Arbeitskräften kam lediglich ein Drittel. Daraufhin wurden junge Männer jahrgangsweise zwangsverpflichtet („Service du Travail obligatoire“).

In allen besetzten Ländern bemühten sich die Deutschen, durch Propaganda Arbeitskräfte anzuwerben – auch in Osteuropa, wo Zwang und Gewalt den Besatzungsalltag dominierten.

Propagandaplakat zur „Relève" („Ablösung"), Paris, 1942. „Ihr habt den Schlüssel zu den Lagern. Französische Arbeiter – Ihr befreit die Gefangenen, indem ihr in Deutschland arbeitet." (Bridgeman Private Collection, London)

WARSCHAU
ACHTUNG RAZZIA!

oben: Razzia in Warschau, undatiert. Die Kontrolle der Arbeitskarten war ein wichtiges Instrument der Razzien. Grundsätzlich sollten nur diejenigen ins Deutsche Reich abtransportiert werden, die keine Arbeit vorweisen konnten. In der Praxis entschieden Mitarbeiter:innen der Arbeitsämter und Polizisten aber willkürlich über die Verhaftung. (Archiwum Akt Nowych, Warszawa)

unten: Vorbereitung eines Transports, Warschau, 1941. Die bei Razzien Festgenommenen wurden ins Durchgangslager in der Skaryszewska-Straße gebracht und dort ärztlich untersucht. Bis der nächste Transport zusammengestellt wurde, wurden sie im Lager festgehalten. (Narodowe Archiwum Cyfrowe, Warszawa)

rechts: Bewachung eines Transports, Warschau, undatiert. Auf dem Weg vom Durchgangslager in der Skaryszewska-Straße zum Bahnhof bewachten Wehrmachtssoldaten die festgenommenen Warschauer:innen. Trotz der bewaffneten Bewacher gelang immer wieder Einzelnen die Flucht. (Narodowe Archiwum Cyfrowe, Warszawa)

Im besetzten Warschau waren Razzien an der Tagesordnung. Mitarbeiter:innen der Arbeitsämter und Polizei sperrten Märkte, Bahnhöfe und Kreuzungen ab, hielten Straßenbahnen an und umstellten wichtige Gebäude wie Kirchen und Kinos. Wer nicht über den Nachweis verfügte, an einer kriegswichtigen Stelle zu arbeiten, wurde auf Lastwagen verladen und zum Sammelpunkt in der Skaryszewska-Straße gebracht. Meist hatten die Gefangenen nicht einmal die Möglichkeit, die nötigsten Dinge einzupacken oder ihre Angehörigen zu informieren, bevor sie ins Deutsche Reich abtransportiert wurden.

In anderen osteuropäischen Großstädten wie Minsk oder Kiew gehörte die Angst, in eine Razzia zu geraten, bald ebenso zum Besatzungsalltag. Seit 1943 ging die deutsche Arbeitsverwaltung auch in Italien, Frankreich und den Niederlanden ähnlich brutal vor.

»Das Pech wollte es, dass ich an dem für mich tragischen Freitag, dem 19. Mai 1944, […] in den Paderewski-Park fuhr, um mich ein bisschen vom alltäglichen Tumult zu erholen. Ich setzte mich gemütlich auf eine hinter Büschen versteckte Bank. […] Nach knapp zwanzig Minuten hörte ich Schüsse und Gebrüll in deutscher Sprache. Schnell wurde mein verborgener Platz in den Büschen entdeckt und mit Tritten und Schlägen mit dem Gewehrkolben trieb man mich zum Tor auf der Seite des Rondo Waszyngtona. Dort teilten die Gendarmen die Leute ein. Unter den Zusammengetriebenen sah ich einen Kameraden aus der Berufsschule. Wir hatten die gleichen Dokumente: Kennkarten, Schulbescheinigungen und Bescheinigungen, dass wir ein Berufspraktikum in der deutschen Fabrik „Brunwerke" absolvieren. Wir machten aus, dass, falls einer von uns freigelassen wird, er die Eltern des anderen informiert. Und so kam es. Ihn schickten sie zu der Gruppe, die freigelassen wurde, und mich luden sie zusammen mit den anderen Festgehaltenen auf Lastwagen und brachten uns in die Skaryszewska-Straße. […] Die Skaryszewska-Straße war allen Warschauern bekannt, weil die Deutschen in einem Gebäude, das vor dem Krieg eine Schule gewesen war, einen Sammelpunkt organisierten. Hier wurde die Abfahrt der Transporte zur Zwangsarbeit nach Deutschland organisiert. […] Ganz Warschau wusste, dass diejenigen, die bei Straßenrazzien festgenommen wurden, entweder nach Pawiak oder in die Skaryszewska-Straße gebracht wurden. Deshalb kamen dort ständig sehr viele Menschen hin. Die Festgehaltenen verständigten sich mit ihnen durch offene Fenster und riefen ihnen ihre Namen und Adressen zu, mit dem Ziel, die Angehörigen darüber zu informieren, wo sie sich befanden. Ich rief auch, und auf diese Weise erfuhren meine Eltern und Freunde den Termin unserer Verschickung zur Arbeit. Am Dienstag, dem 23. Mai, lud man uns auf Autos und brachte uns zum Ostbahnhof.«

Bericht von Stanisław Masny. Als 16jähriger Berufsschüler wurde Masny im Mai 1944 bei einer Razzia in einem Warschauer Park festgenommen und zur Zwangsarbeit nach Bremen-Farge verschickt. 2005 schrieb er seine Erinnerungen nieder. (Fundacja „Polsko-Niemieckie Pojednanie", Warszawa)

Fritz Sauckel inspiziert die Deportation von Zwangsarbeiter:innen in Kiew, Juni 1942. Sauckel machte sich im besetzten Osten persönlich ein Bild von der gewaltsamen Rekrutierung von Arbeitskräften für Deutschland. Auf dem Kiewer Bahnhof traf er auf ukrainische Frauen mit ihren Habseligkeiten. Anwesend war auch Alfred Rosenberg, der Reichsminister für die besetzten Ostgebiete (links hinter Sauckel). (Yad Vashem, Jerusalem)

DER GENERALBEVOLLMÄCHTIGTE FÜR DEN ARBEITSEINSATZ UND GAULEITER VON THÜRINGEN – FRITZ SAUCKEL

Im März 1942 ernannte Hitler den Thüringer Gauleiter Fritz Sauckel zum „Generalbevollmächtigten für den Arbeitseinsatz" (GBA). Damit war diesem die gesamte Arbeitsverwaltung im Deutschen Reich und in den besetzten Gebieten unterstellt.

Sauckels Dienststellen arbeiteten eng mit den Besatzungsverwaltungen zusammen. Bis 1945 verschleppten sie – vor allem aus den besetzten Gebieten der Sowjetunion – mehrere Millionen Männer, Frauen und auch Kinder als Arbeitskräfte in das Deutsche Reich.

Menschenjagden und drakonische Strafmaßnahmen kennzeichneten die Rekrutierung unter Sauckel. Sein Name fand sogar Eingang in den Sprachgebrauch. So schrieb 1943 ein Telefunken-Manager, dass man versuche, Arbeitskräfte aus Frankreich „herauszusauckeln".

Das Thüringenhaus in Berlin, um 1933.
Die Dienststelle des Generalbevollmächtigten für den Arbeitseinsatz befand sich im Thüringenhaus in Berlin. Im Krieg wurde das Gebäude zerstört. Heute befindet sich an gleicher Stelle die neu errichtete Thüringer Landesvertretung. (Bundesarchiv, Koblenz)

ZEISS IKON

Razzien und Sauckel, Mai 1943.
Die Kontaktstreifen zeigen Fotos, die ein Angehöriger einer SS-Propagandakompanie im Mai 1943 im besetzten Belarus machte. Zunächst dokumentierte der Fotograf Razzien zur Ergreifung von Zwangsarbeitern (Reihe 1). Direkt im Anschluss (Reihe 2 – 4) fotografierte er die Ankunft Fritz Sauckels in Minsk und seine Begrüßung durch Wilhelm Kube, den „Generalkommissar für Weißruthenien“. (Fotos: Weiss / PK der Waffen-SS; Bundesarchiv, Koblenz)

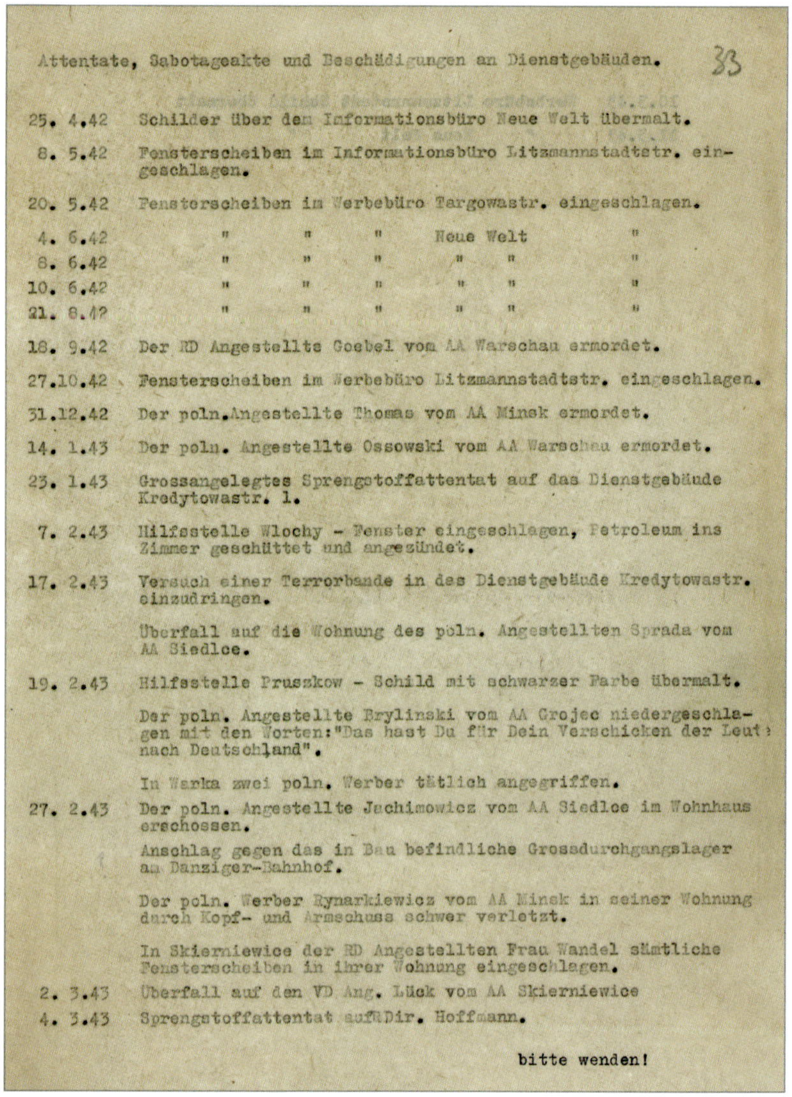

Attentate, Sabotageakte und Beschädigungen an Dienstgebäuden. 33

25. 4.42	Schilder über dem Informationsbüro Neue Welt übermalt.
8. 5.42	Fensterscheiben im Informationsbüro Litzmannstadtstr. eingeschlagen.
20. 5.42	Fensterscheiben im Werbebüro Targowastr. eingeschlagen.
4. 6.42	" " " Neue Welt "
8. 6.42	" " " " " "
10. 6.42	" " " " " "
21. 8.42	" " " " " "
18. 9.42	Der RD Angestellte Goebel vom AA Warschau ermordet.
27.10.42	Fensterscheiben im Werbebüro Litzmannstadtstr. eingeschlagen.
31.12.42	Der poln.Angestellte Thomas vom AA Minsk ermordet.
14. 1.43	Der poln. Angestellte Ossowski vom AA Warschau ermordet.
23. 1.43	Grossangelegtes Sprengstoffattentat auf das Dienstgebäude Kredytowastr. 1.
7. 2.43	Hilfsstelle Wlochy - Fenster eingeschlagen, Petroleum ins Zimmer geschüttet und angezündet.
17. 2.43	Versuch einer Terrorbande in das Dienstgebäude Kredytowastr. einzudringen.
	Überfall auf die Wohnung des poln. Angestellten Sprada vom AA Siedlce.
19. 2.43	Hilfsstelle Prusskow - Schild mit schwarzer Farbe übermalt.
	Der poln. Angestellte Brylinski vom AA Grojec niedergeschlagen mit den Worten:"Das hast Du für Dein Verschicken der Leute nach Deutschland".
	In Warka zwei poln. Werber tätlich angegriffen.
27. 2.43	Der poln. Angestellte Jachimowicz vom AA Siedlce im Wohnhaus erschossen.
	Anschlag gegen das in Bau befindliche Grossdurchgangslager am Danziger-Bahnhof.
	Der poln. Werber Rynarkiewicz vom AA Minsk in seiner Wohnung durch Kopf- und Armschuss schwer verletzt.
	In Skierniewice der RD Angestellten Frau Wandel sämtliche Fensterscheiben in ihrer Wohnung eingeschlagen.
2. 3.43	Überfall auf den VD Ang. Lück vom AA Skierniewice
4. 3.43	Sprengstoffattentat aufRDir. Hoffmann.

bitte wenden!

Anschläge auf Arbeitsämter, 1942/43.
Aufstellung von Anschlägen der polnischen Widerstandsbewegung auf Gebäude und Mitarbeiter:innen der deutschen Arbeitsverwaltung im Distrikt Warschau seit April 1942, darunter ein Attentat auf Arbeitsamtchef Kurt Hoffmann (Seite 1 von 2).
(Instytut Pamięci Narodowej, Warszawa)

WIDERSTAND GEGEN DIE REKRUTIERUNG

Durch Gegenpropaganda, Anschläge auf Arbeitsämter, die Zerstörung von Karteien und Attentate auf besonders eifrige Mitarbeiter:innen der Arbeitsämter versuchten die Widerstandsbewegungen in ganz Europa, die Rekrutierung für den „Reichseinsatz" zu stören. Auch Einzelne wehrten sich gegen ihre Verschleppung: mit gefälschten Arbeitsbescheinigungen deutscher Firmen, durch Flucht oder durch die Bestechung von Ärzt:innen und Mitarbeiter:innen der Arbeitsämter.

Auf dem Bahnsteig kurz vor der Abfahrt, Ukraine, Frühjahr 1943. Durch eine Luke reicht ein Mann eine Flasche in den Güterwaggon. Die Waggons wurden verschlossen, um beim Transport Fluchten zu verhindern. (Foto: Thiemann; Bundesarchiv Bildarchiv Koblenz)

TRANSPORT

In der besetzten Ukraine wurden täglich Tausende Frauen und Männer in Viehwaggons verladen und als Arbeitskräfte ins Deutsche Reich geschickt. Meist bewachten diese Transporte Wehrmachtsoldaten auf dem Weg in den Heimaturlaub. Die Mitarbeiter:innen der Arbeitsverwaltung, deren einzige Sorge die Erfüllung ihrer Quoten war, pferchten zu viele Menschen in die engen Waggons. Nur selten versorgten sie die Zwangsarbeiter:innen mit Nahrungsmitteln und Wasser. Da zudem kaum Vorkehrungen gegen die Kälte getroffen wurden, kam es vor allem im Winter während der Transporte immer wieder zu Todesfällen. Die zurückbleibenden Familienangehörigen waren verzweifelt. Oft wussten Eltern nicht, wohin ihre Tochter oder ihr Sohn gebracht wurden, und warteten monatelang auf eine Nachricht.

MASSENPHÄNOMEN. ZWANGSARBEIT IM DEUTSCHEN REICH

„REICHSEINSATZ“

Mit dem Scheitern der Blitzkriegstrategie gegenüber der Sowjetunion wurde der Arbeitskräftemangel im Deutschen Reich immer drängender. Daher wurden seit 1942 mehr und mehr ausländische Zwangsarbeiter:innen ins Reich deportiert.

Entsprechend ihrer Ideologie sah die NS-Führung in der Anwesenheit „minderwertiger“ Ausländer:innen eine Bedrohung für die „rassische Reinheit des deutschen Volkes“. Deshalb erließen Gestapo und Arbeitsverwaltung scharfe Aufenthalts- und Verhaltensregeln für ausländische Arbeitskräfte. Täglich trafen Bahntransporte in den Durchgangslagern im Reichsgebiet ein. Von dort aus wurden die Menschen auf Einsatzorte und Firmen verteilt, die bei den Arbeitsämtern ihren Bedarf angemeldet hatten.

ANKUNFT

links: Zwangsarbeiterinnen aus der Sowjetunion bei der Ankunft im Durchgangslager Berlin-Wilhelmshagen, Dezember 1942. (Deutsches Historisches Museum, Berlin)

rechts: Durchgangslager Berlin-Wilhelmshagen, Dezember 1942. Die Zwangsarbeiter:innen blieben nur wenige Tage. Sie sollten möglichst schnell zu ihren Arbeitsstellen gebracht werden. Alle vier bis fünf Tage kamen neue Transporte an. (Deutsches Historisches Museum, Berlin)

Ab dem Frühjahr 1942 kamen Tag für Tag Tausende deportierte Männer, Frauen und Kinder mit Zügen in sogenannten Durchgangslagern an, die überall im Deutschen Reich als regionale Verteilungszentren eingerichtet wurden.

In den Durchgangslagern mussten sich die Menschen zunächst einer Desinfektion unterziehen. Mitarbeiter:innen der Arbeitsämter registrierten sie anschließend und stellten Arbeitskarten und -bücher aus. Schließlich wurden sie den Firmen zugeteilt, die Arbeitskräfte beantragt hatten.

Häufig setzten die Arbeitsämter einen Tag fest, an dem sich Landwirte oder Firmenvertreter:innen in den Durchgangslagern Arbeitskräfte gegen eine Gebühr aussuchen konnten. Ehemalige Zwangsarbeiter:innen beschreiben in ihren Erinnerungen diese Situation als einen Sklavenmarkt.

Durchgangslager Berlin-Wilhelmshagen, Dezember 1942. Mitarbeiterinnen des Arbeitsamtes erfassen die Zwangsarbeiterinnen und händigen die Arbeitspapiere aus. (Deutsches Historisches Museum, Berlin)

„Schaubild der Woche", Amstettner Anzeiger, 18. April 1943. Eine der Regeln verbot die „Tischgemeinschaft" von Deutschen und Zwangsarbeiter:innen. Auf den Bauernhöfen sollten die Zwangsarbeiter:innen ihre Mahlzeiten getrennt einnehmen. (Bibliothek der Universität Wien)

HIERARCHIE UND REGELWERK

Die im Deutschen Reich eingesetzten Zwangsarbeiter:innen wurden in eine rassistische Hierarchie gepresst. Ganz oben standen „arische" Deutsche als Herrenmenschen, ihnen folgten Menschen aus Nord- und Westeuropa. Am Ende der Stufenleiter befanden sich Pol:innen, sowjetische Arbeitskräfte („Ostarbeiterinnen" und „Ostarbeiter") und schließlich Jüdinnen und Juden sowie Sinti:zze und Rom:nja. Rigide Bestimmungen sollten enge Kontakte zwischen Deutschen und Zwangsarbeiter:innen verhindern. Pol:innen, „Ostarbeiterinnen", „Ostarbeiter" sowie Jüdinnen und Juden mussten Kennzeichen an der Kleidung tragen. Sie durften sich nicht frei bewegen und waren von drakonischen Strafen bedroht.

Zuständig für die zahllosen Erlasse war das Reichsicherheitshauptamt. Es sah in der Anwesenheit der vielen Nichtdeutschen vor allem „volkstumspolitische" Gefahren für die deutsche „Blutsgemeinschaft".

DIMENSIONEN DER ZWANGSARBEIT

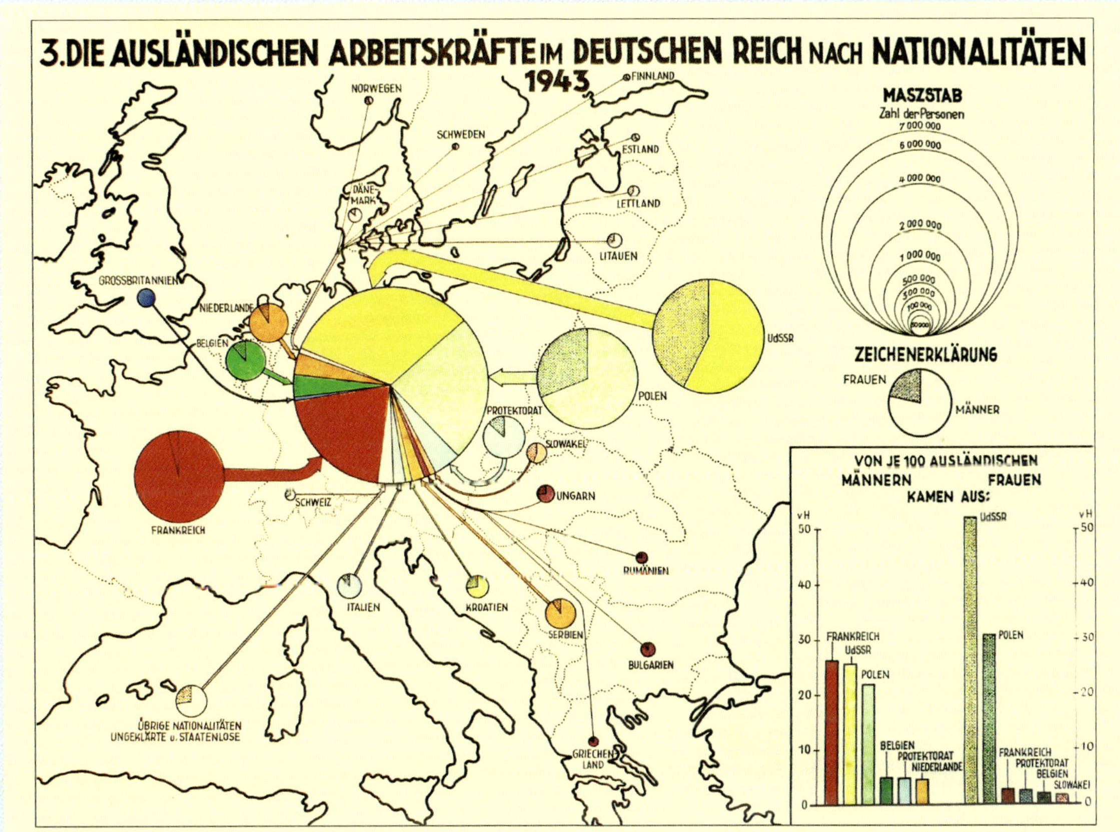

Ausländische Arbeitskräfte im Deutschen Reich nach Nationalitäten, 1943. Besonders bei den Frauen war der Anteil sowjetischer Arbeitskräfte sehr hoch. (Ausschnitt aus einer 1944 vom Chef der deutschen Militärverwaltung in Frankreich herausgegebenen Publikation, Archives Nationales, Paris)

Von 1939 bis 1945 mussten im Deutschen Reich und den von ihm annektierten Gebieten („Großdeutsches Reich“) insgesamt über 13 Millionen Menschen Zwangsarbeit leisten. Davon waren etwa 4,6 Millionen Kriegsgefangene. Die Zwangsarbeiter:innen kamen aus allen von der Wehrmacht besetzten Ländern, vor allem aus der Sowjetunion, Polen und Frankreich.

Die Zwangsarbeiter:innen wurden vor allem in der Landwirtschaft, der Rüstungsindustrie, dem Bergbau und im Bauwesen eingesetzt. Gegen Ende des Krieges stellten sie fast die Hälfte der Arbeitskräfte in der Landwirtschaft, ein Drittel in der Rüstungsindustrie und im Bauwesen sowie ein Viertel im Bergbau. Aber auch in privaten Haushalten und im Handwerk gehörten sie zum Alltag.

Etwa zweieinhalb Millionen Menschen, vor allem sowjetische Kriegsgefangene und KZ-Häftlinge aus allen Teilen Europas, haben die Zwangsarbeit im Deutschen Reich nicht überlebt.

LANDWIRTSCHAFT

Ausländer:innen stellten ab 1943 fast die Hälfte der Arbeitskräfte in der Landwirtschaft. Wie gut oder wie schlecht sie ihre Zwangsarbeiter:innen behandelten, konnten die deutschen Bäuer:innen weitgehend selbst entscheiden.

In der Landwirtschaft wurden vor allem polnische und sowjetische Zivilarbeiter:innen, darunter viele Frauen und Kinder, sowie französische Kriegsgefangene eingesetzt. Im Gegensatz zur Zwangsarbeit in der Industrie waren sie auf den Höfen oft einzeln oder in kleinen Gruppen untergebracht. Kontakte zu den Bauernfamilien waren deshalb unvermeidlich. Aus der räumlichen Nähe und der unmittelbaren Verfügungsgewalt entstanden Freiräume: für körperliche Übergriffe, die von Prügel bis zu Vergewaltigungen reichten, aber auch für Mitmenschlichkeit.

Zwangsarbeiterinnen in Ostpreußen, undatiert. „Wir arbeiteten bei den Deutschen vom Morgengrauen bis zum späten Abend, vom Frühlingsanfang fast bis zum Jahresende", schreibt Władysława Ossowska geb. Kowalewska. Die 1918 geborene Polin arbeitete ab 1939 auf unterschiedlichen privaten Gutshöfen in Ostpreußen und Brandenburg. Aber auch kirchliche Gutsbetriebe profitierten von der landwirtschaftlichen Zwangsarbeit. (Fundacja „Polsko-Niemieckie Pojednanie", Warszawa)

„Das ist das wahnsinnig liebe Pferd Bubi. Riesige Freundschaft zwischen Mensch und Pferd", schreibt der 1925 geborene Zdzisław Żuber zu diesem Foto. Als Vierzehnjähriger wurde er 1940 alleine aus Polen nach Hörans in Niederösterreich gebracht. Dort musste er auf einem Bauernhof arbeiten. (Fundacja „Polsko-Niemieckie Pojednanie", Warszawa)

ALLEIN IM DEUTSCHEN REICH

Viele landwirtschaftliche Zwangsarbeiter:innen waren einzeln auf den Höfen eingesetzt. Sie litten oft an Einsamkeit. Kontakte zu Landsleuten waren nur in der spärlichen arbeitsfreien Zeit möglich, Gespräche mit den Deutschen waren auf ein Minimum reduziert. Die Bäuer:innen hatten die vollständige Kontrolle und Verfügungsgewalt. Von ihrem Verhalten hing es ab, ob es ihren Zwangsarbeiter:innen schlecht oder einigermaßen erträglich ging.

ARBEITEN AUF DEM FELD

Die Zwangsarbeit auf den Feldern war körperlich sehr anstrengend. Es wurde von Sonnenaufgang bis Sonnenuntergang gearbeitet. Das waren im Sommer oft mehr als 16 Stunden. Der Witterung waren die Zwangsarbeiter:innen schutzlos ausgeliefert; es wurde bei Schnee und Regen oder auch in sengender Hitze gearbeitet. Vielfach wurden die Frauen und Männer durch die Gutsbesitzer:innen, Vorarbeiter:innen oder Aufseher:innen brutal angetrieben.

Antoni Bryliński (vorne in der Mitte) arbeitete seit Anfang Mai 1940 auf einem Gut in Rehfelde bei Berlin. Mit sechs weiteren Polen musste er im Stall schlafen. Weil er illegal Radio hörte, wurde Antoni Bryliński 1944 von der Gestapo verhaftet und in das KZ Dachau eingewiesen. (Foto: Jan Bąk; Privatbesitz Antoni Bryliński, Poznań)

WÜRMLA (NIEDERÖSTERREICH), SOMMER 1941
„VERBOTENER UMGANG“

Verbotene Erinnerungsfotos, 1941.
Die Aufgabe der Bewacher Walter Pakosta und Franz Gabriel bestand in der Verhinderung enger Kontakte zwischen den Landarbeiter:innen und den Kriegsgefangenen. Die von ihnen gemachten Fotos waren jedoch der Auslöser für eine vermutete Beziehung zwischen Nobile Citerneschi und seiner Arbeitgeberin. (Fotos: Franz Gabriel / Walter Pakosta; Wiener Stadt- und Landesarchiv)

Einheimische Landarbeiter:innen, ein Wehrmachtssoldat und ein Kriegsgefangener gemeinsam auf einem Bild – dies erregte den Argwohn der NS-Behörden, zumal der Franzose Nobile Citerneschi die Fotos 1941 von seiner ehemaligen Arbeitgeberin erhalten hatte. Citerneschi kam vor ein Kriegsgericht; gegen die Frau erhob ein Sondergericht Anklage.

Zwar löste der Verdacht einer sexuellen Beziehung zwischen den beiden die Untersuchung aus. Aber auch sehr viel geringere „Vergehen“ – wie das Zustecken von Butterbroten und Zigaretten oder einfach nur Gespräche – wurden von den Behörden als „verbotener Umgang“ verfolgt. Dabei spielten Denunziationen aus der Bevölkerung eine wichtige Rolle. Leidtragende waren die Zwangsarbeiter:innen, die häufig auf das Schärfste bestraft wurden.

Geheim

2

A b s c h r i f t .

C i t e r n e s c h i ,Nobile Nr.22141 -2.Cl.geb.27.11.1913
zu Monticiello(Korsika).Wohnsitz:
Pino(Korsika)

Der Krgf.kommt vom Stalag XVII B,von wo er aus
für die Zeit vom 26.Juli 1940 - 3.Febr.1941 bei der Familie ~~Renn~~
Renner in Wurmla(Ostmark) auf Arbeitskommando war.

Bild Nr.1: wie Bild 3 des Krgf.Bonvicini,Libero Nr.22185
" Nr.2: Stieftochter von Frau Renner mit Vornamen Marie.
" Nr.3: links nach recht:Krgf.Citerneschi -Marie Hertzog-
Poldi(Stieftochter v.Fr.Renner)-Wachmann mit Vor-
namen Walter(Familienname unbekannt)-Anna Hertzog-
Frl.Anna(Familienname unbekannt)-Krgf.Santini,Frau-
sois Nr.22069(z.Zt.im Oflag V C)
" Nr.4: Krgf.Citenschi -Poldi(Stieft.v.Fr.Renner)-Wachmann
wie bei Bild Nr.3-ein Mädel aus der Nachbarschaft
mit unbekannten Namen-Stieftochter Marie-hinten der
Stiefsohn v.Fr.Renner mit Namen Michel und des-
sen Spielfreund.
" Nr.5: Wachmann Walter Bub aus der Nachbarschaft(Name un-
bekannt)-Mädel aus der Nachbarschaft(Name unbek.)
-Poldi(Stieftochter v.Fr.Renner)-Michel(Stiefsohn
v.Fr.Renner)-Krgf.Citerneschi-auf der Kuh Wachmann
mit Vornamen Franz.
" Nr.6: Marie(Stieftochter v.Fr.Renner)-Junge aus der Nach-
barschaft(Name unbekannt)-Michel(Stiefsohn v.Fr.
Renner)-Mädel aus der Nachbarschaft(Name unbekannt)
-Poldi(Stieftochter v.Fr.Renner)-Krgf.Citerneschi-
auf der Kuh Wachmann ,mit Vornamen Walter.

Sämtliche Aufnahmen wurden dem Krgf.,von Frau Renner als An-
denken gegeben.

Sondergerichtsakte, 1941. Für das Sondergerichtsverfahren gegen die Arbeitgeberin wurden die auf den einzelnen Fotos Abgebildeten vermerkt. Insgesamt wurden Nobile Citerneschi sechs Fotos abgenommen. Das Kriegsgerichtsurteil gegen Nobile Citerneschi ist nicht überliefert; die Arbeitgeberin wurde vom Sondergericht freigesprochen. (Wiener Stadt- und Landesarchiv)

ZWANGSARBEITER:INNEN AUF IHREN PRIVATFOTOS

links: Westeuropäische Zwangsarbeiter:innen fungierten als Fotografen für polnische und sowjetische Arbeitskräfte, denen der Besitz von Fotoapparaten verboten war. Der Holländer Adrianus Markus hielt auf seinen Fotos auch die sowjetischen Lagerinsassen fest, darunter eine sowjetische Frau und ihr Kind, den jüngsten „Bewohner des Ostlagers Berlin 1943". (Foto: Adrianus Markus; Dokumentationszentrum NS-Zwangsarbeit / Sammlung Berliner Geschichtswerkstatt)

rechts: Maria Andrzejewska mit anderen polnischen Zwangsarbeiterinnen der Berliner Firma Dr. Klaus Gottwart – Technische Fabrik vor dem Berliner Dom, 1943. Deutsche Fotograf:innen boten in allen größeren Städten an, ausländische Arbeitskräfte gegen Bezahlung vor Sehenswürdigkeiten abzulichten. (Dokumentationszentrum NS-Zwangsarbeit / Sammlung Berliner Geschichtswerkstatt)

Auf den ersten Blick wirken die privaten Aufnahmen der Zwangsarbeiter:innen irritierend: Sie scheinen harmlos, wichtige Sphären des Zwangsarbeitsalltags – Arbeit, Gewalt, Widerstand oder Flucht – sind weitgehend ausgespart. Erst mit dem Wissen, wie und warum sie entstanden sind, wird deutlich, dass es sich bei ihnen keineswegs um normale Privatfotos handelt.

Angesichts ihres permanent eingeschränkten und bedrohten Lebens wollten die Männer und Frauen ein positives Bild zeichnen, für ihre Angehörigen, für sich selbst. Damit stehen die Fotos auch für den Versuch, sich nicht auf die ihnen von den Nationalsozialisten zugeschriebene Rolle festlegen zu lassen.

Im Zuge einer deutschen Bildpostkarten-Aktion wurden 1943 sowjetische Arbeitskräfte auf möglichst positive Weise fotografiert. Die Postkarten dienten der Propaganda und sollten die freiwillige Anwerbung weiterer sowjetischer Arbeitskräfte unterstützen. In den 1990er Jahren dienten Privatfotos bei Entschädigungsanträgen als Nachweis über den Zwangsarbeitseinsatz. Wie Anna Nikolaewna Majnaja, die zwischen November 1942 und Mai 1945 in einem Wäschereibetrieb bei Klagenfurt arbeiten musste, kennzeichneten sich die Antragstellenden auf ihren Privatfotos. (Internationale Gesellschaft MEMORIAL, Moskau)

Der Besitz von Gruppenfotos konnte für polnische oder sowjetischen Arbeitskräfte gefährlich sein, da fast alle Kontakte zu Angehörigen anderer Gruppen als „verbotener Umgang“ geahndet wurden. „Das Foto wurde im Dorf Gąski von einem Hobby-Fotografen namens Fydor aus der Kolonie Gąski aufgenommen und ich wurde gewarnt, es niemandem zu zeigen, denn dafür drohte das Konzentrationslager“, schrieb der im ostpreußischen Oletzko als Landarbeiter eingesetzte Zbigniew Olszewski, vorne in der Mitte, im Jahr 2005. Die Gefahr bestand darin, dass er gemeinsam mit polnischen Kriegsgefangenen abgebildet wurde. (Fundacja „Polsko-Niemieckie Pojednanie“, Warszawa)

BAUWIRTSCHAFT

Um den Krieg fortführen zu können, ließ die NS-Führung immer größere Bauvorhaben für Rüstungsprojekte vorantreiben. Baufirmen zogen dafür zahlreiche Zwangsarbeiter:innen heran. Die Arbeit auf den Baustellen war besonders hart.

Mit den Aufträgen für neue Rüstungsfabriken und Bunkeranlagen erzielten deutsche Bauunternehmen hohe Gewinne. Bis 1944 stieg bei ihnen der Anteil der Zwangsarbeiter:innen auf ein Drittel aller Beschäftigten. Es handelte sich fast ausschließlich um Männer. Viele starben an den Folgen der kräftezehrenden Arbeit. Zur Unterbringung der Arbeiter:innen richteten die Firmen in der Nähe der Baustellen Zelt- oder Barackenlager ein. Die miserablen hygienischen Bedingungen dort sowie Unterernährung und mangelhafte medizinische Versorgung erhöhten die Todeszahlen weiter.

Baustelle im Hochgebirge, 1944. In den Zillertaler Alpen (Tirol) mussten ab Mai 1942 Kriegsgefangene und Zwangsarbeiter:innen ein Bergwerk für den Abbau von Molybdän errichten, das für die Stahlveredelung in der Rüstungsindustrie dringend benötigt wurde. (Privatbesitz Mathias Breit, Absam)

Lager Bibra auf der Nordseite des Walpersberges, August 1944. In der Mitte des Platzes der Entlausungswagen. Der 13jährige Ernst Große fotografierte das am Rande seines Heimatdorfes gelegene Lager. Seine Fotos gehören zu den wenigen Privataufnahmen, die Deutsche von den Zwangsarbeiter:innen machten. (Fotos: Privatbesitz Ernst Große, Bibra)

KAHLA (THÜRINGEN), AUGUST 1944
DAS REIMAHG-WERK

Am Walpersberg bei Kahla (Thüringen) wurden seit April 1944 über 12.000 Zwangsarbeiter:innen aus allen Teilen Europas beim Bau eines unterirdischen Flugzeugwerkes eingesetzt. Das Untertage-Werk sollte Sicherheit vor alliierten Luftangriffen bieten.

Viele Zwangsarbeiter:innen brachte die Bauleitung in provisorischen Lagern unter. Manche mussten zeitweise unter freiem Himmel oder in eilig erstellten Zeltlagern hausen. Gleichzeitig wurden sie bei der Arbeit zu Höchstleistungen angetrieben.

Bei mangelhafter Ernährung, schlechter Bekleidung und ohne Rücksicht auf Sicherheitsbestimmungen mussten die Zwangsarbeiter:innen Stollen vorantreiben, in denen Düsenjäger montiert werden sollten. Das nach Reichsmarschall Hermann Göring benannte REIMAHG-Werk wurde nie fertiggestellt. Tausende Menschen starben an den Folgen der Zwangsarbeit am Walpersberg.

Essenausgabe im Zwangsarbeitslager Bibra, August 1944. (Foto: Privatbesitz Ernst Große, Bibra)

RÜSTUNGSINDUSTRIE

Die Zwangsarbeiter:innen der Rüstungsbetriebe waren meist in Barackenlagern in der Nähe der Werkshallen untergebracht. Sie mussten Waffen für den Krieg gegen ihre eigenen Landsleute fertigen.

Die Firmenleitungen wollten billige, möglichst gut ausgebildete Arbeitskräfte. Ihre Unterbringung und Versorgung aber interessierte kaum. Viele der Männer und Frauen litten unter ständigem Hunger. Die Zwangsarbeiter:innen mussten auf engstem Raum in verdreckten Baracken leben und wurden bei der Arbeit, im Lager und in der arbeitsfreien Zeit von deutschen Vorarbeitern und Bewachern kontrolliert und schikaniert. Den häufigen Luftangriffen auf Rüstungsbetriebe waren Osteuropäer:innen schutzlos ausgeliefert: Die Luftschutzbunker der Deutschen blieben ihnen versperrt.

9
10
AM
1276

Ausländische Arbeitskräfte bei BMW in Allach, um 1943. Alle in der Produktion der Flugmotoren beschäftigten Ausländer:innen waren gekennzeichnet: Auf die Jacken der sowjetischen Kriegsgefangenen wurde das Kürzel „SU" angebracht. KZ-Häftlinge waren aufgrund ihrer gestreiften Kleidung erkennbar. Die gestellten Aufnahmen sind vermutlich Propagandafotos. (BMW Group Archiv)

MÜNCHEN-ALLACH
ARBEIT BEI BMW

Im größten Flugmotorenwerk des Deutschen Reiches, dem Werk II von BMW in München-Allach, waren gegen Ende des Krieges 90 Prozent der Belegschaft ausländische Zivilarbeiter:innen, Kriegsgefangene oder KZ-Häftlinge. Zwischen 1939 und 1944 war die Zahl der Beschäftigten von 1000 auf über 17.000 Personen angestiegen.

Die Zwangsarbeiter:innen waren sowohl in der Fertigung als auch beim Ausbau des Werkes tätig. Aufgrund seiner rüstungswirtschaftlichen Bedeutung wurde BMW von den Arbeitsämtern bei der Zuweisung von Arbeitskräften bevorzugt. Trotzdem konnte der Personalbedarf des Unternehmens nie völlig gedeckt werden.

Die westeuropäischen Arbeiter:innen wohnten teils in Privatquartieren. Für alle anderen entstanden bis 1944 rund um das Betriebsgelände mehrere Barackenlager, in denen über 14.000 Menschen untergebracht waren. Zu ihnen zählten auch mehrere Tausend KZ-Häftlinge, um deren Zuweisung sich die Firmenleitung bereits 1942 bemüht hatte.

Strafgefangene montieren Flugzeugmotoren, um 1943.
Zu den Lagern in Allach gehörte auch das „Straflager der SS und Polizei Dachau“ für verurteilte SS- und Polizeiangehörige. Ein „Z“ markierte sie als Zuchthausgefangene. Im BMW-Werk arbeiteten sie teilweise unmittelbar neben den KZ-Häftlingen und Kriegsgefangenen. (BMW Group Archiv)

MÜNCHEN, MÄRZ 1944
DER LAGERKOSMOS IN EINER DEUTSCHEN METROPOLE

Ab März 1944 wurden ukrainische Familien im ehemaligen Bibliothekssaal des Deutschen Museums in München untergebracht. Vier deutsche Männer bewachten sie. Die Ukrainer:innen mussten für die Stadtverwaltung arbeiten.

Die Unterkünfte waren – je nach Herkunft und Kategorie der Zwangsarbeiter:innen – sehr unterschiedlich. Die Spannweite reichte von Privatquartieren über Sammelunterkünfte in Baracken und Sälen bis zu improvisierten Lagern in Fabrikhallen oder Scheunen. Am schlechtesten waren die Unterkunftsbedingungen für Arbeitskräfte aus Osteuropa und KZ-Häftlinge. Vor allem in den ungeschützten großen Barackenlagern starben viele Zwangsarbeiter:innen bei alliierten Luftangriffen.

Die vielen Lager überzogen München – wie jede andere deutsche Stadt – mit einem engmaschigen Netz. Sie waren unübersehbar und gehörten zum Alltag der deutschen Bevölkerung.

Ukrainer:innen im Deutschen Museum München, 1944. Die Männer, Frauen und Kinder waren gemeinsam im Bibliothekssaal untergebracht. Die gesamte arbeitsfreie Zeit spielte sich in diesem kargen Raum ab. (Deutsches Museum München)

Der niederländische Zwangsarbeiter Aart Markus beim improvisierten Kochen von Kartoffeln im Lager in Berlin-Spandau, um 1944. (Foto: Adrianus Markus; Dokumentationszentrum NS-Zwangsarbeit / Sammlung Berliner Geschichtswerkstatt)

HUNGER

Fast alle Zwangsarbeiter:innen bekamen zu wenig zu essen. Sie mussten deshalb versuchen, sich zusätzliche Nahrungsmittel zu beschaffen. Lebensmittel wurden je nach Herkunft der Zwangsarbeiter:innen unterschiedlich rationiert. Die geringsten Rationen erhielten Arbeitskräfte aus der Sowjetunion und aus Polen. Durch korrupte deutsche Lagerleiter, die Nahrungsmittel abzweigten, wurden sie häufig noch kärglicher. Etwas höher waren die Rationen für Kriegsgefangene und Zivilarbeiter:innen aus Westeuropa. Ihnen war es außerdem erlaubt, Pakete aus ihren Heimatländern zu empfangen. Die Osteuropäer:innen konnten ihre Rationen dagegen nur durch Tauschhandel oder durch zusätzliche Arbeit aufbessern. Die deutsche Bevölkerung wurde dazu angehalten, den Hungernden keine zusätzliche Nahrung zu geben.

BRESLAU
BORDELLE FÜR AUSLÄNDER

„Nur für Ausländer!" lautete das Schild am Eingang zum Bordell für ausländische Zwangsarbeiter in Breslau. Die NS-Führung forderte bereits 1940 die Einrichtung solcher Bordelle, um sexuelle Kontakte zwischen deutschen Frauen und ausländischen Zwangsarbeitern zu verhindern. Lokale Behörden lehnten die Bordelle anfangs noch mit dem Argument ab, dass genügend ausländische Zwangsarbeiterinnen vor Ort tätig seien. Ende 1943 gab es nach Angaben des Sicherheitsdienstes der SS im Deutschen Reich bereits 60 Ausländerbordelle mit rund 600 Frauen; weitere 50 befanden sich im Bau.

Obwohl die polnischen, tschechischen und französischen Frauen offiziell auf „freiwilliger" Basis rekrutiert werden sollten, wurden sie meist zur Prostitution gezwungen.

Kassenschalter des Ausländerbordells in Breslau, 1942/1943. „Nur für Ausländer. Eintritt 60 Pfennig. Auch die Prostituierten waren Zwangsarbeiterinnen", notierte der tschechische Zwangsarbeiter und Fotograf Zdeněk Tmej. Ihm zufolge hatten die eingesetzten Polinnen, Tschechinnen und Französinnen „entweder das Bordell oder ein Konzentrationslager zur Auswahl" (Foto: Zdeněk Tmej, Archiv B&M Chochola, Praha)

ÜBERWACHUNG UND GEWALT

Zwangsarbeiter:innen wurden ständig überwacht und mit drakonischen Strafen bedroht. Eine Schlüsselrolle spielte die Geheime Staatspolizei. Sie konnte sich auf eine verbreitete Bereitschaft zur Denunziation verlassen.

Für eine möglichst engmaschige Überwachung nutzte die Gestapo polizeiliche Hilfsdienste, Hinweise aus der Bevölkerung und Anzeigen der Betriebsleitungen. Um Arbeitsdisziplin zu erzwingen und unerwünschte Kontakte zur Bevölkerung zu verhindern, gingen die Sicherheitsbehörden brutal gegen Zwangsarbeiter:innen vor, besonders gegen Pol:innen, „Ostarbeiterinnen" und „Ostarbeiter". Der Strafkatalog reichte von Geldbußen über die Einweisung in „Arbeitserziehungslager" bis zu Hinrichtungen.

Deutsches Wachpersonal eines Zwangsarbeitslagers der Firma Wilhelm Quester in Köln, undatiert. (NS-Dokumentationszentrum Köln)

TOTALE ÜBERWACHUNG

Ob in der Stadtwacht, als Lagerpersonal oder als Denunziant:innen – viele Einheimische leisteten Hilfsdienste für die Sicherheitsbehörden. Deren Ziel war es, die Disziplin der ausländischen Arbeitskräfte aufrecht zu erhalten, Widerstand zu unterdrücken und unerwünschte Kontakte zur Bevölkerung bereits im Keim zu ersticken.

Alle Lebensbereiche der Zwangsarbeiter:innen wurden überwacht. Dafür setzten die Behörden Spitzel ein und zensierten die Post. Nicht fronttaugliche Männer übernahmen in der Stadt- und Landwacht Bewachungsdienste und machten Jagd auf flüchtige Zwangsarbeiter:innen. Streifendienst und Werkschutz meldeten Verfehlungen an die Polizei. Eines der wichtigsten Herrschaftsinstrumente der Gestapo waren Denunziationen aus der Bevölkerung.

DAS REICHSSICHERHEITSHAUPTAMT UND DIE „GEFAHRENABWEHR IM AUSLÄNDEREINSATZ“

Die Kontrolle der Zwangsarbeiter:innen im Deutschen Reich unterstand dem Reichssicherheitshauptamt (RSHA), der Zentrale des nationalsozialistischen Verfolgungs- und Vernichtungsapparates. Unter dem Dach dieser Behörde waren im September 1939 der SS-Sicherheitsdienst (SD) mit der Sicherheitspolizei (Kriminalpolizei und Gestapo) zusammengefasst worden.

Maßgeblich für die Überwachung und Verfolgung ausländischer Arbeitskräfte war die Sicherheitspolizei, insbesondere die Geheime Staatspolizei (Gestapo). Im Laufe des Krieges ließen ihr die Justizbehörden immer öfter freie Hand. Delikte von Pol:innen sowie „Ostarbeiterinnen“ und „Ostarbeitern“ wurden seit 1943 ausschließlich von der Gestapo verfolgt und ohne Gerichtsurteil bestraft.

Ein Großteil der Gestapo-Aktivitäten betraf im Krieg Ermittlungen gegen Zwangsarbeiter:innen. Dabei stützte sie sich auf die Hilfe der Schutzpolizei in den Städten und der Gendarmerie in kleineren Gemeinden.

Polacy!

W ostatniem czasie wykonano wyroki śmierci przeciwko:

Zlosnik Josef, ostatnio w Falkendorf, powiat Höchstadt a. d. Aisch s powodu gwałtownosci przeciwko jego pracowdawcowi,
Sikora Stanislaus, ostatnio w Alterlangen koło Erlangen s powodu zgwałcenia,
Domagala Wladyslaw, ostatnio w Eyb powiat Ansbach s powodu cięszkiej kradżieży,
Pesko Josef, ostatnio w Wippendorf, powiat Ansbach z powodu podpalenia.

Uznajcie z tego:

Kto pracuje, ma się w niemczech dobrze!
Kto pracowac niechce, będzie do tego zmuszony!
Kto zawini przeciwko niemieckiem ustawom wojennym i obeczajowym, będzie powieszony!

Übersetzung:

Polen!

In letzter Zeit wurden hingerichtet:

Zlosnik Josef, zuletzt Falkendorf, Landkreis Höchstadt a. d. Aisch, wegen Gewalttätigkeit gegen seinen Brotgeber,
Sikora Stanislaus, Alterlangen b. Erlangen wegen Notzuchtverübung,
Domagala Wladyslaw, zuletzt Eyb, Landkreis Ansbach, wegen erschwerten Diebstahl,
Pesko Josef, Wippendorf, Landkreis Ansbach wegen Brandstiftung.

Ihr sollt daraus erkennen:

Wer arbeitet, hat es gut in Deutschland!
Wer nicht arbeiten will, wird dazu gezwungen!
Wer sich gegen die deutschen Kriegs- und Sittengesetze vergeht, wird aufgehängt!

Bekanntmachung vermutlich der Gestapo Nürnberg-Fürth zur Hinrichtung polnischer Zwangsarbeiter, Herbst 1942. „Wer sich gegen die deutschen Kriegs- und Sittengesetze vergeht, wird aufgehängt.“ Mit dieser unverhohlenen Drohung wurde die Nachricht über die Exekutionen verbreitet. (Bundesarchiv Bildarchiv Koblenz)

PLAN AN DER LAINSITZ (BÖHMEN), 1943
ARBEITSERZIEHUNGSLAGER (AEL)

Einlieferung ins Lager, Plan an der Lainsitz, 1943. Ein großer Teil der Eingewiesenen war vom „Reichseinsatz" geflohen und in ihrer Heimat von der Polizei aufgegriffen worden. Nach dem Vorbild der AEL im Reich wurden im annektierten „Protektorat Böhmen und Mähren" von den deutschen Besatzern sieben Lager errichtet, darunter auch eines für Frauen.

Aufnahme von „Arbeitsverweigerern" und Erziehung zu geordneter Arbeit – so wurde 1943 in einem Bildbericht die Funktion des AEL „Plan an der Lainsitz" dargestellt. Das Lager im annektierten Tschechien war in der Realität ein brutales Instrument zur Disziplinierung von Arbeitskräften, denen „Bummelei" oder Flucht vom Arbeitsplatz vorgeworfen wurde.

Im Deutschen Reich gab es 1944 etwa 200 Arbeitserziehungslager, in denen vor allem Ausländer:innen inhaftiert waren. Sie wurden von der örtlichen Gestapo geführt. Häufig stellten Firmen die Unterkünfte oder die Bewachung. Sie versprachen sich von der auf einige Wochen befristeten AEL-Haft eine Steigerung der Arbeitsdisziplin und Leistung. Infolge von Schikanen und harten Lebensbedingungen gab es viele Todesfälle in den Lagern.

v.l.n.r.: **Unterweisung der Häftlinge.** Die hier gezeigten Fotos entstanden für einen „Erfolgsbericht" der Lagerverwaltung des AEL Plan an der Lainsitz.

Häftlingsappell nach der Einkleidung. Persönliche Dinge mussten nach der Ankunft im Lager abgegeben werden. Alte Uniformen der tschechoslowakischen Armee dienten als Sträflingskleidung.

Ausrücken zur Arbeit. Die Vorschriften zur Behandlung der AEL-Häftlinge sahen täglich bis zu 14 Stunden schwere Arbeit vor, „um ihnen ihr volksschädigendes Verhalten eindringlich vor Augen zu führen, um sie zu geregelter Arbeit zu erziehen und um anderen durch sie ein abschreckendes und warnendes Beispiel zu geben."

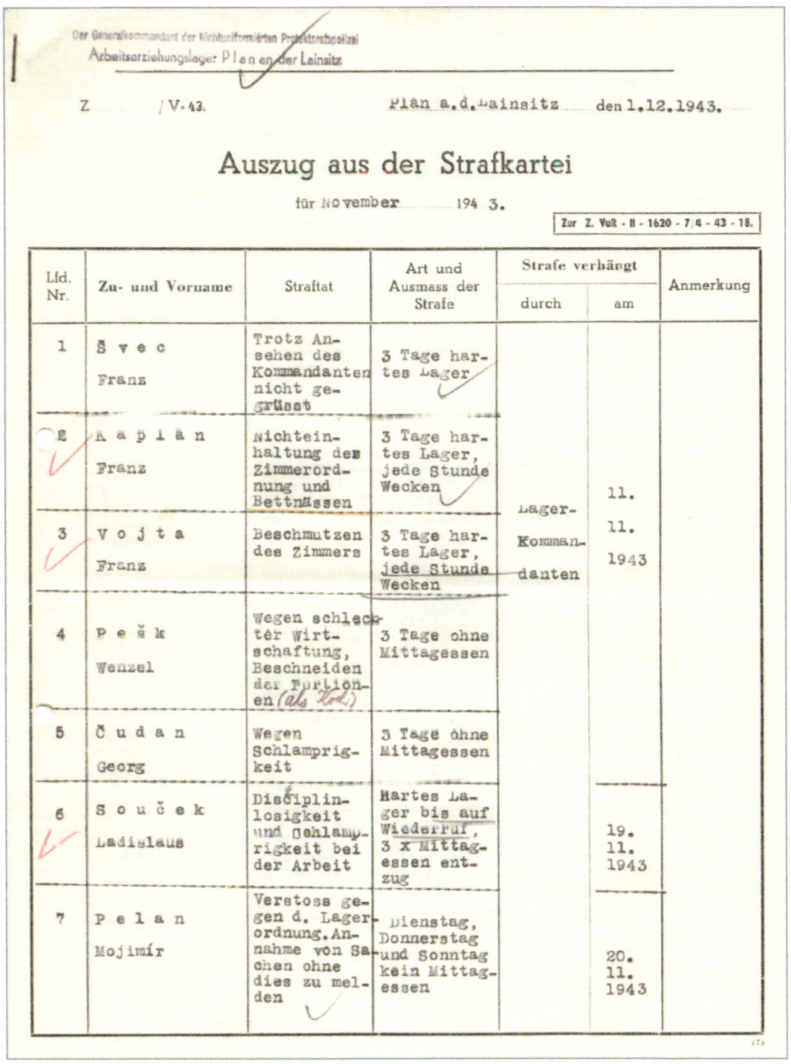

Der Generalkommandant der Nichtuniformierten Protektoratspolizei
Arbeitserziehungslager Plan an der Lainsitz

Z /V.43. Plan a.d.Lainsitz den 1.12.1943.

Auszug aus der Strafkartei

für November 1943.

Zur Z. VuR - II - 1620 - 7/4 - 43 - 18.

Lfd. Nr.	Zu- und Vorname	Straftat	Art und Ausmass der Strafe	Strafe verhängt durch	Strafe verhängt am	Anmerkung
1	Švec Franz	Trotz Ansehen des Kommandanten nicht gegrüsst	3 Tage hartes Lager			
2	Kaplán Franz	Nichteinhaltung der Zimmerordnung und Bettnässen	3 Tage hartes Lager, jede Stunde Wecken			
3	Vojta Franz	Beschmutzen des Zimmers	3 Tage hartes Lager, jede Stunde Wecken	Lager-Kommandanten	11. 11. 1943	
4	Pešk Wenzel	Wegen schlechter Wirtschaftung, Beschneiden der Portionen (als Koch)	3 Tage ohne Mittagessen			
5	Čudan Georg	Wegen Schlamprigkeit	3 Tage ohne Mittagessen			
6	Souček Ladislaus	Disciplinlosigkeit und Schlamprigkeit bei der Arbeit	Hartes Lager bis auf Wiederruf, 3 x Mittagessen entzug		19. 11. 1943	
7	Pelan Mojimír	Verstoss gegen d. Lagerordnung. Annahme von Sachen ohne dies zu melden	Dienstag, Donnerstag und Sonntag kein Mittagessen		20. 11. 1943	

Strafkartei des AEL Plan a. d. Lainsitz, Dezember 1943 (Auszug). Der Lagerkommandant verhängte zusätzliche, oft willkürliche Strafen wie „jede Stunde Wecken". Daneben war körperliche Gewalt durch das Wachpersonal in vielen AEL an der Tagesordnung.

(alle Abbildungen: Národní archiv, Praha)

MICHELSNEUKIRCHEN (BAYERN), 1941
TERROR DURCH HINRICHTUNGEN

Exekution des polnischen Zwangsarbeiters Julian Majka, Michelsneukirchen (Bayern), 18. April 1941. Weil Julian Majka eine Liebesbeziehung mit einer deutschen Frau eingegangen war, wurde er hingerichtet. Die Exekution vollzogen SS-Männer des KZ Flossenbürg und der Scharfrichter Johann Reichhart. Häftlinge des KZ Flossenbürg mussten die Henker bei der Arbeit unterstützen. Im Anschluss an die Erhängung wurden polnische Zwangsarbeiter:innen aus der Umgebung vor den Galgen geführt. Bei der Befreiung Flossenbürgs fand ein amerikanischer Soldat die Fotos. (Sammlung Vernon Schmidt)

Auf Befehl des Reichssicherheitshauptamtes ließ die Gestapo Regensburg in den ersten Kriegsjahren über 20 Polen wegen intimer Kontakte zu deutschen Frauen oder anderer „Vergehen" in der Nähe ihres Arbeitsortes hinrichten. Ihre Landsleute, die in der Umgebung Zwangsarbeit leisteten, wurden zur Abschreckung an den Erhängten vorbeigeführt.

Bei der Verfolgung des „verbotenen Umgangs" mit „arischen" Frauen schlug der Rassismus mit ganzer Wucht durch: Westlichen Kriegsgefangenen drohte Gefängnishaft, Zwangsarbeitern aus Polen und der Sowjetunion die Hinrichtung. Die beteiligten Frauen wurden an den Pranger gestellt und viele von ihnen ins Konzentrationslager eingewiesen. „Arischen" Männern drohten wegen „verbotenen Umgangs" nur geringere, den Zwangsarbeiterinnen dagegen drakonische Strafen.

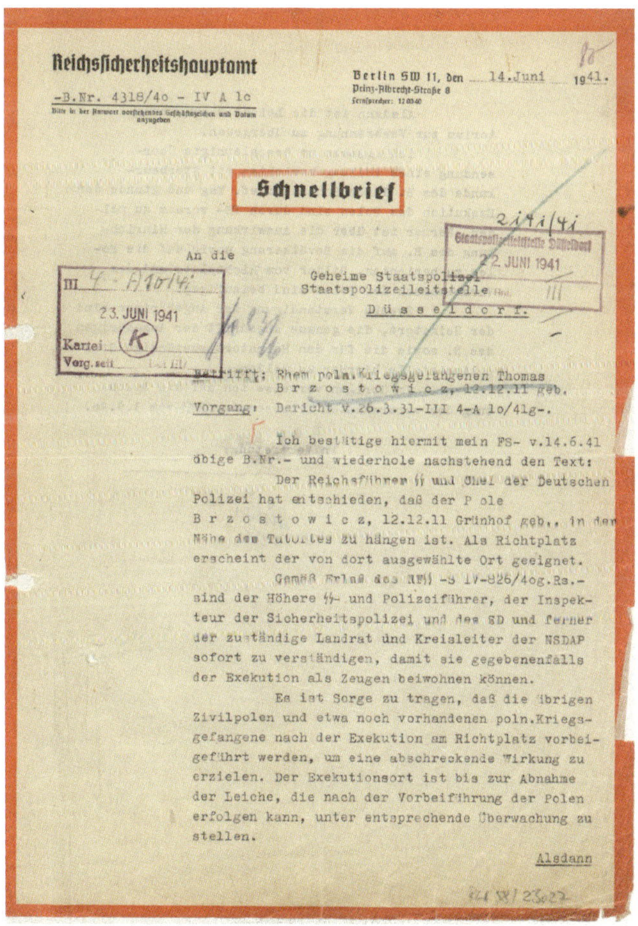

Reichssicherheitshauptamt

-B.Nr. 4318/40 - IV A 1c

Bitte in der Antwort vorstehendes Geschäftszeichen und Datum anzugeben

Berlin SW 11, den 14.Juni 1941.
Prinz-Albrecht-Straße 8
Fernsprecher: 12 00 40

Schnellbrief

An die

Geheime Staatspolizei
Staatspolizeileitstelle
Düsseldorf.

Staatspolizeileitstelle Düsseldorf
22. JUNI 1941

III 4 - A 10/41
23. JUNI 1941
Kartei (K)
Vorg. seit

Betrifft: Ehem poln. Kriegsgefangenen Thomas Brzostowicz, 12.12.11 geb.

Vorgang: Bericht v.26.3.31-III 4-A 1o/41g-.

Ich bestätige hiermit mein FS- v.14.6.41 obige B.Nr.- und wiederhole nachstehend den Text:

Der Reichsführer SS und Chef der Deutschen Polizei hat entschieden, daß der Pole Brzostowicz, 12.12.11 Grünhof geb., in der Nähe des Tatortes zu hängen ist. Als Richtplatz erscheint der von dort ausgewählte Ort geeignet.

Gemäß Erlaß des RFSS -S IV-826/40g.Rs.- sind der Höhere SS- und Polizeiführer, der Inspekteur der Sicherheitspolizei und des SD und ferner der zuständige Landrat und Kreisleiter der NSDAP sofort zu verständigen, damit sie gegebenenfalls der Exekution als Zeugen beiwohnen können.

Es ist Sorge zu tragen, daß die übrigen Zivilpolen und etwa noch vorhandenen poln.Kriegsgefangene nach der Exekution am Richtplatz vorbeigeführt werden, um eine abschreckende Wirkung zu erzielen. Der Exekutionsort ist bis zur Abnahme der Leiche, die nach der Vorbeiführung der Polen erfolgen kann, unter entsprechende Überwachung zu stellen.

Alsdann

Befehl des RSHA zur Hinrichtung, 14. Juni 1941 (Vorderseite). Die Gestapo Düsseldorf stellte beim Reichssicherheitshauptamt (RSHA) einen Antrag auf Exekution. Ohne gerichtliches Verfahren wurde dort über Tod oder Leben des Polen Tomasz B. entschieden. (Landesarchiv Nordrhein-Westfalen Abteilung Rheinland)

FLUCHT UND WIDERSTAND

Viele Zwangsarbeiter:innen setzten sich am Arbeitsplatz und im Lager gegen Hunger, Entwürdigung und Gewalt zur Wehr. Manche wagten auch aktiven Widerstand, um das nationalsozialistische Regime und sein Kriegspotential zu schwächen.

Durch unerlaubtes Verlassen des Arbeitsplatzes oder Flucht entzogen sich viele Zwangsarbeiter:innen den schlechten Arbeitsbedingungen. Die Zahl der Fluchten nahm im Verlauf des Krieges zu. Ende 1943 meldete die Gestapo monatlich bereits 45.000 Fälle. Jede Form von Selbstbehauptung und Widerstand war lebensgefährlich. Dennoch versuchten einzelne Zwangsarbeiter:innen, zum Teil auch in Widerstandsgruppen, Material und Maschinen unbrauchbar zu machen und so die Kriegsproduktion zu sabotieren.

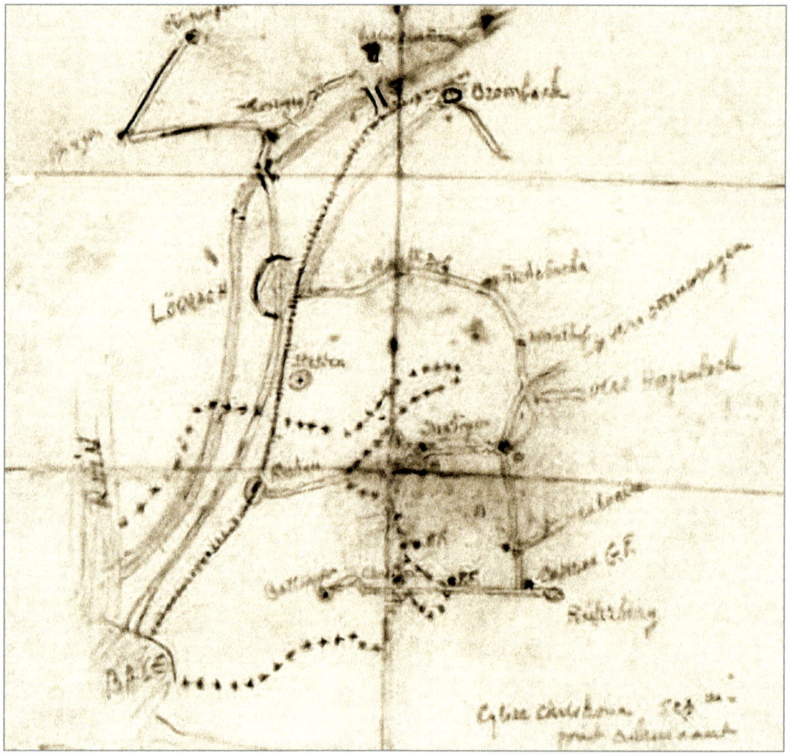

FLUCHT

links: Trossingen (Württemberg), Sommer 1941. Deutsche Soldaten inspizieren den Fluchtort eines französischen Kriegsgefangenen, der bei der Matthias Hohner AG arbeiten musste. (Stadtarchiv Trossingen)

rechts: Fluchtskizze, undatiert. Zeichnung des Fluchtweges zwischen Inzlingen (Württemberg) und der Schweizer Grenze mit der Kennzeichnung des dortigen Stacheldrahtzauns. Die Zeichnung wurde vor einigen Jahren mit anderen Fluchtutensilien in einer von einem französischen Kriegsgefangenen vergrabenen Metalldose gefunden. (Privatbesitz Frank Golischewski, Trossingen)

Nur durch Flucht konnten sich Zwangsarbeiter:innen der Arbeit für den Feind dauerhaft entziehen. Vor allem gegen Kriegsende gab es unter den Zwangsarbeiter:innen organisierte Fluchthilfe.

Die relativ besten Aussichten auf eine erfolgreiche Flucht hatten Arbeiter aus westeuropäischen Staaten. Die besonders gekennzeichneten Pol:innen sowie „Ostarbeiter“ und „Ostarbeiterinnen“ wie auch sowjetische Kriegsgefangene waren eher von Denunziation und Verhaftung bedroht.

Unterstützt durch die Bevölkerung jagten Polizei und Gestapo die Flüchtigen. Wurden sie gefasst, folgte meist die Einweisung in ein Arbeitserziehungs- oder Konzentrationslager.

„A bas les chleux" („Nieder mit den Deutschen"). Einfräsung in die Schwungscheibe eines Motors durch Marcel Canon, französischer Kriegsgefangener bei der Firma Fichtel & Sachs in Schweinfurt, 1942. (Staatsarchiv Würzburg)

SCHWEINFURT, OKTOBER 1942
PROTEST UND SABOTAGE

Im Oktober 1942 beschriftete ein französischer Kriegsgefangener während der Nachtschicht bei der Schweinfurter Firma Fichtel & Sachs drei Schwungscheiben mit gegen die Deutschen gerichteten Parolen.

Zwangsarbeiter:innen stärkten mit solchen Losungen das Selbstbewusstsein aller Betroffenen und protestierten damit auch gegen ihre Ausbeutung und den Krieg.

Viele Zwangsarbeiter:innen versuchten die Kriegsproduktion zu behindern, indem sie Arbeitsabläufe verzögerten, Ausschuss produzierten oder Maschinen zerstörten.

Von der Gestapo wurde Sabotage erbarmungslos verfolgt. Selbst Arbeitsfehler konnten schwere Strafen nach sich ziehen.

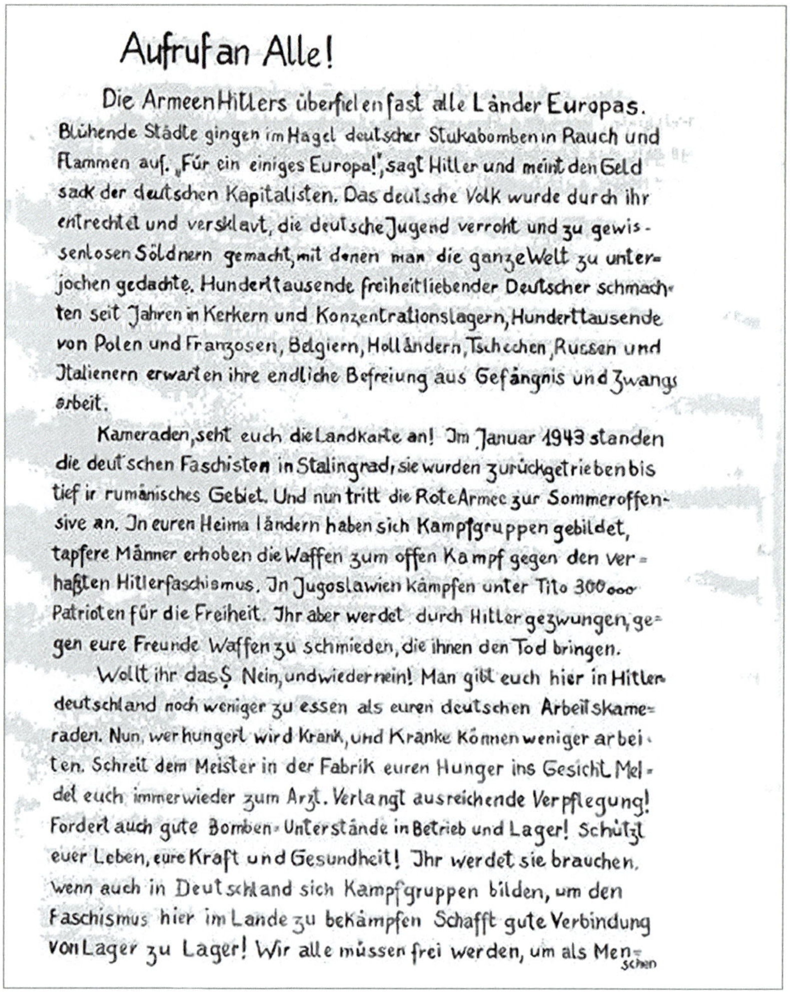

Aufruf an Alle!

Die Armeen Hitlers überfielen fast alle Länder Europas. Blühende Städte gingen im Hagel deutscher Stukabomben in Rauch und Flammen auf. „Für ein einiges Europa!", sagt Hitler und meint den Geldsack der deutschen Kapitalisten. Das deutsche Volk wurde durch ihr entrechtet und versklavt, die deutsche Jugend verroht und zu gewissenlosen Söldnern gemacht, mit denen man die ganze Welt zu unterjochen gedachte. Hunderttausende freiheitliebender Deutscher schmachten seit Jahren in Kerkern und Konzentrationslagern, Hunderttausende von Polen und Franzosen, Belgiern, Holländern, Tschechen, Russen und Italienern erwarten ihre endliche Befreiung aus Gefängnis und Zwangsarbeit.

Kameraden, seht euch die Landkarte an! Im Januar 1943 standen die deutschen Faschisten in Stalingrad, sie wurden zurückgetrieben bis tief ir rumänisches Gebiet. Und nun tritt die Rote Armee zur Sommeroffensive an. In euren Heimatländern haben sich Kampfgruppen gebildet, tapfere Männer erhoben die Waffen zum offen Kampf gegen den verhaßten Hitlerfaschismus. In Jugoslawien kämpfen unter Tito 300000 Patrioten für die Freiheit. Ihr aber werdet durch Hitler gezwungen, gegen eure Freunde Waffen zu schmieden, die ihnen den Tod bringen.

Wollt ihr das? Nein, und wieder nein! Man gibt euch hier in Hitlerdeutschland noch weniger zu essen als euren deutschen Arbeitskameraden. Nun, wer hungert wird krank, und Kranke können weniger arbeiten. Schreit dem Meister in der Fabrik euren Hunger ins Gesicht. Meldet euch immer wieder zum Arzt. Verlangt ausreichende Verpflegung! Fordert auch gute Bomben-Unterstände in Betrieb und Lager! Schützt euer Leben, eure Kraft und Gesundheit! Ihr werdet sie brauchen, wenn auch in Deutschland sich Kampfgruppen bilden, um den Faschismus hier im Lande zu bekämpfen. Schafft gute Verbindung von Lager zu Lager! Wir alle müssen frei werden, um als Menschen

Flugblatt aus Leipzig, Mai 1944. Das Flugblatt wurde auf Wunsch der sowjetischen Mitglieder des Internationalen Antifaschistischen Komitees in deutscher Sprache verfasst, damit es auch von nichtsowjetischen Zwangsarbeiter:innen gelesen werden konnte. (Bundesarchiv Berlin)

LEIPZIG, SOMMER 1944
POLITISCHER WIDERSTAND

Mit Flugblättern in russischer und deutscher Sprache rief das „Internationale Antifaschistische Komitee" 1944 in Leipzig zu Verweigerung und Widerstand auf. Das „Komitee" vereinte sowjetische Zwangsarbeiter:innen und deutsche NS-Gegner:innen. Trotz der Sprachbarrieren und der Gefahr für das eigene Leben kämpften sie gemeinsam für das Ende des NS-Regimes. Doch im Sommer 1944 verhaftete die Gestapo die Mitglieder der Gruppe, stellte die Deutschen vor Gericht und deportierte die „Ostarbeiter" nach Auschwitz.

In allen Großstädten des Deutschen Reiches gab es unter den Zwangsarbeiter:innen zunehmend organisierte Widerstandsgruppen. Doch nur sehr selten erhielten sie in ihrem Kampf gegen die Nationalsozialist:innen Unterstützung aus der Bevölkerung. Meist waren sie auf sich allein gestellt.

NIKOLAI RUMJANZEW, DREHER, GEBOREN AM 30. DEZEMBER 1912 IN GATSCHINA BEI ST. PETERSBURG, ERMORDET IM AUGUST 1944 IM KZ AUSCHWITZ

Nikolai Rumjanzew und seine Ehefrau Julia mussten seit Mai 1942 bei den Mitteldeutschen Motorenwerken in Taucha arbeiten. Unter dem falschen Namen Nikolai Orlow wechselte er zum Rüstungsbetrieb HASAG in Leipzig und organisierte Widerstandsaktionen unter sowjetischen Zwangsarbeiter:innen. Mit Hilfe deutscher Antifaschist:innen verfassten sie Flugblätter, die zum Sturz des NS-Regimes aufriefen. Den Gedanken eines bewaffneten Aufstandes in Leipzig verwarf die Gruppe als unrealistisch. Am 31. Mai 1944 verhaftete die Gestapo Rumjanzew bei der Übergabe von Flugblättern und deportierte ihn wenig später als „Sowjetagent" nach Auschwitz. Dort wurde er im August 1944 ermordet.

Nikolai Rumjanzew mit seiner Frau Julia im Lager für „Ostarbeiterinnen" und „Ostarbeiter" Taucha, 1943.
Die Ehefrau überlebte in Taucha und kehrte nach dem Krieg in die Heimat zurück.
(Privatbesitz Karl Hauke)

KARL HAUKE, GEBOREN 8. JUNI 1928 IN LEIPZIG

Karl Hauke nahm als 13jähriger Schüler im Winter 1941/1942 Kontakt zu sowjetischen Kriegsgefangenen bei der Holzhandlung Seidel auf. Er übermittelte ihnen aktuelle Frontberichte und übergab Lebensmittel und Medikamente. Er eignete sich ein wenig Russisch an und lernte in Leipzig weitere „Ostarbeiter" kennen, so auch Nikolai Rumjanzew. Hauke wurde am 19. Juni 1944 wegen seiner Mitwirkung an der Herstellung von Flugblättern verhaftet. Es gelang ihm, aus der Untersuchungshaft zu fliehen. Illegale Helfer fotografierten ihn für einen gefälschten Ausweis mit Brille und gefärbten Haaren. Bis Kriegsende versteckte er sich bei Freund:innen und Verwandten an verschiedenen Orten in und um Leipzig. Karl Hauke starb 2016 in Leipzig.

Karl Hauke, Leipzig, 3. November 1944.
(Privatbesitz Karl Hauke)

„TOTALER KRIEG“

Statt sich die Niederlage einzugestehen, propagierten die Nationalsozialisten 1943 den „Totalen Krieg“ und erhöhten die Zahl der Zwangsarbeiter:innen nochmals.

Die NS-Führung zog alle verfügbaren Kräfte zur Arbeit heran, darunter auch ausländische Kinder. SS und Rüstungsministerium forcierten den Einsatz von KZ-Häftlingen in der Industrie und auf Baustellen. Auch die vormals verbündeten italienischen Soldaten mussten nun Zwangsarbeit leisten. Zusätzlich verlängerten die Behörden die Arbeitszeiten drastisch.

Diejenigen, die nicht mehr arbeiten konnten, wurden ab 1943 nicht mehr in die Heimat zurück geschickt. Stattdessen drohte ihnen der Tod. Bei Schwangeren nahmen Ärzte nun Zwangsabtreibungen vor; Neugeborene ließen sie verhungern.

„TOTALER KRIEG“: ZWANGSARBEIT UND DER WEG IN DIE DEUTSCHE NIEDERLAGE

Ukrainische Familie, 1943. Die gesamte Familie wurde im Mai 1943 zur Zwangsarbeit nach Volzum (Niedersachsen) verschleppt. Wie hier mussten überall im Deutschen Reich zunehmend auch Kinder Zwangsarbeit leisten. (Braunschweigischer Geschichtsverein e.V. / Niedersächsisches Landesarchiv – Abteilung Wolfenbüttel)

Seit dem sowjetischen Sieg in Stalingrad Anfang 1943 drängten die Alliierten die Wehrmacht und ihre Verbündeten immer mehr zurück. Im Sommer 1943 zerbrach das deutsch-italienische Bündnis nach der alliierten Landung in Süditalien. Die alliierte Invasion in Frankreich und das Vorrücken der Roten Armee in Polen, Ungarn und auf dem Balkan leiteten im Sommer 1944 die endgültige Niederlage der Wehrmacht ein.

Mit dem Verlust der besetzten Gebiete geriet für das Deutsche Reich der Nachschub an Zwangsarbeiter:innen ins Stocken. Immer brutaler schöpften die Besatzer letzte Arbeitskraft-Ressourcen ab – so etwa nach der Niederschlagung des Warschauer Aufstandes im Spätsommer 1944, als 160.000 Warschauer:innen zur Zwangsarbeit ins Reich deportiert wurden, darunter viele als KZ-Häftlinge. In die Konzentrationslager verschleppte die SS auch Tausende von Widerstandskämpfer:innen aus Frankreich und Belgien.

Erfassungsfoto auf der Arbeitskarte von Jan Farion, 1943. Er wurde als Siebenjähriger in der Nähe von Aachen zur Zwangsarbeit in der Landwirtschaft eingesetzt. (Fundacja „Polsko-Niemieckie Pojednanie", Warszawa)

KINDER UND JUGENDLICHE ALS LETZTE RESERVE

Kinder und Jugendliche waren von Beginn an zum „Reichseinsatz" rekrutiert worden. Zunächst galten je nach Herkunft unterschiedliche Altersgrenzen. Doch seit 1943 wurden immer jüngere Kinder zur Zwangsarbeit herangezogen, vor allem in der Landwirtschaft. Dort galt für Osteuropäer:innen offiziell eine Altersgrenze von 10 Jahren. Auch sie wurde oft noch unterschritten.

Häufig wurden die Kinder mit ihren Eltern nach Deutschland verschleppt. Es gab jedoch auch viele Fälle, in denen Kinder und Jugendliche auf sich allein gestellt waren.

Gefangennahme italienischer Soldaten in Barletta (Apulien), 12. September 1943.
Nach Bekanntgabe des italienischen Waffenstillstandes am 8. September 1943 ging die Wehrmacht sofort zum Angriff auf die einstigen Verbündeten über. Die in Barletta stationierten italienischen Soldaten mussten sich am 12. September der deutschen Übermacht ergeben. (Bundesarchiv Bildarchiv Koblenz)

BARLETTA (APULIEN), SEPTEMBER 1943
VOM VERBÜNDETEN ZUM ZWANGSARBEITER

Nach dem Bruch des italienisch-deutschen Bündnisses nahmen im September 1943 deutsche Soldaten in Apulien stationierte italienische Einheiten gefangen. Auch im übrigen Italien, in Frankreich und auf dem Balkan geriet ein Großteil der italienischen Armee in die Gewalt der Wehrmacht. Damit verfügte Deutschland über ein neues Arbeitskräftereservoir.

In kürzester Zeit wurden etwa 600.000 „italienische Militärinternierte" (IMI) ins Deutsche Reich und in die besetzten Gebiete gebracht. Dort mussten sie vor allem in der Rüstungsindustrie und bei Bauprojekten arbeiten. Da sie nicht als Kriegsgefangene galten, waren die Italiener dem Schutz durch die Genfer Konvention entzogen. Rache für den Bündnisbruch und rassistische Vorurteile bestimmten ihre Behandlung durch die Deutschen.

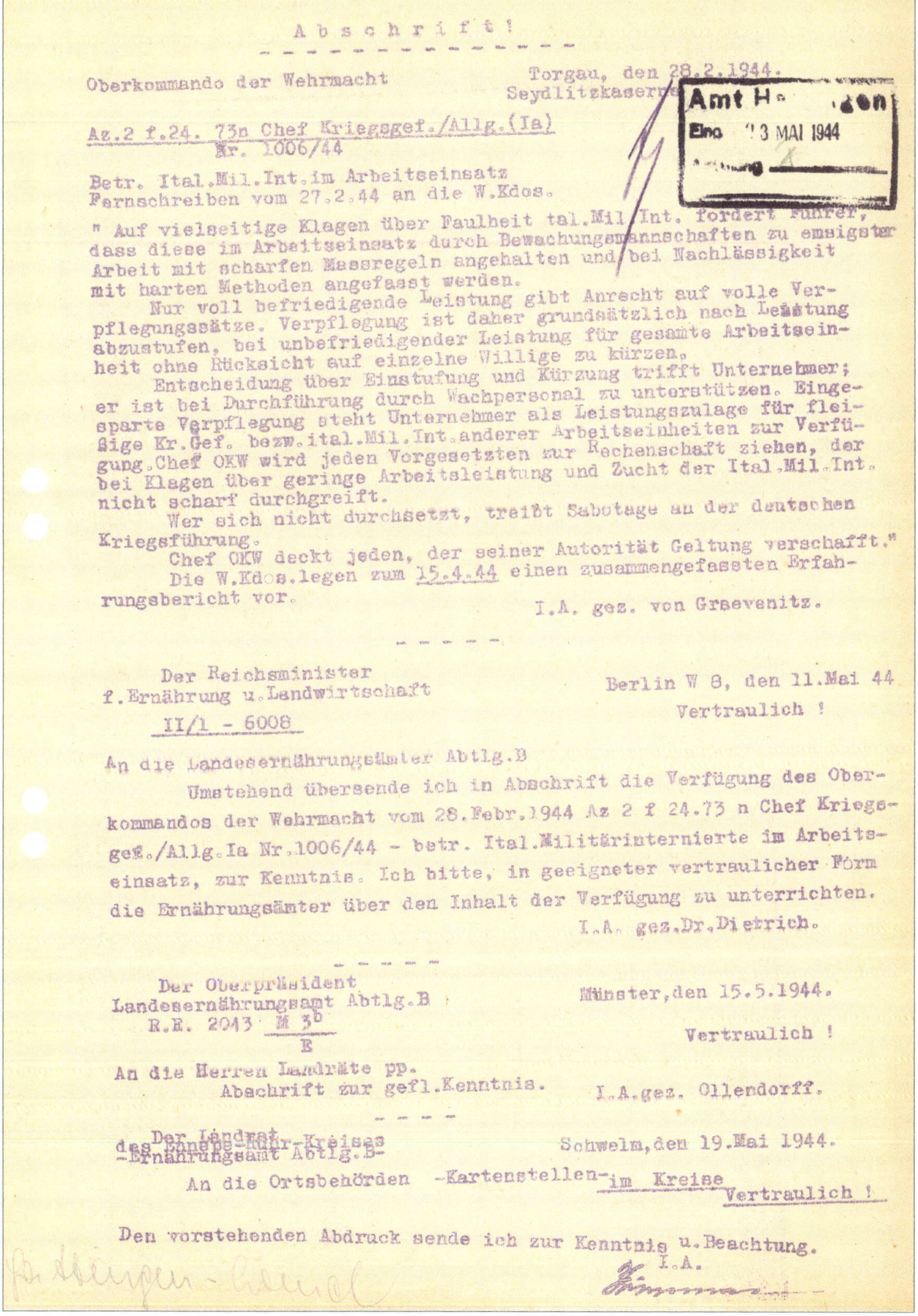

Abschrift!

Oberkommando der Wehrmacht
Torgau, den 28.2.1944.
Seydlitzkaserne

Amt H... Eing. 13 MAI 1944

Az.2 f.24. 73n Chef Kriegsgef./Allg.(Ia)
Nr. 1006/44

Betr. Ital.Mil.Int.im Arbeitseinsatz
Fernschreiben vom 27.2.44 an die W.Kdos.

" Auf vielseitige Klagen über Faulheit tal.Mil.Int. fordert Führer, dass diese im Arbeitseinsatz durch Bewachungsmannschaften zu emsigster Arbeit mit scharfen Massregeln angehalten und bei Nachlässigkeit mit harten Methoden angefasst werden.

Nur voll befriedigende Leistung gibt Anrecht auf volle Verpflegungssätze. Verpflegung ist daher grundsätzlich nach Leistung abzustufen, bei unbefriedigender Leistung für gesamte Arbeitseinheit ohne Rücksicht auf einzelne Willige zu kürzen.

Entscheidung über Einstufung und Kürzung trifft Unternehmer; er ist bei Durchführung durch Wachpersonal zu unterstützen. Eingesparte Verpflegung steht Unternehmer als Leistungszulage für fleißige Kr.Gef. bezw.ital.Mil.Int.anderer Arbeitseinheiten zur Verfügung. Chef OKW wird jeden Vorgesetzten zur Rechenschaft ziehen, der bei Klagen über geringe Arbeitsleistung und Zucht der Ital.Mil.Int. nicht scharf durchgreift.

Wer sich nicht durchsetzt, treibt Sabotage an der deutschen Kriegsführung.

Chef OKW deckt jeden, der seiner Autorität Geltung verschafft."

Die W.Kdos.legen zum 15.4.44 einen zusammengefassten Erfahrungsbericht vor.

I.A. gez. von Graevenitz.

- - - -

Der Reichsminister
f.Ernährung u.Landwirtschaft
II/1 - 6008

Berlin W 8, den 11.Mai 44
Vertraulich !

An die Landesernährungsämter Abtlg.B

Umstehend übersende ich in Abschrift die Verfügung des Oberkommandos der Wehrmacht vom 28.Febr.1944 Az 2 f 24.73 n Chef Kriegsgef./Allg.Ia Nr.1006/44 - betr. Ital.Militärinternierte im Arbeitseinsatz, zur Kenntnis. Ich bitte, in geeigneter vertraulicher Form die Ernährungsämter über den Inhalt der Verfügung zu unterrichten.

I.A. gez.Dr.Dietrich.

- - - - -

Der Oberpräsident
Landesernährungsamt Abtlg.B
R.E. 2043 M 3b
E

Münster,den 15.5.1944.
Vertraulich !

An die Herren Landräte pp.
Abschrift zur gefl.Kenntnis.

I.A.gez. Ollendorff.

- - - -

Der Landrat
des Ennepe-Ruhr-Kreises
-Ernährungsamt Abtlg.B-

Schwelm,den 19.Mai 1944.

An die Ortsbehörden -Kartenstellen- im Kreise
Vertraulich !

Den vorstehenden Abdruck sende ich zur Kenntnis u.Beachtung.

I.A.

„Verpflegung ist grundsätzlich nach Leistung abzustufen"; Befehl des Oberkommandos der Wehrmacht, 28. Februar 1944. Gegenüber sowjetischen Kriegsgefangenen und Zivilarbeiter:innen war die Koppelung der Verpflegungssätze an die Arbeitsleistung weit verbreitete Praxis. (Stadtarchiv Hattingen)

NORDHAUSEN (THÜRINGEN), SOMMER 1944
MITTELBAU-DORA: ZWANGSARBEIT IM RÜSTUNGS-KZ

v.l.n.r.: Ausbau der Stollenanlage in Mittelbau-Dora, Sommer 1944. Die meisten Häftlinge des KZ Mittelbau-Dora mussten kräftezehrende Bauarbeiten leisten. Als Erweiterung der unterirdischen Raketenfabrik sollten Untertageanlagen für Flugzeugwerke entstehen. Sie wurden nie fertiggestellt. Tausende starben auf den Baustellen.

Raketenmontage im Mittelwerk, Sommer 1944. Fachlich qualifizierte und körperlich noch nicht ausgezehrte Häftlinge wurden in der Raketenmontage des unterirdischen Rüstungswerkes (Mittelwerk) eingesetzt. Deutsche Zivilarbeiter und Ingenieure leiteten sie an. Der Fotograf achtete darauf, dass Misshandlungen auf seinen Fotos nicht zu sehen waren.

Arbeit an Heckteilen der V2-Raketen, Sommer 1944. Die unter der Leitung von Wernher von Braun in Peenemünde und Mittelbau-Dora konstruierten Raketen wurden von der NS-Propaganda als Vergeltungswaffe 2 (V2) bezeichnet. Viele Deutsche erhofften sich von ihr eine Wende im bereits verlorenen Krieg.

(alle Fotos: Walter Frentz; Privatsammlung Hanns-Peter Frentz)

Im Sommer 1944 ließ Rüstungsminister Albert Speer Werbeaufnahmen von der Raketen-Produktion in den unterirdischen Montagehallen des KZ Mittelbau-Dora (Thüringen) machen. Das Leiden der Häftlinge wird auf den gestellten Fotos ausgeblendet. In Wirklichkeit überlebten 20.000 Häftlinge die Zwangsarbeit im KZ Mittelbau-Dora nicht.

1944 mussten über 500.000 KZ-Häftlinge in der Rüstungsindustrie und bei Bauvorhaben arbeiten. Viele von ihnen waren als ausländische Zivilarbeiter wegen „Vertragsbruchs" ins KZ eingewiesen worden. Zur Unterbringung der Häftlinge richtete die SS bei den Betrieben über 1000 KZ-Außenlager ein. Sehr viele Deutsche und Österreicher:innen waren unmittelbar mit dem Elend der KZ-Häftlinge und dem Massensterben in ihrer Nachbarschaft konfrontiert.

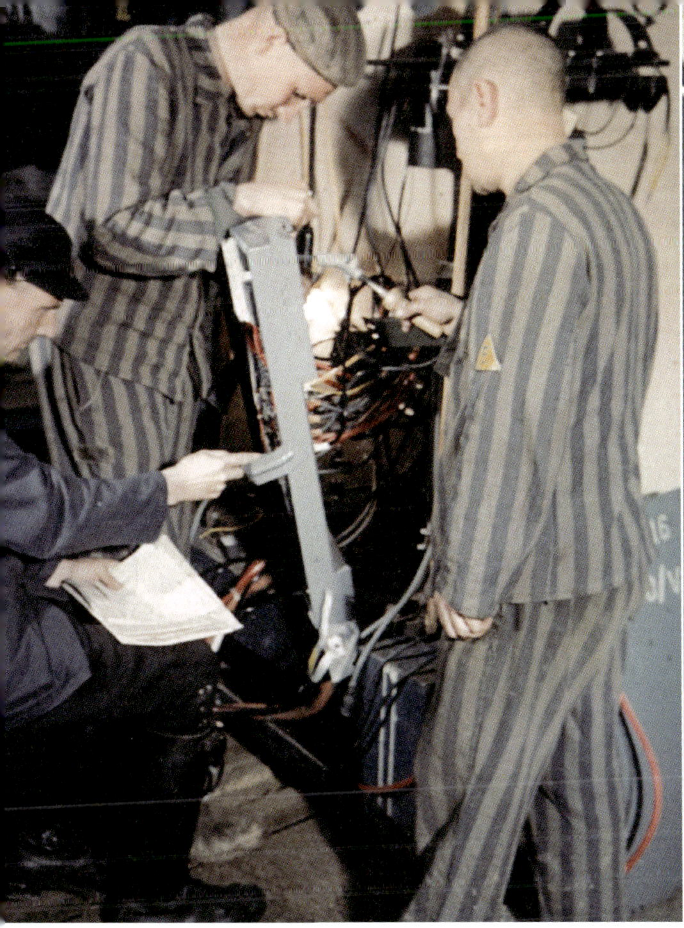

DIPL. ING. ALBERT SPEER RÜSTUNGSMINISTER 1905 – 1981

Albert Speer, 1942.
(Foto: Walter Frentz; ullstein bild)

Seit 1932 arbeitete Albert Speer als selbstständiger Architekt in Berlin. Im Jahr zuvor war er in die NSDAP und die SA eingetreten. Nach der Machtübernahme der Nationalsozialisten übernahm Speer die Planung und Gestaltung von NS-Massenveranstaltungen und gelangte dadurch in den engeren Kreis um Adolf Hitler. 1936 beauftragte ihn Hitler mit der Neugestaltung Berlins.

Im Februar 1942 stieg Speer zum Rüstungsminister auf. In dieser Funktion forderte er von den Arbeitsämtern die Zuweisung von immer mehr Zwangsarbeiter:innen für die Rüstungsindustrie. Auch für die Raketenrüstung des Heeres war er zuständig. Im August 1943 beschloss er mit Hitler und SS-Chef Himmler die Untertageverlagerung der Raketenrüstung und die Gründung des KZ-Außenlagers Dora. Im Dezember 1943 besichtigte Speer das unterirdische Raketenwerk. Wenig später beauftragte er die SS mit der Schaffung weiterer Stollenanlagen in der Umgebung.

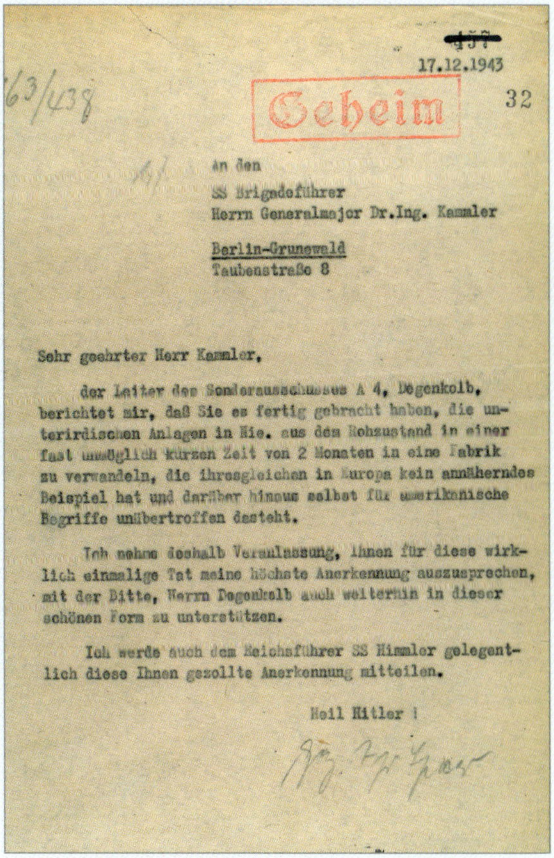

~~457~~
17.12.1943

63/438

Geheim

32

An den
SS Brigadeführer
Herrn Generalmajor Dr.Ing. Kammler

Berlin-Grunewald
Taubenstraße 8

Sehr geehrter Herr Kammler,

der Leiter des Sonderausschusses A 4, Degenkolb, berichtet mir, daß Sie es fertig gebracht haben, die unterirdischen Anlagen in Nie. aus dem Rohzustand in einer fast unmöglich kurzen Zeit von 2 Monaten in eine Fabrik zu verwandeln, die ihresgleichen in Europa kein annäherndes Beispiel hat und darüber hinaus selbst für amerikanische Begriffe unübertroffen dasteht.

Ich nehme deshalb Veranlassung, Ihnen für diese wirklich einmalige Tat meine höchste Anerkennung auszusprechen, mit der Bitte, Herrn Degenkolb auch weiterhin in dieser schönen Form zu unterstützen.

Ich werde auch dem Reichsführer SS Himmler gelegentlich diese Ihnen gezollte Anerkennung mitteilen.

Heil Hitler !

Schreiben von Speer an Kammler, 17. Dezember 1943.
Albert Speer dankt SS-Bauchef Hans Kammler für den schnellen Ausbau der unterirdischen Raketenfabrik im KZ Mittelbau-Dora. (Bundesarchiv Berlin)

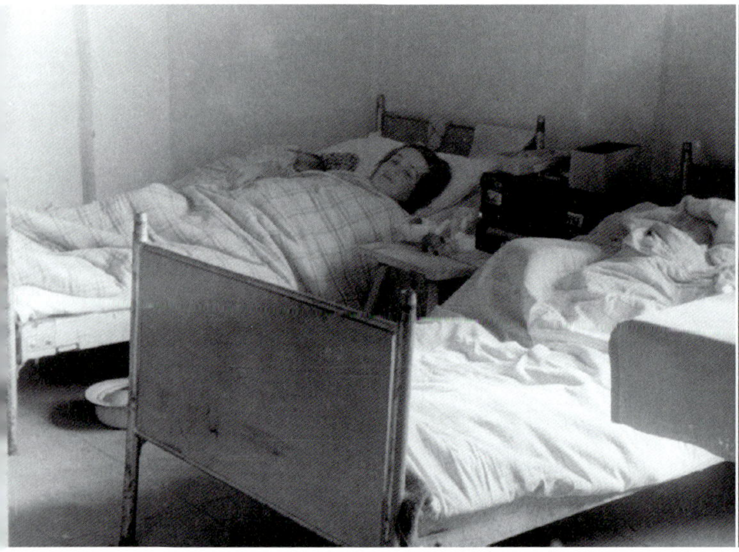

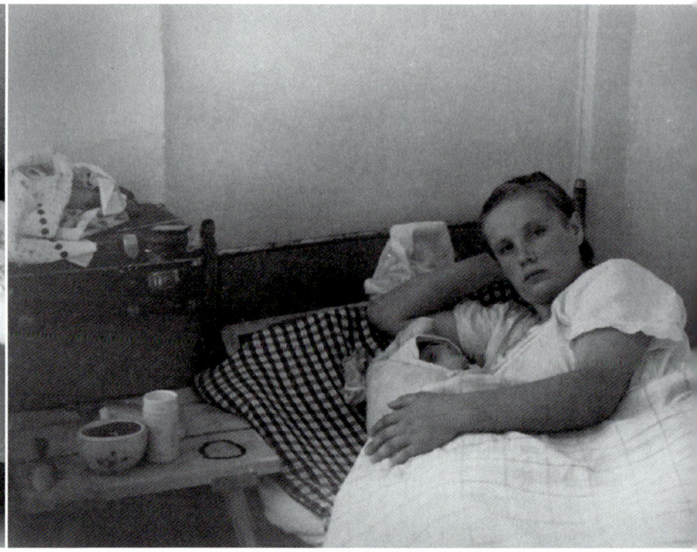

BRAUNSCHWEIG, UM 1944

SCHWANGERSCHAFTEN UND GEBURTEN

links: Mütter und Kinder im „Entbindungsheim", um 1944. Heinz L., Fotograf der Braunschweiger Landeszeitung, sagte 1948 im Ermittlungsverfahren einer polnischen Kommission im Auftrag der englischen Militärregierung aus, dass ihn Ende 1943/Anfang 1944 Angehörige des Sicherheitsdienstes beauftragt hatten, Fotos im „Entbindungsheim" zu machen.

rechts: Eine Mutter mit ihrem Neugeborenen in Braunschweig, um 1944. Die polnischen und sowjetischen Mütter mussten ein bis zwei Wochen nach der Entbindung wieder an ihre Arbeit zurück. Die Kinder blieben, der größte Teil von ihnen starb zehn bis 20 Tage später. Mindestens 360 Kinder überlebten das „Entbindungsheim" in der Broitzemer Straße nicht.

(beide Fotos: Heinz L.; Instytut Pamięci Narodowej, Warszawa)

Im Mai 1943 wurden im „Entbindungsheim" Braunschweig die ersten polnischen und sowjetischen Kinder geboren. Die Mütter waren Zwangsarbeiterinnen aus Polen und der Sowjetunion. Wenige Wochen später starben die ersten Säuglinge.

Zunächst waren schwangere Zwangsarbeiterinnen noch in ihre Heimat zurückgeschickt worden. Wegen des Arbeitskräftemangels verboten die Behörden dies jedoch Anfang 1943. Vielfach wurden bei Frauen aus Osteuropa nun Zwangsabtreibungen vorgenommen.

Bei Geburten wurden die Kinder den Müttern weggenommen und in „fremdvölkische Kinderheime" gebracht. Auf Initiative von Gauleiter August Eigruber waren diese Heime 1943 zuerst im Gau Oberdonau eingerichtet worden. Dort starben die meisten Kinder aufgrund unzureichender Ernährung, mangelnder Hygiene und der Gleichgültigkeit der Betreuerinnen.

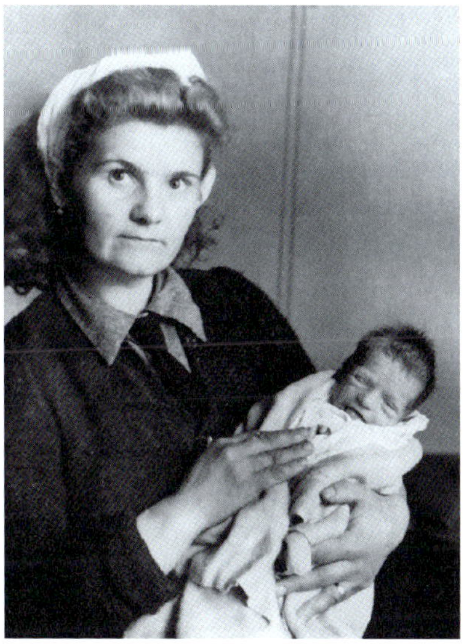

oben: Pflegerin mit krankem Kind, um 1944. Für Mai/Juni 1944 ist belegt, dass die Baracken des Braunschweiger „Kinderheimes" mit Exkrementen, Wanzen und Maden übersät waren und im Bad die Kinderleichen gelagert wurden. Viele Mütter mussten mit Gewalt dazu gezwungen werden, ihre Kinder nach der Geburt dort zu lassen. (Foto: Heinz L.; Instytut Pamięci Narodowej, Warszawa)

unten: Rechnung für den Transport von Kinderleichen, 30. November 1944. Die Firma H. Effe verrechnete Transportkosten für 27 Leichen aus einem „Kinderheim" der Volkswagenwerke zum Friedhof. Das Dokument war ein Beweisstück bei einem Kriegsverbrecherprozess. (The National Archives / Public Record Office, Kew)

CONFIDENTIAL

H. Effe.
Bestattung, Rühen.

Rühen, den 3o. November 1944.

Rechnung

für das Ausländer-Kinder -Pflegeheim, Volkswagenwerk, Rühen.

Transport von 27 Säuglingsleichen vom Pflegeheim zum Friedhof.

1.	November 44.	Ein Einzeltransport	Rm.	5,-
4.	"	Ein " "	"	5,-
5.	"	Ein " "	"	5,-
8.	"	Ein " "	"	5,-
8.	"	Ein " "	"	5,-
9.	"	Ein Transport von 3 Leichen a 2,5o	"	7,5o
14.	"	Ein " " 3 " a 2,5o	"	7,5o
17.	"	Zwei Einzeltransporte a 5,-	"	1o,-
19.	"	2 " " a 5,-	"	1o,-
2o.	"	Zwei " " a 5,-	"	1o,-
21.	"	Ein " Transport	"	5,-
23.	"	Ein " "	"	5,-
24.	"	Ein " "	"	5,-
25. 26."				
27. 28."		Ein Transport von 7 Leichen a 2,5o	"	17,5o
			Rm.	1o2,5o

Exhibit 22

Geprüft.
Lagerführer

CONFIDENTIAL

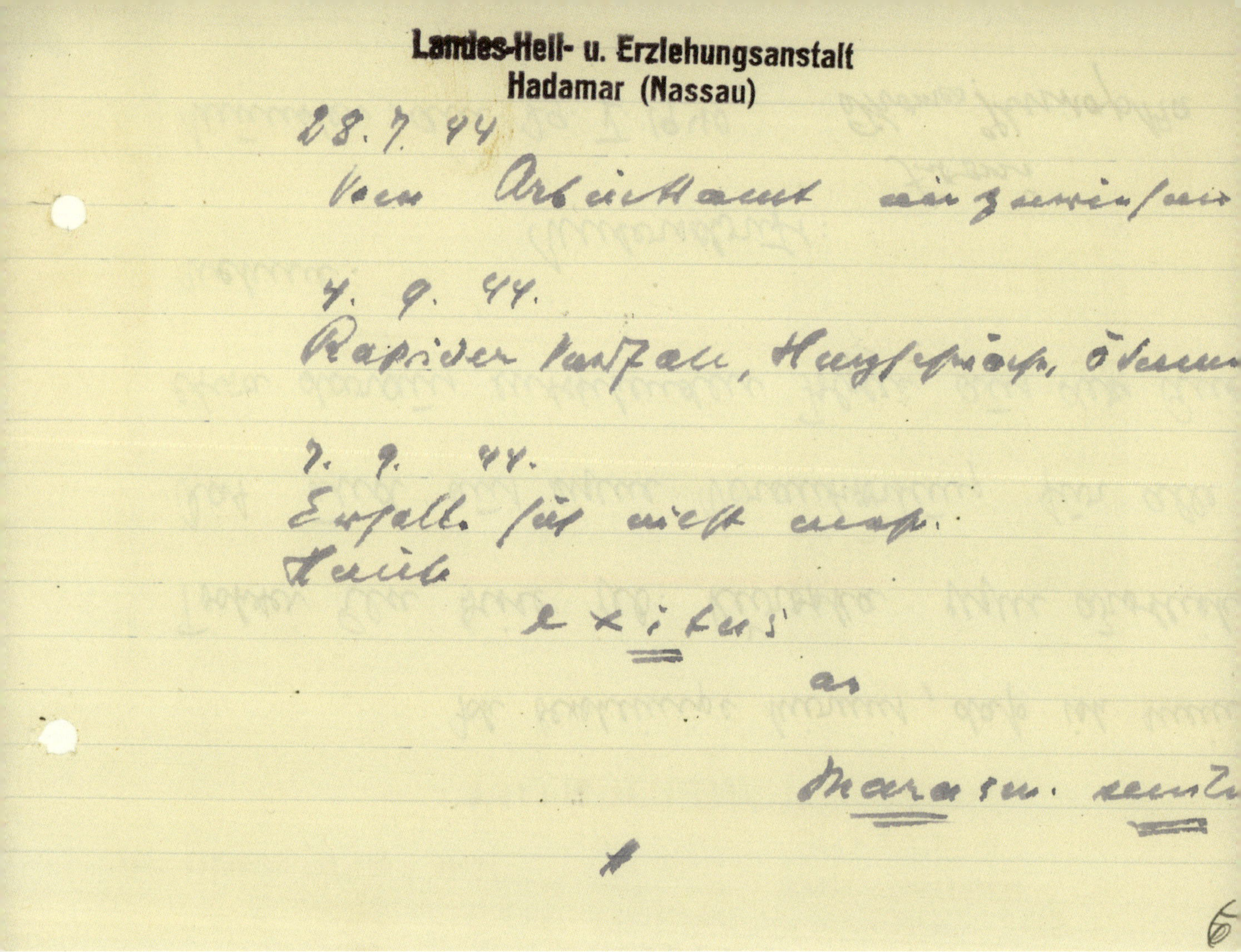

Ausschnitt aus dem „Krankheitsverlauf“ von Paraska W., 1944. Die ukrainische Zwangsarbeiterin war eine der ersten Tbc-Kranken, die in Hadamar ermordet wurden. Der Chefarzt notierte neben einem fingierten Datum ihren Tod: „Heute exitus“. In Hadamar, eine der Tötungsanstalten der „Euthanasie-Aktion“, wurden seit 1941 psychisch kranke und behinderte Menschen ermordet. (Archiv des Landeswohlfahrtsverbandes Hessen)

HADAMAR (HESSEN), SOMMER 1944

TODESURTEIL „DAUERHAFT ARBEITSUNFÄHIG“

Ende Juli 1944 wurde die ukrainische Zwangsarbeiterin Paraska W. in die Landesheilanstalt Hadamar in Hessen eingeliefert und mit überdosierten Medikamenten ermordet. Sie war eine von fast 500 überwiegend sowjetischen und polnischen Tuberkulosekranken, die 1944/45 in Hadamar starben. Zur Entlastung der völlig überfüllten Krankenlager hatte der Gauleiter von Hessen-Nassau die Arbeitsämter zur Einweisung dieser „dauerhaft Arbeitsunfähigen“ aufgefordert.

Ab 1943 brachten die Behörden nicht mehr arbeitsfähige polnische und sowjetische Zwangsarbeiter:innen zunehmend in „Sammellager“. Dort überließ man sie ohne medizinische Versorgung ihrem Schicksal. Viele starben. Als „geisteskrank“ bezeichnete Zwangsarbeiter:innen wurden ab Mitte 1943 systematisch in Heilanstalten ermordet.

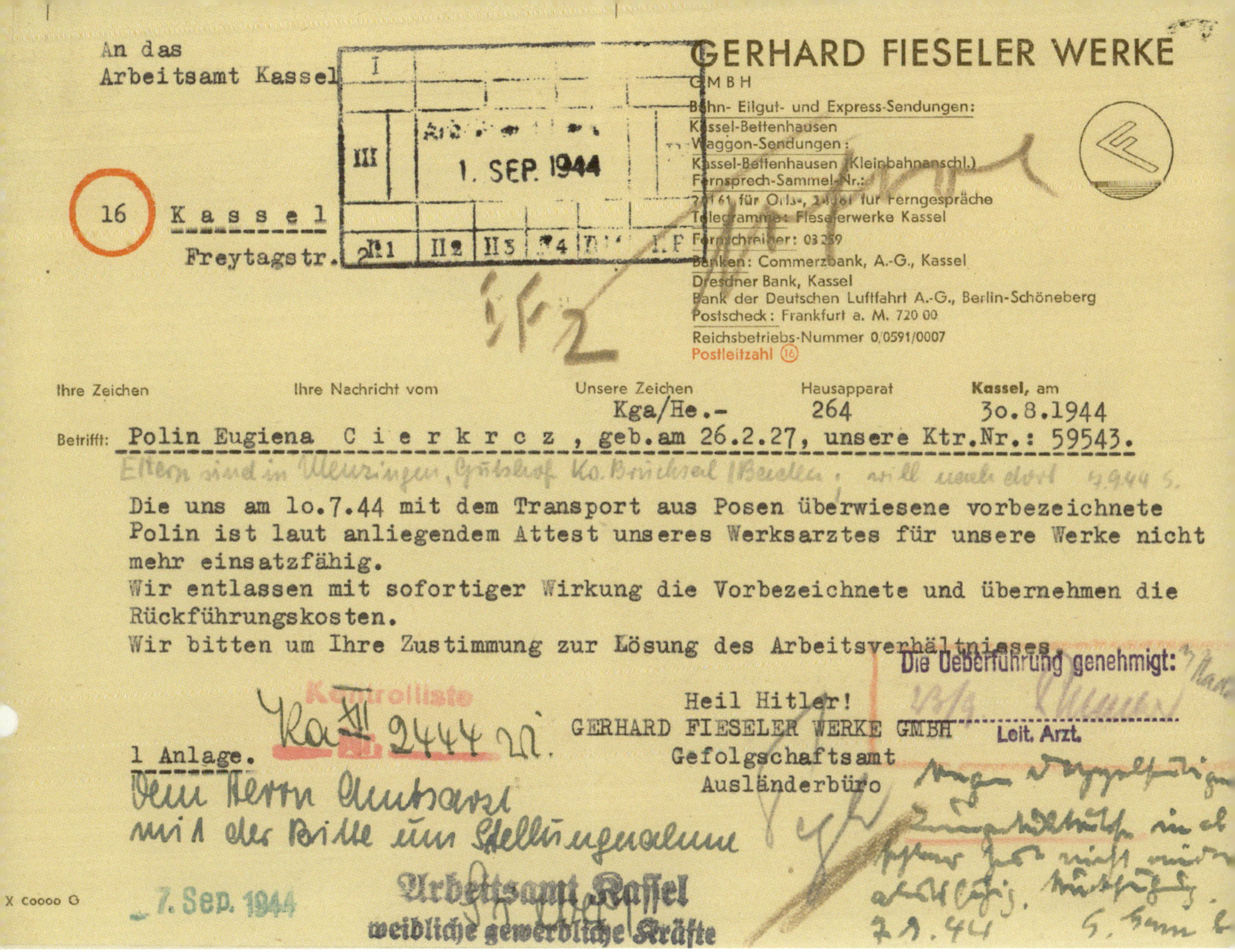
An das
Arbeitsamt Kassel

16 Kassel
Freytagstr.

1. SEP. 1944

GERHARD FIESELER WERKE
GMBH
Bahn- Eilgut- und Express-Sendungen:
Kassel-Bettenhausen
Waggon-Sendungen:
Kassel-Bettenhausen (Kleinbahnanschl.)
Fernsprech-Sammel-Nr.:
20161 für Orts-, 24061 für Ferngespräche
Telegramme: Fieselerwerke Kassel
Fernschreiber: 03259
Banken: Commerzbank, A.-G., Kassel
Dresdner Bank, Kassel
Bank der Deutschen Luftfahrt A.-G., Berlin-Schöneberg
Postscheck: Frankfurt a. M. 720 00
Reichsbetriebs-Nummer 0,0591/0007
Postleitzahl 16

Ihre Zeichen	Ihre Nachricht vom	Unsere Zeichen	Hausapparat	Kassel, am
		Kga/He.-	264	30.8.1944

Betrifft: Polin Eugiena C i e r k r c z , geb.am 26.2.27, unsere Ktr.Nr.: 59543.

Die uns am 10.7.44 mit dem Transport aus Posen überwiesene vorbezeichnete Polin ist laut anliegendem Attest unseres Werksarztes für unsere Werke nicht mehr einsatzfähig.
Wir entlassen mit sofortiger Wirkung die Vorbezeichnete und übernehmen die Rückführungskosten.
Wir bitten um Ihre Zustimmung zur Lösung des Arbeitsverhältnisses.

Die Ueberführung genehmigt:
Leit. Arzt.

Kontrolliste

Heil Hitler!
GERHARD FIESELER WERKE GMBH
Gefolgschaftsamt
Ausländerbüro

1 Anlage.

Dem Herrn Amtsarzt
mit der Bitte um Stellungnahme

7. Sep. 1944

Arbeitsamt Kassel
weibliche gewerbliche Kräfte

X C0000 G

Schreiben der Gerhard Fiesler Werke an das Arbeitsamt Kassel, 30. August 1944.
Der Begriff der „Rückführung" in die Heimat – sie fand seit Sommer 1944 nicht mehr statt – verschleierte die beabsichtigte Ermordung der Kranken. Der leitende Arzt des Gauarbeitsamtes in Kassel überwies Eugenia C. direkt nach Hadamar. (Archiv des Landeswohlfahrtsverbandes Hessen)

MORDE BEI KRIEGSENDE

Angesichts der sich abzeichnenden Kriegsniederlage eskalierte im Frühjahr 1945 die Gewalt gegen Zwangsarbeiter:innen.

Während einige mit Blick auf die Zeit nach dem Krieg versuchten, sich mit „ihren" Zwangsarbeiter:innen gut zu stellen, gingen Gestapo, SS und Wehrmacht, zum Teil mit Unterstützung der Hitlerjugend und des „Volkssturms", mit mörderischer Gewalt gegen Zwangsarbeiter:innen vor. Nach Kriegsende zählten die Alliierten Hunderte Massaker, denen mehrere Tausend Ausländer:innen zum Opfer gefallen waren.

Massengrab bei Hirzenhain (Hessen), 2. Mai 1945. Die SS ließ eine Grube ausheben, in der die Toten verscharrt wurden. Nach der Besetzung des Ortes durch die Alliierten versuchten die Einwohner des Dorfes, das Massengrab geheim zu halten. Es wurde erst vier Wochen später durch befreite Zwangsarbeiter:innen entdeckt. (National Archives and Records Administration, College Park, MD)

HIRZENHAIN UND WARSTEIN, FRÜHJAHR 1945
MASSAKER

Am 26. März 1945 erschoss eine SS-Einheit am Rande des Dorfes Hirzenhain (Hessen) 81 Frauen und sechs Männer aus einem Arbeitserziehungslager. Die Zwangsarbeiter:innen stammten vor allem aus Polen und der Sowjetunion und waren einem vor den Alliierten fliehenden SS-Kommando aus Wiesbaden im Wege, das in dem Lager Quartier beziehen wollte. Die SS-Leute beschlossen ihre Ermordung.

Sechs Tage vorher hatten SS-Leute, Soldaten der Wehrmacht und Zivilisten in einem Wald in der Nähe von Warstein (Westfalen) 35 Männer, 21 Frauen und ein Kind umgebracht. Die Toten gehörten zu fast 2000 „Ostarbeiterinnen“ und „Ostarbeitern“, die von deutschen Behörden wegen der nahenden Front ostwärts getrieben worden waren. Das Massaker war Auftakt eines dreitägigen Mordens in der Region, dem über 200 Menschen zum Opfer fielen.

Zwei deutsche Männer bei der Exhumierung der Leichen, Hirzenhain, 2. Mai 1945.
Die männlichen Einwohner des Dorfes mussten bei der Exhumierung und der Umbettung der Leichen in eine würdige Grabstätte helfen. Vor Gericht wurde nur ein SS-Mann für das Massaker zur Rechenschaft gezogen. (National Archives and Records Administration, College Park, MD)

Eine deutsche Mutter und ihre Kinder müssen die Leichen des Massakers von Warstein (Westfalen) besichtigen, 3. Mai 1945.
Die U.S. Army wollte sicherstellen, dass das Verbrechen später nicht geleugnet würde. Anschließend wurden die Leichen auf umliegenden Friedhöfen würdig beigesetzt. (National Archives and Records Administration, College Park, MD)

Ein deutscher Zivilist hält die Leiche eines Kindes im Arm, Warstein, 3. Mai 1945.
Erst zwölf Jahre später wurde ein Verfahren gegen die Beteiligten eröffnet. Trotz der Tatsache, dass das deutsche Gericht als Motiv „Mordlust“ feststellte, wurden die meisten Angeklagten wegen „Befehlsnotstandes“ freigesprochen. (National Archives and Records Administration, College Park, MD)

BEFREIUNG. AUFARBEITUNG UND FOLGEN DER ZWANGSARBEIT

RUSSIANS LIVE HERE!

BEFREIUNG 1945

Der Zweite Weltkrieg endete in Europa am 8. Mai 1945 mit der bedingungslosen Kapitulation der Wehrmacht. Die befreiten Zwangsarbeiter:innen hofften auf Gerechtigkeit und die Ahndung der an ihnen begangenen Verbrechen.

Die Alliierten unterstützten die Millionen ehemaliger Zwangsarbeiter:innen, so gut es ging. Doch häufig genug bestimmten Not und Angst vor der Zukunft deren Alltag. Die Mehrheit der Bevölkerung wollte die befreiten Zwangsarbeiter:innen so schnell wie möglich loswerden. Geprägt von der NS-Propaganda fürchteten sie Übergriffe und Plünderungen.

Ensheim (Rheinland-Pfalz), März 1945. Vier russische Frauen, die bei der Wehrmacht Zwangsarbeit leisten mussten, freuen sich über ihre Befreiung. An die Tür ihrer Unterkunft haben sie geschrieben: „Russen leben hier!" (Foto: Harris; National Archives and Records Administration, College Park, MD)

ULM, 24. / 25. APRIL 1945
BEFREIUNG

In Ulm erlebte die 17jährige Polin Gabriela Knapska im April 1945 ihre Befreiung. Ihre Erlebnisse hielt sie in einem Tagebuch fest.

»Ulm, Mittwoch, den 25. April 1945 Endlich. Endlich ist es soweit. Wir sind frei! Die Befreier, auf die wir so lange gewartet haben, sind endlich da. Durch den Eingang, der bisher für uns versperrt war, strömten jetzt scharenweise Kollegen und Kolleginnen. Im Lager der Kaserne standen aufgebrochene Kisten. Sie waren schon leer. In den Wohnungen war alles umgestürzt. Auf den Tischen standen Tassen mit nicht vollständig ausgetrunkenem Kaffee, geschnittenes Brot mit Marmelade. Die Spuren der bisherigen Bewohner. Sie waren vor einem Moment noch hier – jetzt mussten sie alles stehen lassen. So wie wir vor fünf Jahren! […]

Gabriela Knapska (links) und ihre Schwester, 1944. Das Foto ließen die beiden Schwestern für ihre Mutter machen: „Für die liebste Mutti zur Erinnerung!" (Privatbesitz Gabriela Turant)

v.l.n.r.: Befreite polnische Zwangsarbeiter:innen begrüßen US Soldaten, Ulm, 25. April 1945.
Die süddeutsche Stadt wurde am 24. April 1945 befreit. Zu diesem Zeitpunkt waren mehrere Tausend Zwangsarbeiter:innen in der Stadt.

Displaced Persons schauen deutschen Zivilisten bei der Trümmerbeseitigung zu, Ulm, 1945.
Nach Kriegsende kamen über 15.000 „heimatlose Ausländer" (Displaced Persons) nach Ulm. Vorwiegend waren es befreite Zwangsarbeiter:innen.

Ein US-Soldat mit befreiten russischen Zwangsarbeiter:innen, Ulm, 25. April 1945.
Die Schlagzeile der Zeitung lautet: „Sowjets in Berlin". (Foto: Louis Weintraub)

(alle Fotos: National Archives and Records Administration, College Park, MD)

GABRIELA TURANT, GEB. KNAPSKA

Gabriela Knapska wurde am 31. Mai 1927 in Łagiewniki / Śląskie (Oberschlesien) geboren. Seit 1941 wurde sie gemeinsam mit ihrer Zwillingsschwester Jolanta bei der Firma Telefunken in Łódź zur Arbeit gezwungen. Telefunken hatte seine Produktion aufgrund der kürzeren Transportwege zur Ostfront und der besseren Verfügbarkeit von Zwangsarbeiter:innen in das besetzte Polen verlagert.

Ende 1944 wurden Gabriela und Jolanta nach Ulm gebracht, wohin man inzwischen das gesamte Röhrenwerk verlegt hatte. Hier schrieb sie ein Tagebuch. Gemeinsam mit ihrer Schwester kehrte sie im November 1945 nach Polen zurück.

Vor dem Tor, auf einem Pferdewagen, saß unser Lagerführer Fischer. Hinter ihm stand ein amerikanischer Soldat mit einem Revolver in der Hand. Fischer sah schrecklich aus. Ich konnte das nicht anschauen. Ich weiß, dass er zu uns nicht gut war, dass er die Polen plagte. Aber in diesem Moment sah ich nur einen älteren Menschen, der litt. […] Trotz allem, was sie mit uns machten, würde ich jeden anständigen Deutschen in Ruhe lassen. Sogar für die Bösen habe ich Mitleid. Wie kann man glücklich sein, wenn man das Leiden der Anderen sieht?«

WEGE ZURÜCK

Die meisten befreiten Zwangsarbeiter:innen versuchten, so schnell wie möglich nach Hause zurückzukehren. Ihre Aufnahme in den Heimatländern verlief jedoch sehr unterschiedlich: Nur in wenigen Nachkriegsgesellschaften galten sie als Opfer. Vielfach begegnete man ihnen mit Gleichgültigkeit oder sah in ihnen Verräter, die für den Feind gearbeitet hatten.

Bereits bis September 1945 konnten über 80 Prozent der Westeuropäer:innen und Pol:innen heimkehren. In der Sowjetunion standen ehemalige Zwangsarbeiter:innen unter dem Generalverdacht der Kollaboration: In „Filtrationslagern" überprüfte sie die stalinistische Geheimpolizei. Einige Zehntausend befreite Zwangsarbeiter deportierte sie in die Arbeitslager des Gulag. Von den wenigen überlebenden Jüdinnen und Juden aus Mittel- und Osteuropa entschieden sich die meisten zur Auswanderung.

Befreite Zwangsarbeiter:innen lassen sich für ihre Heimreise registrieren, Verviers (Belgien), 1945. Die Alliierten versuchten, eine schnelle Heimkehr zu ermöglichen. Zwischen Mai und September 1945 konnten im Schnitt täglich 33.000 Deportierte die Rückkehr in ihre Heimatorte antreten. (National Archives and Records Administration, College Park, MD)

UNRRA
D.P. OPERATIONS
GERMANY
Situation as of May 8th. 1946
LEGEND
British Zone
U.S. Zone
French Zone
U.S.S.R. Zone
International Boundaries
Occupation Zone
UNRRA District
UNRRA TEAMS IN THE FIELD
BRITISH ZONE 103
U.S. 144
FRENCH 32
TOTAL 279
D.P.s in UNRRA Assembly Centres
DENMARK
HOLLAND
BELGIUM
LUXEMBOURG
FRANCE
SWITZERLAND
AUSTRIA
CZECHOSLOVAKIA
SCHLESWIG HOLSTEIN REGION
HANSESTADT HAMBURG REGION
HANNOVER REGION
WESTFALEN REGION
N. RHINE REGION
NORTHERN DISTRICT
SOUTHERN DISTRICT
DISTRICT No. 1
DISTRICT No. 2
DISTRICT No. 3
DISTRICT No. 5
SPENGE
AROLSEN
NEUSTADT
HASLACH
EBINGEN
PASING
Barth
Ribnitz
Rostock
Laage
Bützow
Teterow
Sarow
Malchin
Krakow
Goldberg
Neustrelitz
Wittstock
Wesenberg
Fürstenberg
Tangermünde
Brandenburg
Genthin
Güsen
Kirchmöser
Frankfurt/Oder
Altengrabow
Königsborn
Magdeburg
Belzig
Luckenwalde
Barby
Zerbst
Wittenberg
Jüterbog
Burg
Cottbus
Nordhausen
Torgau
Spremberg
Merseburg
Zeithain
Mühlhausen
Oschatz
Großenhain
Bad Langensalza
Meißen
Görlitz
Apolda
Gotha
Erfurt
Weimar
Eisenach
Jena
Gera
Arnstadt
Kahla
Stadtilm
Rudolstadt
Ilmenau
Pößneck
Gehren
Saalfeld
Großbreitenbach
Probstzella
A. H. EISNER

DISPLACED PERSONS

Die in Deutschland und Österreich zurückgebliebenen ehemaligen Zwangsarbeiter:innen – darunter viele Jüdinnen und Juden – wurden von den westalliierten Besatzungsmächten in Lagern für Displaced Persons untergebracht. Dort warteten sie auf ihre Auswanderung. Manche hofften auch, vor Ort eine neue Existenz aufbauen zu können.

Häufig waren es ehemalige KZ- oder Zwangsarbeitslager, in denen Displaced Persons (DPs) auf die Erlaubnis für ihre Einreise in die USA, nach Kanada, Australien oder Palästina bzw. in den neuen Staat Israel warteten. Diejenigen, die bleiben wollten, wurden von Einheimischen argwöhnisch betrachtet. Sie galten als lästige Kostgänger, die unberechtigte Ansprüche stellten.

DP-Lager unter der Verwaltung der UNRRA, Mai 1946. Bis Mitte 1947 war die United Nations Relief and Rehabilitation Administration (UNRRA) für die Betreuung der westdeutschen DP-Lager zuständig. Danach wurde sie von der International Refugee Organization (IRO) abgelöst, die versuchte, den noch etwa 500.000 in den Lagern lebenden Menschen bei der Auswanderung oder der Integration in Deutschland zu helfen.

DP-Lager und sowjetische Repatriierungslager, 1945. Die Amerikaner errichteten in Thüringen DP-Camps. Nachdem die Besatzungsverwaltung an die sowjetischen Streitkräfte übergeben worden war, gab es auch in Thüringen Repatriierungslager, u.a. in Buchenwald und Mittelbau-Dora. Im Oktober 1945 sind noch über 50 Repatriierungslager nachzuweisen – aber keines in Thüringen.

- Amerikanische DP-Camps in Thüringen bis Juni 1945
- Sowjetische Repatriierungslager in der Sowjetischen Besatzungszone, Stand Oktober 1945

FÖHRENWALD (BAYERN)
DP-LAGER

rechts: Sitz der ORT, 1953. Die jüdische Hilfsorganisation ORT (Organisation Reconstruction Training) organisierte u. a. die Ausbildung. In Föhrenwald leitete diese Arbeit der ehemalige Häftling des KZ Dachau Jacob Oleiski. (United States Holocaust Memorial Museum, Washington)

oben: Werkstatt in der ORT-Schule, 1948. Über zehn verschiedene Lehrgänge konnten in Föhrenwald besucht werden, meistens für handwerkliche Berufe, denn es ging perspektivisch um Aufbauarbeit im neuen Staat Israel. (Haus der Bayerischen Geschichte, Augsburg)

unten: Theatergebäude am Roosevelt-Platz, 1956. In Föhrenwald gab es mehrere Theatergruppen, ein Orchester und einen Chor. Ebenso gehörten ein Kino und eine Bibliothek zum Kulturangebot. Bis 1956 wurde der Saal auch als Synagoge benutzt. (Stadtarchiv Geretsried)

Eines der am längsten existierenden DP-Lager befand sich in Föhrenwald bei München. Bis 1957 waren hier durchschnittlich 6000 Displaced Persons untergebracht, hauptsächlich jüdische Überlebende deutscher Konzentrationslager.

Nach Kriegsende wurde in dem vorherigen Zwangsarbeitslager einer Munitionsfabrik ein DP-Lager errichtet. Zwischen 1946 und 1948 war es nach dem DP-Camp Bergen-Belsen das zweitgrößte in Deutschland. Die Lagerbewohner:innen, meist jüdische Holocaust-Überlebende, versuchten, in dem Lager wieder ein „normales" Leben zu führen und sich auf die Auswanderung vorzubereiten.

oben: Markt in Föhrenwald, ohne Datum.
Der Handel mit den Bewohner:innen des „Judenlagers“, wie Föhrenwald in der Bevölkerung hieß, war für viele Deutsche eine wichtige zusätzliche Einnahmequelle in den ersten Nachkriegsjahren. (Yad Vashem, Jerusalem)

links: Schüler:innen der „Tarbut-Schule“, 1946.
Die Tarbut-Schulen, gegründet 1922 in Warschau, waren nach Kriegsende wichtiger Teil der zionistischen Bewegung. Sie sollten Jugendliche auf das Leben im neu zu gründenden Staat Israel vorbereiten. (United States Holocaust Memorial Museum, Washington)

STRAFVERFOLGUNG

Zwangsarbeit wurde von den Alliierten im Nürnberger Prozess gegen die Hauptkriegsverbrecher erstmals als „Verbrechen gegen die Menschlichkeit" verhandelt. In späteren Prozessen spielte sie jedoch kaum eine Rolle.

Wegen ihrer Verantwortung für die Organisation der Zwangsarbeit verurteilten die Alliierten zehn der 24 Nürnberger Hauptangeklagten zu hohen Strafen. Wie die Angeklagten sah bald auch die Mehrheit der Deutschen nicht die Verbrechen, sondern die Urteile als Unrecht an. In den Nürnberger Nachfolgeprozessen fielen die Strafen bereits milder aus, nach kurzer Zeit wurden sie vielfach ausgesetzt. Vor deutschen Gerichten galt die Beschäftigung von Zwangsarbeiter:innen nicht als Straftatbestand. Verfolgt wurden lediglich konkrete Fälle von Misshandlungen. Entschädigungsforderungen ehemaliger Zwangsarbeiter:innen wurden mit Hinweis auf bilaterale Globalabkommen kategorisch abgelehnt.

US-Hauptankläger Telford Taylor eröffnet den Prozess gegen
23 Verantwortliche der IG Farben AG, 14. August 1947.
(National Archives and Records Administration, College Park, MD)

NÜRNBERGER PROZESS GEGEN DIE HAUPTKRIEGSVERBRECHER

Das Internationale Militärtribunal (IMT) stufte im Nürnberger Hauptprozess von November 1945 bis Oktober 1946 „Deportation zur Zwangsarbeit" und „Versklavung" als wesentliche Kriegsverbrechen und „Verbrechen gegen die Menschlichkeit" ein, für die die verantwortlichen Personen strafrechtlich haftbar gemacht wurden.

v.l.n.r.: Die Angeklagten im Nürnberger Hauptprozess, 1946. (National Archives and Records Administration, College Park, MD)

Der frühere Rüstungsminister Albert Speer im Zeugenstand, Juni 1946. (National Archives and Records Administration, College Park, MD)

Der frühere „Generalbevollmächtigte für den Arbeitseinsatz" Fritz Sauckel in seiner Gefängniszelle, 24. November 1945. (Stadtarchiv Nürnberg)

rechte Seite: Auszug aus der Anklageschrift des Internationalen Militärtribunals in Nürnberg (IMT). (Trial of the Major War Criminals before the International Military Tribunal, Nürnberg 1947)

(B) DEPORTATION FOR SLAVE LABOR AND FOR OTHER PURPOSES OF THE CIVILIAN POPULATIONS OF AND IN OCCUPIED TERRITORIES

During the whole period of the occupation by Germany of both the Western and the Eastern Countries it was the policy of the German Government and of the German High Command to deport able-bodied citizens from such occupied countries to Germany and to other occupied countries for the purpose of slave labor upon defense works, in factories, and in other tasks connected with the German war effort.

In pursuance of such policy there were mass deportations from all the Western and Eastern Countries for such purposes during the whole period of the occupation.

Such deportations were contrary to international conventions, in particular to Article 46 of the Hague Regulations, 1907, the laws and customs of war, the general principles of criminal law as derived from the criminal laws of all civilized nations, the internal penal laws of the countries in which such crimes were committed, and to Article 6 *(b)* of the Charter.

Particulars of deportations, by way of example only and without prejudice to the production of evidence of other cases are as follows:

1. From the Western Countries:

From France the following deportations of persons for political and racial reasons took place—each of which consisted of from 1,500 to 2,500 deportees:

1940	....	3 Transports
1941	....	14 Transports
1942	....	104 Transports
1943	....	257 Transports
1944	....	326 Transports

Such deportees were subjected to the most barbarous conditions of overcrowding; they were provided with wholly insufficient clothing and were given little or no food for several days.

The conditions of transport were such that many deportees died in the course of the journey, for example:

In one of the wagons of the train which left Compiègne for Buchenwald, on 17 September 1943, 80 men died out of 130;

On 4 June 1944, 484 bodies were taken out of the train at Sarrebourg;

In a train which left Compiègne on 2 July 1944 for Dachau, more than 600 dead were found on arrival, i.e. one-third of the total number;

Die Angeklagten im Flick-Prozess lesen die Anklageschrift, 18. April 1947.
(National Archives and Records Administration, College Park, MD)

NACHFOLGEPROZESSE

Ab 1946 führten die Amerikaner in Nürnberg zwölf weitere Prozesse. Vier Verfahren beschäftigten sich mit der Verantwortung der Industrie für Zwangsarbeit. Im Flick-Prozess waren der Industrielle Friedrich Flick und fünf Mitarbeiter angeklagt. Die Urteile waren milde. Das Gericht folgte der Argumentation der Verteidigung, die Wirtschaft sei vom Staat gezwungen worden, Zwangsarbeiter:innen zu beschäftigen.

KALTER KRIEG – NACHKRIEGSORDNUNG

Mit dem Londoner Schuldenabkommen konnte die Bundesrepublik 1953 erreichen, dass trotz anderer Verträge über Wiedergutmachungen der Großteil der Entschädigungsfragen bis zu einem späteren Friedensvertrag zurückgestellt wurde. Dieser war aus damaliger Perspektive in weiter Ferne: Deutschland war geteilt, und der Kalte Krieg hatte begonnen.

Gegenüber der DDR verzichtete die Sowjetunion im August 1953 auf weitere Reparationen. Dies umfasste auch Entschädigungen.

Die deutsche Delegation bei der Unterzeichnung des Londoner Schuldenabkommens, 27. Februar 1953 (Süddeutsche Zeitung Photo)

VERGESSENES THEMA ZWANGSARBEIT

Bundesdeutsche Gerichte wiesen bis in die späten 1980er Jahre fast alle Klagen ehemaliger Zwangsarbeiter:innen auf Entschädigung ab. Nur in wenigen Fällen konnte eine außergerichtliche Einigung erreicht werden, die erste 1957 durch die Klage des überlebenden Auschwitz-Häftlings Norbert Wollheim.

In der deutschen Öffentlichkeit wurden diese Prozesse kaum beachtet. Es überwog die Erinnerung an das eigene Schicksal während des Krieges. Die Entnazifizierung und die Bestrafung der NS-Täter:innen wurden von vielen Deutschen abgelehnt.

v.l.n.r.: Norbert Wollheim klagte erfolgreich gegen die IG-Farben. In der Bildmitte Wollheims Rechtsanwalt Henry Ormond, um 1951. (Fritz Bauer Institut, Frankfurt am Main)

Protest der „Vereinigung der Verfolgten des Naziregimes" (VVN) gegen Neonazismus und Verzögerung der Wiedergutmachung, München, 9. März 1950. Anlass für die Demonstration war der Freispruch im Verfahren gegen den Bundestagsabgeordneten Wolfgang Hedler (Deutsche Partei), der eine antisemitische und antikommunistische Hetzrede gehalten hatte. (ullstein bild)

Kundgebung gegen die Hinrichtung in Nürnberg verurteilter NS-Täter, Landsberg (Bayern), 7. Januar 1951. Anlass der Veranstaltung war die bevorstehende Hinrichtung u. a. von Oswald Pohl, der als Chef des SS-Wirtschaftsverwaltungshauptamtes für die Zwangsarbeit von KZ-Häftlingen verantwortlich gewesen war. Während der von der Stadt organisierten „Protestkundgebung gegen die Unmenschlichkeit" kam es auf dem Marktplatz zu Auseinandersetzungen zwischen Einheimischen und jüdischen KZ-Überlebenden. Mehrere Juden wurden von der Polizei vorübergehend festgenommen. (Stadtarchiv Landsberg)

BESCHÄDIGTE GERECHTIGKEIT

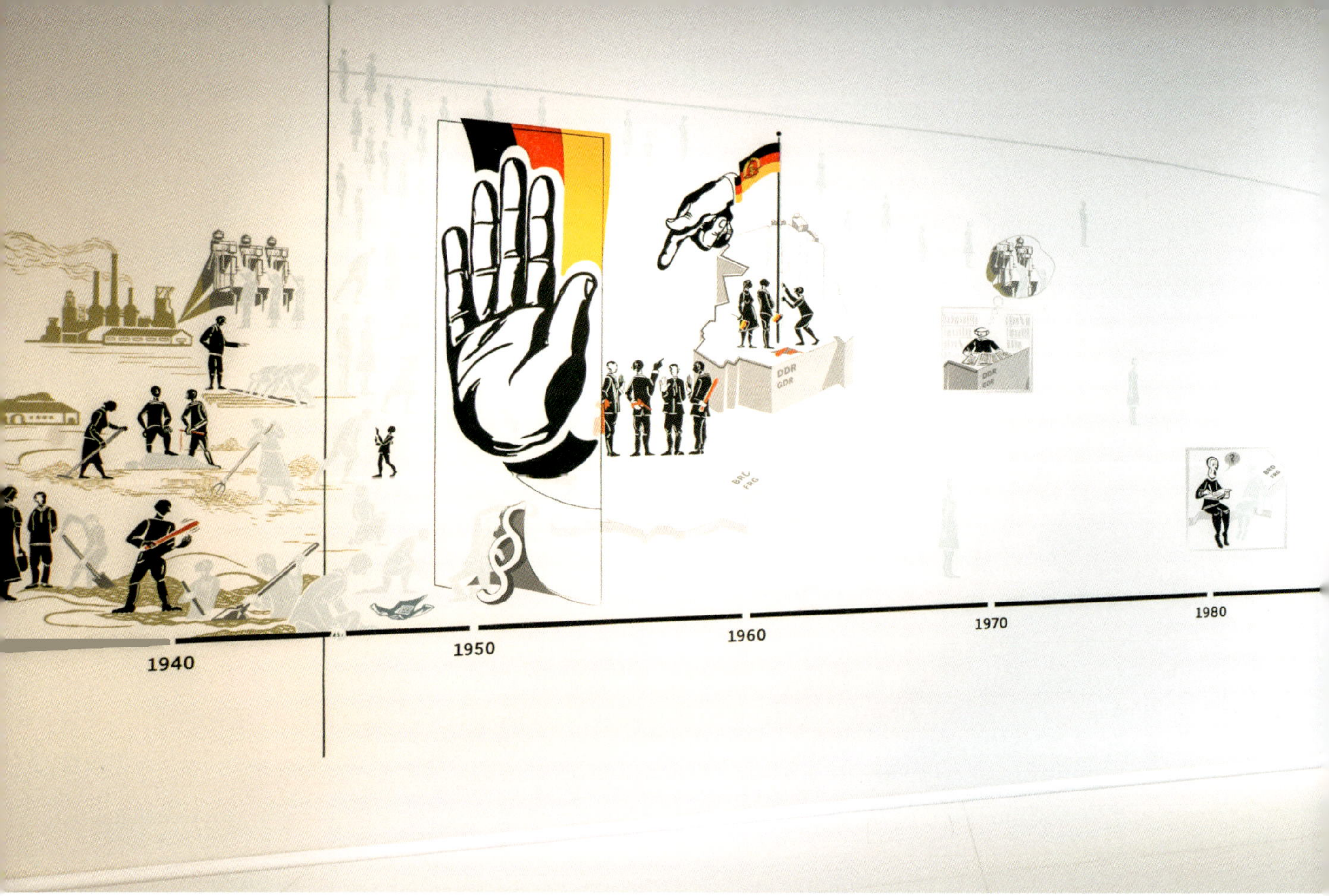

BESCHÄDIGTE GERECHTIGKEIT

Forderungen ehemaliger Zwangsarbeiterinnen und Zwangsarbeiter, ihr Schicksal anzuerkennen und zu entschädigen, fanden in der Bundesrepublik Deutschland und der DDR kaum Gehör. Die ablehnende Haltung der meisten Deutschen wurde seit den 1960er Jahren vereinzelt durch historische Forschung und danach vermehrt durch lokalgeschichtliches Interesse aufgeweicht. Doch erst 60 Jahre nach Kriegsende waren das wiedervereinigte Deutschland und die Wirtschaft zur Anerkennung des Unrechts bereit, nachdem Geschädigte in den USA Sammelklagen gegen deutsche Unternehmen eingereicht hatten.

Aufgrund des internationalen Drucks zahlten die Bundesrepublik und Unternehmen gemeinsam in einen Fonds ein. Von der Stiftung Erinnerung, Verantwortung und Zukunft erhielten 1,7 Millionen ehemalige Zwangsarbeiterinnen und Zwangsarbeiter ab 2001 Hilfszahlungen, wenn sie auf weitere Ansprüche verzichteten. Allerdings blieben manche Gruppen zunächst weiterhin von Entschädigungen ausgeschlossen. Dies betraf vor allem die sowjetischen und italienischen Kriegsgefangenen. Zudem kam die Anerkennung des erlittenen Unrechts für die meisten Betroffenen zu spät. Sie waren bereits verstorben.

Dennoch sind die Auszahlungen in den Heimatländern der betagten Überlebenden als ein spätes Bekenntnis der Deutschen zu ihrer Verantwortung und als Würdigung ihres Schicksals wahrgenommen worden. Das beförderte die Beschäftigung mit ihrer Geschichte und gab ihnen eine wichtige Rolle als Zeitzeug:innen.

Beschädigte Gerechtigkeit. Der Umgang mit ehemaligen Zwangsarbeiter:innen nach 1945.
Wandbild im Museum Zwangsarbeit im Nationalsozialismus, 2024. (Konzept und Realisierung: buchstabenschubser, Potsdam; Ausführung in Zusammenarbeit mit: Studio Elm, Berlin; Foto: Claus Bach, Sammlung Museum Zwangsarbeit im Nationalsozialismus)

ZEITZEUG:INNEN BERICHTEN

Seit den 1980er Jahren wuchs die Bereitschaft der Öffentlichkeit, den überlebenden Zwangsarbeiter:innen zuzuhören. Seither haben viele in Interviews oder schriftlichen Berichten über ihre Erfahrungen als Zwangsarbeiter:innen und in den Jahren nach der Befreiung Zeugnis abgelegt.

»Da viel Zeit seit den Ereignissen vergangen ist, von denen ich Ihnen erzähle, gibt es schon diesen Schmerz nicht mehr, den Ärger über die Menschen, die dich beleidigt haben. Schlechtes bleibt abseits, viel Gutes bleibt. Wenn ich jetzt erzähle, so können Sie den Eindruck bekommen, dass es gar nicht so schlecht da war, aber in der Wirklichkeit: allein schon die Tatsache der Verschleppung, Unfreiheit, Zwangsarbeit, Hunger – das war schrecklich.«

Sinaida Baschlaj
geboren 1930 in der Ukraine, musste in Deutschland in der Industrie und in einer Bäckerei arbeiten. Interview aus dem Jahr 2005.
(Archiv „Zwangsarbeit 1939-1945")

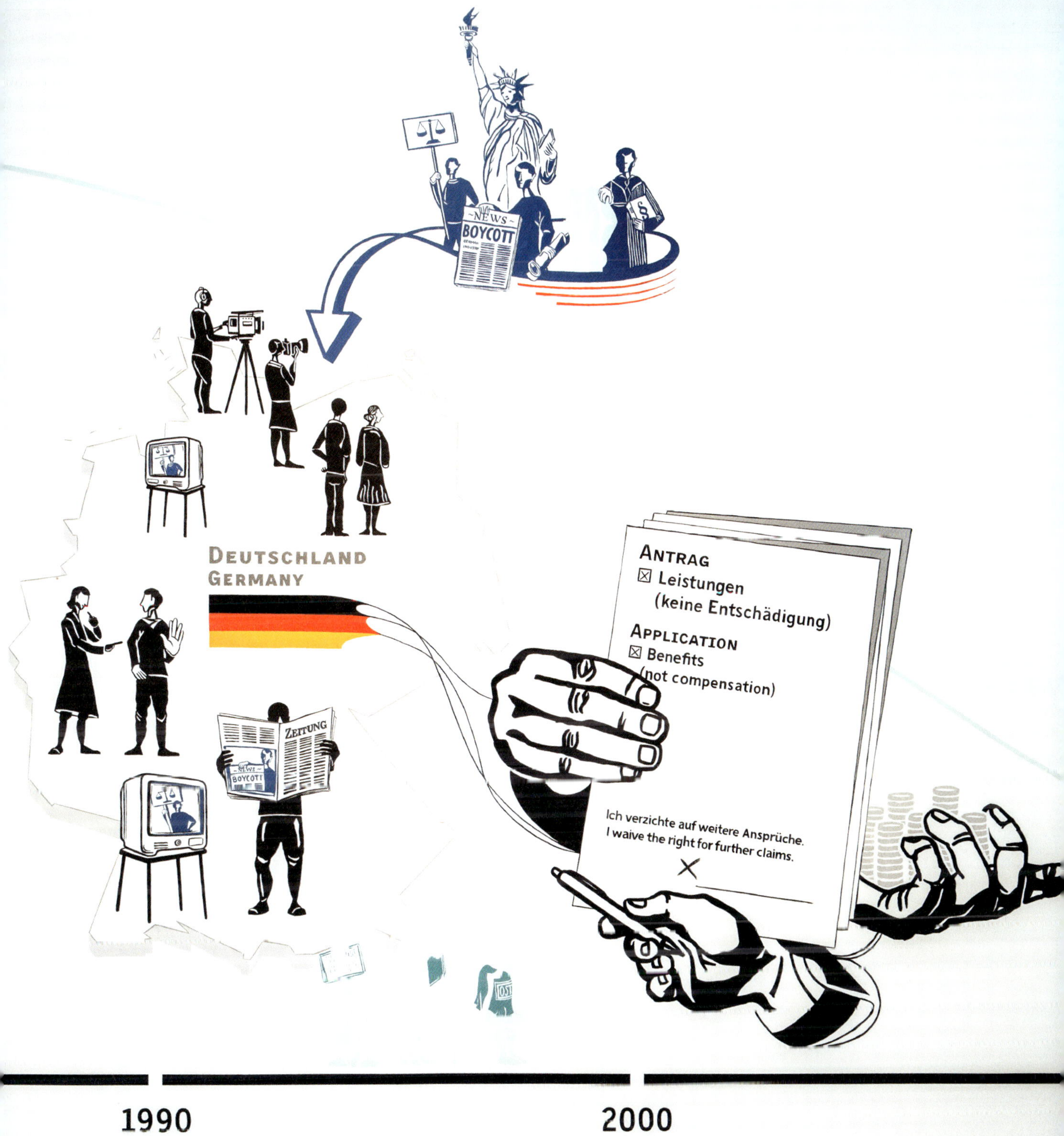

Beschädigte Gerechtigkeit. Der Umgang mit ehemaligen Zwangsarbeiter:innen nach 1945.
Wandbild im Museum Zwangsarbeit im Nationalsozialismus, 2024. (Konzept und Realisierung: buchstabenschubser, Potsdam; Ausführung in Zusammenarbeit mit: Studio Elm, Berlin; Foto: Claus Bach, Sammlung Museum Zwangsarbeit im Nationalsozialismus)

*»Wenn du es nicht niederschreibst, wie es ist,
ist es niemals passiert, wenn du es nicht erzählst,
ist es, als sei es nie passiert.«*

Zahava Stessel
geboren 1930, wurde als ungarische Jüdin 1944 nach Auschwitz deportiert und zur Arbeit bei Junkers gezwungen. Interview aus dem Jahr 2006. (Archiv „Zwangsarbeit 1939-1945")

*»Ich bin eine noch lebende Geschichte.
Von mir möchte noch oft jemand etwas wissen.
Ich warte darauf, dass meine Urenkelin groß wird
und ich ihr selbst persönlich alles erzählen kann.
Damit ich das Ganze für die Zukunft bewahre,
dass es durch die Jahrhunderte weiter getragen
wird.«*

Olga Djatschenko
geboren 1925 in Belarus, wurde im Oktober 1942 zur Arbeit in der Rüstungsindustrie deportiert. Interview aus dem Jahr 2005. (Archiv „Zwangsarbeit 1939-1945")

*»Zuerst war da die Angst …
Es gab dort zwei grundlegende Elemente:
Das eine war Essen und das zweite war,
sich zu fragen, wann es vorbei sein wird.«*

Victor Laville
geboren 1921 in Frankreich, musste von 1943 bis 1945 in der deutschen Rüstungsindustrie arbeiten. Er starb 2020. Interview aus dem Jahr 2006. (Archiv „Zwangsarbeit 1939-1945")

»Dass ich in Hennigsdorf gelernt habe, Maschinen zu bedienen, hat mir in meinem Leben nichts genutzt. Diese Zeit war für mich also eine vergeudete Zeit. Mein Organismus wurde geschwächt, ständig bekam ich verschiedene schwere Krankheiten.«

Halina Głowacka
geboren 1926 in Polen, wurde 1943 nach Berlin verschleppt.
Dort arbeitete sie bei der AEG als Dreherin. Interview aus dem Jahr 2005.
(Archiv „Zwangsarbeit 1939-1945")

»Ich wurde zu fünfundzwanzig Jahren Straflager plus fünf Jahre Entzug des Wahlrechts verurteilt. Tja, als ich aus Deutschland zurückkehrte, da dachte ich, dass mir, wenn ich in die Heimat zurück komme, schon nicht Sibirien blüht … Auf so eine Wendung der Ereignisse war ich absolut nicht gefasst.«

Lew Netto
geboren 1925 in Moskau, musste als sowjetischer Kriegsgefangener
in Deutschland Zwangsarbeit leisten. Nach seiner Rückkehr wurde er als
vermeintlicher Kollaborateur verurteilt. Interview aus dem Jahr 2006.
(Archiv „Zwangsarbeit 1939-1945")

»Später, als unsere Kinder schon groß waren, wurde im Fernsehen ein Dokumentarfilm über uns gedreht. Wir erzählten die Wahrheit, und fertig. Ich dachte, dass uns die Kinder nach diesem Film ablehnen würden. Dass wir so und so waren, alles verheimlichten. Und die Kinder weinten und sagten: ›Sie sind so gute Eltern‹. Wir sind sehr glücklich.«

Galina Konstantinowna Burenko
geboren 1925 in Sibirien (Russland), musste ab 1942 in Rathenow (Brandenburg) Zwangsarbeit leisten. Interview aus dem Jahr 2005.
(Archiv „Zwangsarbeit 1939-1945")

»Es war eine schlimme Erfahrung, dass du dort sein musstest und arbeiten ... Du konntest nicht wissen, ob du je heimkehren würdest, ob du da lebend raus kommst an dem Tag oder nicht. Du gingst in deinen Tod. Nun, wir wurden ja gezwungen, freiwillig gingen wir ja nicht – mit Gewehren brachten sie uns dorthin, mit Gewehren wurden wir heimgebracht.«

Der Roma **Andrejs Stepka**
wurde 1925 in Lettland geboren. Ab 1942 musste er an der Front Schützengräben ausheben. Interview aus dem Jahr 2005.
(Archiv „Zwangsarbeit 1939-1945")

»Also aber, die, wie soll ich sagen, die Wunde von dem, all dem, was passiert ist, bleibt für uns Überlebenden, für die Kinder, die ihre Eltern verloren haben, fortdauernd gegenwärtig, also die sind unvergesslich. Man muss dafür Verständnis haben, dass wir das natürlich nicht vergessen können, obwohl viele es zu vergessen versuchten, aber ich glaube nicht, dass es möglich ist.«

Paul Schaffer
geboren 1924, er musste als österreichischer Jude Zwangsarbeit leisten. 2020 starb er in seiner Heimatstadt Wien. Interview aus dem Jahr 2006. (Archiv „Zwangsarbeit 1939-1945“)

»Es wurde ein Fonds eingerichtet, mit Spenden der deutschen Industrie und Deutschlands. Wir verlangten nichts, denn wir hatten unseren Teil geleistet, wir wollten um nichts bitten. Uns interessiert eine Anerkennung unseres Verhaltens, uns interessiert kein Geld, denn eine Deportation kann man nicht vergüten, es gibt keine Summe auf der Welt, die eine Deportation vergüten könnte.«

Claudio Sommaruga
geboren 1920 in Genua, musste von 1943 bis 1945 als italienischer „Militärinternierter“ Zwangsarbeit in Deutschland leisten. Er starb 2012. Interview aus dem Jahr 2005. (Archiv „Zwangsarbeit 1939-1945“)

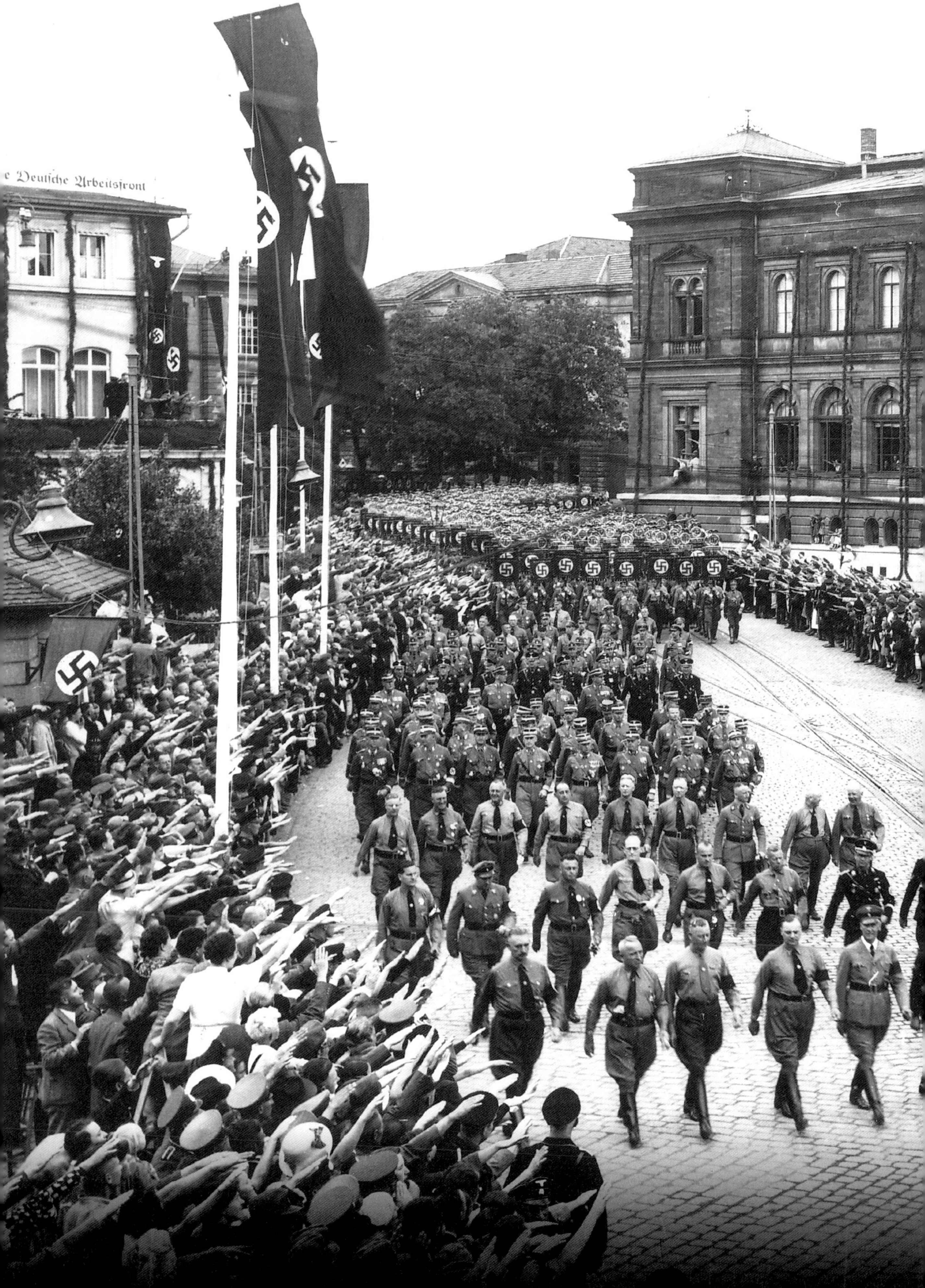
Deutsche Arbeitsfront

Gedenkmarsch zum 10. Jahrestag des ersten Reichsparteitages der NSDAP in Weimar, Sommer 1936.
1. Reihe, zweiter von rechts: Julius Streicher, links neben ihm SS-Chef Heinrich Himmler und Reichsinnenminister Wilhelm Frick.
Im Hintergrund das Landesmuseum (heute Museum Neues Weimar).
(Foto: Ella Beyer-Held, Fotoatelier Louis Held, Inhaber [illegible], Weimar)

DEUTSCHLAND
ERWACHE

Gauleiter Fritz Sauckel beim symbolischen ersten Spatenstich für das geplante Gauforum, 4. Juli 1936.
Rechts Adolf Hitler und dahinter dessen Stellvertreter Rudolf Hess. (Süddeutsche Zeitung, Foto IMAGO)

links oben: Hitler (rechts), Fritz Sauckel (Mitte) und Albert Speer betrachten ein frühes Architekturmodell des Gauforums in Weimar, 4. Juli 1936. (Bayerische Staatsbibliothek München / Fotoarchiv Hoffmann)

links unten: „Führer-Stellvertreter" Rudolf Hess (Mitte) vollzieht die Grundsteinlegung für das Gauforum am „Platz Adolf Hitlers", 1. Mai 1937. (Süddeutsche Zeitung, Bilderdienst Scherl)

Großbaustelle des Gauforums, Ende 1937. Vor dem Landesmuseum steht das Fassadenmodell des „Hauses der Gliederungen der NSDAP“. (Stadtarchiv Weimar, Sammlung Magdlung)

Jorge-Semprún-Platz am ehemaligen Gauforum, 2018.
In dem langgezogenen Gebäude befindet sich das Museum Zwangsarbeit im Nationalsozialismus sowie am Turm die Ausstellung „Das Gauforum in Weimar – ein Erbe des Dritten Reiches". (Foto: Claus Bach, Sammlung Museum Zwangsarbeit im Nationalsozialismus)

Blick in den Ausstellungsteil „Gewöhnung. Gewalt und Ausgrenzung vor dem Krieg“.
(Foto: Thomas Müller, Sammlung Museum Zwangsarbeit im Nationalsozialismus)

Blick in den Ausstellungsteil „Massenphänomen. Zwangsarbeit im Deutschen Reich“.
(Foto: Thomas Müller, Sammlung Museum Zwangsarbeit im Nationalsozialismus)

Blick in den Ausstellungsteil „Radikalisierung. Zwangsarbeit im besetzten Europa".
(Foto: Thomas Müller, Sammlung Museum Zwangsarbeit im Nationalsozialismus)

Zwangsarbeit in Weimar
In der thüringischen Landeshauptstadt wurde während des Krieges die Arbeitskraft von mehr als 5 000 zivilen Zwangsarbeiterinnen und Zwangsarbeitern, 1 500 Kriegsgefangenen und mindestens 4 000 Häftlingen aus dem nahe gelegenen Konzentrationslager Buchenwald ausgebeutet. Die meisten von ihnen arbeiteten in der Rüstungsfabrik Fritz-Sauckel-Werk, doch Zwangsarbeit war in der gesamten Stadt allgegenwärtig. Private Haushalte, Anwaltskanzleien, Handwerker, Baufirmen und Speditionen, Holz- und Kohlehandlungen, Gärtnereien, Hotels und Gaststätten, landwirtschaftliche Betriebe, die Straßenreinigung und die Müllabfuhr – sie alle profitierten von der Zwangsarbeit. Besonders schwere und gefährliche Arbeiten, wie Bombenräumungen, wurden zumeist von Häftlingen des Konzentrationslagers Buchenwald ausgeführt, deren Arbeitskolonnen zum Stadtbild gehörten.
Wählen Sie eine Figur auf dem Stadtplan von Weimar aus und platzieren Sie diese auf dem Feld über dem iPad, um zu erfahren, wie das alltägliche Leben in und um Weimar während des Zweiten Weltkrieges durch das menschenverachtende System Zwangsarbeit aufrechterhalten wurde.
Forced Labor in Weimar
During the war, the labor of more than 5,000 civilian forced laborers, 1,500 prisoners of war and at least 4,000 prisoners from the nearby Buchenwald concentration camp was exploited in the Thuringian state capital. Most of the laborers worked in the Fritz-Sauckel-Werk weapons factory, but forced labor was omnipresent throughout the city. Private households, law firms, craftsmen, construction companies and shipping companies, timber yards and coal dealers, garden centers, hotels and restaurants, farms, street-cleaning and garbage-collection services – they all benefited from forced labor. In particular, heavy and dangerous work, such as bomb removal, was usually carried out by prisoners of the Buchenwald concentration camp. Their work details were part of the cityscape.
Select a figure from the Weimar city map and put it into the field next to the iPad to learn how everyday life in and around Weimar during World War II was maintained by the inhumane system of forced labor.

Die Dauerausstellung steht in einem für den thüringischen Gauleiter Fritz Sauckel geplanten Saal, der erst nach dem Zweiten Weltkrieg während der sowjetischen Besatzungszeit fertiggestellt wurde. (Foto: Thomas Müller, Sammlung Museum Zwangsarbeit im Nationalsozialismus)

Forced Labor in Weimar
During the war, the labor of more than 5,000 civilian forced laborers, 1,500 prisoners of war and at least 4,000 prisoners from the nearby Buchenwald concentration camp was exploited in the Thuringian state capital. Most of the laborers worked in the Fritz-Sauckel-Werk weapons factory, but forced labor was omnipresent throughout the city. Private households, law firms, craftsmen, construction companies and shipping companies, timber yards and coal dealers, garden centers, hotels and restaurants, farms, street-cleaning and garbage-collection services – they all benefited from forced labor. In particular, heavy and dangerous work, such as bomb removal, was usually carried out by prisoners of the Buchenwald concentration camp. Their work details were part of the cityscape.

Die Geschichte der Zwangsarbeit in Weimar wird an einem Stadtplan mit Hörgeschichten erzählt. Hier werden Orte der Zwangsarbeit, Biographien von Zwangsarbeiter:innen, Erzählungen von Alltag, Widerstand und Gewalt hörbar. (Foto: Thomas Müller, Sammlung Museum Zwangsarbeit im Nationalsozialismus)

D.P. OPERATIONS

Blick in den Ausstellungsteil „Beschädigte Gerechtigkeit".
Am Ende der Ausstellung sprechen ehemalige Zwangsarbeiter:innen in Videointerviews über den langen Schatten der Zwangsarbeit in ihrem Leben. (Foto: Thomas Müller, Sammlung Museum Zwangsarbeit im Nationalsozialismus)

links: Blick in den Ausstellungsteil „Befreiung. Aufarbeitung und Folgen der Zwangsarbeit".
(Foto: Thomas Müller, Sammlung Museum Zwangsarbeit im Nationalsozialismus)

1

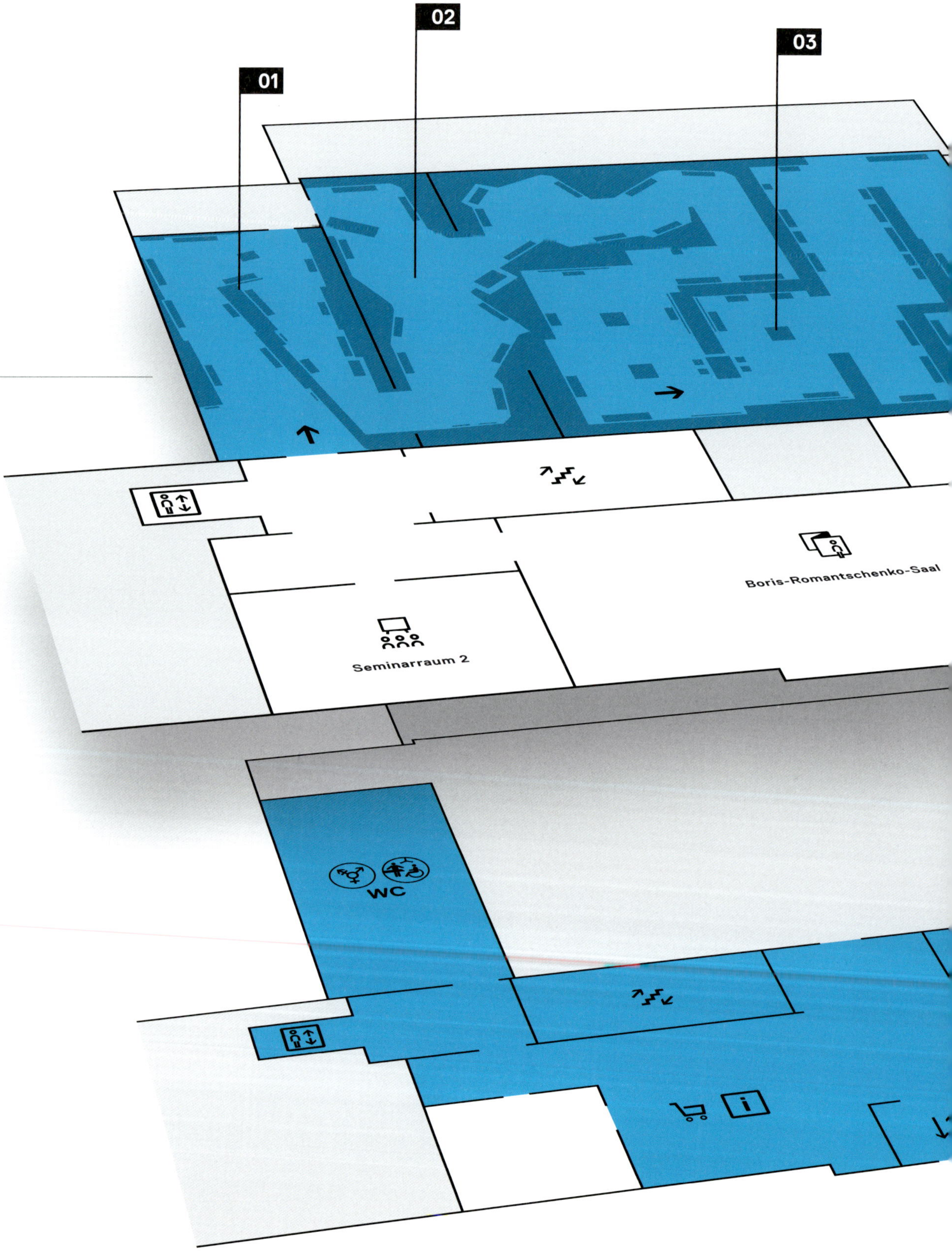

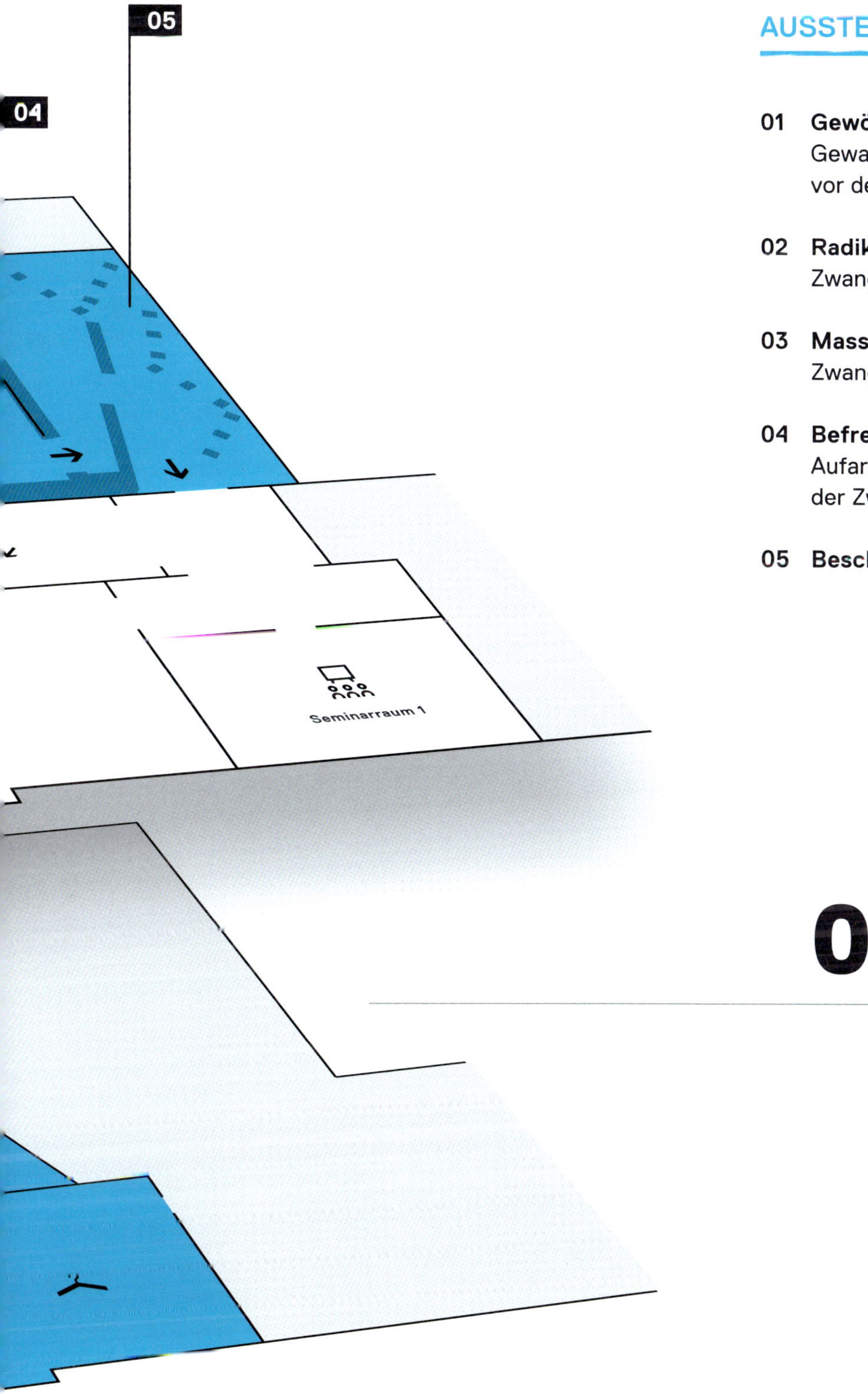

AUSSTELLUNGSPLAN

01 **Gewöhnung.**
Gewalt und Ausgrenzung vor dem Krieg

02 **Radikalisierung.**
Zwangsarbeit im besetzten Europa

03 **Massenphänomen.**
Zwangsarbeit im Deutschen Reich

04 **Befreiung.**
Aufarbeitung und Folgen der Zwangsarbeit

05 **Beschädigte Gerechtigkeit.**

Die Eröffnung des Museums Zwangsarbeit am 8. Mai 2024 – der Turm des ehemaligen Gauforums weithin sichtbar mit dem Namen des Museums beschriftet.
(Foto: Thomas Müller, Sammlung Museum Zwangsarbeit im Nationalsozialismus)

9,0t
Jena

ESSAYS

ZWANGSARBEIT IM NATIONALSOZIALISMUS – EIN ÜBERBLICK

Jens-Christian Wagner

Die Geschichte der Zwangsarbeit für das nationalsozialistische Deutschland ist vor allem eine Geschichte der Beschäftigung von Ausländer:innen und damit der europaweiten Zwangsmigration in dieser Zeit. Über 13 Millionen ausländische Männer, Frauen und Kinder wurden zwischen 1939 und 1945 im „Großdeutschen Reich", das aus Deutschland, Österreich und annektierten Gebieten vor allem in Polen, Frankreich, Belgien und dem heutigen Tschechien („Protektorat Böhmen und Mähren") bestand, zur Zwangsarbeit herangezogen. Die genauen Zahlen sind umstritten. Die bislang seriöseste Schätzung hat der Historiker Mark Spoerer vorgenommen. Danach waren während des Krieges im „Großdeutschen Reich" insgesamt 8,4 Millionen ausländische Zivilarbeiter:innen, 4,6 Millionen Kriegsgefangene und 1,7 Millionen KZ-Häftlinge eingesetzt.[1] Da sich der Status ändern konnte (Kriegsgefangene wurden in den Status von Zivilarbeiter:innen entlassen; zahlreiche ausländische Zivilarbeiter:innen wurden wegen Verstößen gegen die repressiven Aufenthalts- und Arbeitsbestimmungen in die Konzentrationslager eingewiesen), müssen von diesen Zahlen mehr als 1,5 Millionen Doppelerfassungen abgezogen werden. Es bleibt die genannte Gesamtzahl von über 13 Millionen ausländischen Zwangsarbeiter:innen innerhalb des Reiches. Hinzugezählt werden müssen noch die in den deutsch besetzten oder kontrollierten Gebieten eingesetzten Zwangsarbeiter:innen. Deren Zahl veranschlagt Spoerer „in niedriger zweistelliger Millionenhöhe"[2], also bei mindestens zehn Millionen. Viele von ihnen sind nach dem Einsatz in den besetzten Gebieten ins Reich deportiert worden. Sie sind damit in der Zahl von über 13 Millionen im Reich eingesetzten Zwangsarbeiter:innen bereits enthalten. Zählt man mindestens sieben Millionen Menschen hinzu, die ausschließlich in den deutsch besetzten und kontrollierten Gebieten Zwangsarbeit leisten mussten, so haben insgesamt über 20 Millionen Menschen aus vielen Teilen Europas Zwangsarbeit für das nationalsozialistische Deutschland geleistet.

Zwangsarbeit war somit ein Massenphänomen. Und sie war allgegenwärtig. Es gab kaum einen Bereich der deutschen Gesellschaft und Wirtschaft, in dem nicht – wenn auch in unterschiedlichem Ausmaß – auf Formen der Zwangsarbeit zurückgegriffen wurde. Das Spektrum reicht von staatlichen Unternehmen über führende Industrie-Konzerne, Bergbauunternehmen und Baukonzerne sowie landwirtschaftliche Betriebe bis hin zu kleinen Handwerksbetrieben, kirchlichen und kommunalen Einrichtungen sowie privaten Haushalten.

Insgesamt war gegen Kriegsende etwa jede vierte Arbeitskraft im Deutschen Reich ein Kriegsgefangener oder ein „Fremdarbeiter", wie die ausländischen Zivilbeschäftigten genannt wurden. Dazu kamen noch mehrere Hunderttausend meist ausländische Häftlinge aus Hunderten von KZ-Haupt- und Außenlagern sowie Jüdinnen und Juden aus Zwangsarbeitslagern, die vorwiegend in der Bauwirtschaft und in der Rüstungsindustrie arbeiten mussten.

DEFINITION

Der Hinweis auf verschiedene Gruppen von Menschen, die im Nationalsozialismus gegen ihren Willen zur Arbeit herangezogen wurden, verweist auf ein nicht nur terminologisches Problem: Die undifferenzierte Anwendung des Begriffs der Zwangsarbeit nivelliert die Lebens- und Arbeitsbedingungen so unterschiedlicher Gruppen wie etwa niederländischer Zivilarbeiter:innen, sowjetischer Kriegsgefangener oder jüdischer KZ-Häftlinge. Außerdem ist die Definition von Zwang auch abhängig von der individuellen Wahrnehmung, und schließlich war das Ausmaß des Arbeitszwangs im Einzelfall durchaus Wandlungen unterworfen – so wurden manche Kriegsgefangene im Laufe des Krieges in den Status von Zivilarbeiter:innen überführt, mussten aber weiterhin in Deutschland arbeiten. Jenseits der individuellen Erfahrung jedes einzelnen Beschäftigten ist im Folgenden von Zwangsarbeit die Rede, wenn die Arbeit gegen den Willen der Beschäftigten mit außerökonomischen Zwangsmaßnahmen durchgesetzt wurde.[3]

Eine solche Definition versteht sich explizit als historische, nicht als juristische Definition. Damit werden auch die Kriegsgefangenen, die nach den Bestimmungen der Genfer Konvention von 1929 völkerrechtlich legal zu bestimmten Arbeiten herangezogen werden konnten und die nach dem Gesetz zur Errichtung der „Stiftung Erinnerung, Verantwortung und Zukunft" aus dem Jahr 2000 nicht als entschädigungsberechtigt gelten[4], im vorliegenden Band und in der Ausstellung unter dem Sammelbegriff „Zwangsarbeiter:innen" subsumiert.

Zwangsarbeit im Nationalsozialismus hatte viele Gesichter. Die Funktion von Zwangsarbeit und ihre jeweilige Praxis variierten stark, und zwar im doppelten Sinne: Zum einen waren die Zielstellung der Zwangsarbeit und die Behandlung der Zwangsarbeiter:innen von der Stellung der jeweiligen Personengruppen innerhalb der NS-Rassenhierarchie abhängig: Es war ein grundlegender Unterschied, ob Juden und Sinti zur Zwangsarbeit herangezogen wurden (ihnen sprach die NS-Ideologie das Lebensrecht ab), ob es slawische Arbeitskräfte waren (sie galten den Nationalsozialisten als rassisch minderwertig und waren deshalb rechtlos) oder Nord- und Westeuropäer:innen, die in der NS-Rassenhierarchie recht weit oben angesiedelt waren. Zum anderen änderten sich während der zwölfjährigen NS-Herrschaft schrittweise die wirtschaftlichen, politischen und sozialen Rahmenbedingungen der Zwangsarbeit: Sie wurde den sich ständig ändernden Erfordernissen des NS-Machtapparates angepasst und erhielt im Verlauf des Krieges eine immer stärkere wirtschaftliche Funktion.

WER MUSSTE IM DEUTSCHEN REICH ZWANGSARBEIT LEISTEN?

„Fremdarbeiter"
Nach Deutschland gebrachte Zivilarbeiter:innen aus den besetzten Gebieten, denen es verboten war, ihren Arbeits- und Aufenthaltsort zu verlassen. Meistens waren sie in „Gemeinschaftslagern" untergebracht. Innerhalb dieser Gruppe waren die Existenzbedingungen für polnische Arbeitskräfte und sogenannte „Ostarbeiter" (sowjetische zivile Arbeitskräfte) am schlechtesten. Die Gesamtzahl der „Fremdarbeiter" betrug 8,4 Millionen Männer, Frauen und teils auch Kinder.

Kriegsgefangene
Entgegen den Bestimmungen des Genfer Kriegsgefangenenabkommens von 1929 zwang die Wehrmacht insbesondere sowjetische und italienische Kriegsgefangene zur Arbeit in der Rüstungsindustrie. Die Gesamtzahl der zur Zwangsarbeit herangezogenen Kriegsgefangenen in der Rüstungsindustrie, auf Baustellen und in der Landwirtschaft betrug 4,6 Millionen Männer.

Strafgefangene
Bereits in den 1930er Jahren, vor allem aber im Verlauf des Krieges, wurden auch die Insassen von Gefängnissen und Strafgefangenenlagern zunehmend zur Zwangsarbeit in der Rüstungsindustrie herangezogen. Untergebracht waren sie in Gefängnissen und Zuchthäusern sowie in Justizhaftlagern. Ihre Gesamtzahl dürfte bei 200.000 gelegen haben. Überwiegend handelte es sich um Männer

„Arbeitsjuden"
Ab 1938 wurde die jüdische Bevölkerung im deutschen Machtbereich zur Zwangsarbeit herangezogen. Untergebracht waren diese Menschen in Lagern und Ghettos. Fast alle wurden später in den Vernichtungslagern ermordet. Ab Herbst 1944 mussten auch ihre nichtjüdischen Angehörigen (sogenannte „Halbjuden und jüdisch Versippte") Zwangsarbeit leisten. Die Gesamtzahl der Juden und Jüdinnen, die im Reichsgebiet außerhalb der Konzentrationslager Zwangsarbeit leisten mussten, betrug etwa 110.000. Jenseits der Reichsgrenzen waren die Zahlen wesentlich höher.

KZ-Häftlinge
Ab 1943 wurden fast alle KZ-Häftlinge zur Zwangsarbeit für die Kriegswirtschaft herangezogen, vor allem in Rüstungsbetrieben und auf Baustellen. Die Gesamtzahl der Zwangsarbeit leistenden KZ-Häftlinge betrug etwa 1,7 Millionen Männer und Frauen aus fast allen Ländern Europas. Es handelte sich um politische Haftlinge, Jüdinnen und Juden, Sinti:zze und Rom:nja, als homosexuell, „asozial" oder als „Berufsverbrecher" Verfolgte und um Zeugen Jehovas.

Sinti:zze und Rom:nja
Innerhalb des Deutschen Reiches, vor allem aber in den besetzten Gebieten wurden auch Sinti:zze und Rom:nja zur Zwangsarbeit herangezogen. Sie waren in gesonderten Lagern untergebracht. Ihre Gesamtzahl dürfte einige Zehntausend betragen haben.

1 Vgl. Mark Spoerer, Zwangsarbeit unter dem Hakenkreuz. Ausländische Zivilarbeiter, Kriegsgefangene und Häftlinge im Deutschen Reich und im besetzten Europa 1939-1945, Stuttgart 2001, S. 223.

2 Ebd., S. 224 f.

3 Vgl. Bernhard Strebel, Jens-Christian Wagner, Zwangsarbeit für Forschungseinrichtungen der Kaiser-Wilhelm-Gesellschaft 1939-1945. Ein Überblick, Berlin 2003 (Forschungsprogramm „Geschichte der Kaiser-Wilhelm-Gesellschaft im Nationalsozialismus", Ergebnisse, 11), S. 8 ff. Zur Definition des Begriffs der Zwangsarbeit vgl. ferner Spoerer, Zwangsarbeit, S. 9-20; Ulrich Herbert, Fremdarbeiter. Politik und Praxis des „Ausländer-Einsatzes" in der Kriegswirtschaft des Dritten Reiches, Essen 1985, S. 359, Anm. 1, sowie Andreas Heusler, Ausländereinsatz: Zwangsarbeit für die Münchner Kriegswirtschaft 1939-1945, München 1996, S. 9, Anm. 3.

4 Vgl. Bundesgesetzblatt 2000, Teil I, Nr. 38, Bl. 1263-1269, hier Bl. 1267.

ZWANGSARBEIT VOR DEM KRIEG

Die ersten, die im Nationalsozialismus zur Zwangsarbeit herangezogen wurden, waren seit dem Frühjahr 1933 vorwiegend politische Gefangene in Konzentrationslagern und Strafanstalten. Sie waren nach der Machtübernahme der Nationalsozialisten als Gegner der neuen Machthaber von Polizei und SA-Einheiten verhaftet worden. Solange es sich um „arische" nichtjüdische Häftlinge handelte, galten sie den Nationalsozialisten potentiell als Teil der von ihnen propagierten „Volksgemeinschaft". Zwangsarbeit war hier als Erziehungsmittel gedacht. Harte und meist nutzlose Tätigkeiten sollten den Widerstandswillen der Gefangenen brechen. Terror und Schikane – nichts anderes verstanden die SS und bald auch der nationalsozialistische Strafvollzug unter dem Begriff der „Erziehung" – prägten die Zwangsarbeit in dieser Phase, die bis etwa Mitte der 1930er Jahre andauerte.

„Produktive" Arbeit blieb in dieser Zeit eine Randerscheinung, da sie politisch-ideologisch und wirtschaftlich auf starke Vorbehalte in der NS-Führung, bei staatlichen Institutionen und in der Privatwirtschaft stieß. Die Arbeit „ehrloser" Häftlinge schien mit der NS-spezifischen mythischen Überhöhung des Arbeits-Ethos („Arbeit adelt") nicht vereinbar zu sein. Nicht zuletzt war es die hohe Arbeitslosigkeit, die in den Anfangsjahren der NS-Herrschaft einer produktiven Arbeit von Häftlingen entgegenstand. Solange noch Massenarbeitslosigkeit herrschte, konnte Zwangsarbeit deshalb keine herausragende wirtschaftliche Funktion haben. Diejenigen, die nach nationalsozialistischer Auffassung außerhalb der „Volksgemeinschaft" standen und diese bedrohten, wurden deshalb auch zunächst nicht zur Zwangsarbeit herangezogen, sondern aus dem Berufsleben herausgedrängt: Für Jüdinnen und Juden galten seit 1933 immer mehr Berufsverbote, und Sinti:zze und Rom:nja wurden u.a. Wandergewerbescheine verweigert, was vielen die wirtschaftliche Lebensgrundlage nahm.

Diese Politik begann sich schrittweise seit Mitte der 1930er Jahre zu ändern, als die Massenarbeitslosigkeit weitgehend abgebaut war und der NS-Staat im Zuge der forcierten Aufrüstung durch seine „Arbeitseinsatz"-Politik zur Zwangslenkung des Arbeitsmarktes überging.[5] Schon das Gesetz zur Ordnung der nationalen Arbeit vom 20. Januar 1934 hatte mit der Einführung des „Führerprinzips" und der Zusammenfassung der Beschäftigten zu einer „Betriebgemeinschaft" im Sinne der übergeordneten „Volksgemeinschaft" zu einer grundlegenden Neuordnung des Arbeitsrechts im Sinne der NS-Ideologie geführt. Zugleich wurden missliebige Beschäftigte (zunächst Gewerkschafter:innen und andere politische Gegner:innen sowie Juden, später Zwangsarbeiter:innen) unerbittlich ausgegrenzt.[6] Am Beispiel der Arbeitsbeziehungen zeigte sich ein wesentliches Merkmal der NS-Gesellschaftsordnung: Das sozialharmonische Pathos der Gemeinschaftsrhetorik zielte auf die Durchsetzung einer antimodernen und antiliberalen Gesellschaftsordnung, die konsequent rassistisch definiert und organisiert war: Diejenigen Bevölkerungsteile, die nach nationalsozialistischer Auffassung wertvollen „Blutes" waren, wurden integriert und zugleich diszipliniert, alle anderen, als rassisch minderwertig Stigmatisierten dagegen ausgegrenzt und verfolgt. Das Mittel dieser Politik war eine strikte Segregation, die sich in ihrem ganzen Ausmaß erst im Krieg zeigte, deren rechtliche und normenstaatliche Grundlagen aber bereits zu Beginn der NS-Herrschaft geschaffen wurden.

Doch zurück zur Militarisierung der Arbeitsbeziehungen ab Mitte der 1930er Jahre: Die Kriegsvorbereitung, die 1936 mit dem Vierjahresplan intensiviert wurde, und die Umsetzung des rassistischen Konzeptes der Generalprävention und Segregation wirkten sich auf die Entwicklung der Arbeitsverfassung in zweifacher Hinsicht aus: Gegenüber den Angehörigen der propagierten Volksgemeinschaft wurde die Sozialdisziplinierung mit der Einführung der Teildienstpflicht im Juni 1938 und der Volldienstpflicht im Februar 1939 verschärft.[7] Wer aus „rassischen" Gründen oder wegen abweichenden Sozialverhaltens nicht in die Volksgemeinschaft zu passen schien, wurde weiter ausgegrenzt und schrittweise zur Zwangsarbeit herangezogen. Dies betraf vor allem die sogenannten Asozialen, die als „gemeinschaftsfremd" stigmatisiert wurden.[8] Sie waren bereits seit 1933 in kommunalen und landeseigenen Lagern sowie „Arbeitshäusern" inhaftiert worden. Vereinzelt hatte man sie auch schon in der Frühphase der NS-Herrschaft in Konzentrationslager eingewiesen. Ab 1936 stieg die Zahl der in den Konzentrationslagern inhaftierten „Asozialen" langsam an und erreichte

1938 mit der „Aktion Arbeitsscheu Reich“ (in den KZ-Verwaltungen setzte sich schnell die Abkürzung „ASR“ durch) einen vorläufigen Höhepunkt. Rechtlich-formale Grundlage dieser „Asozialen“-Razzien, in deren Verlauf im April und Juni 1938 weit über 10.000 Menschen in die Konzentrationslager eingewiesen wurden, darunter viele Juden sowie Sinti und Roma, war ein Erlass des Reichsinnenministers Wilhelm Frick vom 14. Dezember 1937, in dem die bereits seit 1933 angewandte polizeiliche Vorbeugungshaft reichseinheitlich geregelt und auf „Asoziale“ ausgedehnt worden war.[9]

Die meisten in die Konzentrationslager eingewiesenen „Asozialen“ wurden zu extrem harter Zwangsarbeit herangezogen, vor allem in Steinbrüchen. Dies hatte hohe Todesraten zur Folge. Die „Steintreppe“ in Mauthausen ist geradezu zum Symbol für die mörderische Arbeit in den KZ-Steinbrüchen geworden. Zwar gab es auch Ansätze einer effektiveren KZ-Arbeit in SS-Betrieben, beispielsweise im Ravensbrücker Zweigwerk der „Gesellschaft für Textil- und Lederverwertung“, insgesamt aber entsprach der hohe Verschleiß von Arbeitskräften in dieser Phase der KZ-Entwicklung durchaus den politisch-ideologischen Vorgaben der SS und der Einweisungsbehörden. Während den politischen Häftlingen zugestanden wurde, „besserungsfähig“ zu sein, galt dies nicht für die Gefangenen, die nach 1936 aus rassistisch-generalpräventiven Gründen eingewiesen worden waren und ab 1938 die Mehrheit in den Lagern stellten, also als „kriminell“, „asozial“ oder „homosexuell“ Verfolgte, Sinti und Roma sowie Angehörige ethnischer oder religiöser Minderheiten, darunter jüdische Häftlinge. Ihr Einsatz auf „Vernichtungsarbeitsplätzen“ (Falk Pingel) hatte mithin System.

Auch außerhalb der Konzentrationslager und des Strafvollzugs begann die Zwangsarbeit von Juden seit Ende 1938 zunehmend eine wichtige Rolle zu spielen. Am 20. Dezember 1938, nur wenige Wochen nach den Novemberpogromen, ordnete Friedrich Syrup, Präsident der Reichsanstalt für Arbeitsvermittlung und Arbeitslosenversicherung, reichsweit den „geschlossenen Arbeitseinsatz“ für jüdische Erwerbslose und Unterstützungsempfänger an. Deren Zahl war wegen der rigorosen Ausgrenzungspolitik und zahlreicher Berufsverbote seit 1933 stetig gestiegen. Die zur Zwangsarbeit herangezogenen jüdischen Arbeitskräfte wurden getrennt von den „arischen“ Belegschaften in Kolonnen vor allem bei körperlich besonders anstrengenden Bau- und Meliorisationsarbeiten eingesetzt. Häufig brachten sie die Arbeitsämter in der Nähe der Baustellen in eigens errichteten Lagern unter.[10]

Nach Kriegsbeginn begann Syrups Arbeitsverwaltung mit den Vorbereitungen für den Zwangsarbeitseinsatz aller arbeitsfähigen jüdischen Frauen und Männer in Berlin, unabhängig davon, ob sie Wohlfahrtsunterstützungen bezogen oder nicht. Männer im Alter zwischen 18 und 55 Jahren und Frauen im Alter zwischen 18 und 50 Jahren mussten sich reichsweit bei den Jüdischen Gemeinden registrieren lassen, um für den „geschlossenen Arbeitseinsatz“ herangezogen zu werden – nun zunehmend auch in Rüstungsbetrieben, was unmittelbar mit dem Kriegsverlauf zusammenhing.

5 Zu den einzelnen arbeitsrechtlichen Vorschriften und Gesetzen vgl. Rolf Puppo, Die wirtschaftsrechtliche Gesetzgebung des Dritten Reiches, Konstanz 1988 (Schriften zur Rechts- und Sozialwissenschaft, 3), S. 137 ff.; Rüdiger Hachtmann, Industriearbeit im „Dritten Reich“. Untersuchungen zu den Lohn- und Arbeitsbedingungen in Deutschland 1933-1945, Göttingen 1989, sowie Andreas Kranig, Lockung und Zwang. Zur Arbeitsverfassung im Dritten Reich, Stuttgart 1983 (Schriftenreihe der VfZ, 47).

6 Vgl. Martin Becker, Arbeitsvertrag und Arbeitsverhältnis während der Weimarer Republik und in der Zeit des Nationalsozialismus, Frankfurt am Main 2005 (Juristische Abhandlungen, 44), S. 380 ff.

7 Vgl. Kranig, Lockung, S. 79 f., ferner Timothy W. Mason, Sozialpolitik im Dritten Reich. Arbeiterklasse und Volksgemeinschaft, 2. Aufl., Opladen 1978, S. 290 ff.

8 Zum Konstrukt der „Gemeinschaftsfremden“ vgl. die mittlerweile schon ältere, aber noch immer grundlegende Arbeit von Detlev Peukert, Volksgenossen und Gemeinschaftsfremde. Anpassung, Ausmerze und Aufbegehren unter dem Nationalsozialismus, Köln 1982.

9 Vgl. Wolfgang Ayaß, „Asoziale“ im Nationalsozialismus, Stuttgart 1995, S. 139 ff., insbesondere S. 143 u. 156, sowie Klaus Drobisch u. Günther Wieland, System der NS-Konzentrationslager 1933-1939, Berlin 1993, S. 284 ff.

10 Vgl. grundlegend Wolf Gruner, Der geschlossene Arbeitseinsatz deutscher Juden. Zwangsarbeit als Element der Verfolgung 1938-1943, Berlin 1997.

ZWANGSARBEIT IM KRIEG

Mit dem deutschen Überfall auf Polen begann am 1. September 1939 der Zweite Weltkrieg. Wenn auch Zwangsarbeit wie gezeigt bereits vorher eine integrale Rolle im NS-Staat gespielt hatte, so wurde sie quantitativ und qualitativ nunmehr exzessiv ausgeweitet. Vor allem nichtdeutsche Arbeitskräfte mussten nun Zwangsarbeit leisten. Der Einsatz ausländischer Arbeitskräfte in der deutschen Kriegswirtschaft war in der NS-Führung jedoch nicht unumstritten. Vielmehr war er Ausdruck einer ständigen Improvisation, mit der sich die deutsche Führung den sich ändernden Bedingungen während des Krieges anpasste.

Als mit Beginn des Krieges männliche deutsche Arbeitskräfte in immer größeren Zahlen zur Wehrmacht eingezogen und damit der Kriegswirtschaft entzogen wurden, stand die NS-Führung vor der drängenden Frage, wie sie diese Verluste von Arbeitskräften ausgleichen konnte. Wie sich bald herausstellte, konnte die Überführung polnischer Kriegsgefangener in die Landwirtschaft den Arbeitskräftemangel allenfalls mildern. Auch eine verstärkte Heranziehung deutscher Frauen bot kaum einen Ausweg, denn immerhin war 1939 bereits mehr als die Hälfte aller deutschen Frauen zwischen dem 15. und dem 60. Lebensjahr berufstätig. Diese Zahlen ließen sich nicht ohne Weiteres steigern. Und einer umfassenden Dienstverpflichtung standen bis zum Kriegsende ideologische und politische Bedenken der NS-Führung entgegen, die Furcht vor einer Wiederholung der Revolution von 1918 hatte, der Massenstreiks mit hoher Frauenbeteiligung vorausgegangen waren.[11] So schien im Winter 1939/40 nur noch der „Poleneinsatz" übrig zu bleiben, wie die Zwangsanwerbung polnischer ziviler Arbeitskräfte genannt wurde. Bis zum Sommer 1940 wurden bereits über 300.000 polnische Männer und Frauen nach Deutschland deportiert; zusammen mit den polnischen Kriegsgefangenen arbeiteten zu dieser Zeit etwa 700.000 polnische Frauen und Männer im Reichsgebiet.

Mit den deutschen Eroberungsfeldzügen in Westeuropa wurden ab dem Frühjahr 1940 weitere Hunderttausende Zivilarbeiter:innen und Kriegsgefangene aus den deutsch besetzten Ländern mehr oder weniger gewaltsam nach Deutschland gebracht, vor allem französische Kriegsgefangene, die zunächst wie die Polen vor allem in der Landwirtschaft eingesetzt wurden.

Wenn auch der Einsatz ausländischer Arbeitskräfte im Deutschen Reich von den zuständigen Behörden und der NS-Führung zunächst als vorübergehende Notstandsmaßnahme während der ersten Kriegsmonate bezeichnet wurde (generell standen dem Ausländereinsatz rassenideologisch motivierte „volkstumspolitische" und sicherheitspolizeiliche Bedenken entgegen), so zeichnete sich doch bereits 1940 ab, dass der „Reichseinsatz" auf Dauer Teil der nationalsozialistischen Arbeits- und Gesellschaftsordnung sein würde. Quantitativ blieb die Beschäftigung ausländischer Arbeitskräfte zunächst jedoch noch auf einem – verglichen mit den Jahren nach 1941 – relativ niedrigen Niveau, und sie blieb weitgehend auf die Landwirtschaft beschränkt.

Zwangsarbeit spielte in den ersten Kriegsjahren vorwiegend außerhalb der Reichsgrenzen eine entscheidende Rolle – vor allem im besetzten Polen und ab 1941 in den besetzten Gebieten der Sowjetunion, aber auch in den besetzten Ländern West-, Nord- und Südosteuropas. Mehr als zehn Millionen Menschen wurden – durch die deutsche Arbeitsverwaltung koordiniert – hier während des Krieges unter teils brutalem Zwang zur Arbeit für die Wehrmacht, die Organisation Todt (OT) und deutsche oder für die Deutschen produzierende Unternehmen herangezogen.[12] Zwangsarbeit war ein wesentlicher Bestandteil des Besatzungsregimes in diesen Ländern; die Arbeitsämter gehörten zu den wichtigsten Institutionen der Besatzungsverwaltungen. Dies war in allen besetzten Ländern so. Dem nationalsozialistischen rassistischen Blick auf die Unterworfenen entsprechend gingen die zivilen und militärischen Besatzungsbehörden jedoch in der Organisation der Zwangsarbeit, der Rekrutierungspraxis und vor allem in der Gestaltung der Arbeitsbedingungen sehr unterschiedlich vor. Besonders schlecht und mit hohen Todeszahlen verbunden waren die Lebens- und Arbeitsbedingungen der Zwangsarbeiter:innen im besetzten Polen und in den besetzten Gebieten der Sowjetunion.

Insgesamt wurde die sehr dynamische und mehrfachen Wandlungen unterworfene Geschichte der Zwangsarbeit im Nationalsozialismus im Wesentlichen durch zwei Faktoren bestimmt – zum einen durch die Einstufung der Arbeitskräfte entsprechend der nationalsozialistischen Rassenhierarchie, die beinhaltete, das bestimmte Gruppen vernichtet werden sollten, zum anderen durch den Kriegsverlauf, der seit 1941/42 pragmatisch-wirtschaftlich motivierte Zugeständnisse gegenüber ideologischen Vorgaben bewirkte.

Das Spannungsverhältnis zwischen ideologischen Vorgaben einerseits und wirtschaftlichen Notwendigkeiten andererseits wurde sehr früh durch den Umgang mit den sowjetischen Kriegsgefangenen deutlich, die in der rassistischen und antikommunistischen Sichtweise der NS-Ideologen kein Lebensrecht hatten. In der Blitzkriegseuphorie in den ersten Monaten nach dem Überfall auf die Sowjetunion glaubten die Wehrmacht und die NS-Führung zunächst noch weitgehend darauf verzichten zu können, die sowjetischen Kriegsgefangenen zur Arbeit heranzuziehen. Von den nahezu vier Millionen bis zum Februar 1942 in deutsche Gefangenschaft geratenen sowjetischen Soldaten verhungerten und erfroren fast drei Millionen innerhalb weniger Monate, ein Schicksal, das die Zivilbevölkerung in den besetzten Gebieten häufig teilte.[13]

Gleichzeitig machte sich im Reichsgebiet der Arbeitskräftemangel immer stärker bemerkbar, vor allem, nachdem im Winter 1941/42 die deutsche Offensive vor Moskau zum Stehen gekommen war und sich die Wehrmacht auf einen längeren Abnutzungskrieg einstellen musste. Bereits im Sommer 1941 plädierten Vertreter des Reichsarbeitsministeriums und der Vierjahresplanbehörde für den Einsatz sowjetischer Gefangener in der deutschen Kriegswirtschaft. Auch die Reichsvereinigung Kohle – ein Zusammenschluss der Kohleproduzenten – machte sich für den Einsatz sowjetischer Kriegsgefangener in ihren Bergwerken stark. Zunächst stießen sie jedoch in der Partei und im Reichssicherheitshauptamt auf „sicherheitspolizeiliche" und ideologische Vorbehalte – die ethnische „Reinheit" des deutschen Volkes sollte nicht durch die Anwesenheit angeblich rassisch Minderwertiger bedroht werden.[14] Das offenkundige Scheitern der Blitzkriegsstrategie ließ jedoch bald pragmatische Überlegungen in den Vordergrund rücken. Ende Oktober 1941 gab Hitler den Weg zum Einsatz sowjetischer Kriegsgefangener und Zivilarbeiter im Reichsgebiet frei. Bis zur Umsetzung dieser Grundsatzentscheidung vergingen jedoch noch mehrere Monate, die ein Großteil der sowjetischen Kriegsgefangenen nicht überlebte – sie verhungerten und erfroren elendig oder wurden erschossen oder auf andere Weise ermordet.

Da Kriegsgefangene im Frühjahr 1942 nicht mehr in genügender Zahl zur Verfügung standen, rückte die sowjetische Zivilbevölkerung ins Zentrum der deutschen „Arbeitseinsatz"-Politik. Von Ende 1941 bis Sommer 1944 wurden fast drei Millionen „Ostarbeiter", wie die sowjetischen Zivilarbeiter:innen von den deutschen Behörden bezeichnet wurden, nach Deutschland gebracht, anfangs zum Teil noch freiwillig, seit dem Sommer 1942 nahezu ausnahmslos unter Zwang.[15]

Während in Berliner Ministerien noch über den „Russeneinsatz" gestritten wurde, fiel die Entscheidung zum systematischen Mord an den europäischen Jüdinnen und Juden.[16] Beides, der „Arbeitseinsatz" und die Vernichtung, standen in der Politik besonders gegenüber der jüdischen Bevölkerung Polens und der Sowjetunion von Beginn an in einem Spannungsver-

11 Vgl. Hans-Ulrich Wehler, Deutsche Gesellschaftsgeschichte. Vierter Band, Vom Beginn des Ersten Weltkrieges bis zur Gründung der beiden deutschen Staaten, München 2003, S. 765 f., sowie Adam Tooze, Ökonomie der Zerstörung. Die Geschichte der Wirtschaft im Nationalsozialismus, München 2007, S. 591 ff.

12 Vgl. den Beitrag von Dieter Pohl im vorliegenden Band.

13 Vgl. Christian Streit, Keine Kameraden. Die Wehrmacht und die sowjetischen Kriegsgefangenen 1941-1945, Stuttgart 1978, S. 128. Zur bereits seit dem Winter 1940/41 geplanten Hungerpolitik gegenüber der sowjetischen Bevölkerung vgl. Christian Gerlach, Kalkulierte Morde. Die deutsche Wirtschafts- und Vernichtungspolitik in Weißrußland 1941 bis 1944, Hamburg 1999. Dennoch wurde, wenn auch zunächst nicht systematisch, schon ab August 1941 ein Teil der sowjetischen Kriegsgefangenen auch im Reich zur Zwangsarbeit herangezogen; vgl. Rolf Keller, Sowjetische Kriegsgefangene im Deutschen Reich 1941/42. Behandlung und Arbeitseinsatz zwischen Vernichtungspolitik und kriegswirtschaftlichen Zwängen, Göttingen 2011, ferner Reinhard Otto/Rolf Keller, Sowjetische Kriegsgefangene im System der Konzentrationslager, Wien/Hamburg 2019.

14 Zur Entscheidung für den „Russeneinsatz" vgl. Herbert, Fremdarbeiter, S. 137 ff., sowie überblicksartig Rolf-Dieter Müller, Die Rekrutierung sowjetischer Zwangsarbeiter für die deutsche Kriegswirtschaft, in: Ulrich Herbert (Hg.), Europa und der „Reichseinsatz". Ausländische Zivilarbeiter, Kriegsgefangene und KZ-Häftlinge in Deutschland 1938-1945, Essen 1991, S. 234-250.

15 Vgl. ebd., S. 234.

16 Zum Geschehen in den entscheidenden Monaten zwischen Juni 1941 und Januar 1942 vgl. Götz Aly, „Endlösung". Völkerverschiebung und der Mord an den europäischen Juden, 2. Aufl., Frankfurt a.M. 1998 (Erstausgabe 1995), besonders S. 327 ff.; Saul Friedländer, Das Dritte Reich und die Juden, Bd. 2, 1939-1945, München 2006, S. 225 ff., sowie Peter Longerich, Politik der Vernichtung. Eine Gesamtdarstellung der nationalsozialistischen Judenverfolgung, München 1998, S. 293 ff.

hältnis, bei dem die jeweilige politische, militärische und wirtschaftliche Lage vorgab, nach welcher Seite das Pendel ausschlug.

Noch unter dem Eindruck der Siegesgewissheit ermordeten gleich nach Beginn der deutschen Invasion die „Einsatzgruppen" der Sicherheitspolizei und des SD, Polizeibataillone sowie Einheiten der SS und zu einem geringeren Teil auch der Wehrmacht im Sommer und Herbst 1941 einen großen Teil der jüdischen Bevölkerung in den besetzten Gebieten der Sowjetunion. Männer, Frauen und Kinder ganzer Ortschaften fielen den Erschießungskommandos meist unterschiedslos zum Opfer. Im Winter 1941/42 begann sich die Vernichtungspolitik gegenüber der jüdischen Bevölkerung zu wandeln. Zum einen verlagerte sich das Zentrum der „Endlösung" nun in das besetzte Polen, u.a. in die Vernichtungslager Chełmno, Treblinka, Sobibór, Majdanek, Bełżec und Auschwitz-Birkenau. Gleichzeitig wurde die Arbeitsfähigkeit zu einem entscheidenden Kriterium für den Zeitpunkt der Ermordung. Vor der Ermordung gab es fast immer eine Selektion, in der Arbeitsfähige von denen getrennt wurden, die sofort sterben sollten. Dass aber mittelfristig auch die zur Zwangsarbeit herangezogenen Jüdinnen und Juden sterben sollten, darüber bestand unter den Planern des Völkermords spätestens nach der Wannseekonferenz vom 20. Januar 1942 kein Zweifel mehr.

Auf dieser Konferenz wurde zwar nicht die eigentliche Entscheidung getroffen – diese war schon Monate zuvor gefallen[17] –, es wurde aber festgelegt, wie das Mordprogramm im Einzelnen umgesetzt werden sollte. Einen Schwerpunkt der Besprechungen machte die Planung des „Arbeitseinsatzes" der jüdischen Bevölkerung aus. Während die in der deutschen Rüstungsindustrie arbeitenden sogenannten Rüstungsjuden mit Blick auf den Arbeitskräftemangel zunächst auf ihren Arbeitsplätzen und damit am Leben bleiben sollten, sahen die Planungen für die gesamte restliche jüdische Bevölkerung die „Evakuierung" in den Osten vor, wie der systematische Massenmord in der von Adolf Eichmann verfassten Besprechungsniederschrift chiffriert wurde. Dabei sollten, so der Chef des Reichssicherheitshauptamtes Reinhard Heydrich zu Beginn der Konferenz, „die Juden in geeigneter Weise im Osten zum Arbeitseinsatz kommen". Vorgesehen sei die Zwangsarbeit im Straßenbau, bei der „zweifellos ein Großteil durch natürliche Verminderung ausfallen" werde. Der „Restbestand" müsse dann „entsprechend behandelt", also ermordet werden.[18] Während die Arbeit für die „Rüstungsjuden" zumindest ein Moratorium im Vernichtungsprozess bedeutete, sollte sie hier nichts anderes sein als ein Mittel zum Zweck der Vernichtung.[19]

Noch im gleichen Jahr, während einer „Führerbesprechung" vom 20. bis 22. September 1942, wurde von Hitler auch die Deportation der noch im Reichsgebiet verbliebenen „Rüstungsjuden" befohlen. Bis zum Frühjahr 1943 wurden diese schrittweise durch ausländische Zivilarbeiter:innen ersetzt und in die Vernichtungslager verschleppt.[20]

Während die Deportation der deutschen Jüdinnen und Juden in die Ghettos und Vernichtungslager im Osten auf Hochtouren lief, entwickelte sich der Arbeitskräftemangel in der deutschen Kriegswirtschaft immer dramatischer, weil ständig weitere deutsche Arbeitskräfte zur Wehrmacht eingezogen und an die Fronten geschickt wurden. Auch über die Bekämpfung des Arbeitskräftemangels hinaus machte der Übergang von der Blitzkriegsstrategie zum Abnutzungskrieg eine Reorganisation der deutschen Kriegswirtschaft notwendig. Strukturell und organisatorisch fand diese Entwicklung im Frühjahr 1942 vor allem in zwei Entwicklungen ihren Ausdruck: Erstens dem Ausbau des späteren Rüstungsministeriums zur zentralen wirtschaftlichen Lenkungsbehörde unter Albert Speer und zweitens der Einsetzung des Thüringer Gauleiters Fritz Sauckel zum „Generalbevollmächtigten für den Arbeitseinsatz" (GBA).[21]

Sauckels Arbeitsverwaltung, die im wesentlichen aus Mitarbeiter:innen der Arbeitsämter gebildet wurde, hatte an erster Stelle die Aufgabe, in möglichst kurzer Zeit möglichst viele Arbeitskräfte als Zwangsarbeiter:innen nach Deutschland zu bringen. Bei der Rekrutierung der ausländischen Arbeitskräfte in deren Herkunftsländern gingen Sauckels Mitarbeiter:innen besonders in den besetzten Ostgebieten brutal vor und verschleppten die Einwohner:innen kompletter Ortschaften nach Deutschland, darunter ganze Familien mit zahlreichen Kindern. Allein vom 1. April bis zum 31. Dezember 1942 wurden auf diese Weise nach Sauckels eigenen Angaben über 1,4 Millionen „Ostarbeiter" nach Deutschland gebracht, wöchentlich etwa 40.000[22], und bis 1944 blieben die Zahlen auf einem hohen Niveau, was zur Folge hatte, dass manche Regionen in den besetzten Gebieten – vor allem im Osten – bald nahezu leergefegt waren.

Während in den ersten Kriegsjahren ausländische Zwangsarbeiter:innen vorwiegend in der Landwirtschaft eingesetzt wurden, stieg ihr Anteil ab 1942 vor allem in der Industrie, dem Bergbau und in der Bauwirtschaft stark an. Ein Viertel bis ein Drittel aller Beschäftigten waren 1944 in diesen Wirtschaftssektoren ausländische Arbeitskräfte, wobei die meisten von ihnen als Zwangsarbeiter:innen bezeichnet werden können.[23]

Genaue Zahlen über den Einsatz ausländischer Arbeitskräfte liegen nicht für den gesamten Zeitraum des Krieges vor. Die letzten verlässlichen Angaben stammen vom Sommer 1944. Danach waren im August 1944 im „Großdeutschen Reich" mehr als 5,7 Millionen ausländische zivile Arbeitskräfte eingesetzt (davon ein Drittel Frauen) sowie über 1,9 Millionen Kriegsgefangene – zusammen also mehr als 7,6 Millionen.[24] Berücksichtigt man die zeitliche Fluktuation und rechnet man Zwangsarbeiter:innen anderer Kategorien hinzu (vor allem KZ-Häftlinge, die seit 1942/43 vielfach in der Rüstungsindustrie und bei Bauprojekten arbeiten mussten[25], sowie sogenannte Arbeitsjuden und Strafgefangene), so kann man davon ausgehen, dass, wie einleitend bereits vermerkt wurde, insgesamt zwischen 1939 und 1945 mehr als 13 Millionen Menschen Zwangsarbeit auf dem Gebiet des „Großdeutschen Reiches" leisten mussten.[26] Ein Großteil dieser Menschen war in Lagern unterschiedlichster Kategorien untergebracht. Das gesamte Reichsgebiet war deshalb mit einem dichten Lagernetz überzogen, das bis in die kleinsten Ortschaften reichte. Die Lager und ihre Insassen gehörten damit zum Kriegsalltag der deutschen und österreichischen Bevölkerung.

ARBEITS- UND LEBENSBEDINGUNGEN DER ZWANGSARBEITER:INNEN IM REICH

Der NS-Rassenhierarchie entsprechend wurden die ausländischen Arbeitskräfte streng voneinander getrennt und unterschiedlich behandelt – nicht nur in der Art der Unterbringung, sondern auch in der Höhe der Lebensmittelzuteilungen und bei Einschränkungen der persönlichen Bewegungsfreiheit sowie der Bewachung durch Polizei und Werkschutzangehörige.

Am schlechtesten ging es den sowjetischen Arbeitskräften. Bei härtesten Arbeitsbedingungen – Freizeit gab es kaum, von Urlaub ganz zu schweigen – wurden ihnen die geringsten Lebensmittelrationen und Kleiderzuteilungen zugebilligt, und ihre Sammelunterkünfte (meist Barackenlager) waren

---

17 Vgl. ebd., S. 419 ff.; Christian Gerlach, Die Wannsee-Konferenz, das Schicksal der deutschen Juden und Hitlers politische Grundsatzentscheidung, alle Juden Europas zu ermorden, in: Werkstatt Geschichte 18 (1997), S. 7-44, sowie Karin Orth, Rudolf Höß und die „Endlösung der Judenfrage". Drei Argumente gegen die Datierung auf den Sommer 1941, in: ebd., S. 45-57.

18 Protokoll der „Wannsee-Konferenz" vom 20.1.1942, zit. nach Topographie des Terrors. Gestapo, SS und Reichssicherheitshauptamt auf dem „Prinz-Albrecht-Gelände". Eine Dokumentation, hrsg. von Reinhard Rürup, 7. Aufl., Berlin 1989, S. 144 ff., hier S. 146 f.

19 Der weitaus größte Teil der deportierten Juden wurde allerdings auch nach der Wannseekonferenz direkt ermordet, ohne zuvor als Zwangsarbeiter eingesetzt zu werden. Zum Einsatz jüdischer Zwangsarbeiter vgl. Gruner, Arbeitseinsatz, sowie als Regionalstudien für Ostpolen Dieter Pohl, Nationalsozialistische Judenverfolgung in Ostgalizien 1941-1944, München 1996, und Thomas Sandkühler, Die „Endlösung" in Galizien. Der Judenmord in Ostpolen und die Rettungsinitiative von Berthold Beitz 1941-1944, Bonn 1996, sowie für die besetzten Gebiete der Sowjetunion Il'ja Al'tman, Opfer des Hasses. Der Holocaust in der UdSSR 1941-1945, Gleichen/Zürich 2008, S. 205-220.

20 Vgl. Dieter Maier, Arbeitseinsatz und Deportation. Die Mitwirkung der Arbeitsverwaltung bei der nationalsozialistischen Judenverfolgung in den Jahren 1938-1945, Berlin 1994 (Publikationen der Gedenkstätte Haus der Wannsee-Konferenz, 4), S. 168 ff.

21 Vgl. Steffen Raßloff, Fritz Sauckel. Hitlers „Muster-Gauleiter" und „Sklavenhalter", 3. Aufl., Erfurt 2008 (Schriften der Landeszentrale für politische Bildung Thüringen; 29), sowie Markus Fleischhauer, Der NS-Gau Thüringen 1939-1945. Eine Struktur- und Funktionsgeschichte, Köln/Weimar/Wien 2010 (Veröffentlichungen der Historischen Kommission für Thüringen, Kleine Reihe, 28), S. 271 ff., und den Beitrag von Swantje Greve in diesem Band.

22 Vgl. Herbert, Fremdarbeiter, S. 160.

23 Vgl. Spoerer, Zwangsarbeit, S. 225 ff.

24 Vgl. Herbert, Fremdarbeiter, S. 271.

25 Vgl. zusammenfassend Jens-Christian Wagner, Zwangsarbeit und Genozid. Das System der nationalsozialistischen Konzentrationslager im Krieg, in: Volkhard Knigge (Hg.), Buchenwald. Ausgrenzung und Gewalt, 1937 bis 1945, Göttingen 2016, S. 259-270.

26 Vgl. Spoerer, S. 222 f.

am dichtesten belegt. Eine ärztliche Betreuung gab es kaum, und wenn „Ostarbeiterinnen“ oder Polinnen schwanger wurden, nahmen ihnen die Arbeits- und Gesundheitsämter die Neugeborenen bald ab und brachten sie in „Säuglingsheime“, in denen sie meist nach kurzer Zeit an den Folgen organisierter Vernachlässigung starben.[27] Auch unter den Erwachsenen gab es immer wieder Todesfälle, von denen auch heute noch zahlreiche Gräber auf den örtlichen Friedhöfen zeugen.

Die Lebensbedingungen der polnischen Arbeitskräfte unterschieden sich von denen der sowjetischen nur wenig, während es den Arbeiter:innen aus dem Westen allgemein etwas besser ging. Freilich war auch ihre Situation deutlich schlechter als die der Deutschen, sodass die rassistische Hierarchie in der Praxis überall sichtbar wurde und sich fortwährend stabilisierte.

Eine Sonderstellung nahmen die italienischen Arbeiter ein. Bis zum Sommer 1943 hatten sie als Bürger eines verbündeten Staates gegenüber den anderen ausländischen Arbeitskräften gewisse Vorrechte. Nach der Kapitulation der italienischen Regierung gegenüber den Alliierten entluden sich jedoch die bis dato von der NS-Propaganda mühsam gezügelten tiefsitzenden rassistischen Vorurteile vieler Deutscher in einem umfassenden Ausbruch der Gewalt gegenüber den italienischen Arbeitskräften. Zusätzlich zu den sich ohnehin schon im Reich aufhaltenden italienischen Vertragsarbeitern brachte die Wehrmacht innerhalb kürzester Zeit über 600.000 italienische Soldaten, die sich geweigert hatten, auf deutscher Seite weiterzukämpfen, als „Militärinternierte“ in das Deutsche Reich, wo sie auf Baustellen, im Bergbau und in Rüstungsfabriken Zwangsarbeit leisten mussten. Dabei litten sie unter ähnlich schlechten Lebens- und Arbeitsbedingungen wie die sowjetischen Arbeitskräfte. Entsprechend hoch waren die Todeszahlen. Nach Schätzungen sind mindestens 45.000 italienische Militärinternierte in den zwei letzten Kriegsjahren zu Tode gekommen.[28]

Die deutschen Sicherheitsbehörden und die ideologischen Scharfmacher aus der Partei betrachteten den „Ausländereinsatz“ von Anfang an mit Misstrauen. Zum einen sahen sie in der Anwesenheit derart vieler ausländischer Arbeitskräfte eine Beeinträchtigung der inneren Sicherheit, und zum anderen fürchteten sie wegen der zwangsläufigen Kontakte zwischen Deutschen und Ausländer:innen um den Erfolg ihrer „Volkstumspolitik“, deren Ziel eine ethnisch reine „arische“ deutsche Bevölkerung war. Vor allem in der Führung von SS und Partei wurde in scharfen Stellungnahmen auf die vermeintlichen Gefahren der Beschäftigung von „Fremdvölkischen“ hingewiesen und eine strenge Reglementierung und eine Behandlung nach „rassischen“ Gesichtspunkten gefordert.[29]

Dem kamen die deutschen Behörden unter Federführung des Reichssicherheitshauptamtes mit den „Polenerlassen“ von März 1940 oder den „Ostarbeitererlassen“ von Februar 1942 nach.[30] Die Bestimmungen dieser breiten repressiven Regelwerke waren durch und durch rassistisch motiviert und schrieben etwa vor, dass die sowjetischen und polnischen Zwangsarbeiter:innen in umzäunten Barackenlagern unterzubringen waren, dass sie stigmatisierende Kennzeichen auf der Kleidung zu tragen hatten oder dass Geschlechtsverkehr mit Deutschen mit dem Tode zu bestrafen war. Arbeitsplatzwechsel waren verboten – übrigens auch für Arbeitskräfte aus dem besetzten Westeuropa. Geringste Verstöße gegen die Vorschriften, etwa sogenannte Arbeitsbummelei oder „Vertragsbruch“, wurden mindestens mit der Einweisung in Arbeitserziehungs- oder Konzentrationslager geahndet. Für die Verfolgung von Verstößen gegen die repressiven Aufenthalts- und Arbeitsvorschriften für sowjetische Arbeitskräfte war im übrigen nicht die Justiz, sondern die Gestapo zuständig – abgesehen von Ressort- und Statusrivalitäten nicht unbedingt zum Leidwesen der „ordentlichen“ Justiz. Die Nordhäuser Staatsanwaltschaft etwa schrieb im September 1942 in einem Lagebericht an ihre vorgesetzte Stelle:

„Die Russen, welche völlig anders denken als wir und auf einer viel niedrigeren Kulturstufe stehen, können nicht nach unseren Maßstäben gemessen d.h. nicht nach unserem Recht behandelt und abgeurteilt werden. Eine Bestrafung z.B. wegen Felddiebstahls, Mundraubs, Landstreichens und Vertragsbruchs mit den bei Deutschen üblichen Strafen wäre, auf Russen angewandt, ein Unding und nicht geeignet, dieser zur wahren Landplage gewordenen äußerst gefährlichen Vagabundage abzuhelfen. Es ist daher verständlich, dass die Staatspolizei versucht, diese Fälle an sich zu ziehen und die Russen zu ‘liquidieren’.“[31]

Neben den durch abgestuften Zwang geprägten Arbeitsbestimmungen stand der „verbotene Umgang" zwischen Deutschen und Ausländer:innen im Mittelpunkt der repressiven Bestimmungen. Bei sexuellem Kontakt mit deutschen Frauen drohte polnischen und sowjetischen Männern die öffentliche Hinrichtung, den deutschen Frauen die Diffamierung durch Haare-Abschneiden und öffentliche Anprangerung sowie Gefängnis- oder KZ-Haft. Deutsche Männer wurden hingegen bei unerlaubten Kontakten mit ausländischen Frauen nicht oder nur vergleichsweise milde bestraft.

Mit Argusaugen beobachteten staatliche und parteiamtliche Behörden den täglichen Umgang zwischen Deutschen und ausländischen Arbeitskräften. Voller Misstrauen ließen sie die deutschen „Volksgenossen" bespitzeln. Ihre Berichte füllen meterdicke Aktenbestände und wirken bisweilen grotesk: So berichtete ein Gendarmeriebeamter 1943 an den Landrat in Nordhausen, deutsche Frauen hätten „nur die gefangenen Franzosen in ihr Herz geschlossen, an andere Rassen gehen dieselben nicht so leicht."[32] Aus heutiger Sicht wirkt dieser einfältige Rassismus lächerlich, für die Opfer hatte er jedoch häufig mörderische Konsequenzen.

Hunderttausende Zivilbeschäftigte wurden wegen Verstößen gegen die repressiven Arbeits- und Aufenthaltsbestimmungen in Arbeitserziehungs- oder Konzentrationslager eingewiesen. Zehntausende wurden ohne Urteil durch die Gestapo erhängt oder von Sondergerichten zum Tode verurteilt. Insgesamt starben nach Schätzungen von Mark Spoerer zwischen 1933 und 1945 etwa 2,7 Millionen Zwangsarbeiter:innen an den Folgen von auszehrenden Arbeitsbedingungen, Hunger, Mord, unzureichenden hygienischen Bedingungen, mangelnder medizinischer Betreuung sowie Misshandlungen durch deutsche Aufsichtskräfte.

DEUTSCHE UND ZWANGSARBEITER:INNEN

Ganz entscheidend für das Verhalten der deutschen Bevölkerung war das Deutungsangebot, mit dem die NS-Propaganda die Verfolgungs- und Ausbeutungspolitik gegenüber den ausländischen Arbeitskräften rechtfertigte. Einen wesentlichen Anteil hatte dabei der Diskurs der inneren Sicherheit, der es ermöglichte, die Ausländer:innen als Gefahr wahrzunehmen, vor der die deutsche Bevölkerung geschützt werden musste. Die „lagermäßige Unterbringung", wie der NS-Jargon das Einpferchen in bewachte Massenquartiere nannte, bot dabei die Möglichkeit, dieses Bild zu vertiefen – immerhin war der im Lager Untergebrachte automatisch mit dem Stigma des Undisziplinierten und „Gemeinschaftsfremden" behaftet, der zur „Ordnung" gezwungen werden musste.

Insgesamt scheint der „Ausländereinsatz" die deutsche Bevölkerung jedoch nur wenig gekümmert zu haben, vor allem, als mit dem Einsetzen der alliierten Bombenangriffe auf deutsche Städte das eigene Leben beschwerlicher und die eigenen Sorgen größer geworden waren. So ist die Lage der ausländischen Arbeiter:innen, besonders der aus dem Osten, meist gar nicht als etwas sonderlich Bemerkenswertes empfunden worden, zumal die Ablehnung des „Bolschewismus" und generell der „Russen" auch in solchen Bevölkerungskreisen verbreitet war, die dem Nationalsozialismus eher distanziert gegenüberstanden.

Bei aller Indifferenz gegenüber dem Schicksal der ausländischen Zwangsarbeiter:innen – auf die Sozialstruktur in der deutschen Gesellschaft hatte der Einsatz von Ausländer:innen erhebliche Auswirkungen. Niedere, schmutzige und schlechter bezahlte Arbeiten wurden kaum noch von Deutschen verrichtet, und diese Entwicklung ist bis Kriegsende immer

27 Vgl. Raimond Reiter, Tötungsstätten für ausländische Kinder im Zweiten Weltkrieg. Zum Spannungsverhältnis von kriegswirtschaftlichem Arbeitseinsatz und nationalsozialistischer Rassenpolitik in Niedersachsen, Hannover 1993.

28 Vgl. Gabriele Hammermann, Zwangsarbeit für den „Verbündeten". Die Arbeits- und Lebensbedingungen der italienischen Militärinternierten in Deutschland 1943-1945, Tübingen 2002 (Bibliothek des Deutschen Historischen Instituts im Rom, 99).

29 Vgl. dazu den Beitrag von Dietmar Süß im vorliegenden Band.

30 Vgl. Herbert, Fremdarbeiter, S. 74 ff. (Polenerlasse) und 154 ff. (Ostarbeitererlasse), sowie Spoerer, Zwangsarbeit, S. 90 ff.

31 Lagebericht der Staatsanwaltschaft Nordhausen, 11.9.1942, Thüringisches Staatsarchiv Gotha, Staatsanwaltschaft Nordhausen, Bd. 60, Bl. 158 f.

32 Schreiben Gendarmerie-Gruppenposten Großwechsungen an Landrat Kreis Grafschaft Hohenstein, 30.4.1943, Thüringisches Staatsarchiv Gotha, LRA Nordhausen 158, Bl. 762.

stärker zu beobachten. Die soziale Stufenleiter in den Betrieben wurde künstlich um eine oder mehrere Sprossen nach unten verlängert. Damit stand der deutsche Arbeiter über seinem ausländischen Kollegen, den er zur Arbeit antreiben konnte. Gerade dieser Wandel in der Sozialstruktur hat dem Nationalsozialismus auch in der Arbeiterschaft eine breite Basis verschafft, an der sich bis zum Kriegsende nur wenig änderte.

Es erwies sich, wie Ulrich Herbert bereits Mitte der 1980er Jahre zu Recht bemerkt hat, dass das nach rassistischen Kriterien hierarchisierte Modell der nationalsozialistischen Gesellschaft funktionieren konnte, dass eine solche, nach manichäischen Wertsetzungen organisierte Gesellschaft durch Terror gegenüber den Angehörigen „niederer" Nationalität und durch Bevorzugung der Angehörigen des deutschen „Herrenvolkes" die sozialen Spannungen innerhalb der deutschen Gesellschaft hinter den nationalen bzw. „rassischen" Gegensätzen zurücktreten ließ.[33] Der Rassismus wurde zur täglichen Praxis, zum Alltag. Er war nicht nur ideologischer Fixpunkt des Regimes, sondern sicherte auch lange sein Überleben.

RADIKALISIERUNG UND KRIEGSENDE

Die zweite Kriegshälfte war auch, was den „Reichseinsatz" anbelangt, von einer stetigen Radikalisierung gekennzeichnet. Immer neue Gruppen gerieten ins Visier der Menschenfänger aus Sauckels Zwangsarbeits-Behörde: Seit 1943 wurden zunehmend ganze Familien aus Osteuropa ins Reich deportiert. Immer mehr ausländische Kinder wurden zur Zwangsarbeit herangezogen – vor allem in der Landwirtschaft, zunehmend aber auch in der Rüstungsindustrie. Den Bündniswechsel der italienischen Badoglio-Regierung betrachtete die NS-Führung voller Wut. Mit Freude zog man aber die nun in deutsche Kriegsgefangenschaft geratenen italienischen Soldaten zur Zwangsarbeit heran – immerhin handelte es sich um 600.000 Arbeitskräfte, mit denen Sauckel nicht gerechnet hatte.

Zugleich verschärfte sich der Terror in den Zwangsarbeitslagern. Zehntausende sowjetische und polnische, zunehmend aber auch französische, belgische und niederländische Zivilarbeiter:innen wies die Gestapo seit 1943 wegen Widerstandes oder angeblicher Verstöße gegen die repressiven Aufenthalts- und Arbeitsbestimmungen in die Konzentrationslager ein. Zum einen hatten die Einweisungen in Konzentrationslager oder Arbeitserziehungslager eine allgemeine disziplinierende Funktion: Die ausländischen Arbeitskräfte sollten durch den Terror eingeschüchtert und vom Widerstand abgehalten werden.[34] Zum anderen versorgte sich die SS durch die KZ-Einweisungen mit frischen Arbeitskräften für ihre zahlreichen Bauprojekte oder zur Vermietung der Häftlinge an die Rüstungsindustrie.

Weitere Arbeitskräfte erhielt die SS im Frühjahr 1944 nach der de-facto-Besetzung Ungarns. In nur wenigen Wochen wurde ein Großteil der einheimischen jüdischen Bevölkerung, die bis dahin vor dem Judenmord bewahrt worden war, nach Auschwitz deportiert. Ein kleiner Teil der ungarischen Jüdinnen und Juden wurde dort als „arbeitsfähig" nicht sofort ermordet, sondern zur Zwangsarbeit nach Auschwitz-Monowitz (Buna) und – teils gegen heftigen Widerspruch regionaler NS-Größen – ins Reich gebracht.[35] Dort mussten sie Zwangsarbeit in der Industrie und auf Baustellen leisten. Besonders gefürchtet waren wegen der hohen Todesraten dabei die Stollen- oder Bunkerbauprojekte bei der geplanten Untertageverlagerung wichtiger Rüstungsbetriebe.[36]

Doch nicht nur in den Konzentrationslagern stiegen gegen Kriegsende die Todesraten. Die Ermordung drohte den ausländischen Arbeitskräften auch außerhalb der Lager. Im letzten Kriegsjahr wurden insbesondere sowjetische und polnische Arbeitskräfte, wenn sie krank wurden und von Ärzt:innen und Arbeitsamtmitarbeiter:innen als nicht mehr arbeitsfähig eingestuft wurden, der organisierten Vernachlässigung in Sammellagern überlassen oder sogar gezielt ermordet.[37] Wer nicht mehr arbeiten konnte, hatte nach utilitaristischer NS-Perspektive kein Recht auf das Leben. Auch hier wandten die Behörden mit der Selektion und der Segregation der nicht mehr Arbeitsfähigen die Mittel der Aussonderung und Ermordung an, die sie in der Vernichtungspolitik gegenüber den europäischen Jüdinnen und Juden und in den Konzentrationslagern seit 1939 eingeübt hatten.

Die letzten Monate vor dem Kriegsende brachten für die Zwangsarbeiter:innen eine nochmalige

Steigerung der Unsicherheit und des Terrors. Lager und Betriebe wurden immer mehr von Luftangriffen zerstört, und die „ausgebombten“ Zwangsarbeiter:innen irrten auf der Suche nach Nahrung und Obdach durch die Städte. Wer dem HJ-Streifendienst, der Stadtwacht oder SS- und Polizeistreifen in die Hände fiel, musste damit rechnen, als „Plünderer“ oder wegen unerlaubten Verlassens des Arbeitsplatzes (den es oft gar nicht mehr gab) sofort erschossen oder in ein Konzentrationslager eingewiesen zu werden. Je näher die Fronten rückten, desto gefährlicher wurde die Lage für die Zwangsarbeiter:innen. Zwar versuchten sich manche Deutsche mit Blick auf das Kriegsende mit ihren ausländischen Arbeitskräften gut zu stellen. Viele glaubten aber auch der NS-Propaganda, die die Ausländer:innen als Gefahr für die öffentliche Ordnung darstellte. Insbesondere jüngere Deutsche, die in HJ, Volkssturm oder anderen paramilitärischen Einheiten organisiert waren, beteiligten sich vielfach an den Massakern der letzten Kriegswochen, denen nicht nur Tausende KZ-Häftlinge zum Opfer fielen, die von ihren Bewachern auf Todesmärsche geschickt worden waren, sondern auch zahlreiche ausländische Zivilarbeiter:innen, die in den Städten und auf offenem Feld erschossen wurden.

VOM ZWANGSARBEITER ZUR DISPLACED PERSON

Mit ihrer Befreiung durch die Alliierten wurden aus den Millionen Zwangsarbeiter:innen sogenannte Displaced Persons (DPs), oder, wie die deutschen Behörden sie nannten, heimatlose Ausländer. Zumindest zeitweise kehrte sich das Verhältnis nun um: Aus den selbsternannten „Herrenmenschen“ waren Besiegte geworden, und die ehemaligen Zwangsarbeiter:innen standen auf der Seite der Sieger. Insbesondere in den ersten Tagen und Wochen nach der Befreiung kam es, teils mit Duldung der Alliierten, vielerorts zu Übergriffen gegen Deutsche, vor allem gegen solche, die sich Misshandlungen schuldig gemacht hatten. Auch der fast überall in Deutschland bis heute wirkungsmächtige Mythos von den Plünderungen durch befreite Häftlinge und Zwangsarbeiter hat einen realen Kern.[38] Die Plünderungsberichte verkennen aber zum einen, dass sich an den Plünderungen alle beteiligten. Wer sich mit überlebensnotwendigen Lebensmitteln versorgen wollte, musste diese „organisieren“ – völlig unabhängig davon, ob er oder sie Einheimische:r oder „heimatloser Ausländer“ war. Zum anderen offenbart der Umstand, dass die Plünderungen stereotyp Ausländer:innen zugeschrieben wurden, wie wirkungsmächtig und nachhaltig der Kriminalisierungsdiskurs der NS-Propaganda gewesen war. Und zum dritten haben die Berichte eine apologetische Funktion, und zwar im doppelten Sinne: Sie erlaubten es der Gesellschaft der Täter:innen, sich als Opfer zu fühlen, und der Verweis auf angeblich kriminelle Ausländer:innen rechtfertigte ex post, dass diese Menschen bis zum Kriegsende in Lagern von der deutschen Bevölkerung ferngehalten worden waren.

Doch die Zeit der Unsicherheit für die deutsche Bevölkerung währte nur kurz – zumindest in den westlichen Besatzungszonen. Sehr schnell gingen die Alliierten dazu über, die befreiten ehemaligen Zwangsarbeiter:innen in Lagern zusammenzufassen, um auf diese Weise zum einen ihre Versorgung zu erleichtern und zum anderen ihre Repatriierung zu organisieren. Letztere verlief in atemberaubendem

33 Vgl. Ulrich Herbert, Der „Ausländereinsatz“. Fremdarbeiter und Kriegsgefangene in Deutschland 1939-1945 – ein Überblick, in: Beiträge zur nationalsozialistischen Gesundheits- und Sozialpolitik, Bd. 3 (1986), S. 13-54, hier S. 46 f.

34 Vgl. dazu Gabriele Lotfi, KZ der Gestapo. Arbeitserziehungslager im Dritten Reich, Stuttgart/München 2000.

35 Vgl. Christian Gerlach u. Götz Aly, Das letzte Kapitel. Der Mord an den ungarischen Juden, Stuttgart 2002.

36 Vgl. etwa Edith Raim, Die Dachauer KZ-Kommandos Kaufering und Mühldorf. Rüstungsbauten und Zwangsarbeit im letzten Kriegsjahr 1944/45, Landsberg 1992; sowie Jens-Christian Wagner, Produktion des Todes. Das KZ Mittelbau-Dora, Göttingen 2001.

37 Vgl. Andreas Heusler, Die Eskalation des Terrors. Gewalt gegen ausländische Zwangsarbeiter in der Endphase des Zweiten Weltkrieges, in: Cord Arendes, Edgar Wolfrum u. Jörg Zedler (Hg.), Terror nach innen. Verbrechen am Ende des Zweiten Weltkrieges, Göttingen 2006 (Dachauer Symposien zur Zeitgeschichte, 6), S. 172-182.

38 Fast überall werden in Erinnerungsberichten deutscher Zeitzeugen Plünderungen durch Ausländer erwähnt. Vgl. Constantin Goschler, Nachkriegsdeutschland und die Verfolgten des Nationalsozialismus, in: Hans-Erich Volkmann (Hg.), Ende des Dritten Reiches – Ende des Zweiten Weltkrieges. Eine perspektivische Rückschau, München/Zürich 1995, S. 317-342, sowie exemplarisch für die Thüringer Kreisstadt Nordhausen: Archiv der Stadt Nordhausen (Hg.), Schicksalsjahr 1945. Inferno Nordhausen. Chronik, Dokumente, Erlebnisberichte, zusammengestellt von Peter Kuhlbrodt, Nordhausen 1995.

Tempo und war eine organisatorische Meisterleistung der Alliierten. Bereits im September 1945 waren 80 Prozent der westeuropäischen und polnischen ehemaligen Zwangsarbeiter:innen in ihre Heimat zurückgekehrt.[39] Schwieriger gestaltete sich die Rückkehr der sowjetischen ehemaligen Zwangsarbeiter:innen, die in ihrer stalinistisch regierten Heimat unter dem Generalverdacht der Kollaboration mit den Deutschen standen. Zwar verließen auch die Befreiten aus der Sowjetunion Deutschland sehr schnell – zumindest die westlichen Besatzungszonen (teils gegen ihren Willen auf Druck der Westalliierten). Ihre eigentliche Rückkehr in die Heimat verlief jedoch sehr unterschiedlich und war generell abhängig von Geschlecht und Status. Befreite „Ostarbeiterinnen" konnten überwiegend in ihren Wohnort zurückkehren; männliche Zivilarbeiter mussten in den Zentren des industriellen Wiederaufbaus in der Sowjetunion Dienst in Arbeitsbataillonen leisten. Ehemalige Kriegsgefangene, auch solche, die im KZ gewesen waren, wurden zur Roten Armee einberufen. Viele von ihnen mussten sich zunächst als Besatzungssoldaten in Ostdeutschland „bewähren", bevor sie Anfang der 1950er Jahre nach Hause entlassen wurden. Offiziere schließlich und Soldaten, die unter Verdacht standen, dissidenten Gruppen anzugehören, wurden in den GULAG eingewiesen. Viele überlebten das nicht.[40]

Unter sehr schwierigen Verhältnissen litten auch die Überlebenden des Völkermordes an den europäischen Jüdinnen und Juden. Viele hatten ihre gesamte Familie verloren und waren vollkommen auf sich allein gestellt. Die Rückkehr in die Heimat war erschwert. Vielfach hatten die deutschen Besatzer in Polen und Osteuropa ganze Ortschaften zerstört, in denen mehrheitlich jüdische Menschen gewohnt hatten. Außerdem verbreiteten sich in den unmittelbaren Nachkriegsjahren Nachrichten von antisemitischen Pogromen und stalinistischer Verfolgung in Polen und der Sowjetunion. Viele Shoa-Überlebende, die aus den von der Sowjetunion dominierten Ländern des späteren Ostblocks stammten, sahen deshalb den einzigen Ausweg in der Auswanderung nach Nordamerika, Australien oder nach Palästina bzw. in den neugegründeten Staat Israel. Da die Einwanderungsquoten jedoch streng begrenzt waren bzw. die Einwanderung nach Palästina von der britischen Mandatsverwaltung zu verhindern versucht wurde, blieben viele Jüdinnen und Juden gezwungen, jahrelang ein Leben in DP-Camps in Deutschland zu führen. Diese Camps waren von den Alliierten oft in ehemaligen Zwangsarbeiter- oder Konzentrationslagern eingerichtet worden. Vielen Deutschen galten die überwiegend jüdischen Bewohner:innen der DP-Camps als lästige Kostgänger. Mitgefühl und Hilfe waren selten. Lange waren die Überlebenden deshalb auf die Unterstützung durch die Alliierten und die UNRRA angewiesen, das Flüchtlingshilfswerk der neu gegründeten Vereinten Nationen.

ZWANGSARBEIT: EIN VERBRECHEN

Die Gründung der Vereinten Nationen war eine der Lehren, die die internationale Staatengemeinschaft aus dem Zweiten Weltkrieg gezogen hatte. Auch die Aufnahme des Verbots der Zwangsarbeit in das internationale Völkerrecht gehörte dazu. Im internationalen Nürnberger Hauptkriegsverbrecherprozess und in den amerikanischen Folgeprozessen wurde die Zwangsarbeit – nachdem die Internationale Arbeitsorganisation (ILO) bereits 1930 eine Definition vorgelegt hatte – erstmals als das bezeichnet, was sie war: ein Verbrechen. Allerdings wurden die Angeklagten, auch der zum Tode verurteilte Fritz Sauckel, nicht wegen der Anordnung der Zwangsarbeit als solcher verurteilt, sondern wegen der Begleitumstände: erpresserische Maßnahmen, Niederbrennen von Häusern, Transportbedingungen, unmenschliche Lagerbedingungen und Misshandlungen.[41] 1948 schließlich fand das Verbot der Zwangsarbeit Einzug in die UN-Menschenrechtserklärung. Allerdings ist dieses Verbot bis heute weder im deutschen noch im internationalen Recht allgemein strafrechtlich bewehrt.[42] Ohnehin wurde es nach 1948 um das Thema recht schnell still. Der aufziehende Kalte Krieg sorgte dafür, dass das Thema NS-Zwangsarbeit von der internationalen Bühne verschwand, und in Deutschland beschäftigte man sich lieber mit eigenen Opfernarrativen, als sich mit dem Leid der ehemaligen Zwangsarbeiter:innen zu beschäftigen. Wie die Bombenkrater und die Lebensmittelmarken wurden die ausländischen Arbeitskräfte in der Erinnerung der meisten Deutschen als Begleiterscheinungen des vergangenen

Krieges abgelegt. Jahrzehntelang interessierte sich in Deutschland, besonders im Westen, kaum jemand für das Schicksal der Zwangsarbeiter:innen. Das gilt auch für die deutsche Geschichtsforschung, die dieses Thema – abgesehen von einigen Arbeiten aus der DDR[43] – erst Mitte der 1980er Jahre „entdeckt“ hat, und das auch nur durch den Anstoß sogenannter Barfußhistoriker:innen, die seit den 1970er Jahren vor Ort den Spuren der Vergangenheit nachgegangen waren und mit aller Deutlichkeit nachgewiesen hatten, was doch eigentlich jede:r wusste: Zwangsarbeit war im Nationalsozialismus ein Massenphänomen gewesen. Selbst im kleinsten Dorf hatte der Anblick von Zwangsarbeiter:innen zum nationalsozialistischen Alltag gehört; kein anderes Verbrechen war auf einer derart breiten gesellschaftlichen Basis begangen worden wie das der Zwangsarbeit.

Prof. Dr. Jens-Christian Wagner,
geb. 1966, ist Historiker und Direktor der Stiftung Gedenkstätten Buchenwald und Mittelbau-Dora sowie Professor für Geschichte in Medien und Öffentlichkeit an der Universität Jena. Veröffentlichungen u.a.: Produktion des Todes. Das KZ Mittelbau-Dora, Göttingen 2015; (Hg. mit Thomas Rahe) Menschen in Bergen-Belsen. Biografische Skizzen zu Häftlingen des Konzentrationslagers, Göttingen 2019.

39 Vgl. Spoerer, Zwangsarbeit, S. 212 f., sowie Wolfgang Jacobmeyer, Vom Zwangsarbeiter zum Heimatlosen Ausländer. Die Displaced Persons in Westdeutschland 1945-1951, Göttingen 1985, S. 82 ff.

40 Vgl. Ulrike Goeken-Haidl, Der Weg zurück. Die Repatriierung sowjetischer Kriegsgefangener und Zwangsarbeiter während und nach dem Zweiten Weltkrieg, Essen 2006; Pavel Poljan, Deportiert nach Hause. Sowjetische Kriegsgefangene im „Dritten Reich“ und ihre Repatriierung, München u.a. 2001, sowie als neuesten Sammelband Peter Ruggenthaler u. Walter M. Iber (Hg.), Hitlers Sklaven – Stalins „Verräter“. Aspekte der Repression an Zwangsarbeitern und Kriegsgefangenen, eine Zwischenbilanz, Innsbruck/Wien/Bozen 2010.

41 Zur Urteilsbegründung vgl. im Einzelnen Lothar Gruchmann (Hg.), Das Urteil von Nürnberg 1946, München 1961, S. 119-125 u. 234-236.

42 Vgl. u.a. zum (Nicht-)Straftatbestand der Verschleppung Helmut Kramer, Die Prinzipien von Nürnberg – Reaktion auf das Verbrechen von Auschwitz und die Folgen, in: Joachim Perels (Hg.), Auschwitz in der deutschen Geschichte, Hannover 2010, S. 127-140.

43 Vgl. etwa die von 1974 bis 1988 von der Wilhelm-Pieck-Universität Rostock herausgegebene Schriftenreihe „Fremdarbeiterpolitik des Imperialismus“ mit mehreren Beiträgen zur NS-Zwangsarbeit sowie Fritz Gawenus, Die Ausbeutung ausländischer Arbeitskräfte unter besonderer Berücksichtigung deportierter Sowjetbürger durch die deutschen Monopolisten, vorwiegend dargestellt am Beispiel der „Bayerischen Stickstoffwerke“ und der „Gummiwerke Elbe“ in Wittenberg-Priesteritz von 1939 bis 1945, Halle (Saale) 1970.

ZWANGSARBEIT IN DER NS-KRIEGSWIRTSCHAFT
ZUR GENESE EINES FORSCHUNGSGENRES

Andreas Heusler

VORBEMERKUNG

Kein Aspekt der nationalsozialistischen Gewaltherrschaft hat in den vergangenen Jahrzehnten eine derart rasante Forschungskarriere absolviert wie das Thema „NS-Zwangsarbeit". Ein kaum mehr überschaubarer Katalog von Veröffentlichungen legt seit den 1980er Jahren die unzähligen Einzelschichten des Themas frei, sodass unser Wissen über dieses in der Geschichte singuläre Großprojekt zur ungehemmten Abschöpfung von fremder Arbeitskraft für die eigene Kriegswirtschaft exponentiell gewachsen ist. Dank eines breiten Spektrums lokal- bzw. regionalgeschichtlicher Darstellungen präsentiert sich das Thema inzwischen nicht nur sachlich, sondern auch topographisch differenziert wie keine andere Fragestellung zur NS-Zeit. Seit dem Erscheinen der bahnbrechenden Studie von Ulrich Herbert im Jahr 1985[1] hat sich die Beschäftigung mit dem nationalsozialistischen Arbeitseinsatzprogramm in der akademischen Welt als eigenes zeitgeschichtliches Forschungsgenre etabliert – mit der Folge, dass die stetig wachsende, raumgreifende Bibliographie aus Einzelstudien, Aufsätzen, Sammelbänden, Ausstellungen und Internetpräsentationen zum „Ausländereinsatz" selbst für Fachleute nicht mehr zu bewältigen ist. Aus diesem Grund erheben auch die folgenden Ausführungen nicht den Anspruch eines lückenlosen Forschungs- und Literaturberichts. Vielmehr handelt es sich um den bescheidenen Versuch, die unübersichtliche und heterogene Forschungslandschaft sowohl thematisch als auch qualitativ zu systematisieren. Damit dieses als Bestandsaufnahme gedachte Vorhaben auch für künftige Projekte und Studien Nutzen bringt, werden darüber hinaus einige lohnend erscheinende Forschungsdesiderate akzentuiert.[2]

ERINNERUNGSKULTUR

Der Arbeitseinsatz ausländischer Männer und Frauen im Deutschland der Kriegsjahre 1939 bis 1945 war ein Massenphänomen. Neben zivilen ausländischen Arbeitskräften gab es zahllose Kriegsgefangenen- sowie Häftlingskommandos aus Konzentrationslagern. Es ist davon auszugehen, dass bis Kriegsende insgesamt rund 13 Millionen ausländische Zivilarbeiter:innen, Kriegsgefangene und KZ-Häftlinge im „Großdeutschen Reich" im Arbeitseinsatz standen. Sie waren aus ihren Heimatländern verschleppt, durch strukturelle Maßnahmen zu Arbeitsverträgen genötigt oder unter Vorspiegelung falscher Tatsachen nach Deutschland gelockt worden. Hier gab es kaum einen industriell, gewerblich oder landwirtschaftlich tätigen Betrieb, dessen Belegschaft nicht in nennenswertem Umfang aus ausländischen Arbeitskräften bestand. In allen deutschen Städten und Gemeinden prägten Barackenlager und Zwangsunterkünfte unterschiedlichster Bauart und Größe das Straßenbild. Zwangsarbeit war ein unübersehbarer Bestandteil des deutschen Kriegsalltags geworden. Dass die millionenfache Präsenz von „Fremdvölkischen" am Rande bzw. außerhalb der deutschen „Volksgemeinschaft" erfolgreich bis Mitte der 1980er Jahre aus dem kollektiven Gedächtnis der Deutschen ausgeblendet werden konnte, ist erklärungsbedürftig. Die Vermeidungsstrategie von Politik und Wirtschaft zur Verhinderung drohender Entschädigungszahlungen ist zweifellos evident. Vermutlich hat auch die atemberaubende Ungeheuerlichkeit der Verbrechen in den Konzentrations- und Vernichtungslagern und die daraus sich ableitende Auseinandersetzung mit Verantwortung, Schuld, Scham und Sühne dazu beigetragen, dass Menschenrechtsverletzungen unterhalb der Mordschwelle über lange Jahre nicht Teil einer nationalen Erinnerungskultur werden konnten. Mit anderen Worten: Die Dimension der Shoa und die Auseinandersetzung mit diesem singulären Menschheitsverbrechen hat über Jahre – zumindest in Westdeutschland – den Blick auf weitere

Verbrechen des nationalsozialistischen Deutschlands verstellt. Die konzentrierte Perspektive auf die monströsen Untaten des NS-Regimes hat wiederum lange Zeit Erkenntnisinteresse und Fragestellungen der Zeitgeschichtsforschung geprägt.

Hinzu kam für die westdeutsche Perspektive, dass die von Verschleppung und Zwangsarbeit betroffenen Männer und Frauen überwiegend aus Ländern hinter dem „Eisernen Vorhang" stammten. Aufgrund der besonderen politischen Lage im Einflussbereich des Warschauer Pakts hatten die ehemaligen Zwangsarbeiter:innen keine Möglichkeiten zu einer wirksamen Lobbyarbeit in eigener Sache. So blieb ihnen bis in die 1990er Jahre verwehrt, nachdrücklich auf ihren Opferstatus hinzuweisen oder gar von der Bundesrepublik bzw. von ehemaligen Arbeitgebern auf dem Rechtsweg angemessene Wiedergutmachungsleistungen einzufordern.

GRUNDLINIEN DER FORSCHUNG

Zweifellos hat die kontrovers und öffentlich ausgetragene Debatte um die Entschädigung ehemaliger Zwangsarbeiter:innen der historischen Forschung entscheidende Impulse gegeben – und umgekehrt. Juristische und historische „Aufarbeitung" gingen Hand in Hand und haben sich offenbar wechselseitig befruchtet. Für die Geschichtswissenschaft ist festzustellen, dass sich in den vergangenen Jahrzehnten drei markante „Forschungscluster" herausgebildet haben.

1. Ein Hauptstrang der Wissenschaft konzentriert sich auf die Existenzbedingungen der einzelnen Gruppen von Zwangsarbeiter:innen, auf eine klarere Abgrenzung dieser Gruppen[3] sowie auf eine Schärfung der Begriffe im Hinblick auf die in der Forschung gebräuchlichsten Termini *Zwangsarbeit*, *Sklavenarbeit* und *unfreie Arbeit*. Ergänzend zu der übergeordneten Kategoriebildung von *ausländischen Zivilarbeiter:innen*, *KZ-Häftlingen* und *Kriegsgefangenen* wurden die Gruppen von Zwangsarbeiter:innen auf nachgeordneten Definitionsebenen auch national bzw. ethnisch und sozial differenziert betrachtet. Die Arbeits- und Lebenswirklichkeiten von Männern, Frauen[4] und Kindern[5] kamen ebenso auf die Agenda wie die Besonderheiten und Unterschiede jüdischer Zwangsarbeiter:innen[6], die Aspekte von Privilegierung und Benachteiligung bei „Ost"- und „Westarbeitern"[7], die spezifischen Arbeitswirklichkeiten von Land- und Industriearbeiter:innen[8] sowie die exklusive Stellung einzelner nationaler bzw. ethnischer Gruppen.[9] Die Schärfung der Begriffe war vor allem der Erkenntnis geschuldet, dass die Zwangsarbeiter:innen-Großgruppe im Deutschen Reich soziologisch nicht als homogene Population anzusprechen ist, sondern in zahlreiche verschiedene Einzelmilieus und in sich geschlossene Untergruppen zerfiel. Bei dieser Milieubildung spielten endogene „objektive" Kriterien wie nationale Herkunft, ethnische Zuordnung, Sprache, Konfession, Geschlecht und Alter ebenso eine entscheidende Rolle wie exogene Faktoren, etwa das lebensbedrohliche Überwachungs- und Repressionssystem und dessen

1 Ulrich Herbert, Fremdarbeiter. Politik und Praxis des „Ausländer-Einsatzes" in der Kriegswirtschaft des Dritten Reiches, Bonn 1985 (2. Auflage 1999).

2 In den Anmerkungen wird vor allem die neuere Literatur seit 2000 berücksichtigt.

3 Mark Spoerer, Die soziale Differenzierung der ausländischen Zivilarbeiter, Kriegsgefangenen und Häftlinge im Deutschen Reich, in: Jörg Echternkamp (Hg.), Die deutsche Kriegsgesellschaft 1939-1945, Stuttgart/München 2005 (Das Deutsche Reich und der Zweite Weltkrieg, Bd. 9/2), S. 485-576.

4 Klaus Christian Kasper, Frauen-Arbeitslager Mährisch Weißwasser 1944/45. Zwangsarbeit für Telefunken. Eine Überlebensstation auf dem Weg von Auschwitz nach Palästina mit der Exodus. Erinnerungen, Daten, Bilder und Dokumente, Bonn-Oberkassel 2002.

5 Gisela Schwarze, Kinder, die nicht zählten. Ostarbeiterinnen und ihre Kinder im Zweiten Weltkrieg, Essen 1997; Bornhild Vögel, „Wir waren fast noch Kinder". Die Ostarbeiter vom Rammelsberg, Goslar 2003.

6 Götz Hütt, Das Außenkommando des KZ Buchenwald in Duderstadt. Ungarische Jüdinnen im Rüstungsbetrieb Polte, Norderstedt 2005.

7 Bernd Zielinski, Staatskollaboration. Vichy und der Arbeitskräfteeinsatz im Dritten Reich, Münster 1995; Helga Sawala-Bories, Franzosen im „Reichseinsatz". Deportation, Zwangsarbeit, Alltag. Erfahrungen und Erinnerungen von Kriegsgefangenen und Zivilarbeitern, Frankfurt am Main 1996; Annette Schäfer, Zwangsarbeiter und NS-Rassenpolitik. Russische und polnische Arbeitskräfte in Württemberg 1939-1945, Stuttgart 2000.

8 Herbert May (Hg.), Zwangsarbeit im ländlichen Franken 1939-1945, Bad Windsheim 2008; Elsa Hornung, Zwangsarbeit in der Landwirtschaft in Niederösterreich und dem nördlichen Burgenland, München/Wien 2004.

9 Gabriele Hammermann, Zwangsarbeit für den „Verbündeten". Die Arbeits- und Lebensbedingungen der italienischen Militärinternierten in Deutschland 1943-1945, Tübingen 2002; Galina D. Knat'ko, „Ostarbeiter". Weißrussische Zwangsarbeiter in Österreich. Dokumente und Materialien, Graz/Wien/Klagenfurt 2003.

variable Anwendung auf unterschiedliche „Zielgruppen".[10] Das von der NS-Führung etablierte System aus Rassenhierarchie und rechtlich-polizeilicher Ungleichbehandlung einzelner Ausländer:innengruppen trug unmittelbar zur Formierung von Gruppenzusammenhängen und Milieus bei. Oder anders formuliert: Die Herausbildung von Milieustrukturen wurde wirkungsstark von Lebenswirklichkeit und Arbeitsalltag, von der Reichweite der sozialen Deklassierung und der Intensität von Lebensrisiken beeinflusst. Dies berücksichtigend hat Mark Spoerer 2001 überzeugende Kategorien für eine im Querschnitt angelegte vierzügige Definition der von Zwangsarbeit Betroffenen formuliert[11]:

a) Freiwillige ausländische Zivilarbeiter:innen mit ausgeprägter individueller Autonomie,

b) Zwangsarbeiter:innen mit etwas Einfluss auf ihre Existenzbedingungen und mit normaler oder nur geringfügig erhöhter Sterblichkeit,

c) Zwangsarbeiter:innen ohne nennenswerten Einfluss auf ihre Existenzbedingungen mit deutlich überdurchschnittlicher Sterblichkeit,

d) Zwangsarbeiter:innen ohne jeglichen Einfluss auf ihre Existenzbedingungen mit extrem hoher Sterblichkeit.

2. Ein zweiter großer Komplex zeigt ein vornehmlich regional- bzw. lokalhistorisch ausgerichtetes Erkenntnisinteresse. Ein nicht unbeträchtlicher Teil der in den ausgehenden 1980er und frühen 1990er Jahren entstandenen Publikationen zur Zwangsarbeit kann dem weitläufigen Katalog der Geschichtswerkstätten und „Graswurzelhistorie" zugerechnet werden.[12] Unter dem Motto „Grabe, wo Du stehst" deklarierten historisch ambitionierte Initiativen von Bürger:innen und Einzelpersonen ihren eigenen Lebensraum zum Nukleus einer kritischen Geschichtskultur, die wiederum das Schicksal der vergessenen bzw. verdrängten Opfer in den Mittelpunkt rückte. Wissenschaftlichen Ansprüchen genügten diese Arbeiten in vielen Fällen nicht; von den Verfasser:innen wurden akademische Standards auch nicht explizit angestrebt. Vielmehr betrachteten die Initiator:innen ihre „Geschichte von unten" als örtlich eingegrenzte Erinnerungsarbeit, die häufig mit konkreten kulturellen, sozialen und kommunalpolitischen Themen verknüpft wurde. Stichworte waren etwa eine zunehmende Feindlichkeit gegenüber Ausländer:innen sowie die Diskussion über „Gastarbeiter" und Asylbewerber:innen.[13] Sieht man davon ab, dass in vielen dieser Publikationen häufig die Betroffenheit der Autor:innen den Blick für übergeordnete Fragestellungen verstellte, dass eine schematische Opfer-Täter-Dichotomie nur geringen Spielraum für eine differenzierende analytische Bewältigung des Themas zuließ und dass vielfach die kulturellen, sozialen und ökonomischen Verhältnisse und Besonderheiten vor Ort unbeachtet geblieben sind, so haben die Geschichtswerkstätten und lokalen „Graswurzelhistoriker:innen" doch einen unverzichtbaren und wichtigen Beitrag zur Verortung von Geschichte im Gemeinwesen und zur Bildung eines kritischen historischen Bewusstseins auf der Mikroebene geleistet. Zweifellos haben diese frühen Arbeiten auch den Weg geebnet für Studien, die wissenschaftlichen Ansprüchen und strengen methodischen Maßstäben gerecht werden.[14] Diese neueren Forschungen haben gezeigt, dass die dramaturgische Einbettung des Ausländer:inneneinsatzes in das lokale kriegswirtschaftliche Wirkungsgefüge unerlässlich ist, um Erklärungsangebote für dessen regional abweichende Ausprägungen zu entwickeln. Denn die regionalen Unterschiede in der Praxis der Zwangsarbeit waren evident. Eine Rolle spielten hier örtliche Charakteristika, die Sozial- und Erwerbstruktur der einheimischen Bevölkerung, ihre konfessionellen Bindungen, agrarische, gewerbliche oder industrielle Prägungen des Untersuchungsraumes, der Grad der Industrialisierung, die Bedeutung der Rüstungsindustrie, schließlich das Selbstverständnis der unternehmerischen Elite am Ort.[15]

3. Ein drittes Standbein des Forschungsgenres „Zwangsarbeit" bilden neuerdings unternehmensgeschichtliche Studien. Noch bis weit in die 1990er Jahre hinein galt die ernüchternde Feststellung von Ludolf Herbst, wonach „der Historiker, der sich um Zugang zu Firmenarchivalien aus der NS-Zeit bemüht, [...] in der Regel auf einen in der Form ebenso verbindlichen wie ermüdenden und in der Sache ganz kompromißlosen Widerstand" stößt.[16] Überlieferungen von Unternehmen, die sich für Untersuchungen des Ausländer:inneneinsatzes auf Konzern- bzw. Betriebsebene geeignet hätten und für eine vertiefte Analyse eigentlich unverzichtbar waren, wurden der Forschung prinzipiell nicht oder nur höchst zögerlich zugänglich gemacht. Grundlagenforschungen zu Politik und Praxis des Ausländer:inneneinsatzes im

Zentrum der nationalsozialistischen Wirtschafts- und Arbeitspolitik – im Unternehmen und am Arbeitsplatz – waren daher die Ausnahme. Während sich bundesdeutsche Historiker überhaupt erst seit Mitte der 1980er Jahre verstärkt diesem wichtigen Aspekt zuwandten[17], wurden in der DDR-Geschichtsschreibung erste firmengeschichtliche Untersuchungen bereits in den 1960er Jahren veröffentlicht.[18] Nicht nur ein anders gelagerter Forschungskanon, auch bessere Zugangsmöglichkeiten zu verstaatlichtem Firmenschriftgut spielten bei dieser innerdeutschen Phasenverschiebung eine Rolle. Inzwischen hat sich die Haltung der bundesdeutschen Wirtschaft zu unternehmensgeschichtlichen Fragestellungen im Kontext der NS-Zeit immerhin gewandelt.[19] Von einem grundlegenden Umdenken im Sinne von uneingeschränkt forschungsfreundlicher Offenheit kann zwar nach wie vor nicht die Rede sein. Aber angesichts des öffentlichen Drucks während der zermürbenden Debatten um eine Entschädigung für ehemalige Zwangsarbeiter:innen haben namhafte deutsche Konzerne und *global player* erkennen müssen, dass eine Öffnung der Archive und ein unverstellter Umgang mit der eigenen Firmenhistorie eher positive Dividende abwirft als die bislang praktizierte hartleibige Verweigerung.[20] Der wissenschaftliche Ertrag des neuen firmengeschichtlichen Zugangs zur „Zwangsarbeit“ ist hoch, da hier auch Selbstverständnis und Verhalten der wirtschaftlichen Eliten und ihr Verhältnis zum NS-Regime Gegenstand der Untersuchungen sind. Bemerkenswert ist, dass auf diesem Forschungsfeld nicht nur firmenspezifische, sondern verstärkt auch sektoral angelegte Studien publiziert und einzelne Branchen betrachtet werden.[21]

Neben den drei skizzierten „Clustern“ spielen in der neueren Forschung auch spezielle Fragestellungen eine Rolle, von denen an dieser Stelle aber nur ausgewählte Aspekte dargestellt werden können.

HÄFTLINGSZWANGSARBEIT

Erst in den letzten Jahren ist der Zusammenhang von KZ-Haft und Zwangsarbeit verstärkt zum Gegenstand wissenschaftlicher Untersuchungen geworden. Evidenz und Stellenwert von Häftlingszwangsarbeit für die NS-Kriegswirtschaft ist zwar kein überraschend neuer Befund. Schon lange gehört zum gesicherten Kenntnisstand, dass rüstungsrelevante Großunternehmungen wie Mittelbau-Dora (zunächst ein Außenlager des KZ Buchenwald) oder

10 Einen wichtigen Teilaspekt des NS-Terrorsystems beleuchtet Gabriele Lotfi, KZ der Gestapo. Arbeitserziehungslager im Dritten Reich, Stuttgart 2000.

11 Mark Spoerer, Zwangsarbeit unter dem Hakenkreuz. Ausländische Zivilarbeiter, Kriegsgefangene und Häftlinge im Dritten Reich und im besetzten Europa 1939-1945, Stuttgart/München 2001, S. 16 f.

12 Vgl. dazu den älteren Literaturbericht von Hans-Ulrich Ludewig, Zwangsarbeit im Zweiten Weltkrieg: Forschungsstand und Ergebnisse regionaler und lokaler Fallstudien, in: Archiv für Sozialgeschichte 1 (1991), S. 558-577.

13 Vgl. dazu Andreas Heusler, Ausländereinsatz. Zwangsarbeit für die Münchner Kriegswirtschaft 1939-1945, München 1996, S. 13-15,

14 Hans-Jörg Kühne, Kriegsbeute Arbeit. Der „Fremdarbeitereinsatz“ in der Bielefelder Wirtschaft 1939-1945, Bielefeld 2002; Florian Speer, Ausländer im „Arbeits-einsatz“ in Wuppertal. Zivile Arbeitskräfte, Zwangsarbeiter und Kriegsgefangene im Zweiten Weltkrieg, Wuppertal 2003; Friederike Littmann, Ausländische Zwangsarbeiter in der Hamburger Kriegswirtschaft 1939-1945, München 2006; Elisabeth Timm, Zwangsarbeit in Esslingen 1939-1945. Kommune, Unternehmen und Belegschaften in der nationalsozialistischen Kriegswirtschaft, Ostfildern 2008.

15 Vgl. etwa John J. Delaney, Rassistische gegen traditionelle Werte. Priester, Bauern und polnische Zwangsarbeiter im ländlichen Bayern, in: Andreas Heusler, Mark Spoerer u. Helmuth Trischler (Hg.), Rüstung, Kriegswirtschaft und Zwangsarbeit im „Dritten Reich“, München 2010, S. 163-178.

16 Ludolf Herbst, Der Totale Krieg und die Ordnung der Wirtschaft. Die Kriegswirtschaft im Spannungsfeld von Politik, Ideologie und Propaganda 1939-1945, Stuttgart 1982, S. 9.

17 Etwa: Hans Pohl, Stephanie Habeth u. Beate Brüninghaus, Die Daimler-Benz AG in den Jahren 1933 bis 1945. Eine Dokumentation, Stuttgart 1986; Hans Mommsen u. Manfred Grieger, Geschichte des Volkswagenwerks im Dritten Reich, Bochum 1991.

18 Beispielhaft dafür: Fritz Gäwenus, Die Ausbeutung ausländischer Arbeitskräfte unter besonderer Berücksichtigung deportierter Sowjetbürger durch die deutschen Monopolisten, vorwiegend dargestellt am Beispiel der „Bayerischen Stickstoffwerke“ und der „Gummiwerke Elbe“ in Wittenberg-Priesteritz von 1939 bis 1945, Halle (Saale) 1970.

19 Paul Erker, „A New Business History?“ Neuere Ansätze und Entwicklungen in der Unternehmensgeschichte, in: Archiv für Sozialgeschichte 42 (2002), S. 557-604.

20 Ein Beispiel ist die von der BMW Group geförderte Dissertation von Constanze Werner, Kriegswirtschaft und Zwangsarbeit bei BMW, München 2006.

21 Eckhard Schinkel, Totaler Arbeitseinsatz für die Kriegswirtschaft. Zwangsarbeit in der deutschen Binnenschifffahrt 1940-1945. Erinnerungen, Dokumente, Studien, Essen 2005; Stefan Lütgenau, Zwangsarbeit in der österreichischen Bauindustrie. Die Teerag-Asdag AG 1938-1945, Innsbruck/München 2001.

das Buna-Zweigwerk der I.G. Farben in Auschwitz ohne die exzessive Abschöpfung der Arbeitskraft von Häftlingen nicht realisierbar gewesen wären.[22] Die hemmungslose und todbringende Ausbeutung vor allem jüdischer Häftlinge erfolgte in der Regel im stillen Einvernehmen mit den privatwirtschaftlichen „Bedarfsträgern“, sodass Unternehmen unmittelbar zu Profiteuren des Konzentrationslagersystems wurden. In den Bereich der kolportagehaften Mythenbildung gehört indessen die Auffassung, dass die Ausbeutung der Häftlinge und das Prinzip der „Vernichtung durch Arbeit“ weitgehend unter Ausschluss der Öffentlichkeit exekutiert wurden. Auch die historische Forschung hat lange an diesem Bild festgehalten. Umso bemerkenswerter sind daher die Ergebnisse neuerer Studien über die wachsende Präsenz von KZ-Häftlingen im öffentlichen Raum. Am Beispiel der SS-Baubrigaden[23] und dem ausgreifenden Außenlagersystem des KZ Dachau[24] wird neuerdings überzeugend nachgewiesen, wie sehr Häftlingszwangsarbeit mit zunehmender Kriegsdauer zu einem für die Zivilbevölkerung unübersehbaren Bestandteil ihres Kriegsalltags geworden ist. Der Befund vom Eindringen des KZ-Systems in die Lebenswirklichkeit der Dörfer und Städte trägt so auch überzeugend zu einer Dekonstruktion der in den ersten Nachkriegsjahrzehnten endemisch verbreiteten Apologetik des „Davon haben wir nichts gewusst“ bei. Eine eindrucksvolle Bilanz der umfassenden KZ-Forschung, die den Komplex der Zwangsarbeit mit einschließt, zieht die nunmehr abgeschlossene neunbändige Gesamtdarstellung „Der Ort des Terrors“.[25] Die voluminöse Geschichte der nationalsozialistischen Konzentrationslager gilt bereits jetzt als Standardwerk, mit dem das NS-Lagersystem in enzyklopädischer Breite und – überwiegend – scharfsinniger Analyse ausgeleuchtet wird.

VERBOTENE LIEBESBEZIEHUNGEN

Zu den bedrückendsten Kapiteln des Ausländer:inneneinsatzes gehört die polizeiliche und gerichtliche Verfolgung von deutschen und ausländischen Männern und Frauen wegen verbotener Liebesbeziehungen.[26] Obwohl die NS-Propaganda mit stereotyper Eindringlichkeit betonte, dass zur Wahrung von „Ehre und Würde“ alle privaten Kontakte zu den Ausländer:innen unterbleiben müssten, kamen durch den Masseneinsatz sogenannter Fremdarbeiter in der deutschen Kriegswirtschaft nicht nur Bekanntschaften, sondern auch freundschaftliche Kontakte und sogar Liebesbeziehungen zwischen ausländischen Männern und deutschen Frauen in großer Zahl vor.[27] Vielfältige Kontaktmöglichkeiten ergaben sich durch die Arbeitssituation und die enge Zusammenarbeit in den Betrieben, häufig auch durch den Umstand, dass sich Barackenlager und Arbeitskommandos inmitten reiner Wohngebiete befanden. Verstöße gegen das Umgangsverbot wurden von Polizei- und Justizbehörden jedoch rücksichtslos verfolgt.[28] Die Gefahr der Entdeckung war groß. Je intensiver und leidenschaftlicher eine Beziehung wurde, umso weniger konnte dies der Öffentlichkeit verborgen bleiben. Denunziationen waren an der Tagesordnung. Der Verfolgungseifer von Ermittlungsbehörden, Gestapo und Justiz konzentrierte sich dabei vor allem auf deutsche Frauen und polnische sowie sowjetische Männer.[29] Die Zahl der in München polizeilich erfassten und gerichtlich verhandelten verbotenen Liebesbeziehungen war außerordentlich hoch, was auf eine beträchtliche Dunkelziffer schließen lässt.[30] Die Folgen von Entdeckung waren für die Betroffenen dramatisch. Deutsche Frauen mussten mit öffentlicher Demütigung und gesellschaftlicher Stigmatisierung rechnen, Haftstrafen oder gar Einweisungen in ein Konzentrationslager waren üblich. Polnischen, ukrainischen und russischen Männern drohte die Todesstrafe.

ERFAHRUNGSGESCHICHTE

Ein beträchtliches Gewicht besitzen inzwischen die Erinnerungen und Memoiren ehemaliger Zwangsarbeiter:innen.[31] Der Blick auf die verschiedenen nationalen, sozialen und geschlechtlichen Milieus der Zwangsarbeiter:innen kann durch die Erlebnisberichte erheblich schärfer gestellt werden. Ältere Studien vermochten eine differenzierte Perspektive noch nicht zu leisten oder mussten Arbeits- und Lageralltag aus der Aktenüberlieferung der Täter mühsam und oft entsprechend unbalanciert rekonstruieren. Die Stimmen der Betroffenen ermöglichen nun präzisere Eindrücke von jener spezifischen „Normalität“ des Arbeitseinsatzes ausländischer Männer, Frauen und Kinder. Diese Normalität war keineswegs geprägt von einer homogenen und zeitlosen, allgemein verbindlichen und überörtlich gleichförmigen Lebenserfahrung. Vielmehr spaltete sie sich auf in ein breites Spektrum unterschiedlicher sozialer Wirklichkeiten, die wiederum eine Vielzahl individueller Wahrnehmungen hervorbrachten. Im Verlauf des Krieges entwickelte dieses Phänomen eine häufig wechselnde, oft auch widersprüchliche und ambivalente Eigendynamik, um sich letztlich in einem vielgestaltigen Panorama der Alltagswirklichkeit der Kriegsjahre in Deutschland zu verlieren. Der Zwangscharakter des Ausländer:inneneinsatzes erschließt sich nicht allein über aufsehenerregende, besonders brutale Gewaltakte, sondern auch über einen subtilen, dauerhaft spürbaren Regelkreis aus Entrechtung, Fremdbestimmung und schleichender Terrorisierung, dem sich Betroffene kaum entziehen konnten und der von den meisten ausländischen Arbeitskräften als ein unkontrollierbares Wechselspiel aus bedrückender Alltagsroutine und unwägbaren Lebensrisiken wahrgenommen wurde. Zwar dominieren in der Memoirenliteratur nach wie vor die fremdsprachigen Titel[32], aber auch auf deutsch sind in den letzten Jahren aussagekräftige Texte erschienen.[33] Einen profunden Zugang zur Erinnerung der Betroffenen ermöglicht etwa die unlängst erschienene Publikation „Hitlers Sklaven", die die Erfahrungsebene von Männern und Frauen aus 27 Ländern und aus unterschiedlichen Zwangsarbeiter:innengruppen miteinander verknüpft.[34] Einer vergleichbaren Form der erfahrungsgeschichtlichen Überlieferungsbildung widmet sich das Internet-Projekt „Zwangsarbeit 1939–1945. Erinnerungen und Geschichte", das über ein Online-Archiv etwa 600 Lebensgeschichten ehemaliger Zwangsarbeiter:innen aus 26 Ländern zugänglich macht. Ziel dieses Archivs, das von der Stiftung „Erinnerung, Verantwortung und Zukunft" in Kooperation mit der Freien Universität Berlin und dem Deutschen Historischen Museum getragen wird, ist „die dauerhafte Sicherung, Bereitstellung und fundierte Erschließung der Audio- und Video-Interviews", die vom Institut für Geschichte und Biographie der FernUniversität Hagen zusammengetragen wurde.[35] Eine gezielte Verbreiterung der Aktivitäten auf diesem Gebiet erscheint angesichts der fortgeschrittenen Zeit und dem bevorstehenden Verstummen der Zeitzeug:innen dringend geboten.

22 Bernd C. Wagner, IG Auschwitz. Zwangsarbeit und Vernichtung von Häftlingen des Lagers Monowitz 1941-1945, München 2000; Jens-Christian Wagner, Produktion des Todes. Das KZ Mittelbau-Dora, Göttingen 2001.

23 Karola Fings, Krieg, Gesellschaft und KZ. Himmlers SS-Baubrigaden, Paderborn 2005.

24 Edith Raim, Die Dachauer KZ-Außenkommandos Kaufering und Mühldorf. Rüstungsbauten und Zwangsarbeit im letzten Kriegsjahr 1944/45, Landsberg a. Lech 1992; Sabine Schalm, Überleben durch Arbeit? Außenkommandos und Außenlager des KZ Dachau 1933-1945, Berlin 2009.

25 Wolfgang Benz u. Barbara Distel (Hg.), Der Ort des Terrors. Geschichte der nationalsozialistischen Konzentrationslager, Bd. 1-9, München 2005-2009.

26 Jean-Paul Picaper, Le crime d'aimer. Les enfants du STO, Paris 2005.

27 Patrice Arnaud, Die deutsch-französischen Liebesbeziehungen der französischen Zwangsarbeiter und beurlaubten Kriegsgefangenen im „Dritten Reich": vom Mythos des verführerischen Franzosen zur Umkehrung der Geschlechterrolle, in: Elke Frietsch u. Christina Herkommer (Hg.), Nationalsozialismus und Geschlecht. Zur Politisierung und Ästhetisierung von Körper, „Rasse" und Sexualität im „Dritten Reich" und nach 1945, Bielfeld 2009, S. 180-198.

28 Andreas Seeger, Der Tod eines Zwangsarbeiters, Bremen 2003; Heinrich Thies, Wenn Hitler tot ist, tanzen wir. Das Leben der Hilde Heart, Augsburg 2005.

29 Anna Maria Wrzesinski, Es darf nicht sein! Der Bericht einer Allgäuer Magd über eine lebensgefährliche Liebe (aufgezeichnet von Erdmuthe von Baudissin), Augsburg 2008.

30 Heusler, Ausländereinsatz, S. 387-417.

31 Bella E. Cistova u. Kirill V. Cistov, „Fliege, mein Briefchen, von Westen nach Osten ...". Auszüge aus Briefen russischer, ukrainischer und weißrussischer Zwangsarbeiterinnen und Zwangsarbeiter 1942-1944, Bern 1998; Gisela Schwarze, Die Sprache der Opfer. Briefzeugnisse aus Russland und der Ukraine zur Zwangsarbeit als Quelle der Geschichtsschreibung, Essen 2005.

32 Als Beispiel: Henri Lavialle, Henri, travailleur forcé 1942-1945 (avec la collaboration de Daniel Scourzic), Le Faquet 2009.

33 Constanze Werner, Kiew – München – Kiew. Schicksale ukrainischer Zwangsarbeiter, München 2000.

34 Alexander von Plato, Almut Leh u. Christof Thonfeld (Hg.), Hitlers Sklaven. Lebensgeschichtliche Analysen zur Zwangsarbeit im internationalen Vergleich, Wien/Köln/Weimar 2008.

35 www.zwangsarbeit-archiv.de/index.html [7.2.2024; 10:46].

PERSPEKTIVEN UND DESIDERATA

Auffällig ist die konzeptionelle Unverbundenheit eines Großteils der Studien zur Geschichte der NS-Zwangsarbeit. Vergleichende Ansätze und thematisch übergreifende Verknüpfungen zur Optimierung des analytischen Zugriffs sind eher selten. So scheint nunmehr der Zeitpunkt gekommen, nach der 2001 erschienenen Überblicksdarstellung von Mark Spoerer[36] erneut eine Summe der thematisch breit gestreuten, oftmals sehr heterogen angelegten Einzeldarstellungen zu ziehen und aus dieser Gesamtschau heraus neue, weiterführende Fragestellungen zu entwickeln.

Vielversprechend erscheint in diesem Zusammenhang insbesondere eine genauere Betrachtung der Binnenmilieus der Zwangsarbeiter:innen-Population. Unser Wissen um die Lebenswirklichkeit hinter den Lagerzäunen und an den Arbeitsplätzen, den Umgang der Betroffenen untereinander, das Entstehen und die Funktionen von Hierarchien, um Formen der Gewalt, aber auch der Solidarität und loyalen Unterstützung, um die Bedeutung von Alter und Geschlecht, von sozialem und Bildungshintergrund – um nur einige Einflussgrößen zu benennen – ist bislang mehr als fragmentarisch. Dazu zählen auch die unter einem repressiven System mit hohem Disziplinierungspotential sich herausbildenden informellen Strukturen, die konspirativen Netzwerke der Kommunikation, der Subsistenzsicherung (Schwarzmärkte) und letztlich auch des Widerstands. Die Frage nach Privatheit und Sexualität in der öffentlichen Sphäre der Lager schließt Aspekte wie Missbrauch und Unterdrückung in den Binnenverhältnissen mit ein. Noch fehlt eine Perspektive der Geschlechterverhältnisse unter den Zwangsarbeiterinnen, der Umgang von Frauen und Männern bis hin zur Realität von sexueller Unterdrückung und lebensbedrohlichen Schwangerschaften.

Ein überwiegend offenes Fragezeichen ist bislang auch das Verhältnis zwischen Deutschen und Ausländer:innen. Die Berührungsflächen zwischen beiden Großgruppen waren zahlreich, sei es am Arbeitsplatz oder im öffentlichen Raum, wo sich, von KZ-Häftlingen und Kriegsgefangenen abgesehen, Begegnungen und Kontakte, ja sogar vertiefte und dauerhafte Freundschaften ergeben konnten.[37] Über die Interaktion der beiden Gruppen, über Formen der Kommunikation, über Konflikte zwischen Deutschen über die Behandlung der Ausländer:innen und den Umgang mit ihnen, über konspiratives Geschick sowie die Reaktionen und Sanktionen der staatlichen Autoritäten bei Verstößen gegen das Umgangsverbot wissen wir indessen kaum etwas. Die 2008 erschienene Studie von Jens Binner macht freilich deutlich, welch reiche Ernte über die Beschäftigung mit diesen Themen eingefahren werden kann.[38] Ausgehend von den Erinnerungen ehemaliger „Ostarbeiterinnen" und „Ostarbeiter" arbeitet der Verfasser das bislang nur vermutete Phänomen der „Vergesellschaftung" der Zwangsarbeit klar heraus. Diesen fruchtbaren Ansatz, der auch als Plädoyer für eine verstärkte Akzeptanz von Erinnerungen und Memoiren als historische Quelle steht, gilt es konsequent weiterzuverfolgen.

Schließlich hat die qualitative Weiterentwicklung und thematische Verbreiterung des Wissens um Politik und Praxis des „Ausländereinsatzes" diesem endlich auch einen prominenten Ort in der bundesdeutschen Erinnerungskultur verschafft.[39] Festzuhalten ist dabei freilich, dass Arbeitskräfterekrutierung und Zwangsarbeit über Jahrzehnte nicht Teil dieser Erinnerungskultur waren und im Kanon des ritualisierten Gedenkens, der den Umgang mit der NS-Vergangenheit bis weit in die Gegenwart prägt, nicht einmal unter ferner liefen berücksichtigt wurden. Dass diese fatale *damnatio memoriae* seit den 1990er Jahren korrigiert wurde, zeigt einmal mehr die Wirkungskraft historischer Forschung. So hat der geschichtliche Diskurs nicht nur den Blick für die juristische Dimension der Thematik geöffnet und US-amerikanischen Anwälten den Hebel für eine Popularisierung von Zwangsarbeit und versagter Entschädigung an die Hand gegeben. Als Feedback der öffentlichkeitswirksamen Sammelklagen gegen deutsche Unternehmen vor amerikanischen Gerichten rückten Verfolgungsschicksal und Wiedergutmachungsunrecht endlich auch in den Fokus der öffentlichen Wahrnehmung und schließlich auch in den Kernbestand des kollektiven Gedächtnisses. Die jahrzehntelange „Abwesenheit der Opfer" wurde nachhaltig korrigiert.[40] Der dem Thema „Zwangsarbeit" seit jeher innewohnende Trend zur Regionalisierung und Lokalisierung setzt sich dabei fort und rückt die Orte des Geschehens – die oft auch Orte des Verbrechens waren – in den Vordergrund. So werden etwa die wenigen erhaltenen baulichen Überreste ehemaliger Zwangsarbeitslager nicht länger einer renditeträchtigen Umnutzung und Überbauung preisgegeben, sondern zunehmend als Gedenkorte in die museale Landschaft integriert. Im Berliner Ortsteil Schöneweide wurde 2006 die erste zentrale Gedenkstätte zur Geschichte der NS-Zwangsarbeit eröffnet.[41] Am Stuttgarter Flughafen Echterdingen erinnert seit Juni 2010 ein Denkmal an die mindestens 199 KZ-Häftlinge, die hier an Hunger und Entkräftung gestorben sind.[42] In München hat man sich entschlossen, ein in Teilen erhaltenes ehemaliges Zwangsarbeitslager als Lern- und Erinnerungsort und Außenstelle des neuen NS-Dokumentationszentrums einzurichten.[43] In eklatanter Weise defizitär ist dagegen das Wissen deutscher Historiker:innen über die Besonderheiten und die Vielschichtigkeit der Erinnerungskultur außerhalb Deutschlands. Dies gilt in besonderem Maße für den Umgang mit Arbeitseinsatz und Zwangsrekrutierung. Das Spektrum der erinnerungskulturellen Etikettierung der ehemaligen Zwangsarbeiter:innen reicht vom idealistisch verklärten Heldennarrativ (Frankreich) bis zur Diffamierung als Kollaborateure und Staatsfeinde (Sowjetunion). Nur zögerlich richtet sich der Blick der Wissenschaft auf dieses Thema. Die Zahl der in Deutschland erschienenen Publikationen ist überschaubar.[44]

Auch wenn die „Zwangsarbeit für die deutsche Kriegswirtschaft" mittlerweile als eines der am besten erforschten Kapitel der NS-Geschichte gilt, sich gar als eigenes Forschungsgenre etablieren konnte, bleibt als Fazit der Befund, dass noch zahlreiche thematische Facetten der Bearbeitung harren. Um hierfür ein geeignetes Fundament zu schaffen, bedarf es aktuell einer systematischen Bündelung des heterogenen Forschungsstandes, muss eine Summe der bisherigen Ergebnisse gezogen werden und schließlich der Fokus auf eine stärkere Vernetzung der deutschen und ausländischen Forschungsressourcen gelenkt werden.

Dr. Andreas Heusler,
geb. 1960, ist stellvertretender Abteilungsleiter im Kulturreferat der Landeshauptstadt München. Veröffentlichungen u.a.: Ausländereinsatz. Zwangsarbeit für die Münchner Kriegswirtschaft 1939-1945, München 1996; (Hg. mit Mark Spoerer u. Helmuth Trischler) Rüstung, Kriegswirtschaft und Zwangsarbeit im „Dritten Reich",München 2010.

36 Spoerer, Zwangsarbeit.

37 Patrice Arnaud, „Ein so naher Feind". Französische Zwangsarbeiter und ihre deutschen Kollegen in den Industriebetrieben des Dritten Reiches, in: Heusler, Rüstung, S. 179-198.

38 Jens Binner, „Ostarbeiter" und Deutsche im Zweiten Weltkrieg. Prägungsfaktoren eines selektiven Deutschlandbildes, München 2008.

39 Cord Pagenstecher, Orte des Gedenkens. Die nationalsozialistische Zwangsarbeit im deutschen Geschichtsbild, in: Heusler, Rüstung, S. 295-314.

40 Martin Schönfeld, Von der Abwesenheit der Opfer zu einer späten Erinnerung. Denkmale für Zwangsarbeiterinnen und Zwangsarbeiter in Berlin, in: Zwangsarbeit in Berlin 1938-1945, hrsg. vom Arbeitskreis Berliner Regionalmuseen, Berlin 2003, S. 281-309.

41 Andreas Nachama, Christine Glauning u. Katharina Sophie Rürup (Hg.), Das Dokumentationszentrum NS-Zwangsarbeit Berlin-Schöneweide. Zur Konzeption. Eine Veröffentlichung der Stiftung Topographie des Terrors, Berlin 2006. Seit 2013 liegt der Katalog zur Dauerausstellung vor: Alltag Zwangsarbeit 1938-1945, hrsg. vom Dokumentationszentrum NS-Zwangsarbeit der Stiftung Topographie des Terrors, Berlin 2013.

42 Neue Gedenkstätte erinnert an Zwangsarbeiter, in: Südwest Presse vom 28.5.2010.

43 Süddeutsche Zeitung vom 7.2.2014.

44 Olga Vadimovna Kurilo u. Gerd-Ulrich Herrmann (Hg.), Täter, Opfer, Helden. Der Zweite Weltkrieg in der weißrussischen und deutschen Erinnerung, Berlin 2008; Rafael Spina, Hüterin der Erinnerung an die Zwangsarbeit in Deutschland. Die „Fédération Nationale des Déportés du Travail" seit 1945, in: Heusler, Rüstung, S. 315-344.

FREMDKÖRPER IM „QUARTIER DER MODERNE“? DAS WEIMARER „GAUFORUM“

Justus H. Ulbricht, Christiane Wolf, Norbert Korrek

Wer als Besucher:in Weimars vom Bahnhof kommend den Dichterhäusern und Denkmälern aus „klassischer Zeit“ zustrebt, passiert nach etwa 400 Metern einen Gebäudekomplex, der sich auf den ersten Blick nicht von selbst erklärt.

Ein Neorenaissance-Gebäude des 19. Jahrhunderts, das sich als „Museum Neues Weimar“[1] zu erkennen gibt, ist über einen kurzen Arkadengang mit einem langgestreckten Gebäude verbunden, dem ein ebenso dimensionierter Bau, der durch einen Turm akzentuiert wird, gegenüber liegt. Die Kennzeichnung als „Thüringer Landesverwaltungsamt“, eine Behörde aus der Zeit nach 1990, verführt Laien oftmals zu der Annahme, einem Architekturensemble aus frühen DDR-Zeiten gegenüberzustehen. Die Monumentalität, Serialität der Anmutung und Sterilität der Architektursprache laden in der Tat zu diesem Missverständnis ein, doch der Bau ist älter.[2] Warum auf dem begrünten Platz, der sich als Dach einer Tiefgarage entpuppt, überlebensgroße Porträts von Überlebenden des Konzentrationslagers Buchenwald[3] stehen, denen man schon am Hauptbahnhof begegnen konnte (die „Zeugen“)[4], wirft ebenso Fragen auf wie der Name „Jorge-Semprún-Platz“.[5] Vollends unklar bleibt, warum die Stirnseite des Platzes von einem überdimensionierten Einkaufszentrum, dem „Weimar Atrium“[6], dominiert wird. Ein relativ klein gehaltener Hinweis am Turmhaus auf eine Ausstellung zur Geschichte des Bauensembles ist leicht zu übersehen – zumal dann, wenn sich der Blick eher nach rechts über die Straße auf das Bauhaus-Museum richtet. An einer weiteren, manchmal beschmierten Informationstafel gehen Viele vorbei. So entgeht ihnen, dass das unübersehbare Gebäudeensemble das ehemalige „Gauforum“ der einstigen „Gauhauptstadt“ Weimar aus den Zeiten des Nationalsozialismus ist. Dies liegt seit 2019 in dem, zum 100. Jahrestag der Gründung des “Staatlichen Bauhaus Weimar“ so benannten „Quartier der Moderne“, über das es im Netzauftritt der Klassik Stiftung Weimar heißt:

„Mit dem Bauhaus-Museum Weimar entstand ein neues Kulturquartier in der Stadt Weimar, das den Bogen vom ausgehenden 19. Jahrhundert über die ambivalente Historie der Moderne bis hin zur Gegenwart spannt. In unmittelbarer Nachbarschaft treffen hier in einer Art ‚Topographie der Moderne‘ historische Stätten und Erinnerungsorte der Moderne aufeinander: das Museum Neues Weimar als ehemaliges Großherzogliches Museum, die sogenannte Grün-, Kultur- und Sportachse als ein Kulturprojekt der Weimarer Republik, das ‚Gauforum‘ der Nationalsozialisten (heute Thüringer Landesverwaltungsamt), in dem die Ausstellung ‚Das Gauforum in Weimar – ein Erbe des Dritten Reiches‘ gezeigt und eine Ausstellung der Gedenkstätte Buchenwald zum Thema ‚Zwangsarbeit‘ vorbereitet wird, der ‚Lange Jakob‘ als ein in den 1970er Jahren entstandenes Studentenwohnheim der DDR, die Rauminstallation ‚Konzert für Buchenwald‘ der Künstlerin Rebecca Horn, das von 2017 bis 2019 errichtete Bauhaus-Museum Weimar und das Haus der Weimarer Republik am Theaterplatz.“[7]

Möchte man in Vorbereitung eines Besuchs der Klassikerstadt „Weimar entdecken“ – so der Titel eines aktuellen Prospekts (2024) der „Weimar GmbH. Gesellschaft für Marketing, Kongress- und Tourismusservice“ – so finden sich ausführliche Informationen zum „Museum Zwangsarbeit im Nationalsozialismus“, zu den ständigen Ausstellungen der Gedenkstätte Buchenwald[8], zu einer Ausstellung über die Weimarer Republik im „Haus der Weimarer Republik. Forum für Demokratie“ am Theaterplatz sowie zur Sonderausstellung 2024 der Klassik Stiftung Weimar mit dem Titel „Bauhaus und Nationalsozialismus“.[9]

Dass die Geschichte Weimars in den 1920er bis 1940er Jahren und damit der Weg der Stadt in den Nationalsozialismus in aller Ausführlichkeit in der 1999 eröffneten Dauerausstellung zur Geschichte des ehemaligen „Gauforums“ der Stadt (im Turmhaus des heutigen Landesverwaltungsamtes) erzählt wird, ist mit keiner Zeile erwähnt oder mit einem Querverweis bedacht.[10] Das ist ebenso bedauerlich wie bedenklich, denn die Jahre 1919 bis 1945 der Weimarer Geschichte sind in wesentlichen Aspekten gut erforscht[11] – doch sie scheinen im präsenten, öffentlichen, kollektiven Gedächtnis vieler Weimarer:innen und nicht weniger Besucher:innen offensichtlich weniger wichtig zu sein. Erinnerungen ans „klassische" und „nachklassische" Weimar und dessen Kulturgeschichte sowie die des „Neuen Weimar" um 1900 und des Bauhauses dominieren das kulturelle Gedächtnis der Stadt und das Tourismusmarketing.

Dass das ehemalige Gauforum zwar unübersehbar inmitten der Stadt, doch offensichtlich am Rand des kulturellen Gedächtnisses liegt, hat jedoch auch damit zu tun, dass die Ausstellung zur Geschichte des „Gauforums" wechselnde Öffnungszeiten sowie mehrfach spontan angesetzte, plötzliche Schließungen erlebt hat und zeitweise ausgerechnet an Wochenenden nur bedingt zugänglich war. Ursprünglich hatten die Bauhaus-Universität Weimar, das Thüringer Landesverwaltungsamt und die Stadt Weimar zusammengefunden, um 1999 die Ausstellung auf den Weg zu bringen und 2009 bzw. 2019 zu überarbeiten und fortzuschreiben.[12]

So wird für die meisten Besucher:innen Weimars aus dem Gauforum als „Vergegenständlichte[r] Erinnerung"[13] ein entortetes Vergessen, aus dem Erinnerungsort[14] eine nicht erinnerte oder gar verdrängte Gedächtnislücke, aus einer architektonischen Triumphgeste aus der NS-Zeit weitgehend eine Leerstelle im Gegenwartsbewusstsein. Dass zur Erinnerungskultur einer Gesellschaft auch das Vergessen

1 Zum Museum und seiner Geschichte vgl. Rolf Bothe, Neues Museum Weimar. Geschichte und Ausblick. München, Berlin 1997; Sabine Walter, Thomas Föhl u. Wolfgang Holler, Neues Museum Weimar. Van de Velde, Nietzsche und die Moderne um 1900, München 2019; zum kulturhistorischen Hintergrund der dortigen Ausstellung existiert eine Fülle von Publikationen, als Überblicke vgl. Rolf Bothe u. Thomas Föhl (Hg.), Aufstieg und Fall der Moderne, Ostfildern-Ruit 1999; Hellmut Th. Seemann u. Thorsten Valk (Hg.), Prophet des Neuen Stils. Der Architekt und Designer Henry van de Velde (Klassik-Stiftung Weimar, Jahrbuch 2013), Göttingen 2013; Franziska Bomski, Hellmuth Th. Seemann u. Thorsten Valk (Hg.), Ilm-Kakanien. Weimar am Vorabend des Ersten Weltkriegs (Klassik-Stiftung Weimar, Jahrbuch 2014), Göttingen 2014.

2 Zu Fragen der baulichen Ästhetik und zum Bautyp „Gauforum" vgl. Dieter Bartetzko, Illusionen in Stein. Stimmungsarchitektur im Nationalsozialismus, Berlin 2012; außerdem Karina Loos, Die Inszenierung der Stadt. Planen und Bauen im Nationalsozialismus in Weimar. Bauhaus-Universität (Diss.), Weimar 1999 (https://doi.org/10.25643/bauhaus-universitaet.48); Christiane Wolf, Gauforen. Zentren der Macht. Zur nationalsozialistischen Architektur und Stadtplanung, Berlin 1999.

3 Zu dessen Geschichte vgl. Gedenkstätte Buchenwald (Hg.): Konzentrationslager Buchenwald 1937-1945, Göttingen 1999; zur neuen Ausstellung vgl. Buchenwald. Ausgrenzung und Gewalt 1937-1945. Hg. v. Volkhard Knigge u. a., Göttingen 2016.

4 Diese Porträts waren im Jahre 2019 ursprünglich Teil einer von den ACHAVA-Festspielen realisierten temporären Ausstellung im öffentlichen Raum zur Geschichte des KZ Buchenwald und den Biographien einzelner Überlebender. Seitdem werden nach und nach auf den Bildern die Sterbedaten der jeweiligen Person ergänzt, was uns darauf hinweist, dass die Zeit der Zeitzeug:innen unwiederbringlich zu Ende geht.

5 Der spanische Widerstandskämpfer, Schriftsteller und Politiker Jorge Semprún (1923-2011) kam im Januar 1944 als politischer Häftling nach Buchenwald, überlebte das Lager, kämpfte später im Widerstand gegen das Franco-Regime, nach dessen Ende er Spaniens erster demokratischer Kulturminister wurde. Seine Erinnerungen an das Lager bei Weimar (Die große Reise 1963/franz., 1964/dt.; Was für ein schöner Sonntag 1980/franz., 1981/dt.; Schreiben oder Leben 1994/franz., 1995/dt.) erlebten zahlreiche weitere Auflagen und Übersetzungen; sie sind europäische Weltliteratur. Dazu Lutz Küster, Obsession der Erinnerung. Das literarische Werk Jorge Semprúns, Frankfurt a. M. 1989; Wilfried F. Schoeller, Jorge Semprún. Der Roman der Erinnerung, München 2006.

6 Mit der inneren wie äußeren Baustruktur des Weimar Atriums hat der ursprünglich antike Bautyp Atrium nichts zu tun. Vgl. https://de.wikipedia.org/wiki/Atrium_(Architektur).

7 Quartier Weimarer Moderne, Webseite der Klassik-Stiftung Weimar, https://www.klassik-stiftung.de/themen/quartier-weimarer-moderne/, abgerufen am 18.03.2024.

8 In der Gedenkstätte Buchenwald gibt es insgesamt vier verschiedene Ausstellungen: „Buchenwald. Ausgrenzung und Gewalt 1937-1945" (Geschichte des NS-Konzentrationslagers), „Sowjetisches Speziallager Nr. 2 (1945-1950)", „Überlebensmittel – Zeugnis – Kunstwerk – Bildgedächtnis" (Kunst aus dem und über die Lager), das Museum „Zur Geschichte der Gedenkstätte" im Memorialbereich nahe des Glockenturms.

9 Die Literatur zur Bauhaus-Geschichte ist uferlos; zum Weimarer Bauhaus vgl. Ute Ackermann, Kai Uwe Schierz u. Justus H. Ulbricht (Hg.), Streit ums Bauhaus Jena, Erfurt 2009; Hellmuth Th. Seemann u. Thorsten Valk (Hg.), Klassik und Avantgarde. Das Bauhaus in Weimar 1919-1925 (Klassik Stiftung Weimar, Jahrbuch 2009), Göttingen 2009; Ute Ackermann, Ulrike Bestgen u. Wolfgang Holler (Hg.), Bauhaus Museum Weimar, München 2019.

10 Eine erste Version der Ausstellung wurde 1999 eröffnet; 2009 erfolgte eine Überarbeitung und Erweiterung, die 2019 fortgeschrieben wurde. Die aktuelle Version findet man unter: https://www.gauforum.de.

11 Dies begann im Vorfeld des Kulturstadtjahres 1999; vgl. Ursula Härtl, Burkhard Stenzel u. Justus H. Ulbricht (Hg.), Hier, hier ist Deutschland... Von nationalen Kulturkonzepten zur nationalsozialistischen Kulturpolitik. Göttingen 1997; Lothar Ehrlich u. Jürgen John (Hg.), Weimar 1930. Politik und Kultur im Vorfeld der NS-Diktatur, Köln/Weimar/Wien 1998; Lothar Ehrlich, Jürgen John u. Justus H. Ulbricht (Hg.), Das Dritte Weimar. Klassik und Kultur im Nationalsozialismus, Köln/Weimar/Wien 1999, Justus H. Ulbricht (Hg.), Klassikerstadt und Nationalsozialismus. Kultur und Politik in Weimar 1933 bis 1945, Jena 2002.

12 Die Kuratoren sind von Anbeginn an Dr. Christiane Wolf, Dr. Norbert Korrek (Bauhaus Universität Weimar) und Dr. Justus H. Ulbricht (1995-2009 Klassik Stiftung Weimar).

13 Vergegenständlichte Erinnerung. 1. Perspektiven einer janusköpfigen Stadt, hg. v. der Bauhaus-Universität Weimar, Weimar 1996; Vergegenständlichte Erinnerung. 2. Über Relikte der NS-Architektur, hg. v. Gerd Zimmermann u. Christiane Wolf, Weimar 1999; Norbert Korrek, Justus H. Ulbricht u. Christiane Wolf, Das Gauforum in Weimar. Ein Erbe des Dritten Reiches (Vergegenständlichte Erinnerung 3), Weimar 2001.

14 Der Terminus wird inzwischen inflationär für alle Orte verwendet, die Geschichte haben oder an denen man sich erinnern kann. Ein derartiger Gebrauch lässt vergessen, welchen systematischen Stellenwert „Erinnerungsorte" in der Theorielandschaft zum „kollektiven" und „nationalen" Gedächtnis haben. Vgl. dazu in der Masse der Literatur Christian Gudehus, Ariane Eichenberg u. Harald Welzer (Hg.), Gedächtnis und Erinnerung. Ein interdisziplinäres Handbuch, Stuttgart/Weimar 2010.

gehört, tröstet da wenig[15] – vom Verdrängen ganz zu schweigen.

ORTSBESETZUNG – DIE PLANUNGS- UND BAUGESCHICHTE DES EHEM. GAUFORUMS

„Thüringen hat im Kampf für die Idee des Führers in vorderster Linie gestanden. Nun wird die Gauhauptstadt mit Bauwerken geschmückt, die von der Gegenwart wie von der Zukunft als die steinernen Zeugnisse des heroischen Zeitalters Adolf Hitlers empfunden werden."[16]

Zur Grundsteinlegung des Gauforums im Mai 1937 wurde mit diesen Worten der Startpunkt zur Neugestaltung der Stadt in der Tagespresse angekündigt. Der spätestens ab 1940 geplante Stadtumbau hatte sich bereits in den Jahren zwischen 1933 und 1936 an zum Teil exponierten Stellen der Stadt mit einzelnen, später in ein Gesamtprogramm eingegliederten Bauten angekündigt: dem Erweiterungsbau des Goethe-Nationalmuseums (Baubeginn Oktober 1934), dem Ärztehaus als „Zentrale für die Gesundung des Thüringer Volkes" (Baubeginn Anfang 1936), dem Kreishaus als „erste bauliche Selbstdarstellung der Partei" (Baubeginn Mai 1936), dem Divisionsstabsgebäude des Wehrkreises IV mit seiner exponierten Lage an der östlichen Höhenkante der Stadt in Nachbarschaft zum Goethe- und Schillerarchiv (Baubeginn Sommer 1935) und dem Neubau des „Emmy-Göring-Stiftes" in Erweiterung des Maria-Seebach-Stiftes als deutschlandweitem Alterssitz für deutsche Bühnenkünstler (Baubeginn Sommer 1936).[17]

Mit einer solchen, sich in Etappen vollziehenden Besetzung des öffentlichen Stadtraumes ging gleichzeitig eine Kontrolle des öffentlichen Lebens einher, an dessen Endpunkt eine nach den Vorstellungen nationalsozialistischer Ideologie geordnete und „rassenreine" Stadtgesellschaft stehen sollte. Dieser Anspruch kulminierte in dem 1940 vom Landesamt für Rassewesen unterbreiteten Vorschlag, Weimar als „Stadt der Rasse" zu titulieren und entsprechend dieser Bedeutung die bauliche Erweiterung des Gauforums vorzusehen. An die Parteibauten anschließend, in der Achse des Schlosses liegend, war als Teil eines neuen Gebäudekomplexes für Landesinstitutionen ein „Haus der Rasse" geplant. Das vom Landesamt für Rassewesen ausgearbeitete Bauprogramm war mit dem Slogan „Rassisches Weimar Klassisches Weimar" unterschrieben.[18] Seine Arbeit hatte das Landesamt, das „als vorbildlich für das ganze Reich" bezeichnet wurde, bereits im Juli 1933 aufgenommen.[19]

So auftrumpfend und dominant das neue Bauvorhaben Gauforum in der Kleinstadt Weimar schon auf die Zeitgenoss:innen wirkte – die Vorgeschichte war komplizierter.[20] Der architektonischen Herrschaftsgeste der Nationalsozialisten[21] gingen deren wachsende Erfolge im politischen und kulturellen Feld voraus. Weimar war spätestens ab 1930 in vielfacher Weise zum Brennpunkt nationalsozialistischer Kulturpolitik geworden. Zuvor aber hatte sich hier ein optimaler Nährboden für nationalistisches und völkisches Gedankengut gebildet[22], dessen Protagonisten nach der „Machtergreifung" den Gedanken stützten, in ihrer Stadt die prototypische Anlage eines nationalsozialistischen Regierungssitzes entstehen zu lassen, in dem sich der „Kulturwille" der Partei und der „Bewegung" Adolf Hitlers widerspiegeln sollte. Von dem völkisch gesinnten Architekten Paul Schultze-Naumburg, der 1930 auf Initiative des damaligen Thüringer Innen- und Volksbildungsministers Wilhelm Frick als Direktor der Hochschule für Baukunst, bildende Künste und Handwerk eingesetzt worden war, entstanden erste Pläne für neue Regierungsbauten. In Nachbarschaft zum Goethe-Nationalmuseum plante er am Alexanderplatz (heute Beethovenplatz) einen sich bis zur Parkkante erstreckenden Gebäudekomplex mit einem Reichsstatthalterpalais und großem Ministerialgebäude.[23] Der Vorschlag erfuhr jedoch insbesondere durch Hitler Kritik, der angeblich angemerkt habe, dass das Ganze mehr nach einer Residenz des Großherzogs als nach einem Forum der Partei aussähe. In der räumlichen Nähe zu den klassischen Stätten hätte sich zwar die im Sinne der Machthaber gewollte Geistesnähe ausgedrückt, doch hätten sie damit keineswegs ihr Programm erfüllen können, mit den Bauten ein „eigenständiges Zeugnis" für den „Aufbau des Dritten Reiches" abzulegen.[24] Davon abgesehen ist anzunehmen, dass das junge Regime zu diesem frühen Zeitpunkt keineswegs daran interessiert war, sich mit den ihm überwiegend wohlgesonnenen Honoratior:innen der Stadt zu überwerfen. Im Vordergrund der Aktivitäten standen eine schnelle Bauausführung und eine damit verbundene manifeste Besetzung der gesamten Stadt und nicht nur einzelner herausragender Orte, anhand derer die

Entwicklung und Propagierung einer „Neuen Architektur" in Anbindung an das kulturelle Erbe der Stadt vorgenommen werden konnte.

Vergleicht man die Weimarer Planungen mit denen in anderen Städten, so ist ablesbar, dass Hitler 1934 anscheinend nicht daran gelegen war, die Planung großer Parteibauten aus den aktuellen städtebaulichen Programmen herauszulösen. Die Partei sollte mit ihren Bauten, ähnlich dem Konzept zum Umbau des Münchner Königsplatzes, in einem von der Öffentlichkeit frequentierten städtischen Raum vertreten sein. Der Versuch, innerhalb kürzester Zeit eine nationalsozialistische Bautradition auszubilden, zeichnete die gesamte Baupolitik der 1930er Jahre aus. Bei den Staats- und Parteibauten knüpfte man an vermeintlich Klassisches an, das sich in Zusammenhang mit der heroisierten Geschichtsschreibung der eigenen Bewegung zu einem einheitlichen Bild verdichten sollte.

Die Auswahl derjenigen Orte, an denen sich der „Gestaltungswille" der NSDAP erstmals ausdrücken sollte, ist dabei nicht willkürlich gesetzt. Weimar rangierte mit München (als „Hauptstadt der Bewegung") und Nürnberg (als „Stadt der Reichsparteitage") auf einer Ebene.

In der regionalen Presse Thüringens avancierte das Weimarer Bauprojekt sogar zum Symbol der nationalsozialistischen Kulturpolitik:

„In die Achse München, Hauptstadt der Bewegung, Nürnberg, Stadt der Reichsparteitage, Berlin, Hauptstadt Deutschlands, fügt nun der Führer den Begriff ‚Weimar' als schließendes, verbindendes Glied würdig ein. Weil er Weimar liebt und sich mit dieser Stadt viele seiner schönsten Erinnerungen verknüpfen, weil er die Kulturtradition Weimars ehrt und schützt, weil er vor aller Welt den Kulturwillen des Dritten Reiches machtvoll zum Ausdruck bringen will, deswegen billigt er den Entschluß unseres Reichsstatthalters, in Weimar neben den ehrwürdigen Pflegestätten klassischer Überlieferungen einen neuen Kulturmittelpunkt von rein nationalsozialistischem Gepräge zu schaffen."[25]

Zunächst zeigte das Regime seine Machtfülle im Stadtraum jedoch mit Einzelbauvorhaben, die vor allem der Selbstdarstellung des NS-Systems und einer möglichst schnell realisierten Präsenz der Partei im öffentlichen Raum dienten, und deren Bauformen, wie in München und Nürnberg, neue Räume für spezifische Kult- und Feierformen eröffneten. In erster Linie ist hier an die ersten Monumentalbauten in München, die Parteizentrale am Königsplatz und an die ersten Bauten am Reichsparteitagsgelände in Nürnberg zu denken, mit denen das Regime über die regionalen Grenzen hinweg seine Präsenz unübersehbar anzeigte. In diesen Zusammenhang sind die frühen Planvorhaben in den Gauhauptstädten einzu-

---

15 Harald Weinrich, Lethe. Kunst und Kritik des Vergessens, München 2005 [erstmals 1997]; Aleida Assmann, Formen des Vergessens, Göttingen 2016; Christian Meier, Das Gebot zu vergessen und die Unabweisbarkeit des Erinnerns. Vom öffentlichen Umgang mit schlimmer Vergangenheit, München 2010.

16 Deutscher Festtag unter leuchtender Maiensonne. Im Gau Thüringen wachsen die Fundamente einer neuen Klassik, in: Thüringer Gauzeitung vom 3.5.1937.

17 Karina Loos gibt in ihrer Arbeit (Anm. 2) einen nahezu lückenlosen Überblick über die gesamte Bautätigkeit, die in Weimar während der Zeit des Nationalsozialismus vorgenommen wurde, einschließlich aller Umbauten an bestehenden Gebäuden.

18 LATh – HStA Weimar, Finanzministerium 3710, Bl. 49 RS, A. a. O. Anm. 1.

19 Vgl. auch „Kämpferische Wissenschaft": Studien zur Universität Jena im Nationalsozialismus hg. v. Uwe Hoßfeld, Weimar/Köln/Wien 2003; Weimar im Nationalsozialismus – Ein Stadtplan: Thüringisches Landesamt für Rassewesen Marienstraße 13/15: https://www.weimar-im-ns.de/weimarer-kultur-und-ns-ideologie/tueringisches-landesamt-tuer-rassewesen. Audiorundgang: national-sozialistische Rassenhygiene' in Weimar: https://lernort-weimar.de/rundgaenge/audiorundgang-nationalsozialistische-rassenhygiene-in-weimar/.

20 Vgl. als neueste Publikation zum Thema Christiane Wolf, „Rassisches Weimar Klassisches Weimar". Zentrale Räume nationalsozialistischen Lebens, in: Ingrid Böhler u. a. (Hg.), Ver/störende Orte. Zum Umgang mit NS-kontaminierten Gebäuden, Berlin 2024, S. 153-173.

21 Vgl. dazu den anregenden Katalog MACHT RAUM GEWALT. Planen und Bauen im Nationalsozialismus und im geteilten Nachkriegsdeutschland. Hg. v. Wolfgang Benz u. a, Berlin 2023

22 Vgl. die dazu in Anm. 10 genannte Literatur.

23 Genaue Zeichnungsunterlagen hierzu sind nicht überliefert. Zu Details der Planung siehe Loos, Inszenierung, S. 54 ff.

24 LATh – HStA Weimar, Finanzministerium 3711, Bl. 6.

25 Bruno Nowak, „Die Bauten am ‚Platz Adolf Hitlers'. Die bauschöpferischen Ideen des Führers und ihre Verwirklichung", in: Thüringer Gauzeitung vom 15.5.1937. Noch stärker drückt sich die Anbindung Weimars bzw. der regionalen Führungsriege an den von Hitler propagierten „Bauwillen des Dritten Reiches" in den Zwischenüberschriften des Artikels aus: „Der Bauwille des Führers / Adolf Hitler und Fritz Sauckel – ein Weg ein Ziel".

ordnen, die unmittelbar nach der Machtübernahme zu Zentralen der mittleren Parteiinstanzen ausgebaut wurden.[26]

Seiner historischen und parteipolitischen Bedeutung entsprechend wurde in Weimar bereits im Jahr der „Machtergreifung" 1933 der konkrete Entwurf formuliert, die Stadt ähnlich wie München durch einen repräsentativen Verwaltungssitz für die Gauleitung auszuzeichnen. Außerdem war gewünscht, an diesen neu gestalteten Orten die „Toten der nationalsozialistischen Bewegung" zu ehren und „Massenaufmärsche und -versammlungen" zu inszenieren. Gleichzeitig fand eine Besetzung bestimmter Orte statt, deren Aussage im Sinne der neuen Machthaber umgedeutet wurde. Dies wurde zum ersten Reichsparteitag nach Wiederzulassung der NSDAP 1926, der in Weimar stattfand, deutlich, auf dem im Deutschen Nationaltheater die Weihe der „Blutfahne"[27] und damit auch die der „Bewegung" in einem rituellen Akt vorgenommen worden waren. Das Nationaltheater blieb fortan repräsentativer Hauptkundgebungsort. Mit dem Machtwechsel suchte man für Großveranstaltungen zwar immer noch die Nähe bedeutsamer historischer Stätten, doch wurde jetzt der Anspruch an eigene, den Herrschaftsanspruch der NSDAP ausdrückende neue Bautenensembles formuliert. Parallel zu den alljährlichen Programmen der Nürnberger Reichsparteitage und der Münchner Veranstaltungen zum 9. November bildete sich in den Zentren der Provinz eine Praxis heraus, das Volk inszenatorisch zur „Volksgemeinschaft" zu stilisieren und als Kultgemeinschaft auf das Regime einzuschwören.

Aus diesem Anspruch heraus, der in seiner räumlichen Fassung noch keine konkreten Formen hatte, erwuchs die neue Bauaufgabe für Parteizentralen, den sogenannten Gauforen mit einem festen Bauprogramm, das schrittweise erweitert wurde.[28] Ab 1937 war dann in der gültigen Variante vorgesehen, diese als geschlossene Komplexe ausgebildeten Foren (Halle, Gauhaus, Glockenturm, Verwaltungsbauten, Aufmarschplatz) als neue nationalsozialistische Zentren den historischen Stadtkernen gegenüberzustellen und sie durch eine repräsentative Straßenführung („Achse") an die Innenstädte bzw. das überregionale Verkehrssystem anzuschließen.

Als Musterstadt zum Bau eines prototypischen Forums wählte Hitler selbst Weimar aus und definierte hier mit dem Entwurf des Architekten Hermann Giesler das Bauprogramm für alle anderen Städte. Zeitgleich mit den Planungen in Weimar liefen ähnliche auch für Dresden an, wo die Stadt Ende 1934 einen Wettbewerb zur Errichtung einer Parteizentrale ausschrieb. Zur Ausführung aber kam schließlich nur das Weimarer Bauvorhaben. In Zusammenhang mit den Planungen in Dresden ist die spätere Synthese der frühen Bauabsichten in beiden Städten interessant, die im Endeffekt zu der reichsweit gültigen Variante wurde.

In Dresden und Weimar zeigen sich zwei grundsätzliche Tendenzen in der Architektur und Stadtplanung des Nationalsozialismus: zum einen die Zusammenfassung von öffentlichen Gebäuden (Halle) und Parteibauten zu einem einheitlichen Platzensemble und zum anderen die beginnende Umstrukturierung des Stadtgrundrisses zur Eingliederung dieser großen Bautenkomplexe der Partei und der Verwaltung. Die eigentliche Sprengkraft, die von diesen Anlagen ausgehen sollte, ergab sich erst, nachdem eine Synthese beider Ansätze vorgenommen worden war.[29]

Die Art und Weise der Bespielung eines solchen Bautenensembles lässt sich an den Münchner NS-Zeremoniellen nachvollziehen. Hier vollzog sich alljährlich ein Festakt, der zugleich eine Totenweihe und ein Siegeszug war. Am 9. November 1935 wurden die Särge mit den sechzehn exhumierten „Blutzeugen" (den Toten des Hitlerputsches vom 9. November 1923) auf dem Marsch durch München mitgeführt und in einem sakralen Ritual in den „Ehrentempeln" am Königsplatz zur „Ewigen Wache" aufgestellt. Dazu nahmen auf dem Königsplatz die verschiedenen Formationen der Partei Aufstellung. Durch eine gebildete Mittelachse marschierte der Zug um die „Blutfahne", nun mit Hitler an der Spitze, auf die Ehrentempel zu. Darauf folgte das Ritual der Namensaufrufe der Toten (wie zum militärischen Appell) durch den Gauleiter, und die angetretenen Verbände antworteten mit einem dröhnenden „Hier". Die Realität des gescheiterten Putschversuches von 1923 wurde hinter dieser Feier unsichtbar. Die damalige Niederlage und der inzwischen erreichte Sieg sollten im Lichte eines notwendigen Zusammenhangs erscheinen, Opferbereitschaft und Siegesgewissheit zugleich bestärkt werden. Das Ganze wirkte wie eine Beschwörungsformel, die durch den alljährlich sich wiederholenden Festakt unterstützt wurde, um die Gegenwärtigkeit der „Blutzeugen“ heraufzubeschwören. Die Auratik der Tempel wurde auf die Parteibauten, zwischen denen die „Ehrentempel“ städtebaulich eingespannt waren, übertragen, indem der Platz immer wieder erneut durch die Handlung geweiht wurde. Das Blut der „Toten der Bewegung“, symbolisiert durch die „Blutfahne“ (anstelle des Kreuzes) als rituelles Werkzeug sämtlicher großer Parteiveranstaltungen, wurde zum „Taufwasser“ für das Dritte Reich.[30]

In Weimar blieb es im Großen und Ganzen bei den Planungen solcher Rituale, allein die Grundsteinlegung und die Einweihung des Gauforums wurden für zwei Großveranstaltungen mit auswärtiger Nazi-Prominenz genutzt. Am 4. Juli 1936, drei Tage nach der Wettbewerbsentscheidung durch Hitler, erfolgte im Rahmen der Zehnjahrfeier des ersten Parteitags der NSDAP nach deren Neugründung der erste Spatenstich für die Bauten am nunmehr so genannten „Platz Adolf Hitlers“. Zu dem Festakt nahmen am früheren Standort eines Vimaria-Brunnens vor dem „Landesmuseum“ (heute Museum Neues Weimar), wo das Architekturmodell in einem Schaukasten präsentiert wurde, Hitler und höchste Parteifunktionäre Aufstellung und unterstrichen damit die weit über die Weimarer Grenzen hinausgehende Bedeutung des Bauvorhabens.

Zur Grundsteinlegung am 1. Mai 1937, die Rudolf Heß vornahm, wurde die geplante architektonische Inszenierung – das Wechselspiel des großen Aufmarschplatzes mit den Gebäuden – bereits für einen Tag Wirklichkeit. Auf dem planierten Platz traten Formationen der SS, SA, der Hitlerjugend, der Deutschen Arbeitsfront (DAF) und anderer NSDAP-Organisationen, insgesamt etwa 40.000 Personen, an. Hinterlegt wurde die Szenerie von einem steinfarben gefassten Holzmodell der Hallenfassade, vor dem eine Tribüne aufgebaut war. Der Grundstein wurde stellvertretend für die gesamte Anlage an der „Halle der Volksgemeinschaft“[31] gelegt, deren zentrale Bedeutung damit unterstrichen wurde. Fahnenmasten markierten die äußere Begrenzung des künftig zu bebauenden Geländes.

Die in Film[32] und Bild festgehaltene Veranstaltung lässt erkennen, wie das Regime gedachte, in Zukunft seine Festveranstaltungen in Weimar durchzuführen. In Anlehnung an das Münchner Bautenensemble und die dort entwickelten Rituale war geplant, alljährliche Totenehrungen abzuhalten. Seitlich der Hallen-Eingänge wären Krypten in die Treppenanlage eingebaut gewesen. Sie sollten sich unter der Vorhalle hinweg bis zum Halleninnenraum erstrecken. Zum Platz hin sollten die Krypten, die den „gefallenen Nationalsozialisten des Gaues Thüringen“ geweiht waren, durch zwei seitlich der Eingänge postierte Pylone und Grabplatten entsprechend in Szene gesetzt werden. Als erste große Zeremonie war beabsichtigt, die „Toten der Bewegung“ des Gaues Thüringen in einer feierlichen Veranstaltung über die durch die Grabplatten verdeckten Öffnungen in die Krypten hinab zu lassen, in denen später alle im Verdienst der Partei stehenden Persönlichkeiten Thüringens beigesetzt werden sollten.[33] Der Verlauf des Krieges sowie der Untergang des NS-Regimes verhinderten die Realisierung derartiger Pläne.

26 Zum Ausbau der Gauhauptstädte Weimar, Dresden, Augsburg und Frankfurt/Oder vgl. die Webseite zur Ausstellung Das Gauforum in Weimar – Die Bauaufgabe Gauforum und ihre Vorbilder: https://www.gauforum.de/de/die-bauaufgabe-gauforum-und-ihre-vorbilder/. Ausführlich und analog in Wolf, Gauforen.

27 Bei dieser Fahne handelt es sich um eine SA-Standarte, die beim gescheiterten Hitler-Putsch 1923 dem Zug der Parteimitglieder vorangetragen worden war. Bei den Gefechten mit Polizeikräften soll das Blut eines getöteten Aufständischen auf die Fahne gelangt sein. Damit avancierte diese zur Reliquie der NSDAP. Ab 1926 wurden die Standarten neuer SA-Formationen durch die Berührung mit der „Blutfahne“ geweiht – ein Sakraltransfer durch eine, religionswissenschaftlich gesprochen, „Berührungs-Reliquie“ in der Feierkultur einer eigentlich säkularen, politische Bewegung.

28 Einen Überblick über die gesamte Bauentwicklung im Nationalsozialismus gibt das jüngst erschienene Werk: Die Unabhängige Historikerkommission Planen und Bauen im Nationalsozialismus (Hg.), Planen und Bauen im Nationalsozialismus. Voraussetzungen, Institutionen, Wirkungen, München 2023.

29 Bei Wolf (Anm. 2) finden sich detaillierte Ausführungen zu den Planungen in den Gauhauptstädten Weimar, Dresden, Augsburg und Frankfurt/Oder.

30 So Hitler in einer Ansprache an die „Alten Kämpfer“ 1934; zit. nach Karl Arndt, „Das Wort aus Stein“. Propagandafilm um 1938, in: Begleitveröffentlichung des Instituts für den wissenschaftlichen Film zum gleichnamigen Film, Göttingen 1965, S. 52.

31 Dies Gebäude wurde bis Kriegsende nicht fertig, allein die Spannbeton-Binder-Konstruktion für das Dach existierte (im Volksmund: „Hitler-Rippe“) wurde fertig. Diese verkleidete man nach 1945 notdürftig. Ausgebaut wurde die Halle bereits 1969 und erneut umgebaut zu Beginn der 2000er Jahre zum Weimar Atrium (Volksmund: Reichs-Einkaufshalle“).

32 Grundsteinlegung am 1. Mai 1937, Deulig-Tonwoche 1937, Bundesarchiv Berlin, Filmarchiv/Transit Film GmbH, München.

33 Siehe hierzu auch: Webseite zur Ausstellung.

Nahezu zeitgleich setzten die Arbeiten zu dem letztlich größten Bauvorhaben des Nationalsozialismus in Weimar ein, dem Konzentrationslager Buchenwald. Am 15. Juli 1937 trafen auf dem Ettersberg die ersten 149 Schutzhäftlinge ein.[34] Damit erfüllte sich die schon erwähnte Idee von Weimar als „Stadt der Rasse“[35] auf eine den Tod bringende Art und Weise.

WIE ES WEITER GING ...

Es ist hier nicht der Ort und der Raum, die Nachnutzung des Areals in und um das Gauforum nach 1945 in allen Details genauer nachzuzeichnen; einige Hinweise müssen genügen.

Nach der „Befreiung“, die auch eine „Besatzung“ war, zog die „Sowjetische Militäradministration Thüringen“ (SMATh) in die von den neuen Machthabern schnell fertig gestellten Bürotrakte im „Arkadenhaus“ und später auch im „Turmhaus“ ein. Der einst als „Halle der Volksgemeinschaft“ geplante Zentralbau diente zu bestimmten Anlässen des realsozialistischen Festkalenders als Großplakatwand. Aus der Großbaustelle am „Platz Adolf Hitlers“ wurde nun ein Sperrgebiet unter sowjetischer Verwaltung – ein Unort, den man als Bürger:in Weimars oder Thüringens nur betrat, wenn man dort einbestellt wurde. Stadtpläne Weimars ließen in den späten 1950er und 1960er Jahren den „Karl-Marx-Platz“ inmitten der Gebäude sogar unbenannt. Ein Stalin-Denkmal am „Turmhaus“ existierte nur ein Jahr (1955/56).[36] Ab 1958 entstand mit dem „Platz der 51.000“ (später korrigiert zu „56.000“, seit 1991 „Buchenwald-Platz“) an der damaligen „Lenin-Allee“ (heute „Carl-August-Allee“), die vom Bahnhof in die Stadt führt, ein wichtiger neuer Ort zur Manifestation der „antifaschistischen“ Gesinnung von Staat, Politik und Bevölkerung der DDR. Dort wurden Betriebskollektive, „Jungpioniere“, Mitglieder von „Kampfgruppen der Arbeiterklasse“ und weitere Formationen auf ihr sozialistisches Vaterland eingeschworen. Ohnehin hatte die kollektive Selbstentschuldung der SBZ/DDR als „Vollstrecker des antifaschistischen Erbes“, die großzügige Auslagerung der faschistischen Altlasten in den westlichen deutschen Staat sowie die Schaffung der Gedenkstätte Buchenwald mit ihrer unübersehbaren Mahnmals-Anlage dafür gesorgt, dass sowohl Weimar, der Bezirk Erfurt sowie die DDR insgesamt sich nicht mit der Mitverantwortung für die Geschehnisse und Untaten der Jahre vor 1945 befassen mussten. Das geschichtspolitische Mantra dazu stammte schon aus den ersten Wochen nach Kriegsende, als wichtige Weimarer Honoratioren bereits am 1. Mai 1945 eine offizielle Erklärung veröffentlichten, für Buchenwald nicht verantwortlich gewesen zu sein und der Museumsdirektor und Goethe-Gesellschafts-Mitglied Hans Wahl die Lüge prägte, „Hitler war nie im Goethehaus“ – durch das er ihn vorher allerdings mehrfach geführt hatte.[37] Das „klassische Erbe“ verstand die Stadt schnell wieder trefflich „in aller Unschuld“ zu nutzen; die im Todesjahr Stalins 1953 gegründeten „Nationalen Forschungs- und Gedenkstätten der klassischen deutschen Literatur“, kurz „NFG“ – und im Volksmund „VEB Goethe und Schiller“ genannt –, erforschten, bewahrten, musealisierten und ideologisierten dieses Erbe kenntnisreich sowie überwiegend politisch angepasst – was man nicht moralisierend skandalisieren, sondern schlicht zur Kenntnis nehmen sollte.[38] Somit ließ sich auch manch „faustischer Pakt“[39] von Bildungsbürger:innen, Gelehrten, Wissenschaftler:innen und Intellektuellen mit den Repräsentanten und Taten totalitärer Macht vergessen. In dem Nachbarschaftsverhältnis von Gedenkstätte und Goethehaus, von Buchenwald und Weimar, wurde im kommunikativen Beschweigen der Stadt- und Staatsgesellschaft die alltägliche, sehr reale und gepflegte Nähe der Nachbarn nicht transparent gemacht.[40]

Das Areal am ehemaligen „Karl-August-Platz“... “Platz Adolf Hitlers“...“Karl-Marx-Platz“ blieb allerdings ein unübersehbarer, überdimensionierter Stolperstein der NS-Vergangenheit Weimars. Dazu kamen neue Wünsche nach mehr Wohnraum in der Stadt und gewachsene Bedürfnisse nach Selbstverwaltungs- und Selbstrepräsentations-Bauten. Schon mit der Gründung der DDR 1949 hatte der Umzug wichtiger Landes- und Bezirksbehörden nach Erfurt begonnen, was an die Stadtverwaltung Weimars die Frage nach einer sinnvollen Weiternutzung der Gebäude stellte. Bereits ab 1967 hatte man Konzeptionen zur großzügigen Umgestaltung des gesamten Stadtareals entwickelt; realisiert wurde letztlich jedoch nur der Bau des Studentenwohnheims als Punkthochhaus neben dem einstigen „Gauforum“, der „Lange Jakob“ am Jakobsplan.[41] Vor allem die Fertigstellung und Neunutzung der unvollendeten

„Halle der Volksgemeinschaft“ blieb ein manifestes Problem.

Dann kamen „Friedliche Revolution“, „Wende“ und Wiedervereinigung…. und neue Erfahrungs-, Alltags- und Erlebnis(ge)schichten legten sich über Weimar und seine Bürger:innen.[42] Die Jahre zwischen 1945 und 1989 zählen bis heute fast ausschließlich zum individuellen, in den Familien- und Lebensgeschichten von Menschen verankerten Geschichtsbewusstsein oder gehören zum Fachwissen unterschiedlicher Disziplinen und deren Spezialist:innen. Im öffentlichen Raum wie im kollektiven Gedächtnis aber scheinen SBZ und DDR bisweilen wie ausgelöscht. Das touristische Stadtmarketing jedenfalls oder die Erzählungen der professionellen Stadtführer:innen kommen zumeist ohne sie aus.[43] Was schade ist, denn Weimars Geschichte ist seit 1990 offiziell zum gesamtdeutschen Erbe geworden, wobei man ja auch die blinden Flecken und historischen Berührungsängste ehemals zweier deutscher Staaten in trauter Zweisamkeit weitergeben kann.

Dr. Justus H. Ulbricht,
geb. 1954, freier Wissenschaftler und Publizist in Dresden (seit 2009); 1995–2009 wissenschaftlicher Mitarbeiter an der Klassik Stiftung Weimar.

Dr. Christiane Wolf,
geb. 1964, Leiterin Archiv der Moderne – Universitätsarchiv und Sammlung der Bauhaus-Universität Weimar, Veröffentlichungen und Ausstellungen zum Bauen im NS – Das Gauforum in Weimar, zum Haus Am Horn und zur Geschichte der Hochschule in Weimar in der Zeit der DDR.

Dr. Norbert Korrek,
geb. 1952, war Mitarbeiter an der Professur Theorie und Geschichte der modernen Architektur der Bauhaus-Universität Weimar. Veröffentlichungen und Ausstellungen zum architektonischen Werk von Henry van de Velde, zum Bauhaus und seiner Rezeption in der DDR sowie zu den Bauten des Nationalsozialismus in Weimar.

34 Vgl. dazu auch Jens Schley, Nachbar Buchenwald. Die Stadt und ihr Konzentrationslager 1937-1945, Köln/Weimar/Wien 1999.

35 LATh – HStA Weimar, Finanzministerium 3710, Bl. 48 u. 49 RS.

36 Ein erstes Denkmal für Stalin war ursprünglich vor der verschalten Westfront der nicht fertiggestellten „Halle der Volksgemeinschaft“ aufgestellt worden. Dessen Beschädigung durch Witterungseinflüsse führten zur Aufstellung eines neuen Denkmals vor dem "Turmhaus".

37 Hitler war nicht nur im Goethehaus als Gast; vgl. dazu die detaillierte Dokumentation seiner Präsenz an der Ilm bei Holm Kirsten, „Weimar im Banne des Führers“. Die Besuche Adolf Hitlers 1925-1940, Köln/Weimar/Wien 2001.

38 Grundlagenwerke zur Geschichte der Klassik-Rezeption nach 1945 in SBZ und DDR sind Lothar Ehrlich u. Gunther Mai (Hg.), Weimarer Klassik in der Ära Ulbricht Köln/Weimar/Wien 2000; dies., Weimarer Klassik in der Ära Honecker, Köln/Weimar/Wien 2001.

39 W. Daniel Wilson, Der faustische Pakt. Goethe und die Goethe-Gesellschaft im Dritten Reich, München 2018.

40 Vgl. dazu Schley, Nachbar.

41 Carolin Seiberlich u. Jakob Wolters, Exkurs Jakobsvorstadt. Zwischen Abriß und Erneuerung. In: Eva von Engelberg-Dočkal u. Oliver Trepte (Hg.), Stadtbilder Weimar. Städtische Ensembles und ihre Inszenierungen nach der politischen Wende. Heidelberg 2019; und Jennifer Lutz, Studentenwohnheim Jakobsplan, in: Eva von Engelberg-Dočkal u. Kerstin Vogel (Hg.), Sonderfall Weimar? DDR-Architektur in der Klassikerstadt, (Forschungen zum baukulturellen Erbe der DDR, Nr. 1), Weimar 2013, S. 125-139.

42 Zu den Zeitschichten in Weimars Vergangenheit vgl. Justus H. Ulbricht, „Bethlehem“, „Ilm-Athen“, „Beinhaus“ und „Buchenwald“, in: Christian Faludi u. Stephan Zänker (Hg.), Nichts ist so unsichtbar wie ein Denkmal [für Ernst Thälmann]. Zur Geschichte eines umstrittenen Erinnerungsortes, Göttingen 2023, S. 109-122.

43 Eine systematische Analyse des städtischen und thüringischen Tourismus-Marketings im Blick auf die Präsenz oder das Verschwinden der Geschichte zwischen 1945 und der Gegenwart ist ebenso ein Desiderat der Lokal- und Regionalforschung wie eine Analyse der Stadtführungen in Weimar und deren Geschichte(n).

FRITZ SAUCKEL – GAULEITER VON THÜRINGEN UND GENERALBEVOLLMÄCHTIGTER FÜR DEN ARBEITSEINSATZ

Swantje Greve

Am 21. März 1942 ernannte Adolf Hitler den Thüringer Gauleiter und Reichsstatthalter Fritz Sauckel zum Generalbevollmächtigten für den Arbeitseinsatz (GBA) und beauftragte ihn mit der zentralen Steuerung des gesamten Arbeitskräfteeinsatzes im nationalsozialistischen Herrschaftsgebiet.[1] Für seine Aufgaben erhielt Sauckel weitgehende Vollmachten und Weisungsbefugnisse, insbesondere auch gegenüber den Verwaltungen in den deutsch besetzten Gebieten.[2] In den Monaten zuvor hatte sich die Lage auf dem deutschen Arbeitsmarkt verschärft: Es bestand ein erheblicher Mangel an Arbeitskräften, der sich immer mehr zum Problem für die Wirtschaft entwickelte. Dieser Arbeitskräftemangel resultierte vor allem aus der deutschen Kriegsführung gegen die Sowjetunion und den damit verbundenen hohen personellen Verlusten. Durch die laufenden Einberufungen zur Wehrmacht wurden der Wirtschaft immer weiter Arbeitskräfte entzogen. Mit der Rekrutierung von Arbeitskräften aus dem von Deutschland besetzten Europa, vor allem aus der Sowjetunion, sollte dem Problem begegnet werden. Hierfür war nun Sauckel als GBA zuständig, dem für seine Aufgaben zwei Hauptabteilungen des Reichsarbeitsministeriums zur Verfügung gestellt wurden. Die Beamten dieses Ministeriums sowie die Mitarbeiter:innen der dem Reichsarbeitsministerium nachgeordneten Landesarbeitsämter und Arbeitsämter hatten maßgeblichen Anteil an der Organisation des Einsatzes von Zwangsarbeiter:innen. Anerkennend äußerte sich Sauckel 1943 gegenüber Pressevertretern in Weimar über deren Mitarbeit: „Weil wir über eine solche vorzügliche Arbeitsverwaltung verfügten, war es möglich, daß wir alsbald mit dem höchsten Nachdruck und der größten Intensität mit unserer Arbeit beginnen konnten, als die Institution eines Generalbevollmächtigten für den Arbeitseinsatz geschaffen worden war."[3]

DER THÜRINGER GAULEITER

Fritz Sauckel zählte zu den „Alten Kämpfern" der Partei. Er hatte sich durch seine langjährige Tätigkeit für die NSDAP verdient gemacht. Bereits im Jahr 1923 bzw. nach deren Neugründung 1925 war er der NSDAP beigetreten und hatte bei deren Aufstieg zur regionalen Regierungspartei in Thüringen schon vor der reichsweiten Machtübergabe 1933 erhebliches Engagement gezeigt. Seine hauptamtliche Karriere in der NSDAP in Thüringen begann 1925 als Gaugeschäftsführer. 1927 wurde er Thüringer Gauleiter, dabei hatte er sich hartnäckig und skrupellos gegen seine Kontrahenten durchgesetzt.[4] In Thüringen stand Sauckel unumschränkt an der Spitze seines Gaues. Im Frühjahr 1933 wurde er zudem zum Thüringer Reichsstatthalter ernannt und konnte seine Machtkompetenzen damit noch erweitern.[5]

Als Thüringer Gauleiter begann Fritz Sauckel, eine Hausmacht zu bilden und besetzte Posten in Gauleitung und Reichsstatthalterbehörde mit engen Vertrauten und Fachleuten. Mit ihrer Hilfe lenkte er Wirtschaft, Verwaltung und Politik in Thüringen und gemeinsam bauten sie eine leistungsstarke und durchsetzungsfähige Organisation auf. Die Personen, die Sauckel um sich scharte, waren größtenteils Nationalsozialisten und Parteifunktionäre. Obendrein verfügten viele von ihnen über Expertise und Fachwissen, waren Juristen oder Fachbeamte und konnten weitreichenden Einfluss geltend machen durch ihre Verbindungen in Wirtschafts- und Finanzkreise sowie ihre Beziehungen zu politischen Machtträgern in Reichsbehörden und Parteispitze. Durch informelle und auch private Kontakte pflegten Sauckel und seine Mitarbeiter ihre Beziehungen untereinander und festigten so die Verbindung. Zu diesem „Thüringer Netzwerk" zählten Personen wie Carl Goetz, Vorsitzender im Aufsichtsrat der Dresdner Bank, Rudolf Peuckert, Landesbauernführer in Thüringen mit Kontakten zu Reichsernährungsminister Walther Darré, Walther Schieber, ab 1939 Thüringer Gauwirtschaftsberater mit Verbindungen in die Industrie sowie zum Rüstungsministerium und zur SS sowie Walter Ortlepp oder Walter Escher, zwei Thüringer Beamte mit juristischem Fachwissen und Verwaltungskenntnissen. Sauckels Wertschätzung für Fachbeamte war innerhalb von NS-Kreisen eine Ausnahme, da diese von seinen Parteigenossen vielfach abgelehnt wurden. Bereits 1933 betonte er gegenüber Hitler: „[...] ich bin [...] der Ansicht, dass man die Mitarbeit von in der Gesetzestechnik erfahrenen Fachleuten – soweit sie unbedingt zuverlässige Parteigenossen und Nationalsozialisten sind – nicht hoch genug anerkennen kann.“[6] Dies war später auch eine gute Voraussetzung für seine Zusammenarbeit mit den Beamten des Reichsarbeitsministeriums.

DIE ERNENNUNG DES GBA: ARBEITSSTAB UND REICHSARBEITSMINISTERIUM

Die Gründe, warum gerade Fritz Sauckel zum GBA ernannt wurde, waren vielfältig. Im Gau Thüringen hatte Sauckel seit Ende der 1920er Jahre Machtbewusstsein und Durchsetzungsfähigkeit bewiesen. Er hatte zielstrebig seine Pläne umgesetzt und dabei eng mit Reichs- und Parteistellen kooperiert. Ein Beispiel dafür ist die Enteignung der jüdischen Unternehmerfamilie Simson und die Gründung der Wilhelm-Gustloff-Stiftung im Jahr 1935, als deren Stiftungsführer Sauckel Verfügungsgewalt über das rüstungsstarke Unternehmen besaß.[7] Als Gauleiter verfügte Sauckel zudem über einen direkten Zugang zu Hitler, was schnelle Entscheidungsprozesse garantierte, die angesichts der prekären Lage auf dem Arbeitsmarkt unabdingbar waren. Da Sauckel große Autorität unter den Gauleitern besaß, wurde ihm auch zugetraut, deren ablehnende Haltung gegenüber dem Einsatz sowjetischer Arbeitskräfte zu neutralisieren.

Nach seiner Ernennung zum GBA bildete Fritz Sauckel keine große Behörde. Die Dienststelle des GBA bestand neben Sauckel lediglich aus einem persönlichen und einem fachlichen Arbeitsstab von anfangs 15 Mitgliedern, die Sauckel persönlich auswählte. Sauckel berief viele seiner Thüringer Vertrauten in diesen Arbeitsstab: Insgesamt 13 Posten im GBA-Stab wurden 1942 mit Thüringern besetzt, zehn von ihnen kamen sogar direkt aus Weimar.[8]

Das Prinzip hinter seinem kleinen GBA-Arbeitsstab formulierte Sauckel im April 1942 folgendermaßen: „Der Generalbevollmächtigte für den Arbeitseinsatz wird [...] mit einem allerkleinsten persönlichen Mitarbeiterkreis seiner Auswahl sich ausschließlich der vorhandenen Partei-, Staats- und Wirtschaftseinrichtungen bedienen und durch den guten Willen und die Mitarbeit aller den schnellsten Erfolg seiner Maßnahmen gewährleisten.“[9]

Dieses Prinzip schlug sich auf die Ämter nieder, die die Stabsmitarbeiter erhielten. Neben einigen funktionalen Posten wie dem eines Büroleiters oder eines persönlichen Referenten bestand der GBA-Stab aus Verbindungsmännern zu anderen Behörden sowie Beauftragten für spezielle Fachfragen, die im Zusammenhang mit der Arbeitspolitik standen. Der Arbeitsstab übte also in erster Linie eine koordinierende Funktion aus: Über die Mitarbeiter lief die Kommunikation mit den weiteren an der Arbeitspolitik

1 Vgl. „Erlaß des Führers über einen Generalbevollmächtigten für den Arbeitseinsatz“ vom 21.3.1942, Reichsgesetzblatt (RGBl.) I 1942, S. 179.

2 Vgl. „Anordnung zur Durchführung des Erlasses des Führers über einen GBA“ vom 27.3.1942, RGBl. I 1942, S. 180.

3 Fritz Sauckel, Rede auf der 4. Reichspressekonferenz in Weimar im Kreishaus-Saale, 5.12.1943, Landesarchiv Thüringen – Hauptstaatsarchiv Weimar (LATh – HStA Weimar), Der Reichsstatthalter in Thüringen, Nr. 190, Bl. 162-191, hier Bl. 165 f.

4 Vgl. Markus Fleischhauer, Der NS-Gau Thüringen 1939-1945. Eine Struktur- und Funktionsgeschichte, Köln/Weimar/Wien 2010, S. 94f.; Bernhard Post, Vorgezogene Machtübernahme 1932: Die Regierung Sauckel, in: Detlev Heiden/Gunther Mai (Hg.), Thüringen auf dem Weg ins „Dritte Reich“, Erfurt 1997 S. 147-181, hier S. 148 f.

5 Vgl. „Zweites Gesetz zur Gleichschaltung der Länder mit dem Reich“, RGBl. I 1933, S. 173.

6 Fritz Sauckel an Adolf Hitler, Tätigkeitsbericht, 10.6.1933, Bundesarchiv Berlin (BA Berlin), R 43 II/1382, Bl. 15-31, hier Bl. 30.

7 Vgl. Ulrike Schulz, Simson. Vom unwahrscheinlichen Überleben eines Unternehmens 1856-1993, Göttingen 2013.

8 Für eine detaillierte Aufstellung des Arbeitsstabs und dessen Entwicklung vgl. Swantje Greve, Das „System Sauckel“. Der Generalbevollmächtigte für den Arbeitseinsatz und die Arbeitskräftepolitik in der besetzten Ukraine 1942-1945, Göttingen 2019, S. 148-197.

9 Allgemeine Grundsätze des GBA. Das Programm, 20.4.1942, in: Handbuch für die Dienststellen des Generalbevollmächtigten für den Arbeitseinsatz und die interessierten Reichsstellen im Großdeutschen Reich und in den besetzten Gebieten (Handbuch), Bd. 1, bearbeitet von Friedrich Didier, Berlin 1944, S. 27-39, hier S. 29.

beteiligten Reichsministerien, NS-Organisationen oder Wirtschafts- und Militärbehörden – wie beispielsweise der Deutschen Arbeitsfront, dem Wirtschaftsstab Ost oder dem Rüstungsministerium. Denn die gesamte nationalsozialistische Arbeitspolitik war ein stark arbeitsteiliges Unterfangen, in das zahlreiche Organisationen involviert waren.

Am Beispiel des Einsatzes der ausländischen Zwangsarbeitskräfte wird dies deutlich: Nach der Rekrutierung der Arbeiterinnen und Arbeiter im besetzten Ausland mussten sie in das Reichsgebiet transportiert, dort registriert und auf die Regionen und wiederum die Betriebe verteilt werden. Auch mussten Unterkünfte geschaffen und die Verpflegung organisiert werden. Nicht für alle diese Bereiche waren GBA und Reichsarbeitsministerium zuständig, aber in der Dienststelle des GBA liefen die Fäden aus den verschiedenen Bereichen zusammen, im Sinne einer Gesamtkoordination. Entsprechend wichtig war es, möglichst einflussreiche bzw. spezialisierte Mitarbeiter in den Stab zu berufen – und Sauckel setzte hier vor allem auf seine Mitarbeiter aus Thüringen, deren Qualifikationen er kannte und denen er zudem aufgrund langjähriger Zusammenarbeit vertraute. So war beispielsweise Gauhauptstellenleiter Max Hoffmann aus Weimar zuständig für die Zusammenarbeit mit der Deutschen Arbeitsfront, der Weimarer Generalarbeitsführer Hermann Kretzschmann wurde damit beauftragt, den Bau von Unterkünften für in der Rüstungsindustrie eingesetzte Arbeitskräfte zu überwachen. Rudolf Peuckert wurde zum Beauftragten für die Landwirtschaft und für Kriegsernährungsfragen.

Der GBA-Arbeitsstab war also eine Art organisatorische und kommunikative Schaltstelle, während die arbeitspolitische Expertise, die der GBA für seine Aufgaben benötigte, aus dem Reichsarbeitsministerium kam. Fritz Sauckel konnte als GBA den Beamten des Ministeriums Weisungen erteilen. Diese informierten ihn durch regelmäßige Besprechungen, Tätigkeitsberichte und Vorlagen über die wichtigsten Vorgänge und auch über Schwierigkeiten im Tagesgeschäft. Indem sie Sauckels Entscheidungen und Vorgaben in geregeltes Verwaltungshandeln übersetzten und konkrete Maßnahmen in die Wege leiteten, sorgten sie dafür, dass diese in der Praxis umgesetzt wurden. So gaben sie Sauckels Weisungen an die Landesarbeitsämter und Arbeitsämter weiter oder verfassten entsprechende Durchführungsbestimmungen, die beispielsweise den Einsatz von Arbeitskräften aus den besetzten Gebieten regelten.[10] Die Zusammenarbeit zwischen dem GBA und dem Reichsarbeitsministerium lief dabei relativ reibungslos, da die Ministerialbeamten Fritz Sauckel als ihren neuen Chef akzeptierten, bereitwillig ihr Fachwissen zur Verfügung stellten und in ihrer jeweiligen Position an der von ihm verfügten Politik mitwirkten. Diese Symbiose aus einem starken und durchsetzungsfähigen NS-Funktionär mit einem kleinen, spezialisierten Arbeitsstab sowie einer gut organisierten, nach rationalen Kriterien arbeitenden Verwaltung führte zu jener Effizienz, mit der die Zwangsrekrutierung von Millionen Menschen aus dem besetzten Europa möglich wurde.

DER GBA UND DIE REKRUTIERUNG VON ZWANGSARBEITER:INNEN – DAS BEISPIEL UKRAINE

Der Erfolg des GBA innerhalb des NS-Systems wurde daran gemessen, ob es ihm gelang, der deutschen Kriegswirtschaft ausreichend Arbeitskräfte zur Verfügung zu stellen. Unter seiner Verantwortung organisierte das Reichsarbeitsministerium in den besetzten Gebieten die Rekrutierung und Deportation von Millionen Menschen. Die besetzte Ukraine wurde 1942 zu einem Hauptrekrutierungsgebiet für ausländische Arbeitskräfte: Allein von hier wurden zwischen 1941 und 1944 etwa 1,7 Millionen Menschen ins Deutsche Reich verschleppt.[11] Am Beispiel der besetzten Ukraine wird zum einen die Arbeitsweise von GBA und Reichsarbeitsministerium deutlich. Zum anderen zeigte sich die Gewalt, die der deutschen Besatzungsherrschaft in der besetzten Sowjetunion inhärent war.

Im Herbst 1941 entschied die nationalsozialistische Führungsriege, massenhaft sowjetische Zivilist:innen ins Deutsche Reich zu holen, entgegen aller „sicherheitspolizeilicher" Bedenken insbesondere von Seiten des Reichsführers SS Heinrich Himmler. Die prekäre Situation auf dem Arbeitsmarkt hatte diese Entscheidung maßgeblich beeinflusst. Es war deutlich geworden, dass der Krieg gegen die Sowjetunion nicht innerhalb weniger Monate beendet werden konnte, wie es das NS-Regime geplant hatte, sondern sich zu einem langen Abnutzungskrieg entwickeln würde. Entsprechend wurden kontinuierlich Männer zum Wehrdienst einberufen und dem Arbeitsmarkt weitere wichtige Arbeitskräfte entzogen. Diese sollten nun auch durch Arbeitskräfte aus der Sowjetunion ersetzt werden.

Das Reichsarbeitsministerium stellte daraufhin Anfang Dezember 1941 sogenannte Reichswerbekommissionen zusammen, die in der besetzten Ukraine die Rekrutierung von Arbeitskräften übernehmen sollten. Eine Übersicht vom 10. Dezember 1941 führt präzise die Namen der Mitglieder solcher Kommissionen sowie deren Einsatzorte, die sogenannten Anwerbebezirke, auf.[12] Die Kommissionen bestanden jeweils aus bis zu sechs Mitarbeitern der Landesarbeitsämter und Arbeitsämter, also Personal der deutschen Arbeitsverwaltung, die dem Reichsarbeitsministerium nachgeordnet war. Bereits in den Jahren zuvor hatte das Ministerium solche Kommissionen in andere Länder entsandt, beispielsweise in das besetzte Polen. Die hierbei gemachten Erfahrungen dienten als Grundlage für die Organisation der „Werbeaktion“ in der besetzten Ukraine. Die gesamten Kosten für die Rekrutierung der Arbeitskräfte und somit auch die Kosten für die Reichswerbekommissionen trug während der gesamten NS-Zeit das Reichsarbeitsministerium.[13]

Unmittelbar nach ihrer Ankunft in der besetzten Ukraine begannen die Reichswerbekommissionen mit der Rekrutierung von Zivilisten:innen, bereits Anfang 1942 fuhren die ersten Transporte Richtung Reichsgebiet. Die Kommissionen erhielten genaue Vorgaben, in welchen Städten, Gebieten oder auch Dörfern wie viele Arbeitskräfte „anzuwerben“ seien. In den Städten errichteten die Werber meist feste Dienstsitze, richteten Büros und medizinische Untersuchungsräume ein und stellten Personal wie Dolmetscher:innen oder Ärzt:innen an. Die Kommissionen, die auf dem Land tätig waren, zogen von Dorf zu Dorf, um die entsprechende Zahl an Arbeiter:innen für den Einsatz in Deutschland zu rekrutieren. Hierfür stand ihnen eigens für diese Zwecke entworfenes Werbematerial zur Verfügung, das meist reichlich bebildert war, öffentlich ausgehängt wurde und die vermeintlichen Vorzüge des Lebens in Deutschland anpries. Mit den realen Lebens- und Arbeitsverhältnissen der sowjetischen Arbeitskräfte im Deutschen Reich hatten diese Versprechungen wenig gemeinsam.

Die Rekrutierungen folgten anfangs meist einem Schema: Die Bevölkerung wurde aufgerufen, sich bei den Werbekommissionen zu melden. Dort wurden die Menschen registriert und ärztlich untersucht. Alle geeigneten Personen, die vor Ort keine kriegswichtigen Tätigkeiten ausübten, wurden von den Werbern für den Einsatz im Deutschen Reich ausgewählt. Unterstützt wurden die Kommissionen dabei von der einheimischen ukrainischen Lokalverwaltung.

Als Sauckel im März 1942 zum GBA ernannt wurde, bestand eine seiner ersten Amtshandlungen darin, in der Ukraine eine Erhöhung der „Anwerbequoten“ anzuordnen und die „Anwerbezahlen“ zu verdreifachen. Zudem benannte er die Reichswerbekommissionen in „Anwerbekommissionen des Generalbevollmächtigten für den Arbeitseinsatz“ um, um seinen Führungsanspruch zu betonen, und verstärkte sie personell.[14] Durch die massive Anhebung der Kontingente erhöhte er den Druck erheblich. Jede Dienststelle machte die ihr untergeordnete Dienststelle für die Erfüllung der Quoten aus Berlin verantwortlich, so dass letztlich bei den untersten Gliedern der Weisungskette, die vor Ort die Rekrutierungen durchführten, der Druck am höchsten war. Hier, auf der lokalen Ebene in der besetzten Ukraine, eskalierte die Gewalt bei den Rekrutierungsaktionen immer häufiger.

10 Vgl. Durchführungsbestimmungen zur Anordnung Nr. 10 des GBA, betr. Einsatz von Arbeitskräften der besetzen Gebiete, 29.10.1942, in: Handbuch, hier S. 99-102.

11 Zu den Zahlen, die sich auf die Zivilarbeitskräfte beziehen, vgl. Mark Spoerer, Zwangsarbeit unter dem Hakenkreuz. Ausländische Zivilarbeiter, Kriegsgefangene und Häftlinge im deutschen Reich und im besetzten Europa 1939-1945, Stuttgart 2001, S. 80.

12 Vgl. Arbeitseinsatz von Sowjetrussen, hier: Verteilung der Anwerbebezirke in den neuen Ostgebieten auf die Landesarbeitsämter im Reich, 10.12.1941, Staatsarchiv München (StAM), Arbeitsämter, Nr. 762.

13 Zur Finanzierung der „Werbeaktion“ vgl. Greve, „System Sauckel“, S. 316-320.

14 Vgl. hierzu die verschiedenen Schreiben in Dok. 382-USSR, in: Der Prozeß gegen die Hauptkriegsverbrecher vor dem Internationalen Militärgerichtshof. Nürnberg, 14. November 1945 – 1. Oktober 1946, Bd. 39, S. 493-497.

Im Herbst 1942 erhielt der GBA weitere Machtbefugnisse: Hitler ermöglichte ihm, in den Verwaltungsbehörden der besetzten Gebiete eigene GBA-Beauftragte zu installieren. Durch diese Beauftragten, die dauerhaft in den besetzten Gebieten tätig waren und dort an Besprechungen und Verhandlungen der Besatzungsbehörden teilnahmen, hatte der GBA nun eine direkte Verbindung in die besetzten Gebiete.[15] Hierdurch war er besser über die Entwicklungen informiert und konnte gegebenenfalls schneller eingreifen, wenn Entscheidungen getroffen wurden, die seinen Zielsetzungen widersprachen. Als beispielsweise militärische Dienststellen in der besetzten Ukraine die Anwendung von Zwangsmaßnahmen und zum Teil sogar generell die Rekrutierungen für das Reichsgebiet untersagten, wurde der GBA hierüber von seinem Beauftragten in Kenntnis gesetzt. Als Begründung für die Anwerbestopps wurde zum einen der Bedarf an Arbeitskräften bei der Truppe selbst angegeben, zum anderen die befürchtete Stärkung der Bewegung von Partisan:innen im Rücken der Armee aufgrund der verhassten Rekrutierungen. Die Anwerbeverbote durch militärische Dienststellen nahmen ein solches Ausmaß an, dass Sauckel sich persönlich einschaltete und bei Hitler intervenierte. Innerhalb kürzester Zeit erwirkte er einen „Führerbefehl" zugunsten seines Rekrutierungsprogramms.[16]

GBA-Beauftragter in der besetzten Ukraine wurde Rudolf Peuckert, der Thüringer Landesbauernführer und langjährige Mitarbeiter Sauckels, der bereits im GBA-Stab tätig war. Er war nun auch für die fachlichen Weisungen an die Werbekommissionen zuständig und dafür verantwortlich, dass die Rekrutierungsquoten erfüllt wurden. Hatten sich die Menschen in der Ukraine in den ersten Monaten der Besatzung zum Teil noch bereitwillig für die Arbeit im Reich gemeldet, auch um der durch die Deutschen forcierten ausweglosen Ernährungssituation in der Heimat zu entkommen, änderte sich dies bald. Bereits im Frühjahr 1942 hatten die Werbekommissionen Schwierigkeiten, die angeforderten Transporte zusammenzustellen, denn schnell hatten sich die katastrophalen Lebens- und Arbeitsverhältnisse, denen sowjetische Zwangsarbeiter:innen im Deutschen Reich ausgesetzt waren, herumgesprochen und die Bevölkerung kam den Rekrutierungsaufrufen nicht mehr nach. Auch gab es wenig Verständnis, als die Werbekommissionen in Orten, in denen sie bereits einmal Arbeitskräfte angeworben hatten, erneut auftauchten. Um sich den Rekrutierungen zu entziehen, flohen die Menschen in die Wälder und schlossen sich den Verbänden von Partisan:innen an, die mit Waffengewalt gegen die Besatzer vorgingen. Auch die Werber wurden von Partisanen angegriffen, so dass sie darauf drängten, bewaffnet zu werden.[17] Um die angeforderten Transporte zusammenzustellen, setzten sie zunehmend auf Zwang und Gewalt, unterstützt wurden sie dabei von Polizeikräften. Immer häufiger kam es zu Razzien, ganze Familien wurden in Haft genommen oder Höfe niedergebrannt, um durch Terror die Menschen zum Transport nach Deutschland zu zwingen.

Die Werbekräfte hatten bei der Wahl der Rekrutierungsmethoden durchaus Handlungsspielräume, denn die Maßnahmen wurden in der Regel nicht konkret von den vorgesetzten Dienststellen vorgegeben, sondern bewusst offengehalten. „Gauleiter Sauckel hat sie [den Kommissionsleiter, S.G.] persönlich beauftragt, die aus den [sic] beiliegenden Befehl ersichtliche Sofortaktion in jeder Hinsicht und mit allen Mitteln zu fördern",[18] lautete beispielsweise ein Befehl, den der GBA-Beauftragte Peuckert im April 1943 an eine Reichswerbekommission übermittelte. Allein die direkte persönliche Ansprache des Kommissionsleiters erhöhte den Druck auf diesen immens. Da diese „Sofortaktion", die Musterung der Geburtenjahrgänge 1923-1925, zu missglücken drohte – denn viele Menschen der gesuchten Jahrgänge flüchteten, sobald sich die Werber ankündigten – entschied sich der Kommissionsleiter für eine gewaltsame Razzia: „Heute ist es nur noch möglich, Kräfte zu bekommen, wenn man mit LKW in die Dörfer fährt, die Leute an Ort und Stelle – soweit sie zu Hause sind – auflädt und zum Untersuchungslokal bringt."[19] Um ihren Auftrag weisungsgemäß auszuüben, entwickelten die Kommissionsleiter also im Rahmen ihrer Möglichkeiten Eigeninitiative und schreckten vor dem Einsatz von Waffengewalt nicht zurück – in Zusammenarbeit mit Polizeikräften, Wehrmacht und ab 1943 auch mit Unterstützung der SS im Rahmen der sogenannten Partisanenbekämpfung.

FAZIT

An der Organisation der Zwangsarbeit waren zahlreiche Akteur:innen beteiligt: von Reichsarbeitsministerium und GBA in Berlin über die Verwaltungen in den besetzten Gebieten bis hin zu den einheimischen Lokalverwaltungen und den Werbekommissionen, die wiederum von Polizei, Wehrmacht und SS unterstützt wurden. Indem alle Beteiligten ihren Anteil an dem System der Zwangsarbeit erfüllten, trugen sie dazu bei, dass millionenfach Zivilist:innen rekrutiert und ins Deutsche Reich verschleppt werden konnten. Fritz Sauckel trug als GBA hierfür die Verantwortung, dennoch war es ihm nur im Verbund mit der deutschen Arbeitsverwaltung und durch die Unterstützung vieler weiterer Akteur:innen möglich, seinen Auftrag auszuführen. Sauckel selbst wurde im Nürnberger Hauptkriegsverbrecherprozess 1946 zum Tode verurteilt und hingerichtet. Sein enger Mitarbeiter Rudolf Peuckert beging wenige Tage später im Internierungslager Dachau Selbstmord. Die Mitarbeiter:innen der deutschen Arbeitsverwaltung, vom Ministerium bis hin zu den Reichswerbekommissionen in der Ukraine, blieben straffrei.

Dr. Swantje Greve
ist freiberufliche Historikerin und Kuratorin. Veröffentlichungen u.a.: Das „System Sauckel". Der Generalbevollmächtigte für den Arbeitseinsatz und die Arbeitskräftepolitik in der besetzten Ukraine 1942-1945, Göttingen 2019, Werner Finck und die „Katakombe". Ein Kabarettist im Visier der Gestapo, Berlin 2015.

15 Zu den GBA-Beauftragten, die unter anderem in Frankreich, Italien oder auch dem Generalgouvernement ernannt wurden, vgl. Greve, „System Sauckel", S. 201-207.

16 Vgl. ebd., S. 401 f.

17 Vgl. Fernschreiben vom 26.3.1943, StAM, Arbeitsämter, Nr. 765.

18 Beauftragung mit Sofortaktion, 6.4.1943, StAM, Arbeitsämter, Nr. 757.

19 Tätigkeitsbericht, 21.4.1943, StAM, Arbeitsämter, Nr. 765.

ZWANGSARBEIT IM BESETZTEN OSTEUROPA – EIN FORSCHUNGSÜBERBLICK

Dieter Pohl

Wenn von der Zwangsarbeit in der Zeit des Nationalsozialismus die Rede ist, meint man zumeist die Zwangsarbeit von Ausländer:innen im Reich, genauer gesagt: in den deutschen und österreichischen Gebieten. Dabei wird vielfach übersehen, dass Zwangsarbeit auch in den besetzten Gebieten von den Okkupationsverwaltungen organisiert und von Einheimischen verrichtet wurde. Entsprechend ungleichgewichtig gestaltet sich die Situation der historischen Erforschung: Nur vergleichsweise wenige Untersuchungen widmen sich der Zwangsarbeit im Besatzungsgebiet, und die Mehrzahl dieser Studien ist von den Historikern und Historikerinnen aus diesen Ländern verfasst worden. Dennoch zeichnet sich inzwischen ein Wandel im Bewusstsein und auch in der Geschichtsforschung ab: Auch in Deutschland wird über die Zwangsarbeit unter deutscher Besatzung geforscht, etwa am Beispiel der Bergbauindustrie. Dabei erscheint es besonders wichtig, die Zwangsarbeit nicht als isoliertes Phänomen zu untersuchen, sondern eher als ein Herrschaftsmittel der Besatzung zu interpretieren. Sie diente den ökonomischen Interessen der Besatzungsverwaltungen und damit des Reiches, war zugleich aber auch eine Form der Unterdrückung oder sogar der Ermordung missliebiger Personen und Minderheiten.

Deshalb kamen die Impulse für die Erforschung dieses Themas mehr aus der Untersuchung der Besatzungspolitik im Allgemeinen und aus der Erforschung der antijüdischen Verfolgung, also des Holocaust. Die Besatzungsgeschichte wurde in der Bundesrepublik seit den 1960er Jahren nur sehr bruchstückhaft betrieben, so in Studien zur allgemeinen Besatzungspolitik oder zur Kulturpolitik. Demgegenüber war die Historiographie der DDR bald an der Geschichte der wirtschaftlichen Ausbeutung interessiert und richtete den Fokus des Öfteren auf das besetzte Osteuropa. Nachdem Anfang der 1980er Jahre die Geschichtsschreibung zum Nationalsozialismus einen großen Aufschwung erlebte, dauerte es bis in die 1990er Jahre, bis auch die Geschichte der Besatzungen wieder Aufmerksamkeit fand. Dies lag einerseits an einer Weiterentwicklung der bisherigen Studien, andererseits an der Öffnung der Archive in ganz Europa. Schließlich ermöglichte der Zusammenbruch des Kommunismus eine neue Diskussion auch über die Kriegsgeschichte.

In den großen Gesamtdarstellungen zur gesamten Besatzungspolitik, die der westdeutsche Historiker Hans Umbreit und der Ostdeutsche Werner Röhr verfasst haben, wird die Zwangsarbeit nur ganz am Rande angesprochen[1]; das gilt übrigens auch für die monumentale Gesamtdarstellung der deutschen Besatzungspolitik von Czesław Madajczyk, die leider bis heute nicht aus dem Polnischen übersetzt wurde und somit in der westeuropäischen Fachöffentlichkeit weitgehend unbekannt geblieben ist.[2]

Die deutsche Besatzungsforschung konzentrierte sich auf relativ wenige Gebiete in Osteuropa, vor allem auf Polen, z.T. auch auf Serbien. Innerhalb der besetzten sowjetischen Gebiete wurde Weißrussland zu einem zentralen Feld der Untersuchung; inzwischen sind zahlreiche Bücher hierzu erschienen, an erster Stelle natürlich Christian Gerlachs umfassende Geschichte der Besatzungspolitik.[3] Deutlich geringer war bislang das Interesse mit Bezug auf die Ukraine. Hier fehlen fast zu allen Themen neue Forschungen, wenn man von Ralf Meindls Biographie über Erich Koch einmal absieht.[4] In diesem Kontext sind jedoch die Arbeiten von Tanja Penter hervorzuheben, die als erste westliche Forscherin überhaupt einen zentralen Komplex der Zwangsarbeit, nämlich den Bergbau im Donbass, untersucht hat.[5] Zum Baltikum liegen nur wenige Studien vor, die zudem das Thema Zwangsarbeit kaum berühren. Als größter weißer Fleck müssen die besetzten Gebiete der Russischen Föderation gelten; Ausnahmen finden sich hier nur bezüglich der Krim und der Gebiete im Nordkaukasus. Demgegenüber ist die Zwangsarbeit im besetzten Polen deutlich besser erforscht worden, nicht zuletzt durch die Bemühungen polnischer Historiker. Zwar beschäftigen sich die meisten systematischen Studien mit der Deportation polnischer Zwangsarbeiter:innen ins Reich, es liegt jedoch eine breite Regional- und Heimatforschung zu einzelnen

Zwangsarbeitslagern und Arbeitsdiensten vor.[6] Einen hervorragenden Überblick bietet immer noch das Lagerlexikon zu den Gebieten innerhalb der heutigen Staatsgrenzen. Punktuell sind auch die Zwangsarbeit im sogenannten Protektorat Böhmen und Mähren und auch einzelne Komplexe im besetzten Jugoslawien untersucht worden.[7]

Fragt man nun nach den speziellen Themenfeldern aus diesem Bereich, so muss man sie erst einmal näher definieren. Der Rahmen war gesetzt durch die Besatzungspolitik im allgemeinen, durch die Besatzungsinstanzen und deren Regelungen, aber auch durch den Rassismus und die alltägliche Praxis. Grundsätzlich muss man zwischen Arbeitspflicht und Arbeitszwang unterscheiden. Eine Arbeitspflicht galt für die meisten Bewohner der besetzten Gebiete, d.h. sie mussten sich bei den Arbeitsämtern registrieren lassen, konnten aber die Arbeitsstelle in einem gewissen Rahmen selbst wählen und erhielten eine reguläre, meist minder wertige Entlohnung. Zwangsarbeit hingegen betraf vor allem die jüdischen Einwohner:innen, oft in Lagern Inhaftierte oder Zwangsrekrutierte vor allem in der ersten Phase der Besatzungsherrschaft bzw. im Rahmen des deutschen Rückzugs. Im allgemeinen wurden solche Unterscheidungen formal in rechtlichen Regelungen getroffen; faktisch wurden sie oft durch die Umstände der Arbeit bestimmt, d.h. Kasernierung oder Internierung, Gewaltanwendung durch Vorgesetzte, miserable Versorgung, oft schwere Arbeiten ohne ausreichenden Arbeitsschutz. Als dritten Typus wird man noch eine breite Varianz von Arbeitseinweisungen anführen müssen, d.h. die Zuweisung bestimmter Arbeiten für Nichtjuden, die dann aber unter ähnlichen Bedingungen wie frei gewählte Arbeit geleistet wurden, oder spezielle Rekrutierungen wie etwa der Baudienst im Generalgouvernement.

Die Arbeit von Häftlingen der Konzentrationslager ist hier als Sonderfall anzusehen, auf den nicht näher eingegangen werden soll. Sie gewann innerhalb Osteuropas seit 1941 im besetzten Polen an Bedeutung, seit 1943 auch im Baltikum, am Rande auch in den tschechischen Gebieten.[8] Ein weiteres besonderes Problem stellt die Arbeit der Kriegsgefangenen dar. Einerseits war der Arbeitseinsatz hier in bestimmten Grenzen vom Völkerrecht gestattet, andererseits wurden diese Grenzen von den deutschen Behörden im besetzten Osteuropa systematisch missachtet, etwa bei der Arbeit von Offizieren oder dem Einsatz in der Rüstung.[9] Und schließlich ist das Paradox zu beobachten, dass die Zwangsarbeit zwar in aller Regel zur Unterdrückung, nicht selten zur Ermordung der Arbeiter:innen diente, auf der anderen Seite aber

1 Hans Umbreit, Auf dem Weg zur Kontinentalherrschaft, in: Das Deutsche Reich und der Zweite Weltkrieg Band 5/1, Stuttgart 1988, S. 3-345; ders., Die deutsche Herrschaft in den besetzten Gebieten 1942-1945, in: ebd. Band 5/2, Stuttgart 1999, S. 3-272; Werner Röhr, Forschungsprobleme zur deutschen Okkupationspolitik im Spiegel der Reihe „Europa unterm Hakenkreuz", in: ders. (Hg.), Europa unterm Hakenkreuz. Analysen, Quellen, Register, Heidelberg 1996, S. 25-343, bes. S. 247-255.

2 Czesław Madajczyk, Faszyzm i okupacje 1938-1945. Wykonywanie okupacji przez państwa Osi w Europie, Band 2, Poznań 1984, S. 592-595.

3 Christian Gerlach, Kalkulierte Morde. Die deutsche Wirtschafts- und Vernichtungspolitik in Weißrußland 1941 bis 1944, Hamburg 1998.

4 Ralf Meindl, Ostpreußens Gauleiter. Erich Koch – eine politische Biographie, Osnabrück 2007 (Einzelveröffentlichungen des Deutschen Historischen Instituts Warschau, 18).

5 Tanja Penter, Arbeiten für den Feind in der Heimat – der Arbeitseinsatz in der besetzten Ukraine 1941-1944, in: Jahrbuch für Wirtschaftsgeschichte 2004, H. 1, S. 65-94; dies., Zwischen Hunger, Terror und einer „glücklichen Zukunft". Der Arbeitseinsatz im Steinkohlenbergbau des Donezbeckens unter deutscher Besatzung, in: Klaus Tenfelde u. Hans-Christoph Seidel (Hg.), Zwangsarbeit im Bergwerk. Der Arbeitseinsatz im Kohlenbergbau des Deutschen Reiches und der besetzten Gebiete im Ersten und Zweiten Weltkrieg, Essen 2005, Bd. 1, S. 433-466; dies., Zwangsarbeit – Arbeit für den Feind. Der Donbass unter deutscher Okkupation (1941-1943), in: Geschichte und Gesellschaft 31 (2005), S. 68-100; Kohle für Stalin und Hitler: Leben und Arbeiten im Donbass unter stalinistischer und nationalsozialistischer Herrschaft, Essen 2010.

6 E. Jędrzejewski, Hitlerowska polityka przymusowego zatrudnienia Polaków na Śląsku i ziemiach włączonych do Rzeszy (1939-1945), in: Studia nad faszyzmem i zbrodniami hitlerowskimi 2 (1975), S. 25-43; Alfred Konieczny, Zagraniczni robotnicy przymusowi i obozy pracy na Górnym Śląsku w 1944 roku, in: Studia Śląskie 12 (1967), S. 151-219; Józef Marszałek, Obozy pracy w generalnym gubernatorstwie w latach 1939-1945, Lublin 1998.

7 Zdeněk Konečný, František Mainuš, Nasazení české mládeže při budovaní zákopových opevnění koncem druhé světové války, in: Sbornik Matice moravské 86, 1967, S. 17-42; Im Totaleinsatz: Zwangsarbeit der tschechischen Bevölkerung für das Dritte Reich, Prag 2008; Tomislav Pajić, Prinudni rad i otpor u logorima Borskog rudnika 1941-1944, Beograd 1989.

8 Vgl. hierzu das umfangreiche Lagerlexikon: Wolfgang Benz u. Barbara Distel (Hg.), Der Ort des Terrors. Geschichte der nationalsozialistischen Konzentrationslager, Bd. 7-9, München 2008/2009.

9 Unter den osteuropäischen Kriegsgefangenen haben bisher nur die Rotarmisten die Aufmerksamkeit deutscher Historiker gewonnen, vgl. Christian Streit, Keine Kameraden. Die Wehrmacht und die sowjetischen Kriegsgefangenen 1941-1945, Stuttgart 1978.

den Kriegsgefangenen im Winter 1941/42 und den verfolgten Jüdinnen und Juden von Anfang an bis zu einem gewissen Ausmaß das Leben retten konnte.

Drei Typen von Zwangsarbeit in den besetzten Gebieten können unterschieden werden: die Arbeiten für das deutsche Militär, die Zwangsarbeit von Jüdinnen und Juden und die Arbeit mit Strafcharakter.

Grundsätzlich diente der Arbeitseinsatz im ganzen besetzten Europa in erster Linie der deutschen Kriegsanstrengung, d.h. der Rüstung, der Ausstattung und der Versorgung der Wehrmacht. Dies konnte in sehr unterschiedlichen Formen geschehen: in erster Linie in den schon bestehenden Betrieben, die – teils unter deutscher Leitung – entweder weiter produzierten oder auf rüstungsnahe Produktion umstellten. Vereinzelt verlegten deutsche Unternehmen auch ihre Fertigungsstätten nach Osteuropa, nachdem sie sich seit 1942 durch den alliierten Bombenkrieg bedroht sahen. Freilich spielte die Zwangsarbeit in vielen dieser Betrieben keine dominierende Rolle.

Anders sah es bei der kurzfristigen Mobilisierung außerhalb von Wirtschaftsunternehmen aus: Schon unmittelbar nach der militärischen Besetzung wurden Einwohner:innen zu kurzfristigen Zwangsarbeiter:innen herangezogen. Die Wehrmacht hat dauerhaft ein Heer von Arbeitern zur Verfügung gehabt, die allerdings nur zum Teil als Zwangsarbeiter einzustufen sind. Dies galt insbesondere ab dem Zeitpunkt ihrer Kasernierung.

Deutlichen Zwangscharakter trugen die Rekrutierungen im Zusammenhang mit dem deutschen Rückzug. Nun richteten immer mehr Wehrmachtsverbände geschlossene Zivilarbeiterkolonnen ein. Gerade in den Militärgebieten traf dies vor allem Frauen und Jugendliche, weil die Männer oftmals geflüchtet, interniert oder nach Deutschland deportiert waren. Man schätzt, dass während des Rückzuges ungefähr die Hälfte der erwerbsfähigen Bevölkerung im Alter ab 14 Jahren eingesetzt war, vor allem zum Bau von Verteidigungsanlagen gegen die Rote Armee. Auch dies ist nur ansatzweise erforscht, hier insbesondere wieder von Christian Gerlach.[10] Es zeigt sich deutlich, dass die deutsche Forschung zur Besatzung sich auf die ersten Jahre 1941/42 konzentriert und die Phase 1943/44 eher vernachlässigt hat.

Wie es scheint, ist der zweite Typus von Zwangsarbeit in Osteuropa am besten untersucht, nämlich die Zwangsarbeit von Jüdinnen und Juden. Allerdings haben sich nur wenige Historiker, etwa Wolf Gruner, hierbei auf das Thema Zwangsarbeit konzentriert.[11] Zumeist wird die Zwangsarbeit als ein Teilthema der Judenverfolgung unter vielen abgehandelt. Typisch für die Judenverfolgung waren wahllose Razzien und Festnahmen für öffentliche Arbeiten, etwa Trümmerbeseitigung und Schneeräumen. Typisch war aber auch die extrem schlechte Behandlung der jüdischen Arbeiter:innen, minimale oder gar keine Bezahlung, kaum Versorgung vor Ort, Misshandlungen und schwerste Arbeiten ohne geeignetes technisches Gerät, etwa in Steinbrüchen oder beim Straßenbau. Zwei Bereiche waren dabei von besonderer Bedeutung, zum einen die Ghettoarbeit, zum anderen die Zwangsarbeitslager.

Im Rahmen der Erforschung der Ghettos spielte das Thema Arbeit immer wieder eine große Rolle, rückte aber nur selten in den Vordergrund. Deutsche Historiker:innen haben sich nur mit wenigen Ghettos beschäftigt, zu nennen sind vor allem Łódź (Litzmannstadt), Warschau und Riga.[12] Hierbei ist auf die unterschiedliche Politik der deutschen Besatzungsverwaltungen in den einzelnen Städten verwiesen worden. Insbesondere in Łódź entwickelte die deutsche Verwaltung ein großes Interesse an der Ausbeutung der Jüdinnen und Juden, die im Ghetto eingesperrt waren.[13] In Warschau geschah dies erst vergleichsweise spät. Deutlich geringer sind die Kenntnisse zu den etwa 1.000 anderen Ghettos im besetzten Mittel- und Osteuropa, die meist nur summarisch in den verschiedenen Regionalstudien behandelt werden, die für belarussische und polnische Gebiete (hier vor allem für die Regionen um Poznań, Lublin, Radom und Galizien) vorliegen.

In den letzten Jahren hat die Forschung neue Impulse durch das deutsche sogenannte Ghettorentengesetz erhalten, das die Auszahlung von Renten für Zwangsarbeit im Ghetto regelte. Dadurch gerieten die tatsächlichen Arbeitsverhältnisse und die verschiedenen Formen der Entlohnung in den Fokus des Interesses.[14]

Schon seit 1940 wurde darüber hinaus im deutsch besetzten Polen die Zwangsarbeit für Jüdinnen und Juden in Lagern organisiert, vor allem in den Regionen um Radom und Lublin. Die Besatzungsverwaltung und besonders spezifische Sparten wie Wasserwirtschaftsämter oder die Reichsbahn errichteten kleinere Lager für ihre Zwecke. Die Arbeitsbedingungen konnten hier noch stark variieren, vielerorts existierte noch gar keine richtige Kasernierung, d.h. die Arbeiter konnten abends nach Hause gehen.

Dies änderte sich 1942: Während der großen Massenmorde an der jüdischen Bevölkerung wurden bestimmte Gruppen verschont und in Zwangsarbeitslager eingewiesen, bzw. aus den verkleinerten Ghettos wurden Lager gemacht. Manche dieser Lager waren so groß wie Konzentrationslager im Reichsgebiet, etwa Lemberg-Janowska, Skarżysko-Kamienna oder Starachowice.[15] Ähnliche Entwicklungen lassen sich in geringerem Maße auch für die besetzten sowjetischen Gebiete feststellen. Hier ging die Tendenz allerdings dahin, die wenigen überlebenden jüdischen Arbeiter in die neuen Lager für den Abbau von Ölschiefer in Estland zu deportieren, die später zu Konzentrationslagern erklärt wurden.[16]

Während nur wenige dieser Lager einzeln erforscht sind, haben zwei zusammenhängende Zwangsarbeitskomplexe größeres Interesse auf sich gezogen. Zum einen handelt es sich dabei um die sogenannte Organisation Schmelt, ein Netz von Lagern vor allem im schlesisch-oberschlesischen Raum, die zum Ausbau der Autobahn von Breslau nach Krakau dienten. Hier wurden zeitweise über 50.000 jüdische Zwangsarbeiter eingesetzt. Ab Ende 1942 gingen diese Lager im Außenlagersystem von Auschwitz auf.[17]

Quasi in Verlängerung dieser Autobahn wurde ein zweites Lagernetz an der Strecke Lemberg – Dnepropetrovsk errichtet, die als Nachschubweg für die Heeresgruppe Süd diente und „Durchgangsstraße IV" genannt wurde. Hier mussten neben einheimischen Vertragsarbeitern auch Kriegsgefangene und Juden, teilweise sogar aus Rumänien, zwangsweise arbeiten.[18]

Relativ wenig ist über die Zwangsarbeit von Jüdinnen und Juden im besetzten Jugoslawien bekannt. Lediglich die berüchtigten Kupferminen im serbischen Bor sind anscheinend näher untersucht worden. Etwa ein Drittel der dort beschäftigten 50.000 Arbeiter sind als Zwangsarbeiter einzustufen.[19] Auch bei den Verbündeten des nationalsozialistischen Deutschland, besonders in Ungarn, der Slowakei und in Bulgarien, Rumänien und Kroatien, wurden vor allem jüdische Männer, aber auch Angehörige anderer Minderheiten zur Zwangsarbeit rekrutiert.[20]

10 Vgl. auch Rolf-Dieter Müller, Es begann am Kuban. Flucht- und Deportationsbewegungen in Osteuropa während des Rückzugs der deutschen Wehrmacht 1943/44, in: Robert Streibel (Hg.), Flucht und Vertreibung. Zwischen Aufrechnung und Verdrängung, Wien 1994, S. 42-76; Armin Nolzen, „Verbrannte Erde": Die Rückzüge der Wehrmacht in den besetzten sowjetischen Gebieten, in: Günther Kronenbitter, Markus Pöhlmann u. Dierk Walter (Hg.), Besatzung. Funktion und Gestalt militärischer Fremdherrschaft von der Antike bis ins 20. Jahrhundert, Paderborn u.a. 2006, S. 161-175.

11 Wolf Gruner, Jewish Forced Labor Under the Nazis: Economic Needs and Racial Aims, 1938-1944, New York 2008; vgl. Israel Gutman, Avodat kef yah sel yehudim be serut ha-Germanim be mizrah Eyropah be-tequfat milhemet ha-olam ha-seniyah [Die jüdische Zwangsarbeit im Dienste der Deutschen in Osteuropa in der Zeit des Zweiten Weltkrieges], in: Ziyon 43 (1978), S. 119-158.

12 Vgl. als Überblick (mit Nachweisen weiterführender Literatur) Dieter Pohl, Ghettos, in: Benz u. Distel, Ort des Terrors, Bd. 9, S. 161-191. Zum Ghetto Warschau vgl. Andrea Löw, Markus Roth (Hg.), Das Warschauer Getto. Alltag und Widerstand im Angesicht der Vernichtung, München 2013.

13 Vgl. den Beitrag von Manfred Grieger im vorliegenden Band (dort auch Hinweise auf weiterführende Literatur).

14 Vgl. Jürgen Zarusky (Hg.), Entschädigungspolitik, Rechtsprechung und historische Forschung, München 2010, und neuere Arbeiten von Stephan Lehnstaedt.

15 Vgl. Dieter Pohl, Die großen Zwangsarbeitslager der SS- und Polizeiführer für Juden im Generalgouvernement 1942-1945, in: Ulrich Herbert, Karin Orth u. Christoph Dieckmann (Hg.), Die nationalsozialistischen Konzentrationslager, Göttingen 1998, S. 415-438.

16 Vgl. Alfred Streim, Konzentrationslager auf dem Gebiet der Sowjetunion, in: Dachauer Hefte 5 (1989), S. 174-187; Ruth Bettina Birn, Vaivara, in: Benz u. Distel, Ort des Terrors, Bd. 8, München 2008, S. 131-183. Einen sehr guten Überblick bietet Mario Wenzel, Zwangsarbeitslager für Juden in den besetzten polnischen und sowjetischen Gebieten, in: ebd., Bd. 9, München 2009, S. 125-154.

17 Vgl. Sybille Steinbacher, „Musterstadt" Auschwitz. Germanisierung und Judenmord in Ostoberschlesien, München 2000; Gruner, Jewish Forced Labor, S. 196-229; sowie Andrea Rudorff (Bearb.), Die Verfolgung und Ermordung der europäischen Juden durch das nationalsozialistische Deutschland 1933-1945, Bd. 16: Das KZ Auschwitz 1942-1945 und die Zeit der Todesmärsche 1944/45, hrsg. von Susanne Heim u.a., Berlin 2018.

18 Vgl. den Beitrag von Manfred Grieger im vorliegenden Band (S. 208 ff.) sowie Hermann Kaienburg, Jüdische Arbeitslager an der „Straße der SS", in: 1999, 11 (1996), H. 1, S. 13-39; Andrej Angrick, Annihilation and Labor: Jews and Thoroughfare IV in Central Ukraine, in: Ray Brandon u. Wendy Lower (Hg.), The Shoah in Ukraine, Bloomington 2008, S. 190-223.

19 Vgl. Sabine Rutar, Arbeit und Überleben in Serbien. Das Kupfererzbergwerk Bor im Zweiten Weltkrieg, in: Geschichte und Gesellschaft 31 (2005), S. 101-134.

20 Vgl. Jens Hoppe, Zwangsarbeit von Juden in Bulgarien während des Zweiten Weltkriegs. Die jüdischen Arbeitsbataillone 1941-1944, in: Südostforschungen 63/64 (2004/05), S. 331-338; Martin Broszat, Die jüdischen Arbeitskompanien in Ungarn, in: Gutachten des Instituts für Zeitgeschichte, Bd. 1, München 1958, S. 200-214; Sanela Hodžić u. Christian Schölzel, Zwangsarbeit und der ‚Unabhängige Staat Kroatien' 1941-1945, Berlin 2013, sowie Barbara Hutzelmann, Mariana Hausleitner, Souzana Hazan (Bearb.), Die Verfolgung und Ermordung der europäischen Juden durch das nationalsozialistische Deutschland 1933-1945, Bd. 13: Slowakei, Rumänien und Bulgarien, hrsg. von Susanne Heim u.a., Berlin 2018.

Immer wieder ist die These vorgebracht worden, die Zwangsarbeit für Jüdinnen und Juden in Osteuropa sei nur eine Variante des Massenmordes gewesen, es habe ein Programm der „Vernichtung durch Arbeit" gegeben. Tatsächlich waren die Arbeitsbedingungen mörderisch, und erschöpfte Juden wurden oft sofort umgebracht. Dennoch lässt sich nur schwer nachweisen, dass die deutschen Täter tatsächlich eine solche Strategie verfolgten; thematisiert wurde dies nur im Herbst 1941 und bezüglich der Insassen deutscher Gefängnisse (vor allem sogenannter Sicherungsverwahrter) im Herbst 1942. Aus Sicht der verfolgten Jüdinnen und Juden stellte sich die Situation paradox dar, erwies sich doch die Zwangsarbeit seit Ende 1942 als eine der wenigen Chancen, zumindest zeitweise den Mordaktionen zu entgehen.

Die Internierung nichtjüdischer Osteuropäer:innen zur Zwangsarbeit ist bislang nur in Umrissen bekannt. Nach Beginn des Krieges gegen die Sowjetunion wurden Zivilisten zu Hunderttausenden in die Durchgangslager für Kriegsgefangene eingewiesen. Viele von ihnen wurden noch vor dem Transport ins Reich vor Ort zur Zwangsarbeit herangezogen.[21] Besonders hart waren die Arbeitsbedingungen in den zahlreichen Straflagern, die bereits seit 1940 im besetzten Polen und bald danach auch in den sowjetischen Gebieten eingerichtet wurden. Dort waren vor allem Bauern inhaftiert, denen zu geringe Ablieferungen vorgeworfen wurden, oder Arbeiter:innen, die angeblich die Arbeitsdisziplin verletzt hatten. Schließlich kamen ab Ende 1942 immer mehr Zivilist:innen in die Lager, die man als „Bandenverdächtige" einstufte. Allerdings herrscht in der deutschen Forschung bis heute Unklarheit über die Dimension dieser Lager. Immerhin erweisen sich die neuen Lagerverzeichnisse, die im Rahmen der Zwangsarbeiterentschädigung von der Stiftung „Erinnerung, Verantwortung und Zukunft" und ihren internationalen Partnerorganisationen erstellt wurden, als sehr hilfreich.[22] Die genaueste Übersicht haben schon vor über 40 Jahren polnische Historiker:innen vorgelegt; darin finden sich detaillierte Angaben zu etwa 1.200 Arbeitslagern für Juden und Polen, die innerhalb des Nachkriegsterritoriums Polens existierten.[23] Auch die zahlreichen polnischen Detail- und Regionalstudien zum Thema sind bis heute kaum rezipiert worden.[24] Freilich ist wenig darüber bekannt, ob auch an anderen Haftorten, etwa in den zahlreichen Gefängnissen, Zwangsarbeit in größerem Ausmaß praktiziert wurde.

FAZIT

Betrachtet man die Forschung nun insgesamt, so zeigt sich deutlich, dass weniger einzelne Zwangsarbeitskomplexe untersucht wurden als vielmehr einige strukturelle Fragen: Zunächst ist der institutionelle Rahmen zu nennen, in dem sich die Zwangsarbeit abspielte, also Politik, Wirtschaft und Verwaltung der Besatzung[25], speziell aber die Arbeitsverwaltung im besetzten Osteuropa. Hierzu wurden in den vergangenen Jahren mehrere neue Forschungsarbeiten vorgelegt.[26] Näher untersucht wurden unter anderem die Organisation Todt[27] und die Rolle einiger deutscher Unternehmen, die Zwangsarbeiter:innen in Osteuropa einsetzten, aber auch die Zwangsarbeit in verschiedenen Bergbau-Komplexen.[28] Weitgehend im Dunkeln bleiben die Hilfsfunktionen einheimischer Instanzen, vor allem der Kommunalverwaltung und der Hilfspolizei.[29] Schließlich fehlt es in weiten Bereichen an Forschung zum Leben und Sterben der Zwangsarbeiter:innen selbst, zu ihrem Alltag, der Rolle der Familie, der Versorgung, der Selbstwahrnehmung und zur alltäglichen Gewalt am Einsatzort.

Die Zwangsarbeit im besetzten Osteuropa erreichte vermutlich ähnliche Dimensionen wie die Deportation von Osteuropäer:innen ins Deutsche Reich, also um die 5,5 Millionen Zivilist:innen. Dennoch steht die Geschichtsforschung in vielen Bereichen erst am Anfang, sieht man von den wenigen genannten bahnbrechenden Arbeiten ab. Es zeigt sich einmal mehr, dass sich die Geschichtswissenschaft nicht allein in einem nationalen Kontext abspielen kann, sondern gerade bei diesen Themen eine intensive Zusammenarbeit der Historiker:innen in ganz Europa notwendig ist.

Prof. Dr. Dieter Pohl,
geb. 1964, ist Professor für Zeitgeschichte m.b.B. Ost- und Südosteuropas an der Alpen-Adria-Universität Klagenfurt. Veröffentlichungen u.a.: Nationalsozialistische Judenverfolgung in Ostgalizien, München 1996; Die Herrschaft der Wehrmacht. Deutsche Militärbesatzung und einheimische Bevölkerung in der Sowjetunion 1941-1944, München 2008.

21 Vgl. Gerlach, Kalkulierte Morde, S. 449 ff.

22 Seit 2010 sind Informationen zu rund 3.800 Lagern online abrufbar: http://www.bundesarchiv.de/zwangsarbeit/haftstaetten.

23 Obozy hitlerowskie na ziemiach polskich 1939-1945. Informator encyklopedyczny, Warszawa 1979. Auf S. 674 ist von 1.798 Arbeitslagern die Rede, davon 437 für Juden.

24 Ausnahmen: Bogdan Musial, Deutsche Zivilverwaltung und Judenverfolgung im Generalgouvernement. Eine Fallstudie zum Distrikt Lublin 1939-1944, Stuttgart 1999; Robert Seidel, Deutsche Besatzungspolitik in Polen. Der Distrikt Radom 1939-1945, Paderborn u.a. 2006.

25 Grundlegend: Dietrich Eichholtz, Geschichte der deutschen Kriegswirtschaft, 3 Bde., Berlin 1969-1996; Gerhard Eisenblätter, Grundlinien der Politik des Reichs gegenüber dem Generalgouvernement 1939-1945, Diss., Frankfurt a.M. 1969; Susanne Schwaneberg, The Economic Exploitation of the Generalgouvernement in Poland by the Third Reich 1939 to 1945, Diss., Univ. of Oxford 2006; Josef Werpup, Ziele und Praxis der deutschen Kriegswirtschaft in der Sowjetunion, dargestellt an einzelnen Industriezweigen, Diss., Bremen 1992; Karl-Heinz Schlarp, Wirtschaft und Besatzung in Serbien 1941-1944. Ein Beitrag zur nationalsozialistischen Wirtschaftspolitik in Südosteuropa, Stuttgart 1986; Rainer Eckert, Vom „Fall Marita" zur „wirtschaftlichen Sonderaktion". Die deutsche Besatzungspolitik in Griechenland vom 6. April 1941 bis zur Kriegswende im Februar/März 1943, Frankfurt a.M. u.a. 1992; und die Edition: Die deutsche Wirtschaftspolitik in den besetzten sowjetischen Gebieten 1941-1943. Der Abschlußbericht des Wirtschaftsstabes Ost und Aufzeichnungen eines Angehörigen des Wirtschaftskommandos Kiew, hrsg. von Rolf-Dieter Müller, Boppard 1991.

26 Vgl. etwa Florian Dierl, Karsten Linne (Hg.), Arbeitskräfte als Kriegsbeute: Der Fall Ost- und Südosteuropa, Berlin 2011; dies. und Zoran Janjetović (Hg.), Pflicht, Zwang und Gewalt. Arbeitsverwaltungen und Arbeitskräftepolitik im deutsch besetzten Polen und Serbien 1939-1944, Essen 2013; Tilman Plath, Zwischen Schonung und Menschenjagden. Die Arbeitseinsatzpolitik in den baltischen Generalbezirken des Reichskommissariats Ostland 1941-1944, Essen 2012; Swantje Greve, Das „System Sauckel". Der Generalbevollmächtigte für den Arbeitseinsatz und die Arbeitskräftepolitik in der besetztenkraine 1942-1945, Göttingen 2019.

27 Vgl. Stefan Laube, Technik, Arbeit und Zerstörung: Die Organisation Todt in Prag (1944-1945), in: Bohemia 40 (1999), S. 387-416, sowie Charles Dick, Builders of the Third Reich. The Organisation Todt and Nazi forced labour, London/New York/Oxford/Sydney 2021.

28 Vgl. etwa die abgeschlossenen Projekte zu Flick, HASAG, Heinkel, Hochtief, Philip Holtzmann, IG Farben, Reemtsma und Siemens sowie Tenfelde u. Seidel, Zwangsarbeit im Bergwerk (zu den Regionen Kattowitz, Böhmen, Slowenien und Donbass).

29 Vgl. Markus Eikel, „Weil die Menschen fehlen". Die deutschen Zwangsarbeitsrekrutierungen und -deportationen in den besetzten Gebieten der Ukraine 1941-1944, in: Zeitschrift für Geschichtswissenschaft 53 (2005), S. 405-433, und seine Forschungen zur Kommunalverwaltung.

VERNICHTUNG UND ARBEIT IM NS-ZWANGSARBEITSSYSTEM

Manfred Grieger

Arbeit und Tod überlappten sich im NS-Zwangsarbeitssystem und im deutschen Besatzungsalltag während des Zweiten Weltkrieges auf vielfältige Weise.[1] So starben allein rund 3,3 Millionen sowjetische Kriegsgefangene in deutscher Hand als Ergebnis einer absichtlich unzureichenden Ernährung und Versorgung, ihrer auszehrenden Zwangsarbeit und von Massenexekutionen.[2] Zugleich basierte die deutsche Kriegswirtschaft auf der Zwangsarbeit der eroberten Arbeitskräfteressourcen; die Millionenzahl der faktisch aus ganz Europa stammenden Zwangsarbeiter:innen, Kriegsgefangenen und KZ-Häftlinge trug wesentlich zur lang anhaltenden Funktionsfähigkeit der Rüstungswirtschaft bei.[3]

Der arbeitsteilig organisierte und technisierte Völkermord an Juden, Sinti und Roma und anderen Opfergruppen in den Vernichtungslagern spiegelte sich früh im Begriff der „Todesfabrik" wider, in der sich Massenmord und Industrie gleichsam vereinigten.[4] Seit Anfang der 1980er Jahre fand die Millionenzahl der Opfer in der Formel von der „Vernichtung durch Arbeit" ihren Ausdruck.[5] Die unterstellte grundsätzliche Tötungsabsicht lenkte aber von der durch Terror, Zwangsarbeit, Tod und Überleben geprägten „Grauzone" ab.[6] Ein tieferes Verständnis der Strukturen des NS-Zwangsarbeitssystems erfordert deshalb eine Kontextualisierung und Differenzierung des publizistisch bis heute nachklingenden Diktums.[7] „Industrielle Aspekte des nationalsozialistischen Massenmordes"[8], etwa die Lieferung von Krematoriumsöfen an Konzentrationslager durch das Erfurter Unternehmen J. A. Topf & Söhne oder die Berliner Heinrich Kori GmbH gehören heute zum Wissensbestand.[9] Dagegen mangelt es bei der Betrachtung von Übergangsfeldern zwischen Industrie und Massenverbrechen mitunter noch an Analysen, die die jeweiligen Einflussfaktoren für den Tod oder das Überleben von Zwangsarbeitern exakter benennbar machen.

Am Beispiel der Zwangsarbeit von Juden an der „Straße der SS", der in vielen Ghettos abverlangten Zwangsarbeit und der Ausnutzung von KZ-Häftlingen bei Baumaßnahmen und in der unmittelbaren Rüstungsproduktion der letzten Kriegsphase gerät die Bandbreite der Zwangsarbeit in den Blick. Das Nebeneinander von Tod, Überleben und Ausbeutung im zeitlichen Verlauf und an den unterschiedlichen Arbeitsorten verweist ohnehin auf ein Spezifikum der Vernutzungsstrukturen der nationalsozialistischen Kriegsgesellschaft. „Arbeit" bildete auch im KZ-System die Chiffre, die der arbeitsteilig organisierten Tötung, der Auswahl der zu KZ-Häftlingen gemachten Menschen und deren zeitweiligem Überleben eine sekundäre Sinnstruktur gab.[10] Die Selektion der „Arbeitsfähigen", ihre Ausnutzung für Arbeiten im Lager oder in Industriebetrieben und ihre erzwungene Herabwürdigung durch schikanöse Arbeitsformen bilden unterschiedliche Aspekte des rassistisch hierarchisierten NS-Zwangsarbeitssystems.

Diente in den frühen Konzentrationslagern die lagerinterne Häftlingsarbeit vornehmlich der Strafe oder Demütigung, entwickelten sich bereits in der Vorkriegszeit Zwangsarbeitsformen für Juden.[11] Wirkte die Besatzungspolitik insbesondere in Polen und den eroberten Teilen der Sowjetunion als Katalysator einer massenhaften Zwangsarbeit bei Infrastrukturvorhaben und in den Ghettos[12], durchlief das KZ-System nach 1942 einen Wandlungsprozess, der die Ökonomisierung der KZ-Häftlingsarbeit voranbrachte.[13] Bei den Untertageprojekten und im KZ-Außenlagersystem der Jahre 1944/45 rieben sich die unterschiedlichen Ausprägungen, die sowohl instrumentelle Nutzung als auch ausmerzende Ausbeutung zur Folge haben konnten.[14] Die Grauzonen der Zwangsarbeit besser auszuleuchten und die Ambivalenz der unterschiedlichen Situierungen der Zwangsarbeit und der jeweiligen Überlebenschancen im zeitlichen Verlauf nachzuzeichnen, nimmt sich der nachfolgende Beitrag vor.

„DURCHGANGSSTRASSE IV“. BESATZUNGSPOLITIK UND JUDENMORD IM OSTEN

Die Zwangsarbeit von Jüdinnen und Juden bei Infrastrukturmaßnahmen wie dem Straßenbau, Wasserregulierungsbauten oder auch Meliorationsmaßnahmen setzte im Deutschen Reich bereits in der Vorkriegszeit ein, ohne allerdings anfänglich deren Tod nach sich zu ziehen.[15] Mit der Etablierung eines NS-Zwangsarbeitssystems nach dem deutschen Überfall auf Polen ergaben sich aus Besatzungspolitik und antijüdischen Maßnahmen dynamisierende Auswirkungen auf die Zwangsarbeitspraxis. Nicht allein, dass im Spätsommer 1940 der Autobahnbau von Juden fortgesetzt werden sollte[16], in Oberschlesien entstand Ende Oktober 1940 unter dem Kommando des „Sonderbeauftragten des Reichsführers der SS für den fremdvölkischen Arbeitseinsatz in Oberschlesien“, SS-Brigadeführer Albrecht Schmelt, eine teilweise auch der Reichsautobahnbehörde unterstehende, gesonderte Lagerstruktur, um Juden als Arbeitskräfte u.a. beim Autobahnbau einzusetzen.[17] Die harte körperliche und den meisten Juden auch ungewohnte Bauarbeit war ganz nach dem Geschmack von Nationalsozialisten, die der Zwangsarbeit gern einen strafenden Charakter beigaben. Die Folge war nach dem Sommer 1941 eine wachsende

---

1 Vgl. Dieter Pohl, Die Herrschaft der Wehrmacht. Deutsche Militärbesatzung und einheimische Bevölkerung in der Sowjetunion 1941-1944, München 2008, S. 230 ff.; Stephan Lehnstaedt, Okkupation im Osten. Besatzeralltag in Warschau und Minsk 1939-1944, München 2010; Manfred Grieger, Industrie und NS-Zwangsarbeitssystem, in: Dittmar Dahlmann, Albert S. Kotowski, Norbert Schlossmacher u. Joachim Scholtysek (Hg.), Zwangsarbeiterforschung in Deutschland, Essen 2010, S. 87-99.

2 Vgl. Christian Streit, Die sowjetischen Kriegsgefangenen in den deutschen Lagern, in: Dittmar Dahlmann u. Gerhard Hirschfeld (Hg.), Lager, Zwangsarbeit, Vertreibung und Deportation. Dimensionen der Massenverbrechen in der Sowjetunion und in Deutschland 1933 bis 1945, Essen 1999, S. 403-414, hier S. 403.

3 Vgl. Adam Tooze, Ökonomie der Zerstörung. Die Geschichte der Wirtschaft im Nationalsozialismus, München 2007, S. 591 ff.

4 Die Todesfabrik Maidanek. Ein dokumentarischer Tatsachenbericht aus dem berüchtigten deutschen Vernichtungslager, Wien 1946; Ota Kraus u. Erich Kulka, Die Todesfabrik, Berlin 1957; Hilberg benennt als Teil der „Vernichtungsoperationen“ das „Fließband“: Raul Hilberg, Die Vernichtung der europäischen Juden, Bd. 2, Frankfurt am Main 1990, S. 1034 ff.

5 Freizeit- und Bildungszentrum Weiße Rose (Hg.), Das KZ-Außenlager Hannover-Mühlenberg: „Vernichtung durch Arbeit“, Hannover 1981; Miroslav Kárny, „Vernichtung durch Arbeit“. Sterblichkeit in den NS-Konzentrationslagern, in: Sozialpolitik und Judenvernichtung. Gibt es eine Ökonomie der Endlösung?, Berlin 1987, S. 133-158; Hermann Kaienburg, „Vernichtung durch Arbeit“. Der Fall Neuengamme. Die Wirtschaftsbestrebungen der SS und ihre Auswirkungen auf die Existenzbedingungen der KZ-Gefangenen, Bonn 1990.

6 Primo Levi, Die Untergegangenen und die Geretteten, München 1990, S. 33; Terrence Des Pres, Der Überlebende. Anatomie der Todeslager, Stuttgart 2008.

7 Vgl. Manfred Grieger, „Vernichtung durch Arbeit“ in der deutschen Rüstungsindustrie, in: Torsten Hess u. Thomas A. Seidel (Hg.), Vernichtung durch Fortschritt am Beispiel der Raketenproduktion im Konzentrationslager Mittelbau, Bad Münstereifel 1995, S. 43-60; Jens-Christian Wagner, Noch einmal: Arbeit und Vernichtung. Häftlingseinsatz im KL Mittelbau-Dora 1943-1945, in: Norbert Frei, Sybille Steinbacher u. Bernd C. Wagner (Hg.), Ausbeutung, Vernichtung, Öffentlichkeit. Neue Studien zur nationalsozialistischen Lagerpolitik, München 2000, S. 11-41; vgl. Hans-Peter Klausch, „Vernichtung durch Arbeit“ – Strafgefangene der Emslandlager im KZ Neuengamme, in: Ausgegrenzt. „Asoziale“ und „Kriminelle“ im nationalsozialistischen Lagersystem, Bremen 2009, S. 60-75.

8 Bertrand Perz, Einleitung, in: Bertrand Perz, Christian Dürr, Ralf Lechner u. Robert Vorberg, Die Krematorien von Mauthausen. Katalog zur Ausstellung in der KZ-Gedenkstätte Mauthausen, Wien 2008, S. 11-15, hier S. 11.

9 Vgl. Stiftung Gedenkstätten Buchenwald und Mittelbau-Dora (Hg.), Techniker der „Endlösung“. Topf & Söhne – Die Ofenbauer von Auschwitz, Weimar 2005, S. 11.

10 Vgl. Hans Mommsen, Die Realisierung des Utopischen. Die „Endlösung der Judenfrage“ im „Dritten Reich“, in: ders., Der Nationalsozialismus und die deutsche Gesellschaft. Ausgewählte Aufsätze, Reinbek bei Hamburg 1991, S. 184-232, insb. S. 212 f.

11 Vgl. Irene Mayer von Götz, Terror im Zentrum der Macht. Die frühen Konzentrationslager in Berlin 1933/34-1936, Berlin 2000, S. 135 ff.; Wolf Gruner, Zwangsarbeit und Verfolgung. Österreichische Juden im NS-Staat 1938-45, Innsbruck/Wien/München 2000, S. 47 ff.

12 Vgl. Christoph Dieckmann u. Babette Quinkert (Hg.), Im Ghetto 1939-1945. Neue Forschungen zu Alltag und Umfeld, Göttingen 2009; Gordon J. Horwitz, Ghettostadt. Łódź and the making of a Nazi city, Cambridge, Mass. 2008; Dieter Pohl, Ghettos im Holocaust. Zum Stand der historischen Forschung, in: Jürgen Zarusky (Hg.), Ghettorenten. Entschädigungspolitik, Rechtsprechung und historische Forschung, München 2010, S. 39-50.

13 Vgl. Jan-Erik Schulte, Zwangsarbeit und Vernichtung: Das Wirtschaftsimperium der SS. Oswald Pohl und das SS-Wirtschafts-Verwaltungshauptamt 1933-1945, Paderborn 2001, S. 107 ff. und 332 ff.; Hermann Kaienburg, Die Wirtschaft der SS, Berlin 2003.

14 Vgl. Lutz Budraß u. Manfred Grieger, Die Moral der Effizienz. Die Beschäftigung von KZ-Häftlingen am Beispiel des Volkswagenwerks und der Henschel Flugzeug-Werke, in: Jahrbuch für Wirtschaftsgeschichte 1993/II, S. 89-136; Marc Buggeln, Arbeit & Gewalt. Das Außenlagersystem des KZ Neuengamme, Göttingen 2009, S. 328 ff.

15 Vgl. Wolf Gruner, Der Geschlossene Arbeitseinsatz österreichischer Juden 1938-1942, in: Dachauer Hefte, Nr. 16 (2000), S. 36-53; Saul Friedländer, Das Dritte Reich und die Juden. Die Jahre der Verfolgung, München 2000, S. 343 ff.

16 Vgl. Wolf Gruner, Juden bauen die „Straßen des Führers“. Zwangsarbeit und Zwangsarbeitslager für nichtdeutsche Juden im Altreich 1940 bis 1943/44, in: Zeitschrift für Geschichtswissenschaft 44 (1996), Nr. 9, S. 789-808.

17 Vgl. Alfred Konieczny, Die Zwangsarbeit der Juden in Schlesien im Rahmen der „Organisation Schmelt“, in: Sozialpolitik und Judenvernichtung. Gibt es eine Ökonomie der Endlösung?, Berlin 1987 (Beiträge zur nationalsozialistischen Gesundheits- und Sozialpolitik, Bd. 5), S. 91-110; Andrea Rudorff, Das Lagersystem der „Organisation Schmelt“ in Schlesien, in: Wolfgang Benz u. Barbara Distel (Hg.), Der Ort des Terrors, Bd. 9, München 2009, S. 155-160.

Zahl von Todesfällen. Vor dem Hintergrund dieser institutionellen Vorerfahrungen nimmt es kaum Wunder, dass die Besatzungsinstitutionen in den von deutschen Truppen besetzten Gebieten Polens alsbald nach der Ingangsetzung der Besatzungsverwaltung Einheimische vor Ort zur Zwangsarbeit für die Deutschen in Dienst nahmen.

Der Vernichtungskrieg gegen die Sowjetunion dynamisierte diese Tendenz. Für die militärisch gebotene bauliche Verbesserung der Hauptversorgungsstraßen zeichnete die Organisation Todt verantwortlich, die zur Realisierung der rund 2.175 Kilometer langen „Durchgangsstraße IV" von Przemysl über Tarnopol, Winniza, Dnjepropetrowsk bis nach Stalino im September 1941 erste Baubüros in Lwow einrichtete.[18] Als Arbeitskräfte gerieten zunehmend auch Juden in den Blick, sodass Friedrich Katzmann, der SS- und Polizeiführer in Galizien, bereits im Oktober 1941 rund 4.000 polnische Juden den Baustellen an den in Galizien gelegenen Teilstücken zuführte. SS und Wehrmacht stimmten in der Bewertung überein, dass zur Beschleunigung der Bauarbeiten kein Preis zu hoch sei. Dementsprechend betrachtete Katzmann die gewünscht hohe Sterblichkeit unter den jüdischen Zwangsarbeitern gleichsam als untrüglichen Erfolgsparameter der Ausbeutungsintensität. In diesem Sinne erklärte er am 17. Oktober 1941, dass ihm völlig „gleichgültig" sei, ob tausend oder zehntausend Juden pro Kilometer „auf der Strecke" blieben. Zudem ordnete er u.a. an: „1. Arbeitsunfähige Juden sind zu erschießen, 2. Auf flüchtende Lagerinsassen ist ohne Anruf zu schießen, 3. Wiederergriffene Häftlinge sind zu erschießen."[19] Damit erweiterte Katzmann auf regionaler Ebene die Zwangsarbeit von Juden um eine eliminatorische Dimension.

Während die Erschießungsaktionen in Galizien im Herbst 1941 einem Höhepunkt zustrebten, deportierten die regionalen SS-Stellen anfänglich nur außerhalb der bestehenden Ghettos lebende Juden in spezielle „Judenlager" in unmittelbarer Nähe der Straßenbaustellen, die als „temporärer Ghettoersatz" fungierten.[20] Die Unterbringung erfolgte in Gebäuden ausgesprochen provisorischen Charakters, etwa Ställen, Schuppen oder Schulen, um der Besatzungsverwaltung zusätzliche Kosten zu ersparen. In Verbindung mit den Hungerrationen, den witterungsabhängigen Außenarbeiten und den vernutzenden Arbeitsbedingungen wurde eine wachsende Zahl der jüdischen Zwangsarbeiter „arbeitsunfähig". Dann gehörten diese aber zu den „Überflüssigen", die in den meisten der dezentralisierten Lager von den örtlichen Kommandanten „beseitigt" wurden.

Die Funktionalisierung der Arbeit zu Vernichtungszwecken korrespondierte mit der im Spätherbst 1941 erfolgenden Durchsetzung der mit unterschiedlichen Überlebenschancen verbundenen Kategorisierung der jüdischen Bevölkerung Polens in „Facharbeiter, Zwangsarbeiter und ‚Arbeitsunfähige'".[21] Erstere sollten – wie nachfolgend noch näher auszuführen ist – auch angesichts ihrer zahlenmäßigen Bedeutung in manchen Wirtschaftssektoren zeitweilig in den Ghettos den deutschen Bedürfnissen zuarbeiten. Die zweite Gruppe setzten die deutschen Besatzungsbürokraten einer auszehrenden Arbeit und der Brutalität der mehrheitlich baltischen oder ukrainischen Wachmannschaften aus. Die „Arbeitsunfähigen" führte die SS dagegen den direkten Tötungen bei Erschießungsaktionen oder den beginnenden Vergasungen zu, wodurch eine Triage der Todesnähe entstand.

Die Zwangsarbeit an der „Durchgangsstraße IV" bildete „gleichsam eine Schwundstufe" der zuvor angestrebten territorialen Abdrängung der Jüdinnen und Juden in die Pripjet-Sümpfe.[22] Zugleich erkannte die SS-Spitze um Heinrich Himmler und Otto Globocnik in dem Juden tötenden „Experimentierfeld" einen geeigneten Weg, im Rahmen der „Endlösung" die „arbeitsfähigen Juden", wie es dann am 20. Januar 1942 im Protokoll der Wannsee-Konferenz heißen sollte, „straßenbauend in diese Gebiete" zu führen. Dementsprechend bestand unter den an der „Endlösung der Judenfrage" beteiligten Behördenvertretern und NS-Funktionären zur Mortalität der beim Straßenbau Eingesetzten die feste Erwartung, dass von ihnen „ein Grossteil durch natürliche Verminderung ausfallen" werde.[23] Die Aussicht auf ein unter Ägide der SS stehendes, gigantisches Ostsiedlungs-Projekt stellte die zunächst militärischen Interessen dienenden Straßenbauarbeiten in den größeren Zusammenhang des „Generalplans Ost" und der „Endlösung der Judenfrage".[24]

Der Massentod der sowjetischen Kriegsgefangenen im Winter 1941/42 zeigte katalysierende Wirkungen für den Zwangsarbeitseinsatz von Jüdinnen und Juden in den besetzten Gebieten. Da die verfügbare Arbeitskraftbeute an sowjetischen Kriegsgefangenen, die für die Realisierung der „Ostsiedlungspläne" der SS sorgen sollten, deutlich niedriger ausfiel als erwartet, rückten Jüdinnen und Juden in deren Funktionsrolle ein.[25] Daraufhin ließ Himmler im Februar 1942 die in Galizien gemachten Erfahrungen auf die Ukraine übertragen, indem die SS ihr Projekt zum faktischen Neubau einer „Schwarzmeerstraße" revidierte und die Kräfte auf die „Durchgangstraße IV" konzentrierte.[26] Gestützt durch eine Entscheidung Hitlers zum Ausbau der wichtigsten Nachschublinien vom 19. Februar 1942, sollte die Transportleistung der „Durchgangsstraße IV" auf einer Länge von 1.200 Kilometern in enger Abstimmung mit der „Organisation Todt" und in Kooperation mit deutschen Bauunternehmen deutlich erhöht werden.

1942 zogen die deutschen Besatzungsinstitutionen zu diesem Zweck schätzungsweise 50.000 Zwangsarbeiter aus der Ukraine und in ähnlicher Größenordnung auch sowjetische Kriegsgefangene zu den Bauarbeiten heran. Während die Zivilisten zumeist aus einem von Deportationen ins Reichsgebiet ausgenommenen Streifen längs der Straßenführung stammten und nach der täglichen Arbeitsleistung in ihre Heimatorte zurückkehrten, verlegte die Wehrmacht entsprechende Kriegsgefangenenkontingente in provisorische Unterkünfte entlang der Straße.[27]

Da als Ergebnis der Mordaktionen von SS-Einsatzgruppen und ukrainischen bzw. litauischen Polizeikräften die 1941/42 nur noch wenigen lebenden Juden in der Ukraine den Arbeitskräftebedarf des Straßenbauprojekts nicht mehr decken konnten, gerieten die in Transnistrien lebenden Juden, darunter auch Tausende von den rumänischen Verbündeten aus der Bukowina und aus Bessarabien dorthin Deportierte, in den Blick der regionalen „DG4"-Projektverantwortlichen. Mit Einverständnis der rumänischen Behörden kam am 19. August 1942 ein erstes Kontingent 3.000 rumänischer Juden, darunter auch Frauen und Kinder, an die „Durchgangsstraße IV".[28] Nachdem diese Menschen etwa aus dem Ghetto Czernowitz nach Transnistrien deportiert worden waren, wo die Rumänen sehr ungünstige Überlebensbedingungen herrschen ließen[29], erhofften sich viele von der Überlassung an die Streckenverantwortlichen von SS, OT und Bauunternehmen eine Besserung ihrer Lage.

Bereits beim Bezug ihrer primitiven Unterkünfte sahen sie sich um ihre Hoffnungen gebracht. In überbelegten Räumen, ohne ausreichende Sanitäreinrichtungen und mitunter sogar nur in Viehställen zwischen die Tiere gezwängt, setzte ihr Verelendungsprozess ein, dem gerade auch Kinder, Geschwächte oder Erkrankte zum Opfer fielen. Ihrer letzten Habe beraubt, nur vollkommen unzureichend ernährt und für Außenarbeiten ungeeignet gekleidet, waren die Menschen dem Hunger, den Drang-

18 Vgl. Thomas Sandkühler, Die Ingangsetzung der „Endlösung" im Generalgouvernement am Beispiel des Distrikts Galizien, 1941/42, in: Dahlmann u. Hirschfeld (Hg.), Lager, S. 435-458, hier S. 449 ff.; Hermann Kaienburg, Jüdische Arbeitslager an der „Straße der SS", in: 1999. Zeitschrift für Sozialgeschichte des 20. und 21. Jahrhunderts 11 (1996), Nr. 1, S. 13-39, insb. S. 19 ff.; Andrej Angrick, Annihilation and Labor: Jews and Thoroughfare IV in Central Ukraine, in: Ray Brandon u. Wendy Lower (Hg.), The Shoah in Ukraine. History, Testimony, Memorialization, Bloomington; Indianapolis 2008, S. 190-223, insb. S. 193.

19 Zit. nach Thomas Sandkühler, „Endlösung" in Galizien. Der Judenmord in Ostpolen und die Rettungsinitiativen von Berthold Beitz 1941-1944, Bonn 1996, S. 142.

20 Ebd., S. 143.

21 Sandkühler, Ingangsetzung, S. 452.

22 Sandkühler, Endlösung, S. 142.

23 Besprechungsniederschrift über die am 20.1.1942 in Berlin, Am Grossen Wannsee Nr. 56/58, stattgefundene Besprechung über die Endlösung der Judenfrage [o.D.], S. 7, in: Gedenk- und Bildungsstätte Haus der Wannsee-Konferenz (Hg.), Die Wannsee-Konferenz und der Völkermord an den europäischen Juden. Katalog der ständigen Ausstellung, Berlin 2006, S. 117; vgl. Sandkühler, Endlösung, S. 148 und 164 f.

24 Vgl. Schulte, Zwangsarbeit, S. 359 ff.

25 Jan-Erik Schulte, Die Kriegsgefangenen-Arbeitslager der SS 1941/42: Größenwahn und Massenmord, in: Johannes Ibel (Hg.), Einvernehmliche Zusammenarbeit? Wehrmacht, Gestapo, SS und sowjetische Kriegsgefangene, Berlin 2008, S. 71-90.

26 Forschungsstelle für Zeitgeschichte in Hamburg (Hg.), Der Dienstkalender Heinrich Himmlers 1941/42, Hamburg 1999, S. 339 und 355.

27 Kaienburg, Arbeitslager, S. 25 f.; zur Besatzungspolitik in der Ukraine siehe etwa Wendy Lower, Nazi empire building and the Holocaust in the Ukraine, Chapel Hill, NC 2005.

28 Vgl. Angrick, Annihilation, S. 207 ff.; aus Sicht eines überlebenden rumänischen Juden vgl. Arnold Daghani, Die Durchgangsstraße IV, in: Felix Rieper u. Mollie Brandl Brown (Hg.), „Lasst mich leben". Stationen im Leben des Künstlers Arnold Daghani, Lüneburg 2002, S. 25-30.

29 Zur Verfolgung von Jüdinnen und Juden in Transnistrien siehe etwa Mariana Hausleitner (Hg.), Rumänien und der Holocaust. Zu den Massenverbrechen in Transnistrien 1941-1944, Berlin 2001; Dennis Deletant, Lebensbedingungen in den Ghettos und Arbeitslagern in Transnistrien 1942-1944: Der Fall Golta, in: Wolfgang Benz u. Brigitte Mihok (Hg.), Holocaust an der Peripherie. Judenpolitik in Judenmord in Rumänien und Transnistrien 1940-1944, Berlin 2009, S. 45-69.

salierungen und der Witterung weitgehend schutzlos ausgesetzt. Viele Zwangsarbeiter:innen mussten mit ihrer Muskelkraft fehlende Maschinen ersetzen, indem sie in Steinbrüchen oder Sand- und Kiesgruben für die Gewinnung der Baumaterialien sorgten. Kräftezehrend war auch der in aller Regel bis zu zwölfstündige Einsatz bei Ladearbeiten von Sand und Schotter, von der Verteilung der Baustoffe oder der Aushebung von Straßengräben einmal ganz abgesehen. Die An- und Abmarschwege verlängerten den Arbeitstag nicht unwesentlich, zudem folgten in den rund 20 Lagern entlang der Strecke die bekannt zeitraubenden Zählappelle. Die jüdischen Zwangsarbeiter:innen unterlagen in den Lagern und bei der Arbeit einem hohen Vernichtungsdruck, wie beispielsweise Arnold Daghani in seinem Tagebuch festhielt: „SS-Unterscharführer Walter Mintel scheint die Lösung für den Platzmangel gefunden zu haben: Er hat den Befehl erteilt, alle zu erschießen, die krank und abgezehrt aussahen, 107 Leute."[30]

In gewisser Weise ersetzten die „Judenlager" an der „Durchgangsstraße IV" die Einrichtung von Ghettos, wobei sich Zwangsarbeit und Vernichtung auf das Intensivste verschränkten. Dies erklärt wohl auch, dass Himmler am 18. August 1942 in Jaktorow und Lacki Wielki „Judenlager an der DG4" besuchte.[31] Die dezentrale Lagerstruktur brachte aber auch mit sich, dass die Überlebenschancen abhängig vom Verhalten der Kommandanten, des Wachpersonals und der deutschen Baufachleute stark variierten. Selektionen der Kranken und Kinder und deren Ermordung sowie willkürliche Erschießungen bildeten die Vorboten der bei der Räumung durchgeführten Liquidierungsmaßnahmen. Anfang 1944 wurde das Straßenbauvorhaben wegen des Vordringens der sowjetischen Truppen nach Westen eingestellt, die letzten „Judenlager" geschlossen und die meisten Insassen bei Erschießungsaktionen liquidiert. Die Gesamtzahl der Todesopfer wird auf mehr als 25.000 Jüdinnen und Juden geschätzt.[32]

IM GHETTO: ZWANGSARBEIT ALS RETTUNG?

Der Einrichtung von Zwangsghettos in den besetzten Gebieten Polens gingen die Kennzeichnung der Jüdinnen und Juden, die weitgehende Einschränkung ihrer Bewegungsfreiheit sowie die Bildung von „Judenräten" voraus.[33] Die Arbeitspflicht für Juden war im „General-Gouvernement" bereits am 26. Oktober 1939 eingeführt worden, auch wenn anfänglich weder eine ökonomische Notwendigkeit vorlag noch ein rationeller Einsatz möglich war. Die „Judenkolonnen", die von den verschiedensten deutschen Dienststellen insbesondere für Bauarbeiten herangezogen wurden, arbeiteten vor aller Augen auch als Hinweis auf die deutsche Suprematie.[34]

Im Zuge der Eingliederung der westpolnischen Gebiete als Reichsgau „Wartheland" nahm die räumliche Zusammenlegung aller Jüdinnen und Juden einer Stadt Fahrt auf; ein erstes großes Ghetto entstand im Stadtteil Baluty in Litzmannstadt (Łódź), das im Februar 1940 von seinen polnischen und „volksdeutschen" Bewohner:innen geräumt worden war, während die jüdische Bevölkerung dort bis zum 30. April 1940 konzentriert wurde. Am 10. Mai 1940 verfügte der Polizeipräsident die hermetische Abriegelung des Ghettos, dessen 160.000 Bewohner:innen mit einem Stacheldrahtzaun vom restlichen Stadtgebiet abgeschlossen wurden.[35] Nach ähnlichem Muster erfolgte auch im „General-Gouvernement" die Ghettoisierung der jüdischen Bevölkerung.[36]

Da die „jüdischen Wohnbezirke" in den deutschen Planungen wegen der vorgesehenen territorialen Abdrängung der Jüdinnen und Juden im Frühjahr 1940 nur als kurzfristige Erscheinung vorgesehen waren, besaß die Arbeitspflicht von Jüdinnen und Juden in den Ghettos, abgesehen von der kurzfristigen Überlassung von Arbeiterkontingenten an deutsche Stellen, zunächst keine herausragende Bedeutung. Als aber nach dem Scheitern des Madagaskar-Plans in Litzmannstadt die dauerhafte Versorgung der jüdischen Insassen zum Kostenproblem der vom Reich eingesetzten „Ernährungs- und Wirtschaftsstelle Getto" geworden war, ging von deren Leiter Hans Biebow ein wachsender Drang zur Nutzung der dortigen Arbeitskräfte aus. Biebow hatte die Absicht, durch Lieferungen von Ghettobetrieben an deutsche Auftraggeber, etwa die Wehrmacht, oder auch durch die Ausleihe von Arbeiterkontingenten Einnahmen für das Nahrungsmittelverrechnungskonto zu verbuchen, um neben der systematischen Verarmung der Jüdinnen und Juden und der Eintreibung ihrer Außenstände mit der Ghettoarbeit die Zahlungspflicht des Reiches zu minimieren.

Dies traf sich mit Überlegungen der jüdischen Selbstverwaltung des Ghettos mit dem „Judenältesten“ Chaim Rumkowski an der Spitze, die in der Einbeziehung möglichst vieler Jüdinnen und Juden in den deutschen Interessen dienenden Arbeitsprozess den einzigen Weg sah, die Nahrungsmittelversorgung der Ghettobewohner:innen zu sichern.[37] Demgegenüber ging es Biebow schlichtweg um eine Erhöhung des Auftragsbestandes und um die Eröffnung neuer Ghettofabriken, denn er befürwortete ein „Arbeitsghetto“, das durch seine Einnahmen den Kostenaufwand der Ernährung gleichsam mit eigenen Kräften erwirtschaftete, als Idealzustand. Die Planungen gingen im September 1940 von 50.221 Fachkräften und Ungelernten aus, wobei die mehr als 15.000 Schneiderinnen und Schneider bei dem hohen Wehrmachtsbedarf und angesichts der strukturellen Schwäche der deutschen Textilwirtschaft den Geschäftsschwerpunkt bilden sollten. Weitere Geschäftsfelder lagen in der Möbeltischlerei, der Kürschnerei und der Schuhmacherei. Um den hoch fliegenden Plänen bessere Realisierungschancen zu geben, kümmerten sich die deutschen Ghettoaufseher um die Beschaffung fehlender Nähmaschinen und Rohmaterialien. Darüber hinaus bemühte sich Biebow, wenngleich mit minderem Erfolg, um die Vermittlung von Jüdinnen und Juden zu außerhalb des Ghettos gelegenen Baustellen.[38]

Die im Winter 1940/41 einsetzende Sterbewelle in dem durch drangvolle Enge und Hungerrationen geprägten Ghetto Litzmannstadt mit mehreren Tausend Toten unterstrich, dass dort Arbeit und Tod unvermittelte Gleichzeitigkeit zukam. Während Belegschaftsteile der Ghettofabriken vom Hungertod hinweggerafft wurden, sorgten die deutschen Verantwortlichen ungerührt für neue Aufträge und eine bessere logistische Anbindung durch ein Anschlussgleis zum Bahnhof Litzmannstadt-Radegast. Allerdings waren die Einweisungen in Arbeitsstellen bis September 1941 überschaubar, als die Ghettoverwaltung 39.993 Beschäftigte, davon allerdings nur 17.936 „Produktive“ verzeichnete, sodass die Mehrheit der Ghettobewohner:innen weiterhin beschäftigungslos war und die Zahl der bei der jüdischen Selbstverwaltung Arbeitenden die der durch Außenaufträge Beschäftigten überstieg.[39] Obwohl die Tendenz der durch externe Aufträge induzierten Arbeitsmöglichkeiten nach oben zeigte und auch die Anzahl der Ghettobetriebe bis Spätsommer 1941 gesteigert werden konnte, blieben doch, wie ein junger Ghettoinsasse im August 1941 notierte, die „keineswegs zurückgehende Sterblichkeit und der Hunger, dieser nie nachlassende Hunger“[40] erhalten, was die Besonderheit der Ghettoarbeitsplätze unterstrich. Im selben Monat wurden im Ghetto 917 Todesfälle registriert.[41]

30 Tagebucheintrag vom 12.11.1942, in: Rieper u. Brandl Brown, Stationen, S. 71.

31 Dienstkalender Himmlers, S. 522.

32 Vgl. Kaienburg, Arbeitslager, S. 37; Sandkühler, Endlösung, S. 194; Angrick, Annihilation, S. 213 f.

33 Vgl. Raul Hilberg, Vernichtung, Bd. 1, S. 225 ff.; Saul Friedländer, Das Dritte Reich und die Juden. Bd. 2: Die Jahre der Vernichtung 1939-1945, München 2006, S. 56 ff.

34 Vgl. Hilberg, Vernichtung, S. 261 ff.

35 Vgl. Peter Klein, Die „Gettoverwaltung Litzmannstadt“ 1940-1944. Eine Dienststelle im Spannungsfeld von Kommunalbürokratie und staatlicher Verfolgungspolitik, Hamburg 2009, S. 80 ff.; Andrea Löw, Juden im Getto Litzmannstadt. Lebensbedingungen, Selbstwahrnehmung, Verhalten, Göttingen 2006, S. 97 ff.

36 Vgl. Hilberg, Vernichtung, S. 235; Ruta Sakowska, Menschen im Ghetto. Die jüdische Bevölkerung im besetzten Warschau 1939–1943, Osnabrück 1999; Eric J. Sterling (Hg.), Life in the Ghettos during the Holocaust, Syracuse, NY 2005; Dalia Ofer, The Ghettos in Transnistria and Ghettos under German Occupation in Eastern Europe. A Comparative Approach, in: Dieckmann u. Quinkert, Ghetto, S. 30-53.

37 Vgl. Klein, Gettoverwaltung, S. 110 ff.; Löw, Juden, S. 309 f.

38 Vgl. Klein, Gettoverwaltung, S. 176 ff.

39 Vgl. ebd., S. 268.

40 Tagebucheintrag vom 24.8.1941, in: Das Ghettotagebuch des Dawid Sierakowicz. Aufzeichnungen eines Siebzehnjährigen 1941/42, Leipzig 1993, S. 82 f.

41 Vgl. Andrea Löw, Arbeit, Lohn, Essen. Überlebensbedingungen im Ghetto, in: Zarusky (Hg.), Ghettorenten, S. 65-78.

Einen Einschnitt bedeutete die Deportation von 20.000 Jüdinnen und Juden aus dem Reichsgebiet und von 5.000 Romn:ja aus dem Burgenland mit dem Zielort „Getto Litzmannstadt".[42] Auch wenn der Regierungspräsident oder kommunale Stellen auf wehrwirtschaftliche Friktionen durch die großen Transporte in das ohnehin überfüllte Ghetto hinwiesen, änderte dies an deren in Berlin beschlossenen „Einsiedlung" nichts mehr. Gerade der Antransport von mehrheitlich älteren Jüdinnen und Juden aus dem Deutschen Reich, dem Protektorat Böhmen und Mähren sowie Luxemburg und von Romn:ja in das bislang ausschließlich von polnischen Jüdinnen und Juden bewohnte Ghetto verschärfte im Spätherbst 1941 die Lage in einer Weise, dass die deutschen Stellen die systematische Tötung der „Arbeitsunfähigen" als Lösung der von ihnen selbst verursachten unzureichenden Nahrungsmittelversorgung, des verknappten Wohnraums und der um sich greifenden Ansteckungskrankheiten in die Hand nahmen.

Parallel zur Vorbereitung der „Einsiedlung" der Jüdinnen und Juden sowie Romn:ja ins Ghetto erfolgte die Anpachtung eines Geländes bei Chełmno zum 1. Oktober 1941 durch das „Sonderkommando Lange", was den Startpunkt zur Einrichtung des späteren Vernichtungslagers Kulmhof bildete, in dem der Massenmord an Ghettobewohner:innen zunächst vor allem mit Gaswagen bewerkstelligt wurde.[43] Am 16. Dezember 1941 gaben die deutschen Behörden dem „Judenältesten" Rumkowski auf, 10.000 Menschen zur „Aussiedlung" aus dem Ghetto zu stellen. Da die jüdische „Selbstverwaltung" allein unter den zuletzt antransportierten Jüdinnen und Juden 11.925 Personen als „krank und ebenfalls arbeitsunfähig" ansah, definierte das erstmals von den Deutschen benannte Ziel, das Ghetto Litzmannstadt in ein „Arbeitsghetto" umzuwandeln, für die von Rumkowski eingesetzte „Aussiedlungskommission" das wesentliche Auswahlkriterium. Neben Straffälligen und ihren Familien kamen vor allem Beschäftigungslose und Fürsorgeempfänger:innen, also „Arbeitsunfähige", nach Kulmhof auf Transporte, die am 16. Januar 1942 begannen und bis zum 2. April 1942 insgesamt 44.124 Jüdinnen und Juden in den Tod brachten. Weitere 10.993 Jüdinnen und Juden schickten die Deutschen im Mai 1942 nach Kulmhof, bevor im September 1942 nochmals 14.432 Kinder und alte Menschen deportiert wurden, um Krankenhäuser in Werkstätten umwandeln zu können.

Zusammen mit der durch Hunger, Auszehrung und Infektionskrankheiten intendierten extrem hohen Sterblichkeit innerhalb des Ghettos hatten die Deutschen ihr Ziel erreicht, die Zahl der Bewohner:innen auf 89.500 Jüdinnen und Juden zu reduzieren und das „Arbeitsghetto" Wirklichkeit werden lassen. Nun standen fast alle Ghettobewohner:innen in Arbeit, mehrheitlich um Wehrmachtsaufträge zu erledigen oder auch Textilaufträge, etwa der Firma Neckermann, abzuwickeln.[44] Die drohende Auslöschung gab der Losung „Unser einziger Weg ist Arbeit" eine für alle nachvollziehbare Logik.[45] Deshalb arbeiteten Ghettoinsassen gleichsam um ihr Leben, wenn sie pünktlich Wehrmachtsuniformen oder auch Strohschuhe in guter Qualität auslieferten.[46] Termintreue und Lieferqualität brachten schlussendlich eine zahlenmäßig nicht unerhebliche Auftragsvergabe an die Ghettobetriebe, was die Hoffnung nähren mochte, gleichsam unersetzlich zu werden und dadurch von Deportationen in den Tod ausgenommen zu werden.

Allerdings war die Effektivität beispielsweise der Textilwirtschaft begrenzt, da Rumkowski bereits im Vorfeld der befürchteten Deportationen zu deren Schutz vermehrt Kinder und Jugendliche in Arbeitsstätten eingewiesen hatte, die den Kraftanforderungen nicht immer genügten. Auch fehlte mitunter die geeignete maschinelle Ausstattung, um aus den wachsenden Auftragsmengen deutliche Rationalisierungserträge erzielen zu können. Gleichwohl stellten die Beschäftigten ihre Leistungsfähigkeiten heraus[47], was Oskar Rosenfeld in seinem Tagebuch mit den Worten „Getto verherrlicht sich selbst, feiert seine eigene Sklaverei" bitter kommentierte.[48] Zudem blieb die im Herbst 1942 durchgesetzte 60-Stunden-Woche noch hinter der in der deutschen Rüstungswirtschaft üblichen Arbeitszeit zurück, was aber auch aus der Lebenslage der Ghettoarbeiter:innen resultierte, denn das Ghetto ruhte nach Ansicht Rumkowskis auf den drei Säulen „Kälte, Hunger und Arbeit".[49]

Die Besonderheit der Ghettoarbeit bildete aber, dass die Binnenorganisation ungeachtet der Einflussnahmen deutscher Stellen in jüdischen Händen lag, keine SS-Wachen die Arbeitsleistung erschwerten und die Arbeit Nahrung gab, was den meisten trotz der Unterversorgung einstweilen ein Überleben ermöglichte. Dies stand in schroffem Gegensatz zu den Verhältnissen in den externen Zwangsarbeitslagern für Jüdinnen und Juden, wie Janowska.[50] Zwar starben 1943 im Ghetto 4.573 Jüdinnen und Juden, jedoch überlebten rund 95 Prozent der Ghettobewohner:innen das Jahr. Dass in den Ghettobetrieben Streiks aufflackerten, die sich im Wesentlichen aber nicht gegen die von den Deutschen veranlasste Nutzung ihrer Arbeitsleistungen für die Wehrmachtsversorgung, sondern gegen die unzureichende Lebensmittelversorgung und damit eher gegen die jüdischen Selbstverwaltungsstrukturen richteten, unterstreicht die spezifische Situation im Ghetto Litzmannstadt.[51]

Überhaupt schufen deutsche Institutionen die Rahmenbedingungen des Überlebens. Im Gebietskommissariat Riga entstanden zwar im Frühjahr 1942 noch vereinzelt jüdische Arbeitskommandos außerhalb des Ghettos Riga mit günstigen Überlebensbedingungen; spätestens im Sommer 1943 gewann jedoch im ganzen Generalkommissariat Lettland die ideologisch und sicherheitspolizeilich begründete Vernichtung die Oberhand über die ökonomische Ausbeutung der Jüdinnen und Juden.[52] In den Augen der SS deckte aber auch im Ghetto Litzmannstadt die wirtschaftliche Leistung der Ghettobetriebe allenfalls den „Unterhalt der Ghettoinsassen" und diente erst in zweiter Linie der deutschen Kriegswirtschaft, sodass ein wesentliches Argument für den Erhalt des Ghettos für sie keine Gültigkeit hatte. Nach dem Aufstandsversuch des Warschauer Ghettos und der Revolte jüdischer Häftlinge im Vernichtungslager Sobibor sah Himmler ohnehin in den bestehenden Ghettos und Zwangsarbeitslagern ein zunehmendes Sicherheitsrisiko, sodass im November 1943 mit der Aktion „Erntefest" die Tötung aller Jüdinnen und Juden im Distrikt Lublin begann.[53] Dementsprechend richtete sich die Mordabsicht auch wieder gegen die Jüdinnen und Juden im Warthegau, und Mitte Februar 1944 begannen nach einer Einigung zwischen Himmler und dem Gauleiter des Warthegaus, Arthur Greiser, die Vorbereitungen zur Wiedereröffnung des Vernichtungslagers Kulmhof.[54] Als Anzeichen der auf direkte Ausbeutung oder unmittelbare Tötung ausgerichteten neuen Phase der Judenpolitik kann der Abtransport von mehr als 3.200 Juden in die KZ-Außenkommandos bei den Zweigwerken der Hugo Schneider AG in Tschenstochau im März 1944 gewertet werden.[55]

Der vermeintlich durch Rüstungsminister Albert Speer und Heinrich Himmler geradezu personalisierte Konflikt zwischen Arbeit und Vernichtung führte schlussendlich dazu, dass die Jüdinnen und Juden

---

42 Klein, Gettoverwaltung, S. 353 ff.; Frank Sparing, Das „Zigeunerwohngebiet" im Ghetto Łódź 1941/42, in: Dieckmann u. Quinkert, Ghetto, S. 136-170.

43 Vgl. Klein, Gettoverwaltung, S. 383 ff.; Shmuel Krakowski, Das Todeslager Chełmno/Kulmhof, Göttingen 2007.

44 Vgl. Klein, Gettoverwaltung, S. 476 und 523.

45 Vgl. Löw, Juden, S. 310; Hanno Loewy u. Gerhard Schoenberger (Hg.), „Unser einziger Weg ist Arbeit". Das Getto in Łódź, Wien 1990.

46 Die Diskussion um die sog. Ghettorenten vermischt mitunter Todesdrohung, Freiwilligkeit der Arbeit und erlangte Subsistenzmöglichkeiten; siehe Zarusky, Ghettorenten; Ulrich Freudenberg, Beschäftigung gegen Entgelt im Rahmen von Ghetto-Renten, in: Ralf Thomas Baus (Hg.), Aktuelle Fragen des Sozialrechts. Erste rechtspolitische Gespräche zum Sozial- und Arbeitsrecht, Bad Augustin 2010, S. 131-152.

47 Dies zeigte sich auch in den erhaltenen fotografischen Arbeiten; vgl. Tanja Kinzel, Zwangsarbeit im Fokus. Drei fotografische Perspektiven aus dem Ghetto Litzmannstadt, in: Dieckmann u. Quinkert, Ghetto, S. 171-204.

48 Zit. nach Löw, Juden, S. 327.

49 Tagesbericht von Dienstag, den 10. Januar 1944, in: Saschau Feuchert, Erwin Leibfried u. Jörg Riecke (Hg.), Die Chronik des Gettos Łódź/Litzmannstadt 1944, Göttingen 2007, S. 58.

50 Vgl. Klein, Gettoverwaltung, S. 529; Sandkühler, Endlösung, S. 185 ff. und 379 ff.

51 Andrea Löw u. Sascha Feuchert, Das Getto Litzmannstadt – 1941, in: Feuchert, Leibfried u. Riecke (Hg.), Chronik, S. 11; Löw, Juden, S. 328 ff.

52 Vgl. Andrej Angrick u. Peter Klein, Die „Endlösung" in Riga. Ausbeutung und Vernichtung 1941-1944, Darmstadt 2006, S. 350 ff., 360 und 389 f.; siehe zu den Unterschieden in den Verwaltungseinheiten und den verschiedenen Phasen auch Martin Dean, Lebensbedingungen, Zwangsarbeit und Überlebenskampf in den kleinen Ghettos. Fallstudien aus den Generalkommissariaten Weißruthenien und Wolhynien-Podolien, in: Dieckmann u. Quinkert, Ghetto, S. 54-73; Sara Bender, Die Juden von Chmielnik unter deutscher Besatzung (1939-1943), in: ebd., S. 74-96; Sara Bender, Otwock. Portrait eines Ghettos in einem ehemaligen Kurort, in: ebd., S. 97-115.

53 Vgl. Klein, Gettoverwaltung, S. 599; Sandkühler, Endlösung, S. 396; Helge Grabitz u. Wolfgang Scheffler, Letzte Spuren: Ghetto Warschau, SS-Arbeitslager Trawniki, Aktion Erntefest. Fotos und Dokumente über Opfer des Endlösungswahns im Spiegel der historischen Ereignisse, Berlin 1993.

54 Vgl. Klein, Gettoverwaltung, S. 606 f.

55 Vgl. ebd., S. 613.

des Ghettos Litzmannstadt am Ende der gleichen Behandlung ausgesetzt wurden wie die auch als Arbeitskraftreserve angesehenen ungarischen Jüdinnen und Juden. Nachdem im Juli 1944 noch rund 7.000 Jüdinnen und Juden aus dem Ghetto Litzmannstadt in Kulmhof ermordet worden waren, gingen im August 1944 67.000 Jüdinnen und Juden auf Transport nach Auschwitz: 48.000 Menschen, allesamt zuvor „Arbeitsfähige" der Ghettobetriebe, wurden dort unmittelbar nach ihrer Ankunft in den Gaskammern erstickt; 19.000 gerieten als Zwangsarbeiter:innen in den stark dezentralisierten KZ-Kosmos und behielten eine Überlebenschance.[56] Im früheren Ghetto blieb dagegen nur ein „Aufräumkommando" zurück. Am 19. Januar 1945 befreite die Rote Armee auf dem Ghettogelände die letzten 800 von ursprünglich mehr als 230.000 Jüdinnen und Juden in Łódź; die Gesamtzahl der Überlebenden des Ghettos Litzmannstadt wird auf höchstens 7.000 Personen geschätzt.[57] Auch im Ghetto zeigte sich, dass die Logik, wonach wer arbeite auch leben dürfe, nur eine Chiffre war, aus der sich keine sichere Überlebensstrategie ableiten ließ. Denn es lag in der Macht der verschiedenen deutschen Stellen, zu den unterschiedlichen Zeitpunkten die Nützlichkeit der „Arbeitsfähigen" oder deren sicherheitspolitische Gefährlichkeit zu betonen, sofern nicht die rassistisch motivierte Tötungsabsicht in den Vordergrund trat.[58]

VERNUTZUNGSWIRTSCHAFT UND HÄFTLINGSTOD, 1944/45

Eine rassistisch motivierte ethnische Hierarchisierung der Arbeit prägte die betriebliche Realität der nationalsozialistischen Kriegswirtschaft bereits vor der Ausweitung des ökonomisierten KZ-Systems im Frühjahr 1944. Dementsprechend war die Todesdrohung keine mit dem Eintreffen von KZ-Häftlingskontingenten in Betrieben und auf Baustellen verbundene Neuigkeit, sondern gerade auch im Bergbau, der als Erprobungsfeld eines betrieblichen „Einsatzes" von Slawen gedient hatte, bereits üblich.[59] Angesichts der hohen Mortalität von sowjetischen Kriegsgefangenen bildete die „Gefährdung der physischen Existenz" bereits eine „Grunderfahrung" dieser Zwangsarbeitergruppe.[60] Hans-Christoph Seidel benennt mit der unzureichenden Ernährung, der erhöhten Infektions- und Seuchengefahr infolge mangelnder Hygiene, der schlechten medizinischen Versorgung, den besonderen Unfallgefahren, der Repression und dem Terror sowie dem geringeren Schutz vor dem Bombenkrieg sechs kumulative Faktoren, die das Sterberisiko der sowjetischen Kriegsgefangenen dramatisch erhöhten – die Gräberfelder auf vielen kommunalen und kirchlichen Friedhöfen in Deutschland belegen dies nachdrücklich. Die Praxis diskriminierender Ausgrenzung und rigider Bestrafung abweichenden Verhaltens bestand trotz des funktionalen Pragmatismus der betrieblichen Zwangsarbeitspolitik, etwa durch die Auslobung materieller und sonstiger Anreize zur Leistungssteigerung in Form zusätzlicher Nahrungsrationen oder der Aussicht auf einen günstigeren Arbeitsplatz, fort.[61]

Die sich abzeichnende Niederlage machte im Frühjahr 1944 den Arbeitskräftehunger der deutschen Rüstungswirtschaft ultimativ, woraufhin die vom 27. April 1944 an nach Auschwitz deportierten ungarischen Jüdinnen und Juden als letzte Arbeitskraftreserven dienten, ohne dass dort die serielle Tötung stoppte. Die Selektion auf der Rampe ordnete weiterhin die als „arbeitsunfähig" Kategorisierten dem Weg in die Gaskammern zu. Doch das Interesse an „arbeitsfähigen" Jüdinnen und Juden in den Konzentrationslagern stieg, von denen eine wachsende Zahl aus Auschwitz in KZ-Außenlager im Reichsgebiet abtransportiert wurden. Die Zwangsarbeit von KZ-Häftlingen in der deutschen Kriegswirtschaft hatte 1942 zunächst in geringem Umfang eingesetzt, war aber in Kernbereichen der Rüstungswirtschaft, etwa dem Flugzeugbau, bereits durchaus etabliert.[62] Das Novum bildete mithin die Heranziehung jüdischer KZ-Häftlinge im Reichsgebiet. Zudem erhöhte sich parallel die Zahl der neu eingewiesenen politischen Häftlinge aus den besetzten Ländern West- und Nordeuropas merklich.

Die alliierte Luftüberlegenheit führte unter Rüstungsminister Albert Speer zur Gegenreaktion einer umfassenden Dezentralisierung der Rüstungswirtschaft, die eine Untertageverlagerung von Fertigungskapazitäten einschloss. Den Anfang hatte Ende August 1943 nach der Bombardierung Peenemündes die Verlegung der Serienfertigung der A4-Rakete in den Kohnstein bei Nordhausen, in das „Mittelwerk" gemacht. Die Häftlinge des KZ Buchenwald blieben beim Innenausbau der Gipsstollen dauerhaft im Berg, wo sie der gleichbleibenden feuchten Kälte, dem durch Sprengungen verursachten Steinstaub, der Überbelegung und den Brutalitäten der SS-Wachmänner ausgesetzt waren. Rund ein Drittel der Häftlinge starb bis Ende März 1944. Der SS-Spitze bot das KZ Mittelbau-Dora gerade auch wegen der hohen Todeszahlen ein Paradebeispiel dafür, dass sich mit der skrupellosen Ausbeutung von KZ-Häftlingen gleichsam Berge versetzen ließen.[63] Durch ihr Häftlingsarbeitspotenzial erhielt die SS in der für entscheidend gehaltenen Kriegsphase innerhalb der NS-Polykratie einen höheren Stellenwert.

Dem ersten Anschein nach verfügte die SS in ihren Lagern über ein schier unerschöpfliches Arbeitskräftereservoir. Allein die Flugzeugindustrie beanspruchte für die Steigerung der Großserienfertigung von Jagdflugzeugen rund 200.000 Arbeitskräfte, die insbesondere vom KZ-System gestellt werden sollten. Dass ein rationeller Einsatz von KZ-Häftlingen selbst in High-tech-Bereichen der Luftrüstung möglich war, hatten die betrieblichen Erfahrungen etwa bei Heinkel schon gezeigt.[64] Die Beteiligung an der Untertageverlagerung fiel Unternehmen umso leichter, als die Maßnahmen in finanzieller Hinsicht risikolos waren, zahlte doch der Staat den gesamten Aufwand. Außerdem boten die neuen Fabrikstandorte oder Untertagefabriken die Möglichkeit zur Vergrößerung der eigenen Werkskapazitäten. Zudem lockte die bombensichere Unterbringung der Maschinen. Zweifel an dem eingeschlagenen Weg bestanden weder bei den Unternehmen oder den Rüstungsplanern noch bei der SS. Bei diesen unter enormem Zeitdruck stehenden Vorhaben zur Untertageverlagerung hatten ausländische Zwangsarbeiter:innen und KZ-Häftlinge die Herkulesarbeit gleichsam durch die Zermalmung ihrer Körper zu bezahlen, was dem systemimmanenten Zusammenhang von Expansion und Destruktivität entsprach.[65] In gewisser Weise dienten die Arbeit und der Tod von KZ-Häftlingen auch dazu, die inzwischen unvermeidlich gewordene militärische Niederlage und den Untergang des NS-Regimes noch nicht wahrnehmen zu müssen. Der fehlende Selbstzweifel trieb die deutsche Kriegsgesellschaft einschließlich des Subsystems Wirtschaft nur noch tiefer in den mordenden Zerfall hinein.

KZ-Häftlinge, darunter zehntausende Juden, erschienen im Frühjahr 1944 also als Rettung aus der Arbeitskräfteknappheit; die Untertagefabriken galten als Ausweg aus der Zerbombung der Fertigungskapazitäten. Was zunächst als frei verfügbar erscheinende Ressource galt, wurde in der Realität doch rasch rar, sodass Unternehmen um unterirdische

56 Ebd., S. 622; Löw u. Feuchert nennen dagegen nur 2.000 in das KZ-Außenlagersystem gelangte Personen, vgl. Andrea Löw u. Sascha Feuchert, Das Getto Litzmannstadt – 1944, in: Feuchert, Leibfried u. Riecke, Chronik 1944, S. 11.

57 Vgl. Löw, Juden, S. 498.

58 Vgl. Klein, Gettoverwaltung, S. 635 ff.; Ulrich Herbert, Arbeit und Vernichtung. Ökonomisches Interesse und Primat der „Weltanschauung" im Nationalsozialismus, in: Dan Diner (Hg.), Ist der Nationalsozialismus Geschichte? Zu Historisierung und Historikerstreit, Frankfurt am Main 1987, S. 198-236

59 Hans-Christoph Seidel, „Ein buntes Völkergemisch hat eine Wanderung durch unsere Gruben gemacht." Ausländereinsatz und Zwangsarbeit im Ruhrbergbau 1940 bis 1945, in: Klaus Tenfelde u. Hans-Christoph Seidel (Hg.), Zwangsarbeit im Bergwerk. Der Arbeitseinsatz im Kohlenbergbau des Deutschen Reiches und der besetzten Gebiete im Ersten und Zweiten Weltkrieg, Bd. 1, Essen 2005, S. 75-159, hier S. 121 ff.; Thomas Urban, Zwangsarbeit im Tagebau. Der Einsatz von Kriegsgefangenen und ausländischen Zivilarbeitern im mitteldeutschen Braunkohlenbergbau 1939 bis 1945, Essen 2006, S. 255 ff.

60 Seidel, Völkergemisch, S. 123; siehe auch ders., Der Ruhrbergbau im Zweiten Weltkrieg, Zechen – Bergarbeiter – Zwangsarbeiter, Essen 2010, S. 387 ff.

61 Vgl. Grieger, Industrie, S. 92 ff.

62 Vgl. Buggeln, Arbeit, S. 35 ff; Nikolaus Wachsmann, KL. Die Geschichte der nationalsozialistschen Konzentrationstrationslager, München 2018, S. 474 ff.

63 Vgl. Jens-Christian Wagner, Gewalt und Überleben unter Tage: Die Behandlung der KZ-Gefangenen bei der Untertageverlagerung von Rüstungsprojekten im KZ Mittelbau-Dora 1943-1945, in: Hermann Kaienburg (Hg.), Nationalsozialistische Konzentrationslager 1933-1945. Die Veränderung der Existenzbedingungen, Berlin 2010, S. 147-162.

64 Vgl. Lutz Budraß, Der Schritt über die Schwelle. Ernst Heinkel, das Werk Oranienburg und der Einstieg in die Beschäftigung von Häftlingen, in: Winfried Meyer u. Klaus Neitmann (Hg.), Zwangsarbeit während der NS-Zeit in Berlin und Brandenburg, Formen, Funktionen und Rezeption, Potsdam 2001, S. 129-162; ders., „Arbeitskräfte können aus der reichlich vorhandenen jüdischen Bevölkerung gewonnen werden." Das Heinkel-Werk in Budzyn 1942-1944, in: Jahrbuch für Wirtschaftsgeschichte 2004/I, S. 41-64.

65 Vgl. Manfred Grieger, Der Betrieb als Ort der Zwangsarbeit. Das Volkswagenwerk und andere Unternehmen zwischen 1939 und 1945, in: Jürgen Lillteicher (Hg.), Profiteure des NS-Systems? Deutsche Unternehmen und das „Dritte Reich", Berlin 2006, S. 82-107, insbesondere S. 99 f.; siehe auch Tooze, Ökonomie, S. 712 ff.; Guido Fackler, Die Vernichtung des gefangenen Körpers. Arbeit und Körperlichkeit im KZ, in: Beate Binder, Silke Göttsch, Wolfgang Kaschuba u. Konrad Vanja (Hg.), Ort. Arbeit. Körper. Ethnografie Europäischer Modernen. 34. Kongress der Deutschen Gesellschaft für Volkskunde, Berlin 2003, Münster/New York 2005, S. 477-488.

Flächen und um die Zuteilung möglichst großer Häftlingskontingente konkurrierten. Enge Kontakte zu den Entscheidungsträgern der Rüstung oder auch zur SS-Spitze boten nun entscheidende Vorteile bei der Vergabe von knappen Ressourcen. So aktivierten neben anderen Unternehmern und Managern beispielsweise Bodo Lafferentz und Ferdinand Porsche, Hauptgeschäftsführer der Volkswagenwerk GmbH, im März 1944 mit Erfolg ihre enge Verbindung zu Heinrich Himmler und Oswald Pohl, um außerplanmäßige Zuweisungen von KZ-Häftlingen zu erhalten.[66]

Das bis Kriegsende stark dezentralisierte KZ-System, zu dem am Ende rund 1.000 Außenlager der KZ-Hauptlager gehörten, brachte eine starke Differenzierung der Verhältnisse mit sich. Das Mortalitätsrisiko verteilte sich unter den Häftlingen durchaus unterschiedlich. Zum einen wirkten sich die konkrete Arbeit, etwa körperlich schwere und gefährliche Transport- oder Bauarbeiten, und der Arbeitsort, etwa bei Untertagearbeitsplätzen oder auch bei Außenarbeiten, in einer variierenden Sterblichkeit aus. Als weiterer Faktor ist der ausgeübte Zeitdruck zu nennen, der beispielsweise bei der Dezentralisierung von Fertigungskapazitäten und der Verlagerung von Betriebsstätten unter Tage in aller Regel zum gewaltsamen Antreiben der dort eingesetzten Häftlinge führte. Solche Bauprojekte lagen beispielsweise in der Zuständigkeit von BMW, Messerschmitt oder staatlichen Stellen, wie beim U-Boot-Bunker „Valentin" in Farge.[67] Sofern den KZ-Häftlingen dort ein hohes Arbeitstempo abverlangt wurde, sie als Folge ungenügender Ernährung auszehrten oder wegen mangelnder Hygienemöglichkeiten und ungünstiger Unterbringung erkrankten, sie von Wachmännern oder deutschen Vorgesetzten verletzt wurden, gingen sie vermehrt zu Grunde.

In aller Regel brachten die meisten Arbeitsorte in der Produktion schon allein wegen der überdachten Arbeitsplätze für die KZ-Häftlingsarbeiter günstigere Überlebensverhältnisse mit sich als auf Baustellen – beispielsweise beim Außenlager Schwesing bei Husum, wo beim Bau von Panzergräben allein im November 1944 mit 178 Männern mehr als zehn Prozent der Häftlinge starben.[68] Allerdings bestand auch in den meisten Produktionsaußenlagern des KZ Neuengamme kein Automatismus der Schonung, da auf den Werften und in der Kraftfahrzeug- und Rüstungsindustrie Arbeit und Repression Hand in Hand gingen.

Die Anzahl der Todesfälle variierte stark: Keiner der 300 jüdischen KZ-Häftlinge, die ein Ingenieur des Volkswagenwerks Ende Mai 1944 in Auschwitz zur Anlernung in der Montage der Fi 103 („V1") ausgesucht hatte, kam sowohl während ihrer rund sechswöchigen Anwesenheit im „Hauptwerk" im heutigen Wolfsburg als auch während ihrer Zwangsarbeit im Außenlager Thil des KZ Natzweiler wie auch im Außenlager „Rebstock" in Dernau an der Ahr zu Tode. Erst nach ihrer Deportation in das KZ Mittelbau-Dora am 27. September 1944 setzte unter ihnen das Sterben ein.[69] Demgegenüber starben beispielsweise in dem erst im Januar 1945 bei der Deschimag AG Weser eingerichteten Außenlager mindestens 252 der rund 1.000 KZ-Häftlinge; die monatliche Sterblichkeit betrug im Februar und März 1945 immerhin 15,1 bzw. 16,3 Prozent.[70]

Mit Blick auf die hohen Sterbeziffern, etwa im KZ Mauthausen und speziell in Gusen, erklärt sich, warum der Begriff der „Vernichtung durch Arbeit" weiterhin Verwendung findet.[71] Allerdings zeigten sich innerhalb der jeweiligen KZ-Hauptlager ähnliche Unterschiede, vergleicht man beispielsweise im Dachauer Lagerkomplex die Bauaußenlager bei den Großbunkern am Inn mit dem Kommando „Plantage".[72] Selbst innerhalb eines Unternehmenszusammenhangs zeigten sich, etwa im Volkswagenwerk, deutliche Abweichungen. Während unter den mehrheitlich politischen Häftlingen des KZ-Außenlagers Laagberg, die zu Bauarbeiten an einem Barackenlager eingesetzt waren, durch das brutale Verhalten der Wachmannschaften, die unzureichende Ernährung und die Witterungseinflüsse auf der Baustelle mindestens 43 Todesopfer unter den maximal 644 Häftlingen zu verzeichnen waren, betrug die Mortalität im gleichzeitig in der Fabrik bei der Herstellung von Panzerfäusten und Tellerminen eingesetzten 650-köpfigen Frauenkommando, unter denen Jüdinnen die überwiegende Mehrheit stellten, nur ein Bruchteil.[73]

Die aufbereiteten empirischen Daten zum KZ Neuengamme zeigen, dass in dessen Außenlagersystem zwar insgesamt eine gegenüber dem Durchschnitt erhöhte Sterblichkeit der jüdischen Häftlinge bestand. Jedoch zeigten sich große geschlechtsspezifische Unterschiede: Während Jüdinnen eine ausgesprochen hohe Überlebenswahrscheinlichkeit aufwiesen, mussten männliche nichtjüdische Häftlinge aus den Niederlanden oder Frankreich ein selbst gegenüber männlichen Juden höheres Sterberisiko tragen.[74] Daraus folgte, dass allein durch die Art der Arbeit und die Positionierung in der rassistischen NS-Hierarchie keine hinreichende Bedingung für die tödliche Verrohung der industriellen Arbeitsbeziehungen gegeben war. Stattdessen hatte die Lagergröße wohl wegen des unterschiedlichen Anonymisierungsgrads der Häftlingsgruppen eine erkennbare Auswirkung auf die jeweilige Mortalität, die in der Zerfallsphase des NS-Regimes in den kleinen Außenlagern mit weniger als 200 Häftlingen nur ein Achtel der Werte in den großen Außenlagern mit mehr als 3.500 Häftlingen betrug.

Vor diesem Hintergrund bedarf es des Blicks auf die jeweilige Arbeitsplatz- und Unterbringungssituation, das Bewacherverhalten und das Verwertungsinteresse im zeitlichen Verlauf, um die Unterschiede benennen zu können. Denn einer einheitlichen Vernichtungspolitik stand in den Unternehmen die dezentralisierte Entscheidungskompetenz und auf Seiten der Bewachenden die unterschiedlicher werdende Prägung durch Erfahrungshintergrund oder Wertorientierung entgegen, sodass auf der Ebene der Betriebe und Baustellen das unvermittelte Nebeneinander von lebenserhaltender funktionaler Schonung und „Auslieferung an den Tod" zum Signum eines systemischen Massenverbrechens wurde.[75]

Unter den Bedingungen des untergehenden NS-Systems erfolgte die Dehumanisierung von KZ-Häftlingsarbeiter:innen, die zu einem gleichsam unbelebten Produktionsfaktor herabgestuft und auch so behandelt wurden. Dies führte – auch im Fall des KZ Mittelbau-Dora – dazu, dass „eine klare Trennung von ‚rationalen' wirtschaftlichen von ‚irrationalen' ideologischen Aspekten […] nicht mehr gegeben" war.[76] So unterschiedlich die lebenserhaltenden oder überlebensgefährdenden Auswirkungen der jeweiligen Verwertungslogik auch waren, so bestand gleichwohl kein „durchgängig wirksames und handlungsleitendes System der ‚Vernichtung durch Arbeit'".[77] Doch auch ohne Vernichtungsprogramm fanden sich am Ende des NS-Regimes an vielen Orten Leichenberge: als Ergebnis der Todesmärsche durch Massaker, oder wie in der Boelcke-Kaserne und auch in Bergen-Belsen durch das bewusste Abdrängen von KZ-Häftlingen in „Sterbezonen";

---

66 Vgl. Manfred Grieger, Unternehmen und KZ-Arbeit. Das Beispiel der Volkswagenwerk GmbH, in: Hermann Kaienburg (Hg.): Konzentrationslager und deutsche Wirtschaft 1939-1945, Opladen 1990, S. 77-94.

67 Vgl. Constanze Werner, Kriegswirtschaft und Zwangsarbeit bei BMW, München 2006, S. 308 ff.; Konzentrationslager Flossenbürg 1938-1945. Katalog zur ständigen Ausstellung, Göttingen 2008, S. 168 ff.; Buggeln, Arbeit, S. 238 ff; Wachsmann, KL, S. 535 ff.

68 Vgl. ebd., S. 251.

69 Vgl. Hans Mommsen u. Manfred Grieger, Das Volkswagenwerk und seine Arbeiter im Dritten Reich, Düsseldorf 1996, S. 953 ff.; siehe auch den Erinnerungsbericht von Moshe Shen, Überleben war für uns KZ-Häftlinge eine Frage der Zeit, in: Manfred Grieger, Ulrike Gutzmann u. Dirk Schlinkert (Hg.), Überleben in Angst. Vier Juden berichten über ihre Zeit im Volkswagenwerk in den Jahren 1943 bis 1945, Wolfsburg 2005, S. 23-32.

70 Vgl. Buggeln, Arbeit, S. 294.

71 Bertrand Perz, „Vernichtung durch Arbeit" im KZ Mauthausen (Lager der Stufe III) 1938-1945, in: Kaienburg (Hg.), Existenzbedingungen, S. 89-104; siehe auch Stefan Wolfinger, Das KZ-Außenlager St. Valentin, Wien 2009.

72 Vgl. Sabine Schalm, Überleben durch Arbeit? Außenkommandos und Außenlager des KZ Dachau 1933-1945, Berlin 2009; Alois Epple, KZ Türkheim. Das Dachauer Außenlager Kaufering VI, Bielefeld 2009; Edith Raim (Hg.), Überlebende von Kaufering. Biografische Skizzen jüdischer ehemaliger Häftlinge. Materialien zum KZ-Außenlagerkomplex Kaufering, Berlin 2008; Daniela Seidl, „Zwischen Himmel und Hölle". Das Kommando „Plantage" des Konzentrationslagers Dachau, München 2008.

73 Vgl. Manfred Grieger, Wolfsburg (Volkswagenwerk Fallersleben), in: Benz u. Distel (Hg.), Ort des Terrors, Bd. 5: Hinzert, Auschwitz, Neuengamme, München 2007, S. 547-550; ders., Wolfsburg-„Laagberg", in: ebd., S. 551-555; Buggeln, Arbeit, Anhang 6 und 7; Hans Ellger, Zwangsarbeit und weibliche Überlebensstrategien. Die Geschichte der Frauenaußenlager des Konzentrationslagers Neuengamme 1944/45, Berlin 2007, S. 313.

74 Buggeln, Arbeit, S. 333; siehe auch Bernhard Strebel, „Himmelweite Unterschiede". Über die Existenzbedingungen im KZ Ravensbrück 1939-1945, in: Kaienburg (Hg.), Existenzbedingungen, S. 105-124.

75 Grieger, Betrieb, S. 100; vgl. Christine Glauning, Entgrenzung und KZ-System. Das Unternehmen „Wüste" und das Konzentrationslager in Bisingen 1944/45, Berlin 2006.

76 Jens-Christian Wagner, Das Außenlagersystem des KL Mittelbau-Dora, in: Ulrich Herbert, Karin Orth u. Christoph Dieckmann (Hg.), Die nationalsozialistischen Konzentrationslager. Entwicklung und Struktur, Bd. 2, Göttingen 1998, S. 707-729, hier S. 724.

77 Buggeln, Arbeit, S. 54; Winfried Meyer, Funktionalismus, Intentionalismus und „Machtsystem eigener Art". Anmerkungen zur Erklärung der heterogenen Existenzbedingungen der KZ-Häftlinge, in: Kaienburg, Existenzbedingungen, S. 73-88; Stefan Hördler, Ordnung und Inferno. Das KZ-System im letzten Kriegsjahr, Göttingen 2015, S. 279 ff.

schließlich ihr Heraushalten aus der bis zuletzt für Deutsche funktionierenden Versorgungsstruktur.[78] Der Tod war mithin Folge der Nichtversorgung wie der bewussten Tötung. Ermöglicht wurde dies durch die Gemengelage aus ideologischer Mobilisierung, funktionalistischem Pragmatismus und ambivalente Haltungen erzeugenden Gewöhnungseffekten, die Vorbehalte gegenüber der vernutzenden Zwangsarbeit zurückdrängte. Unternehmen, aber auch kommunale und staatliche Strukturen nutzten, was das NS-Regime an Beteiligungsleistungen bot, also auch die von den Arbeitslenkungsgremien angebotenen KZ-Häftlinge, selbst wenn dies deren Tod nach sich ziehen konnte.

Dr. Manfred Grieger,
geb. 1960, ist Honorarprofessor an der Universität Göttingen und freiberuflicher Historiker. Veröffentlichungen u.a.: „Rebstock" und „Rebstock (Stephan)" – zwei Außenlager im Konzentrationslager-System bei Marienthal und Dernau, August bis Dezember 1944, Mainz 2021.

78 Vgl. Katrin Greiser, Die Todesmärsche von Buchenwald. Räumung, Befreiung und Spuren der Erinnerung, Götttingen 2008; Jens-Christian Wagner, Gesteuertes Sterben. Die Boelcke-Kaserne als zentrales Siechenlager des KZ Mittelbau, in: Dachauer Hefte 20 (2004), S. 127-138; Stiftung niedersächsische Gedenkstätten (Hg.), Bergen-Belsen: Kriegsgefangenenlager 1940-1945, Konzentrationslager 1943-1945, Displaced-persons-Camp 1945-1950. Katalog der Dauerausstellung, Göttingen 2009.

„HERRENMENSCHEN“ UND „ARBEITSVÖLKER“: ZWANGSARBEIT UND GESELLSCHAFT

Dietmar Süß

1. MENSCHENRAUB UND VOLKSGEMEINSCHAFT

Die millionenfache Versklavung „fremdvölkischer“ Arbeitskräfte war Teil nationalsozialistischer Imperialpolitik und entwickelte sich zum größten rassistischen Ausbeutungsunternehmen der neueren Geschichte: Im Sommer 1944 waren über 7,6 Millionen ausländische Arbeitskräfte im Deutschen Reich gemeldet, davon rund 1,9 Millionen Kriegsgefangene und 5,7 Millionen zivile Arbeitskräfte, die meisten von ihnen aus Polen und der Sowjetunion.[1] Ohne dieses Heer an Arbeitskräften wäre der Raub- und Vernichtungskrieg der nationalsozialistischen „Volksgemeinschaft“ nicht zu führen gewesen. Zum Wesen der „Volksgemeinschaft“ gehörte deshalb beides: der immer wieder neu propagierte Versuch zur Integration der „arischen“ Bevölkerung, ihre Beteiligung am Aufbau des „Dritten Reiches“, das Versprechen und die Suggestion völkischer Gleichheit verbunden mit neuen Hoffnungen auf Partizipation und Aufstieg einerseits; andererseits der radikale Ausschluss von „Volksfeinden“ und „Gemeinschaftsfremden“.

Für die Vision einer „Volksgemeinschaft“ spielte die Deutung des Ersten Weltkriegs eine zentrale Rolle, insbesondere populäre Interpretationen, die versuchten, die deutsche Niederlage mit der fehlenden nationalen Geschlossenheit zu erklären. Völkisches Ordnungsdenken kreiste daher um die Frage, wie das deutsche Volk in den Stand versetzt werden könne, die Schmach des verlorenen Krieges zu überwinden, um wieder zu alter nationaler Größe zurückzufinden. Während die Weimarer Demokratie auf der autonomen Lebensgestaltung und der individuellen Entfaltung ihrer Bürger basierte, gab die nationalsozialistische „Lebensraum“-Utopie den Mitgliedern der „Volksgemeinschaft“ klare Handlungsmaximen vor, die außenpolitische und gesellschaftspolitische Ziele eng aufeinander bezogen. Was individuelles Glück bedeutete, definierte der NS-Staat, und der Richtwert dafür war die „Volksgemeinschaft“.

In dieser Zielprojektion zeichnen sich die Konturen eines tief greifenden Wandels in den Beziehungen zwischen Bürger:innen und Staat ab, die geprägt waren vom Rassismus als Strukturelement der Sozialordnung und von einer radikal übersteigerten Leistungsideologie.

Die nationalsozialistische „Volksgemeinschaft“ wurde von den NS-Ideologen zuvorderst als Abstammungsgemeinschaft verstanden. Die Zuordnung zu einer Rasse aufgrund der biologischen Herkunft und bestimmter körperlicher Merkmale war in dieser Sichtweise ein zentraler strukturierender Faktor der Sozialordnung. Sie entschied über die Stellung des Einzelnen in der sozialen Hierarchie. Die Zugehörigkeit zur „Volksgemeinschaft“ konnte man daher nicht wie die Staatsbürgerschaft durch Beitritt erwerben; in sie wurde man hineingeboren. Hier verschmolzen unterschiedliche, ins 19. Jahrhundert zurückreichende Traditionsstränge biologistischen und sozialdarwinistischen Denkens zu einem rassistischen Modell für die Neuordnung der Gesellschaft, das das Recht auf Gleichheit ebenso radikal verweigerte wie die Legitimität von Unterschieden.

Wirkungsmächtig wurde rassistisches Gedankengut dadurch, dass es Kategorien zur Umweltwahrnehmung und Entscheidungsbildung bereitstellte, auf deren Grundlage die Volksgemeinschaft scharfe Grenzen zwischen sich und den anderen zog. Indem sie diejenigen ausschloss, die Sozialexperten und Politiker zuvor als andersartig definiert hatten, bestimmte die „Volksgemeinschaft“ ihre Identität immer wieder neu und insbesondere in Abgrenzung gegen das vermeintlich „Fremde“. Damit orientierte sich politisches Handeln nicht mehr nur an der Bewältigung gegenwärtiger Probleme, sondern an der Utopie einer von „rassefremden“ und „erbkranken“ Elementen „gereinigten“ „Volksgemeinschaft“. Dies richtete sich zuerst gegen „Fremdrassige“, vor allem Jüdinnen und Juden, in denen Hitler den Erbfeind der „arischen“ Völker ausgemacht hatte, aber auch gegen jeden, der nicht den Verhaltenserwartungen der Nationalsozialisten entsprach. Politische Gegner:innen und Personen, die aufgrund ihres Lebensstils oder ihrer sexuellen Orientierung als „asozial“ und „gemeinschaftsschädlich“ abqualifiziert wurden, waren davon ebenso betroffen wie Menschen, die infolge ihrer Behinderung nach Ansicht der NS-Ideologen keinen ausreichenden Beitrag zum Wohl der „Volksgemeinschaft“ leisten konnten.[2] Die Rekrutierung von ausländischen Arbeitskräften, von „Fremdarbeiterinnen“ und „Fremdarbeitern“, Kriegsgefangenen und KZ-Häftlingen war damit nicht nur die Voraussetzung für die Fortsetzung des Krieges, sondern zugleich auch ein Vorgeschmack darauf, wie sich der NS-Rassenstaat die künftige Ordnung seines neuen europäischen Reiches vorstellte: ein Heer von Entrechteten, die ihren Dienst für die deutsche „Volksgemeinschaft“ leisten mussten.

2. „KEINE BERÜHRUNG MIT DEUTSCHER BEVÖLKERUNG, VOR ALLEM KEINE SOLIDARITÄT“

Zum Wesen der volksgemeinschaftlichen Utopie gehörte die gewalttätige Abwehr alles Fremden – eine Vorstellung, die auf xenophobe Stereotype zurückging, die es schon vor 1933 im Deutschen Reich gegeben hatte. Die Rassenpolitik der Nationalsozialisten machte aus den „Fremdarbeiterinnen“ und „Fremdarbeitern“ eine Bedrohung für die Reinheit des deutschen „Volkstums“ und die Anwesenheit ausländischer Arbeitskräfte zu einer permanenten Gefahr für den „Volkskörper“. Gleichwohl war nach Kriegsbeginn der Arbeitskräftebedarf rasant angestiegen und damit das Regime vor die Notwendigkeit gestellt, trotz aller Bedenken gegen die rassische „Vermischung“ und „Unterwanderung“ Nicht-Deutsche ins Reich zu holen. Der nationalsozialistische Kriegsstaat konnte schließlich diesen Feldzug nur durch eine umfassende Mobilisierung eigener und fremder Ressourcen führen. Dafür knüpfte er zunächst an die Tradition der ausländischen Arbeitskräfteanwerbung an, deren Ursprünge bis ins späte 19. Jahrhundert zurückreichten. Ausländische Arbeitskräfte aus Frankreich, Belgien und Italien waren seit 1939/40 vielfach „freiwillig“ (häufig auch dienstverpflichtet) nach Deutschland gekommen und erhielten – trotz einiger Restriktionen – den gleichen Lohn wie ihre deutschen Kolleg:innen.

Die Entscheidung für den Krieg bedeutete indes auch die Entscheidung für eines von zwei möglichen Übeln: ähnlich wie während des Ersten Weltkriegs die Dienstverpflichtung von Frauen massiv auszubauen – mit allen destabilisierenden praktischen und ideologischen Konsequenzen, die noch immer in den Köpfen der NS-Führung präsent waren, oder Arbeiter:innen aus Ost und West ins Reich zu holen, um den gestiegenen Arbeitskräftebedarf der Rüstungsindustrie und der Landwirtschaft zu sättigen. Erst nach Kriegsbeginn, nach dem Überfall auf Polen, fiel die Entscheidung für die Dienstverpflichtung ausländischer Arbeitskräfte, von denen man annahm, dass man ihrer mit genügend Härte schon Herr werden würde. Der Polenfeldzug wurde damit zu einem Experimentierfeld nationalsozialistischer Arbeitseinsatzpolitik. Mit der Wehrmacht zogen Bedienstete der Arbeitsämter in die polnischen Dörfer und Städte und warben Arbeiter:innen vorwiegend für die Landwirtschaft des „Großdeutschen Reiches“. So schufteten bereits im Mai 1940 rund eine Million Pol:innen im deutschen Bergbau oder auf den Feldern Niedersachsens oder Bayerns. Anfangs hatten sich polnische Arbeitskräfte freiwillig gemeldet und geglaubt, dass die Bedingungen des Einsatzes in der Tradition früherer Saisonarbeit standen. Doch das sollte sich schnell als Trugschluss erweisen.

Die Gefahr der rassischen Vermischung mit der „Volksgemeinschaft“ blieb bereits in dieser frühen Phase des „Poleneinsatzes“ eine immer wiederkehrende Sorge des NS-Staates. Bereits der „Polenerlass“ vom 8. März 1940 machte dies deutlich.[3]

1 Vgl. dazu Ulrich Herbert, Fremdarbeiter. Politik und Praxis des „Ausländer-Einsatzes“ in der Kriegswirtschaft des Dritten Reiches, Bonn Neuaufl. 1999. Über die Bedeutung dieses Standardwerkes vgl. Manfred Grieger, Vor aller Augen. Ulrich Herberts unverzichtbares Buch zur NS-Zwangsarbeit, in: Jürgen Danyel, Jan-Holger Kirsch u. Martin Sabrow (Hg.), 50 Klassiker der Zeitgeschichte, Göttingen 2007, S. 178-181; vgl. ferner Mark Spoerer, Zwangsarbeit unter dem Hakenkreuz. Ausländische Zivilarbeiter, Kriegsgefangene und Häftlinge im Deutschen Reich und im besetzten Europa, Stuttgart/München 2001.

2 Dieser Abschnitt basiert auf: Dietmar Süß u. Winfried Süß, Volksgemeinschaft und Vernichtungskrieg. Gesellschaft im nationalsozialistischen Deutschland, in: dies. (Hg.), Das „Dritte Reich“, Eine Einführung, München 2008, S. 79-100.

3 Polizeiverordnung über die Kenntlichmachung im Reich eingesetzter Zivilarbeiter und -arbeiterinnen polnischen Volkstums vom 8.3.1940, RGBl. I, S. 555 f.

Polnischen Arbeiter:innen war fortan untersagt, ihren Aufenthaltsort zu verlassen, sie durften öffentliche Verkehrsmittel nur mit besonderer polizeilicher Erlaubnis benutzen und waren verpflichtet, „auf der rechten Brustseite eines jeden Kleidungsstückes" ein Abzeichen (ein violettes P) zu tragen. Der Kontakt zur deutschen Bevölkerung war strikt verboten, und besonders streng unter Strafe standen sexuelle Beziehungen. „Wer mit einer deutschen Frau oder einem deutschen Mann geschlechtlich verkehrt oder sich ihnen sonst unsittlich nähert, wird mit dem Tode bestraft."

Polnische Beschäftigte in der Industrie waren deshalb in einem umfangreichen Lagersystem abgetrennt von der deutschen Bevölkerung untergebracht und Kontakte zur deutschen Bevölkerung außerhalb der Arbeitszeiten ausgeschlossen. Mit der „Verordnung über die Strafrechtspflege gegen Polen und Juden in den eingegliederten Ostgebieten" vom 4. Dezember 1941 radikalisierte der NS-Staat seine rassistische Politik der Ungleichheit. Im Verhältnis zur „arischen" Stammbelegschaft bedeutete die Beschäftigung ausländischer Arbeitskräfte den Beginn eines Prozesses, den man mit Ulrich Herbert als „Unterschichtung" bezeichnen kann und von dem eine nicht zu unterschätzende Attraktivität auch für deutsche Arbeiter:innen ausging: Die „Fremdvölkischen" aus Ost und West übernahmen besonders schwere Tätigkeiten, für die es keiner besonderen Qualifikation bedurfte und sorgten damit dafür, dass in den Betrieben neue soziale und rassische Hierarchien entstanden, deren Gewinner:innen die deutschen Arbeiter:innen waren.

Auf der untersten Stufe der rassistischen Hierarchie des Ausländer:inneneinsatzes standen die sowjetischen Kriegsgefangenen. Ihre Arbeitszeiten waren länger, ihre Strafen drakonischer und damit ihre Hoffnung zu überleben geringer als die anderer Zwangsarbeiter:innengruppen. Zivilarbeiter:innen aus dem Westen, aus Frankreich, Belgien und dem bis 1943 verbündeten Italien standen unterhalb der deutschen Beschäftigten, aber über den Verschleppten aus mittel- und osteuropäischen Ländern wie der Sowjetunion, Polen oder Serbien. Eine eigene Gruppe bildeten zudem die in der letzten Kriegsphase verstärkt in der Rüstungsindustrie eingesetzten KZ-Häftlinge und jüdischen Zwangsarbeiter:innen, deren Behandlung noch brutaler ausfiel, wenngleich sich die Unterschiede zwischen ihnen und den sowjetischen Kriegsgefangenen auf kargem Niveau annähern konnten.[4]

Die Zwangsarbeit war keineswegs nur auf die Großindustrie, den Bergbau und die Rüstungsindustrie beschränkt, sondern umfasste beinahe alle Branchen und Arbeitgeber: öffentliche Verwaltungen genauso wie Wohlfahrtsverbände und die Kirchen[5], Bauernhöfe und private Haushalte, in denen rund 200.000 sowjetische Dienstmädchen beschäftigt wurden. Damit gab es kaum einen Bereich der deutschen Gesellschaft, der nicht von der Arbeit der Deportierten profitierte. In der Landwirtschaft beschäftigt zu werden, erhöhte die Chancen, den Krieg zu überleben, vor allem, weil der Zugang zu Lebensmitteln leichter war.[6] Es gehört aber zu den zähen Legenden gerade in der Erinnerung vieler ländlicher Gemeinden, dass es die dort eingesetzten „Ostarbeiterinnen" und „Ostarbeiter" besonders „gut" gehabt hätten. Zwangsarbeit hatte auch hier „viele Gesichter".[7]

In kleineren Betrieben oder in der Landwirtschaft konnten der persönliche Kontakt und die religiöse „Imprägnierung" der Arbeitgeber:innen zu einer halbwegs erträglichen Beschäftigung und Versorgung der ausländischen Arbeitskräfte führen. Und bisweilen setzte sich die Landbevölkerung über die Anweisungen des NS-Staates hinweg und ließ die „fremdvölkischen" Arbeitskräfte an ihrem Tisch mitessen. Zur „Tischgemeinschaft", hatte die NS-Propaganda in den ländlichen Regionen des Reiches gedröhnt, sollten nur die „Volksgenossen" gehören. Gleichwohl waren Zwangsarbeiter:innen auf dem Dorf und in den kleinräumlichen ländlichen Strukturen besonders von ihren deutschen „Herrenmenschen" abhängig, waren diese doch in der Gestaltung der Arbeits- und Lebensverhältnisse weitgehend autonom und konnten sie sehr unterschiedlich gestalten: von regelmäßiger körperlicher Gewalt, beständiger Diskriminierung und Demütigung bis hin zur „stillen Hilfe" und solidarischen Unterstützung. Ländliche Zwangsarbeiter:innen gehörten nicht zur „Dorfgemeinschaft", und ihnen fehlte im Konfliktfall eine Institution, die ihnen Sicherheit gewährte. Der Willkür waren damit Tür und Tor geöffnet. Vielfach war es – neben der „rassischen" Herkunft – nicht zuletzt die Arbeitsleistung des einzelnen, die über sein Schicksal und darüber entschied, ob er von den bäuerlichen Dienstherren als „nützlich“ und damit „schützenswert“ betrachtet wurde. So unterschiedlich die Erfahrungen damit waren, so überwogen auch in der Landwirtschaft letztlich Ausbeutung und bittere Not.[8]

Die rassistische Ordnung weist auf den unterschiedlichen Status, die unterschiedlichen Schicksale und Erfahrungen hin, die sich hinter dem Begriff der Zwangsarbeit verbergen können. Ein Beispiel mag dies verdeutlichen: Auf dem Gebiet des heutigen Landkreises Nordhausen, in dem 1943 das KZ Mittelbau-Dora entstand, gab es 1945 rund 150 Zwangsarbeitslager, etwa 100 für „Fremdarbeiterinnen“ und „Fremdarbeiter“, 30 Kriegsgefangenenlager, 20 KZ-Außenlager und noch zusätzlich einige „Sonderlager“, zu denen auch ein „Straflager“ für ausländische Arbeitskräfte gehörte. Insgesamt mussten auf dem Gebiet des kleinen Landkreises 65.000 Zwangsarbeiter:innen ihr Leben in einem der unterschiedlichen Lagersysteme fristen.[9] Auch wenn der Arbeitsalltag bisweilen erhebliche Variationsmöglichkeiten kannte, so war doch die rassistische Hierarchisierung das wesentliche Kennzeichen der „Arbeitseinsatzpolitik“, die sich unabhängig von Branche und Region zeigte. Krankheiten und Hunger, fehlende medizinische Versorgung, brutale Misshandlung und der Terror permanenter Gewalt prägten den Alltag der unterschiedlichen Gruppen von Zwangsarbeiter:innen, deren Schicksal neben ihrer „rassischen“ Zugehörigkeit insbesondere von ihrem Einsatzort und der Branche abhängig war.

Die Bedeutung der Arbeitseinsatzpolitik sollte ab Herbst 1941 an Bedeutung erheblich gewinnen, als mit den für die NS-Führung unerwarteten Rückschlägen der deutschen Wehrmacht nach dem Überfall auf die Sowjetunion der Druck auf die deutsche Rüstungswirtschaft anstieg und statt eines raschen Blitzkrieges nun eine hemmungslose Materialschlacht neue rüstungswirtschaftliche Prioritäten schuf.[10] Der Arbeitseinsatz vor allem der sowjetischen Kriegsgefangenen, der noch vor dem Überfall strikt abgelehnt worden war, galt nun immer mehr als notwendige Option und Chance, die fehlenden Arbeitskräfte zu ersetzen. Weil aber mehr als die Hälfte der bis Ende 1941 3,3 Millionen Inhaftierten erfroren oder verhungert war, entschied sich das nationalsozialistische Regime trotz Sorge um die „innere Reinheit“ der Volksgemeinschaft“ zur massenhaften Deportation von rund 2,5 Millionen sowjetischen Zivilarbeiter:innen.

Die Arbeitskräfte trafen auf eine Bevölkerung voller antibolschewistischer und antislawischer Vorurteile, und gerne war von „Tieren“ die Rede, wenn man über die „Russen“ sprach, die da nun aus dem Osten ins Reich einfallen und in den Betrieben arbeiten sollten. Die Konsequenz, um die vermeintliche Gefahr zu bändigen, konnte aus der Sicht der NS-Führung und des Sicherheitsapparates nur heißen: harsche Kontrolle und strenge Trennung arischer und „fremdvölkischer“ Arbeitskräfte, insbesondere deutscher Frauen von slawischen „Untermenschen“. In den Ausführungsbestimmungen zum „Russeneinsatz“ vom 7. November 1941 ließ Hermann Göring keinen Zweifel an der Politik sozialer Kontrolle und rassischer Unterordnung: „Die deutschen Facharbeiter gehören in die Rüstung; Schippen und Steineklopfen ist nicht ihre Aufgabe, dafür ist der Russe da.“ Und: „Keine Berührung mit deutscher Bevölkerung, vor allem keine Solidarität. Deutscher Arbeiter ist

4 Vgl. Ulrich Herbert, Geschichte der Ausländerpolitik in Deutschland. Saisonarbeiter, Zwangsarbeiter, Gastarbeiter, Flüchtlinge, Bonn 2003 (Ausgabe der Bundeszentrale für Politische Bildung), S. 55

5 Karl-Joseph Hummel u. Christoph Kösters (Hg.), Zwangsarbeit und katholische Kirche 1939-1945. Geschichte und Erinnerung, Entschädigung und Versöhnung. Eine Dokumentation, Paderborn u.a. 2008, Erzbistum Berlin, Arbeitsstelle für Zeitgeschichte: Einsatz von ausländischen Arbeiterinnen und Arbeitern. Zwangsarbeiter in kirchlichen Einrichtungen im Bistum Berlin 1939-1945. Ein Werkstattbericht, Berlin 2002; Erzbistum Köln: Zwangsarbeit. Abschlussbericht der Kommission unter Leitung des Historischen Archivs der Erzdiözese Köln, Köln 2000

6 Theresia Bauer, Nationalsozialistische Agrarpolitik und bäuerliches Verhalten im Zweiten Weltkrieg. Eine Regionalstudie zur ländlichen Gesellschaft in Bayern, München 1996.

7 Elsbeth Bösl, Nicole Kramer u. Stephanie Linsinger, Die vielen Gesichter der Zwangsarbeit. „Ausländereinsatz“ im Landkreis München 1939-1945, München 2005.

8 Vgl. dazu ausführlich: Ela Hornung, Ernst Langthaler u. Sabine Schweitzer, Zwangsarbeit in der Landwirtschaft, in: Jörg Echternkamp (Hg.), Die deutsche Kriegsgesellschaft 1939 bis 1945, München 2005 (Das Deutsche Reich und der Zweite Weltkrieg, Bd. 9/2, Ausbeutung, Deutungen, Ausgrenzung), S. 577-666, insbes. S. 661-666.

9 Vgl. Jens-Christian Wagner, Entgrenzte Gewalt. Das System der NS-Konzentrationslager im letzten Kriegsjahr, in: Schlüsseljahr 1944, hrsg. von der Landeszentrale für politische Bildung in Bayern, München 2007, S. 71-83, hier S. 73.

10 Rüdiger Hachtmann, Industriearbeit im „Dritten Reich“. Untersuchungen zu den Lohn- und Arbeitsbedingungen in Deutschland 1933-1945, Göttingen 1989.

grundsätzlich Vorgesetzter der Russen".[11] Mit den sogenannten Ostarbeiter-Erlassen vom 20. Februar 1942[12], die das Reichssicherheitshauptamt ausgearbeitet hatte, war nicht nur ein neuer Name für die Deportierten und Zwangsverpflichteten geschaffen. Sie verschärften die bestehende Praxis im Umgang mit osteuropäischen Arbeiter:innen und regelten das Beziehungsgefüge zwischen „Herrenmenschen" und „Arbeitsvölkern". Kontakte zwischen Deutschen und Russ:innen sollten auf ein Minimum im Arbeitsprozess beschränkt bleiben. Nach der Arbeit kam das Barackenlager, in dem sich das Leben abgezäunt von der „Volksgemeinschaft" abspielte. Alle sowjetischen Arbeitskräfte mussten das stigmatisierende „Ost"-Zeichen auf der Kleidung tragen. Männer und Frauen wurden von einander getrennt, die seelsorgerliche Betreuung unterbunden und alle disziplinarischen Vergehen unter ein hartes Strafregiment bis hin zu Todesurteilen gestellt.

Auf einer Rundreise durch das Ruhrgebiet hielt eine Kommission des Wirtschaftsstabes Ost im November 1943 fest: „In den bereisten Gauen wird aber ganz im allgemeinen, abgesehen von wenigen Musterbetrieben, der Ostarbeiter seinem Schicksal überlassen, weil man ihn lediglich als aus dem weiten Ostraum leicht (zu) ergänzendes Produktionsmittel betrachtet. Die Betriebsführer haben fast durchgängig keinerlei Verständnis für das Wesen der Ostarbeiterfrage und wollen auch kein Interesse daran nehmen. Infolgedessen lassen selbst die notwendigsten Dinge wie Essen und Unterkunft zu wünschen übrig, sind ungenügend, lieblos hergerichtet, schmutzig und zum Teil sogar über jedes Maß hinausgehend schlecht."[13]

Die Arbeits- und Lebensbedingungen im Ruhrbergbau waren besonders katastrophal und die Politik der Zechenleitungen besonders unnachgiebig, während das Primat der Arbeitsproduktivität in Branchen wie der Metallindustrie auch zu einer Lockerung der Vorgaben führen konnte.[14] In jedem Fall galten auch dort Leistungssteigerungen als das wesentliche Prinzip des Arbeitseinsatzes, wenngleich der Weg dorthin umstritten und von unterschiedlichen Prioritäten geprägt war. Zwischen dem Primat der rassistischen Vernichtungspolitik und der Logik der Produktivitätssteigerung bestand bisweilen eine Spannung, aber kein Widerspruch. Eher wird man von einem komplementären Beziehungsgefüge sprechen können. Mit Kriegsverlauf war zu beobachten, dass die Unternehmen die Versorgung ihrer Fremdarbeiterinnen" und „Fremdarbeiter" verbesserten, ohne jedoch an ihrem Status etwas Wesentliches zu verändern. Ähnlich wie in anderen Bereichen der NS-Gesellschaftspolitik gewann auch auf dem Feld der Zwangsarbeit die produktivitätsorientierte nationalsozialistische Leistungsideologie an Bedeutung, deren Kern und Schubkraft der Rassismus war.

3. VOLKSGEMEINSCHAFT, ÖFFENTLICHKEIT UND LUFTKRIEG

Zwangsarbeit und Häftlingskommandos prägten das Bild der deutschen Städte und Dörfer, der Industrieregionen genauso wie der landwirtschaftlichen Provinz. Die Gewalt der Arbeit und der rassistischen Ausbeutung war für jeden sichtbar. Gewalt meint in diesem Zusammenhang beides: die arbeitsökonomische Ausbeutung und die körperlichen Übergriffe. Sie umfasste die kleinen und größeren Misshandlungen, die vielen Zwangsarbeiter:innen im Gedächtnis geblieben sind und die ein Zeichen für die Außengrenzen der „Volksgemeinschaft" waren. Wer – trotz formellen Verbots – ohne Folgen schlagen durfte, wusste um seinen Platz in der Volksgemeinschaft und gehörte zu denen, die das Recht an den „rassischen" Status banden. Die Ohrfeigen der Vorgesetzten im Betrieb zählten dazu genauso wie die Prügel der Lagerleitungen, Vergewaltigungen oder die alltäglichen Beschimpfungen.[15] So erinnert sich zum Beispiel der damals siebzehnjährige Jan Suzniowicz an eine Szene, die er in Köln in den Jahren 1942/43 erlebte: „Als wir zur Arbeit gingen, ist es passiert, daß die Menschen uns angespuckt haben, und die jungen Leute, Hitlerjugend, konnten zum Beispiel mit einem Stein nach uns werfen."[16]

Solche Fälle öffentlicher Demütigung waren keine Seltenheit. Auch wenn sich nur ein geringer Teil der Bevölkerung aktiv daran beteiligte, so gewöhnten sich die meisten doch an die Routine physischer Gewalt; die Ausgrenzung der Zwangsarbeiter:innen bot keinen Anlass zum Protest, wenngleich es neben Übergriffen auch heimliche Hilfen und Solidarität mit ihnen geben konnte: von der Nahrungsmittelweitergabe bis hin zum Schutz am Arbeitsplatz gegen die Willkür der Vorgesetzten.

Kaum jemand zweifelte dennoch an der rassischen Unterordnung, und die Mehrheit der Deutschen stand dem Überlebenskampf der Zwangsarbeiter:innen gleichgültig gegenüber. Die „Volksgemeinschaft" zog ihre Grenzen selbst immer enger – eine von Eigendynamik getragene Politik der Ungleichheit, die keineswegs nur die Vorgaben der nationalsozialistischen Führung vollstreckte, sondern auch Teil einer rassistischen sozialen Praxis in den Betrieben war, in denen die Diskriminierung der ausländischen Arbeiter:innen gleichsam „von unten" forciert werden konnte. Was das heißt, verdeutlicht ein Beispiel aus dem Jahr 1943. Im März forderte die Direktion der Hütte Linz, die zur Reichswerke AG Alpine Montanbetriebe „Hermann Göring" gehörte, in einem Rundschreiben ihre Mitarbeitenden dazu auf, von weiteren Übergriffen gegen „ausländische Arbeiter, insbesondere Ostarbeiter und Polen" abzusehen. In letzter Zeit hätten sich die Fälle gemehrt, „in denen diese wegen arbeitsmäßigen Verfehlungen, meist ohne besonderen Grund, mißhandelt werden. Ein derartiges Verhalten seitens der Betriebe bzw. der von ihnen Beauftragten ist untragbar. Es wird daher ersucht, die Gefolgschaftsmitglieder, die als Aufsichtsorgane der ausländischen Arbeitskräfte tätig sind, entsprechend zu unterrichten. In Hinkunft wird die Staatspolizei in den ihr bekannt werdenden Fällen mit den schärfsten staatspolizeilichen Maßnahmen unnachsichtlich vorgehen."[17]

Dabei handelte es sich keineswegs um ein Dokument der Humanität, sondern um den Versuch, in einer schwierigen Phase der Rüstungsexpansion so viel wie möglich aus den Arbeitskräften herauszupressen – und dafür konnte Gewalt durchaus hinderlich sein.

Bemerkenswert an diesem Rundschreiben war, dass es offenkundig jenseits des schon existierenden Strafkatalogs einen rigiden betrieblichen Kontrollmechanismus gab, der nur teilweise „von oben" steuerbar war und über das – aus Sicht der Betriebsleitung – ökonomisch sinnvolle Maß hinausging. Die Strafandrohung für die heimischen Belegschaften sollte schon deshalb weitgehend verpuffen, weil die Verfolgung der Delikte ausländischer Arbeitskräfte 1943 in die Hände der Geheimen Staatspolizei übergegangen war. Besonderer Schutz war von hier nicht zu erwarten. Im Gegenteil: Sicher war, dass Arbeitsversäumnisse oder Arbeitsfluchten mit drakonischen Bestrafungen, schlimmstenfalls mit Einweisung in ein Arbeitserziehungs- oder Konzentrationslager geahndet wurden, in denen physische Gewalt und die Vernichtung durch Arbeit und Hunger zum System gehörten.

Das NS-Regime war peinlich darauf bedacht, die Kontakte zwischen Häftlingen und Zwangsarbeiter:innen auf der einen und der deutschen Bevölkerung auf der anderen Seite so weit wie möglich zu unterbinden, und doch ergaben sich im Arbeitsalltag und in der Freizeit zahlreiche Berührungspunkte: auf dem Feld oder in den Arbeitskolonnen, bei der Essensverteilung, im Luftschutzbunker (sofern die Zwangsarbeiter:innen Zutritt hatten) oder nach Schichtende. „Freizeit" ist in dieser Hinsicht ein euphemistischer und irreführender Begriff. Während es für die (westlichen) Zivilarbeiter:innen ohne „Volkstums"-Kennzeichen möglich war, ihren Verdienst für zusätzliche Kleidung und Nahrung auszugeben und in der arbeitsfreien Zeit die Lager zu verlassen und sich weitgehend frei zu bewegen, galt für die „rassisch niederen" Pol:innen,

11 Zit. nach Ulrich Herbert, Geschichte der Ausländerpolitik in Deutschland, Bonn 2003, S. 137.

12 Allgemeine Bestimmungen über Anwerbung und Einsatz von Arbeitskräften aus dem Osten. Erlass des Reichsführers SS und Chefs der deutschen Polizei vom 20.2.1942, http://www.bundesarchiv.de/zwangsarbeit/dokumente/texte/00357/index.html.

13 Zit. nach Herbert, Ausländerpolitik, S. 160.

14 Vgl. dazu Hans-Christoph Seidel u. Klaus Tenfelde (Hg.), Zwangsarbeit im Bergwerk. Der Arbeitseinsatz im Kohlenbergbau des Deutschen Reiches und der besetzten Gebiete im Ersten und Zweiten Weltkrieg, Bd. 1: Forschungen, Bd. 2: Dokumente, Essen 2005.

15 Marc Buggeln, Arbeit & Gewalt. Das Außenlagersystem des KZ Neuengamme, Göttingen 2009, S. 340-385, bes. S. 344 ff.

16 Zit. nach Karola Fings, Sklaven für die „Heimatfront". Kriegsgesellschaft und Konzentrationslager, in: Jörg Echternkamp (Hg.), Die deutsche Kriegsgesellschaft 1939 bis 1945, München 2004 (Das Deutsche Reich und der Zweite Weltkrieg, Bd. 9/1), S. 195-271, hier S. 246-248. Als Beispiel für die neuere regionale Forschung vgl. u.a. Andrea Rudorff, Katzbach – das KZ in der Stadt. Zwangsarbeit in den Adlerwerken Frankfurt am Main 1944/45, Göttingen 2021.

17 Zit. nach Oliver Rathkolb, Zwangsarbeit in der Industrie, in: Jörg Echternkamp (Hg.), Die deutsche Kriegsgesellschaft 1939 bis 1945, Bd. 9/2, S. 667-727, hier S. 701.

„Ostarbeiterinnen“ und „Ostarbeiter“ ein striktes nächtliches Ausgehverbot. Der Besuch geselliger Veranstaltungen war ihnen ebenso untersagt wie die Benutzung von öffentlichen Verkehrsmitteln. Manche nutzten die „Freizeit“ für weitere Arbeit, um beispielsweise an Sonntagen durch Feldarbeit etwas dazuzuverdienen oder sich nach getaner Arbeit in Naturalien auszahlen zu lassen, sodass auch die freie Zeit – mit Zustimmung der Lagerleitungen – zur Existenzsicherung genutzt wurde.[18] Von solchen Möglichkeiten waren die sowjetischen Kriegsgefangenen und die jüdischen KZ-Häftlinge generell ausgeschlossen, die noch strengeren Überwachungs- und Abschottungsregelungen unterworfen waren und von denen viele an Hunger und totaler Erschöpfung starben.

Besonders scharf ging der NS-Staat gegen alle Formen sexueller Beziehungen zwischen Deutschen und „Fremdvölkischen“ vor, wobei das besondere Augenmerk der „Reinheit“ deutscher Frauen und damit dem biologischen Erhalt des „Volkskörpers“ galt. Kontakte wurden strikt unterbunden. Für Ausländer bedeutete dies mindestens die Einweisung in ein Konzentrationslager, oft auch die Todesstrafe. Entstanden Kinder aus solchen Beziehungen, so blieb es nicht bei einer Verwarnung oder Stigmatisierung der (deutschen) Frauen. Stattdessen folgte in solchen Fällen auch die Einweisung in eines der Frauen-Konzentrationslager oder ins Zuchthaus. Schließlich handelte es sich in der Rechtssprechung des NS-Staates um den Straftatbestand der Wehrkraftzersetzung. Während deutsche Männer, die eine Beziehung mit osteuropäischen Zwangsarbeiterinnen eingegangen waren, nicht zwangsläufig mit Haft rechnen mussten (und die Sanktionsmöglichkeiten sehr breit waren), wurden die „Ostarbeiterinnen“ fast immer ins KZ eingewiesen.

Wie massiv ausländische Arbeiterinnen unter dem Repressionsregime zu leiden hatten, zeigt der Umgang mit Schwangeren. In den ersten Kriegsjahren wurden schwangere „Ostarbeiterinnen“ noch in ihre Heimat abgeschoben; in der zweiten Kriegshälfte ermöglichte das Regime dann den straffreien Schwangerschaftsabbruch oder drängte die ausländischen Frauen sogar dazu. Kam es dennoch zu Geburten, wurden die Kinder „schlechtrassiger“ Mütter in „Ausländerkinder-Pflegestätten“ untergebracht, in denen viele Säuglinge und Kleinkinder den „Tod durch Unterlassung“, durch schlechte medizinische Versorgung oder mangelhafte Ernährung fanden[19], wenngleich der NS-Staat auch hier darauf bedacht war, die Arbeitsfähigkeit der Mütter durch medizinische Kontrolle während der Entbindung zu erhalten. Gerade die in ihrer Mehrheit jungen Zwangsarbeiterinnen hatten ein besonders schweres Los, weil sie nicht nur schlechter bezahlt wurden als ihre männlichen Kollegen, sondern auch von sexueller Ausbeutung durch die (älteren) deutschen Vorgesetzten betroffen waren und es für sie kaum Möglichkeiten gab, sich gegen die Übergriffe in den Lagern oder am Arbeitsplatz zu wehren.

Mochte der NS-Staat auch massiv auf eine strikte Abschottung des Lagerlebens drängen, so war es doch ein wesentliches Kennzeichen der deutschen Kriegsgesellschaft, dass die formalen Grenzen zwischen Stadt- und Lagergesellschaften immer weiter aufweichten. Einen wesentlichen Impuls erhielt diese Entwicklung durch den alliierten Luftkrieg. Die Bombardierungen und die Notwendigkeit der Trümmerbeseitigung stellten zahlreiche Kommunen seit 1942/43 vor massive Probleme, die in den Augen der Verwaltungen vielfach nur durch den massiven Einsatz von ausländischen Arbeitskräften beseitigt werden konnten. So kämpften zahlreiche Städte mit großer Selbstverständlichkeit um die Arbeitskräfte beispielsweise der eigens zusammengestellten SS-Baubrigaden. Und nicht selten konnte die Stadt, die ihren Einfluss innerhalb des NS-Apparates am stärksten zu artikulieren und durchzusetzen vermochte, schließlich über ein Kontingent an KZ-Häftlingen verfügen.[20] Dabei konkurrierten die Stadtverwaltungen auch untereinander um die Ressourcen der SS und hatten in dem Wettbewerb um Arbeitssklaven keine Skrupel, noch das Letzte aus ihnen herauszupressen. Gleichzeitig standen die Kommunen immer stärker auch im Wettbewerb mit den veränderten rüstungswirtschaftlichen Prioritäten des Regimes, das den Schutz der Städte und die Politik der „Sofortmaßnahmen“ spätestens seit 1944 zugunsten anderer Projekte, allen voran der Verlagerung von Rüstungsbetrieben und dem Bau neuer Flugzeugtypen, zurückstellte.

Die Probleme der Trümmerbeseitigung wuchsen seit 1943/44 immer weiter an. Die Stärkung kommunaler „Abwehrkraft“ und gemeindlicher „Selbsthilfe“ im „Totalen Krieg“ bedeutete aus Sicht der NS-Führung vor allem eines: die Selbstmobilisierung der Bevölkerung und die Intensivierung lokaler Ressourcenausbeutung.[21] Weil von der Reichsregierung nicht mehr viel zu erwarten war und die Prioritäten der rüstungswirtschaftlichen Expansion galten, sollten die Städte und Gemeinden selbst kreativ werden und sich um Lösungen kümmern. Dazu gehörte die Suche nach zusätzlichen und möglichst billigen Arbeitskräften, sodass nun auch Strafgefangene und KZ-Häftlinge verstärkt zur Zwangsarbeit herangezogen wurden: Bremen erhielt Dank guter politischer Beziehungen neue KZ-Häftlinge aus Neuengamme, Osnabrück sicherte sich Gefangene der Emslandlager, und in Düsseldorf zogen Kriegsgefangene in die frei gewordenen Baracken der SS-Baubrigaden[22], deren Häftlinge an die Atlantikküste und für den Bau der „Wunderwaffen“ in den Harz abgezogen worden waren.

Wie eng die Nationalsozialisten die Grenzen der propagierten „Volksgemeinschaft“ zogen, konnte man auch daran erkennen, wessen Leben ihnen als schutzbedürftig galt – und wessen nicht. Die Volksgemeinschaft definierte sich über die Ausgrenzung derer, die als minderwertig galten. Das galt nicht nur für unterschiedliche Löhne und die rüde Arbeitseinsatzpolitik, sondern betraf beispielsweise auch den Zugang zu den sicheren Zonen im Krieg, die mit der Ausdehnung der alliierten Luftangriffe immer größere Bedeutung erhalten hatten. Vielfach waren die betrieblichen Luftschutzvorkehrungen für ausländische Arbeiter:innen mehr als mangelhaft. Ein belgischer Pfarrer, der in Essen Zwangsarbeit leisten musste, notierte Ende August 1944 in sein Tagebuch: „Sie heulen den Voralarm, dann den Vollalarm und wir müssen rennen in das, was sie großspurig ‚Schutzraum' nennen! Ein Graben, der unten einen Meter breit ist, aber 1,50 m hoch und 30 m lang, mitgerechnet die Ecken und den Eingang und da waren über 350 reingequetscht, je 3 nebeneinander. Unsere Köpfe stoßen an die Decke, die mit 60 cm Erde bedeckt ist. Mit allen körperlichen Ausdünstungen der Zwangsarbeiter, die nie ihre Kleidung wechseln, die ihnen als Arbeitszeug, als Freizeitanzug und als Schlafanzug dient […].“[23] In solchen Räumen war die Luft knapp; die Stützen waren nur provisorisch gesichert. Von den 350 ausländischen Arbeitern waren am Morgen des 23. Oktober 1944 während des nächtlichen Angriffs auf das Ruhrgebiet 62 ums Leben gekommen, fünf waren noch unter den Trümmern vermisst, 45 weitere verwundet.[24]

Die Praxis des Zugangs konnte sich von Stadt zu Stadt und von Betrieb zu Betrieb unterscheiden[25]; bisweilen blieben für die westlichen Zwangsarbeiter:innen die Werksbunker oder Großbunker[26] offen, oder sie versuchten sich wie in Bremen den Zugang selbst zu erkämpfen.

In Essen galt 1943 ein generelles Verbot für Ausländer, Bunker aufzusuchen, nicht zuletzt deshalb, weil die heimische Bevölkerung gegen die Nutzung durch „Fremde“ protestiert hatte.[27] Bunkerwarte verfügten jedoch über einen gewissen Spielraum, der zugunsten der ausländischen Arbeitskräfte eingesetzt werden konnte. Das war wohl auch der Grund, warum beispielsweise Anfang Januar 1944

18 Vgl. Mark Spoerer, Die soziale Differenzierung der ausländischen Zivilarbeiter, Kriegsgefangenen und Häftlinge im Deutschen Reich, in: Echternkamp, Kriegsgesellschaft, S. 485-576, hier S. 561.

19 Vgl. dazu Bernhild Vögel, „Entbindungsheim für Ostarbeiterinnen“. Braunschweig, Broitzemer Straße 200, Hamburg 1989.

20 Vgl. dazu auch Annette Schäfer, Zwangsarbeiter und NS-Rassenpolitik. Russische und polnische Arbeitskräfte in Württemberg 1939-1945 (Veröff. d. Komm. f. Geschichtl. Landeskunde in Baden-Württemberg, Reihe B Forschungen, 143), Stuttgart 2000, sowie dies., Zwangsarbeit in den Kommunen. „Ausländereinsatz“ in Württemberg 1939-1945, in: VfZ 49 (2001), S. 53-75.

21 Elke Fröhlich (Hg.), Die Tagebücher von Joseph Goebbels, Teil II: Diktate 1941-1945, Bd. 11, 13.3.1944, München 1994, S. 483 f.

22 Karola Fings, Krieg, Gesellschaft und KZ: Himmlers SS-Baubrigaden, Paderborn u.a. 2005, S. 135.

23 Eintrag vom 25.8.1944, Aufzeichnungen des belgischen Pfarrers Alphonse Come, in: Stadt Essen (Hg.), Stadtarchiv-Materialien für den Unterricht, Band 1: Essen im Luftkrieg, Essen 2000, Quelle 31, S. 83. Zur Erfahrungsgeschichte der Zwangsarbeit vgl. u.a. auch: Jan Bazuin, Tagebuch eines Zwangsarbeiters 2. Auflage, hrsg. von Paul-Moritz Rabe, München 2022.

24 Ebd., S. 84.

25 Für Nürnberg in der Endphase des Krieges vgl. beispielsweise: 1. Bericht des Wehrmacht-Propaganda-Offiziers im Wehrkreiskommando XIII, Nürnberg, Major Müller, für die zweite Hälfte Februar 1945, in: Wolfram Wette, Ricarda Bremer u. Detlef Vogel (Hg.), Das letzte halbe Jahr. Stimmungsberichte der Wehrmachtspropaganda 1944-1945, Essen 2001, Dok. 84, S. 365 f.

26 Eintrag vom 29.11.1944, Aufzeichnungen des belgischen Pfarrers Alphonse Come, in: Essen im Luftkrieg, Quelle 31, S. 85.

27 Herbert, Fremdarbeiter, S. 335.

die Luftschutzwarte der Stadt Bremen durch die Schutzpolizei daran erinnert wurden, dass Kriegsgefangenen, „Ostarbeiterinnen", „Ostarbeitern" und Pol:innen der Zugang zu öffentlichen Luftschutzräumen untersagt sei und für sie nur dann Platz geschaffen werden sollte, falls dieser von der heimischen Bevölkerung nicht im vollen Umfang genutzt wurde.[28] Doch zumeist blieb ihnen nichts weiter übrig, als in den Deckungsgräben oder anderen unsicheren Vorrichtungen Schutz zu suchen – oft mit dem Ergebnis, dass unter den Luftkriegstoten eine überproportional große Zahl an osteuropäischen Zwangsarbeiter:innen war, die am Ende aller Sicherungsvorschriften standen und damit gleichsam „doppelte Opfer", Opfer des Luftkrieges und der deutschen Ausbeutung waren. Allerdings kollidierten in dieser Frage rassistische Ausgrenzung und ökonomische Ausbeutung ganz unmittelbar. Offenkundig als Ergebnis einer radikalisierten kommunalen Praxis des Bunkerzugangs sah sich das Reichsluftfahrtministerium Mitte August 1943 genötigt, die Kommunen darauf hinzuweisen, dass es kein reichsweites Verbot für ausländische Arbeiter:innen gebe, Luftschutzbunker aufzusuchen.[29] Und noch im Januar 1945 wies das Reichsluftfahrtministerium in einem Rundschreiben darauf hin, dass ausländische Arbeitskräfte, die in der deutschen Wirtschaft eingesetzt waren, möglichst zu schützen seien. Görings Rundschreiben war eine Reaktion auf die Praxis zahlreicher Luftschutzleiter, die ausländischen Arbeiter:innen den Zugang verwehrt und sie von der Benutzung aller öffentlichen Luftschutzräume ausgeschlossen hatten. Mit Blick auf die Arbeitskraft der Ausländer:innen sollte ein solches Vorgehen möglichst vermieden und angesichts knapper Räume im Gegensatz zu den Jahren zuvor notfalls auch darauf verzichtet werden, „Westarbeiter" und Deutsche in getrennten Räumen unterzubringen.[30]

Dass unter den Luftkriegstoten ein auffällig hoher Anteil ausländischer Arbeiter:innen war, ist angesichts dieser Politik der volksgemeinschaftlichen Grenzziehung nicht verwunderlich. Ähnlich wie im Betriebsalltag sollte ihre Arbeitskraft auch für die Krisenbewältigung an der „Heimatfront" insbesondere für die härtesten und nur schwer auszuhaltenden Arbeiten herangezogen werden. Frühzeitig forderten beispielsweise die Bestattungsämter der großen Städte und Kommunen Zwangsarbeiter:innen an. Sie sollten die personellen Lücken der kommunalen Verwaltungen auffüllen und solche Arbeiten erledigen, die dem „arischen" Personal angesichts der Masse an Toten nicht zuzumuten waren.[31] Ausgestattet mit Schnaps und Zigaretten war es nun ihre Aufgabe, Leichen zu bergen – eine Tätigkeit, die man den deutschen Einsatzkräften, wenn es möglich war, nur in Ausnahmefällen aufbürden wollte. Der Polizeipräsident von Hamburg hatte deshalb nach dem schweren Angriff Ende Juli 1943 450 KZ-Häftlinge angefordert, weil sich die Luftschutzpolizei gegen den Einsatz in den Leichenhügeln gesperrt hatte.[32]

Die Polizeibehörden gingen dabei mit äußerster Brutalität vor, um die Häftlinge in den „toten Zonen" der Hansestadt zur Arbeit zu zwingen. Aus Gründen der „Abschreckung", wie es hieß, wurden einige von ihnen erschossen, die sich geweigert hatten, in der sengenden Sonne und ohne größere Hilfsmittel tote Hamburger aus dem Schutt zu ziehen. „Tote Zonen" waren die Stadtviertel, die besonders schwer zerstört worden waren und in denen das Großfeuer besonders heftig gewütet hatte. In diesen abgeriegelten Vierteln wühlten sich die Häftlinge der SS-Baubrigade II durch die Trümmer. Bekleidet nur in Häftlingsuniform, ohne Gesichts- oder Handschutz, arbeiteten sie sich durch die Berge verkohlter Keller und Gemäuer, auf der Suche nach Leichen und Körperteilen, die sie aus den noch heißen Häusern herauszogen, in Waschbottichen sammelten und schließlich auf Schulhöfen stapelten und für den Abtransport fertig machten. Fast ein halbes Jahr nach dem Angriff waren die 57 Bergungstrupps immer noch unterwegs. Allein auf dem Friedhof in Hamburg-Ohlsdorf arbeiteten unmittelbar nach dem Angriff bis zu 80 KZ-Häftlinge, die nur für den Transport der Leichen oder dafür zuständig waren, Massengräber auszuheben und die mehreren Tausend Toten zu bestatten – eine Arbeit, die sich über Monate hinzog. Noch risikoreicher war die Arbeit der Bombensprengkommandos, für die vor allem KZ-Häftlinge und Strafgefangene zwangsrekrutiert wurden und unter Einsatz ihres Lebens in den Trümmern der Städte Blindgänger entschärften.[33]

Zwangsarbeiter:innen und Strafgefangene waren in dieser Hinsicht ein „knappes Gut“, die für die akute Krisenbewältigung, die Produktion der Kriegsmaschinerie und die Lebensmittelversorgung der Heimatfront schlicht unverzichtbar geworden waren.

Die Geschichte der Volksgemeinschaft im Krieg ist damit, so kann man bilanzieren, eine Geschichte der forcierten Gewöhnung an Rassismus und arbeitsökonomischen Ausbeutung von „Fremdarbeiterinnen“ und „Fremdarbeitern“. Der Einsatz ausländischer Arbeitskräfte war dafür ein konstitutives Moment, weil er die inneren und äußeren Grenzen des „Dritten Reiches“ und seiner neuen sozialbiologistischen Ordnung markierte. Die Forschung hat diesen Mechanismus nicht zuletzt durch die Konjunktur zahlreicher Lokalstudien in den letzten Jahren zunehmend klarer herausgearbeitet.[34] Die Beziehungsgeschichte zwischen „Volksgemeinschaft“ und „Fremdarbeiterinnen“ bzw. „Fremdarbeitern“ zeigt eindringlich, was den Kern des Nationalsozialismus ausmachte: Er war Rassenstaat und radikal leistungsorientiertes Produktivitätsregime und gründete auf Gewalt und Unterwerfung.

Prof. Dr. Dietmar Süß,
geb. 1973, ist Professor für Neuere und Neueste Geschichte an der Universität Augsburg. Veröffentlichungen u.a.: Tod aus der Luft. Deutschland, Großbritannien und der Bombenkrieg, München 2011; (Hg. mit Winfried Süß) Das „Dritte Reich“. Eine Einführung, München 2008.

28 Michael Foedrowitz, Bunkerwelten. Luftschutzanlagen in Norddeutschland, Berlin 1998, S. 121.

29 Reichsluftfahrtministerium vom 13.8.1943: Luftschutz für Ausländer, Stadtarchiv Düsseldorf, IV/1001.

30 Foedrowitz, Bunkerwelten, S. 121.

31 Direktion des städtischen Bestattungsamtes vom 10.10.1942, Stadtarchiv München, Bestattungsamt, 378.

32 Polizeipräsident Hamburg vom 15.10.1943, Staatsarchiv Hamburg, 331-1/Polizeibehörde I, 1144; folgendes nach Fings, Krieg, S. 120-133.

33 Vgl. dazu Hans-Günter Richardi, Leben auf Abruf: Das Blindgängerbeseitigungs-Kommando aus dem KL Dachau in München 1944/45 (Dachauer Dokumente, 1), Dachau 1989.

34 Vgl. dazu die umfangreiche und aktuelle Bibliographie: http://www.bundesarchiv.de/zwangsarbeit/literatur/Bibliographie_Zwangsarbeit/index.htm, sowie als Überblick Karola Fings, Zwangsarbeit in Rheinland und Westfalen. Eine Zwischenbilanz der Forschung, in: Geschichte im Westen 2 (2005), S. 226-244.

DIE AUSEINANDERSETZUNG UM ANERKENNUNG UND ENTSCHÄDIGUNG DER ZWANGSARBEITER:INNEN

Constantin Goschler

Die Auseinandersetzung um die Entschädigung der Zwangsarbeiter:innen der deutschen Kriegswirtschaft hat die Geschichte der Bundesrepublik mehr als ein halbes Jahrhundert begleitet.[1] In dieser Zeit war das Thema sowohl Gegenstand juristischer und völkerrechtlicher als auch politischer und historischer Kontroversen. Anders als sonst bei der Frage der Entschädigung der NS-Verfolgten stand bei den Zwangsarbeiter:innen nicht der Staat, sondern vor allem die Privatwirtschaft im Mittelpunkt. Freilich konzentrierte sich die Aufmerksamkeit bis vor kurzem auf die Industrie, während die Landwirtschaft, die Kommunen oder auch die Kirchen, die während des Zweiten Weltkrieges gleichfalls Zwangsarbeiter:innen beschäftigt hatten, in diesem Zusammenhang meist unberücksichtigt blieben. So war die Auseinandersetzung um die Zwangsarbeiterentschädigung vielfach eine verdeckte Kontroverse um die Rolle der deutschen Wirtschaft im Dritten Reich, die in die bundesrepublikanische Gegenwart hinein verlängert wurde. Hinzu kommt, dass die historische Forschung auf diesem Gebiet bis zur Gegenwart in starkem Maße von den Teilnehmer:innen dieser Geschichte selbst geprägt wurde. Dabei lassen sich vor allem vier Narrative unterscheiden:

Eine erste Erzählweise präsentiert die Auseinandersetzung um die Zwangsarbeiterentschädigung als politische Skandalgeschichte. Den Grundstein für dieses populäre Deutungsmuster[2] legte Benjamin B. Ferencz, der als Rechtsexperte der Jewish Claims Conference wesentlichen Anteil an einigen Abkommen zur Entschädigung jüdischer Zwangsarbeiter:innen besaß, welche diese Organisation in den 1950er und 1960er Jahren mit einigen deutschen Großunternehmen ausgehandelt hatte. Seine 1979 vorgelegte Studie „Less than Slaves", die 1981 auch in deutscher Sprache erschien, erzählt die Geschichte der Zwangsarbeiterentschädigung als einer Auseinandersetzung zwischen den legitimen Forderungen jüdischer Zwangsarbeiter:innen und der Verweigerungshaltung der deutschen Industrie.[3] Es handelt sich gewissermaßen um die Geschichte des Kampfes von David gegen Goliath, wobei der Druck auf die wirtschaftlichen Interessen der deutschen Wirtschaft mit Hilfe der Mobilisierung der internationalen Öffentlichkeit die Rolle der Steinschleuder einnimmt. Dieses kritische Narrativ hat insbesondere mit Blick auf die Vorgeschichte der Stiftung „Erinnerung, Verantwortung und Zukunft" (EVZ) etliche Nachahmer:innen gefunden.[4]

Ein davon deutlich unterschiedenes zweites Narrativ präsentiert die Historikerin Susanne-Sophie Spiliotis, die im Auftrag der Stiftungsinitiative der deutschen Wirtschaft eine Darstellung der jüngsten Bemühungen zur Zwangsarbeiterentschädigung verfasste.[5] Diese Geschichte wird bei ihr zum Loblied der fortschreitenden Selbstaufklärung der Wirtschaft, die es von der Verweigerung zur Verantwortung gebracht habe. Nach schwierigen Anfängen steht am Ende ein Happy End, nämlich die im Jahr 2000 konstituierte Stiftung EVZ. Der Weg dorthin dient hier als Beispiel erfolgreicher Versöhnung von Ökonomie und Moral durch kluge Corporate Social Responsibility.

In einem dritten Narrativ, das sich mit dem Titel „Unvollkommene Gerechtigkeit" überschreiben ließe, wird der Lorbeer dagegen nicht der deutschen Wirtschaft, sondern der amerikanischen Regierung gewunden: So interpretiert Stuart Eizenstat, der Chefunterhändler der US-Regierung bei den in den 1990er Jahren geführten Verhandlungen um eine Zwangsarbeiterentschädigung, das Verhandlungsergebnis als Sieg des amerikanischen Pragmatismus.[6] Gerechtigkeit erscheint bei Eizenstat als ein perfektibler Prozess. Dieser sei zwar bei der Zwangsarbeiterentschädigung keineswegs an seinem Ende angekommen, bewege sich aber immerhin wie auf einem Fortschrittspfeil nach vorn.

Deutlich skeptischer ist wiederum ein viertes Narrativ gehalten, das man „beschädigte Gerechtigkeit" betiteln könnte: So erzählt Lutz Niethammer, der als historischer Berater der deutschen Regierung eine Gegenperspektive zu Eizenstat besaß, eine allenfalls gebrochene Erfolgsgeschichte. Er interpretiert die am Ende des Jahrtausends beschlossene Entschädigung der Zwangsarbeiter als ambivalenten Versuch der Rezivilisierung im Anschluss an den nationalsozialistischen Zivilisationsbruch, den er vor allem auch in der Sphäre des Rechts verortet. Im Rückblick auf die internationalen Verhandlungen über die Zwangsarbeiterentschädigung der 1990er Jahre würdigt er zwar deren Bedeutung als „öffentlichen Gedächtnisprozess“. „Einen wesentlichen Rechtsfortschritt“, resümiert Niethammer, „haben sie hingegen nicht gebracht.“[7]

Was nun allen diesen zugegebenermaßen überspitzt zusammengefassten Interpretationen gemeinsam ist und sie vom üblichen Treiben der Historikerin oder des Historikers unterscheidet, ist erstens ihr besonderes Verhältnis zum Untersuchungsgegenstand: Man könnte es als „teilnehmende Beobachtung“ bezeichnen, bei der sozusagen eine Unschärferelation herrscht. Gemeint ist, dass die Ergebnisse der zeithistorischen Beobachtung selbst den Untersuchungsgegenstand wieder beeinflussen. Denn jeder Beitrag zur Geschichte der Zwangsarbeiterentschädigung bildet zugleich einen Beitrag zu der bis heute anhaltenden politischen Auseinandersetzung um diese Frage. Entziehen kann man sich diesem Zusammenhang kaum, doch erfordert dies geschärfte Aufmerksamkeit für die Konsequenzen einer solchen Rückkoppelungsschleife zwischen Interpretation und Forschungsgegenstand. Zweitens teilen alle diese Ansätze ein besonderes Interesse an der moralischen Dimension des Problems der Zwangsarbeiterentschädigung, indem die Frage nach der Gerechtigkeit jeweils zentral ist.

Vor diesem Hintergrund wird die Geschichte der Zwangsarbeiterentschädigung im Folgenden im weiteren Kontext der Politik der Wiedergutmachung seit 1945 erörtert. In einem ersten Schritt werden die Struktur des politischen Felds der Zwangsarbeiterentschädigung und seine Veränderungen über die Jahrzehnte hinweg diskutiert. In einem zweiten Schritt wird erörtert, welche Interpretationen der „Opfer“ und „Täter:innen“ dort existierten. In einem dritten Schritt geht es schließlich um die Veränderungen der vergangenheitspolitischen Bedeutung dieser Auseinandersetzung in den letzten 75 Jahren.

1. DAS POLITISCHE FELD DER ENTSCHÄDIGUNG VON ZWANGSARBEITER:INNEN

Wie waren also erstens die Rahmenbedingungen für politisches Handeln und Verhandeln um die Zwangsarbeiterentschädigung beschaffen und wie veränderten sich diese? Wie war dieses Politikfeld im Spannungsfeld von jeweiliger Innen- und Gesellschaftspolitik einerseits sowie den internationalen Beziehungen andererseits strukturiert? Wie veränderten sich Spielregeln und Akteure auf diesem Feld? Welche Interpretationen des Nationalsozialismus galten dort, und wie veränderten sich die Auffassungen über spezifisches NS-Unrecht? Hierbei zeigen sich in der Zeitspanne von den 1950er bis Ende der 1990er Jahre bedeutsame Verschiebungen. Dies betrifft die spezifische Mischung zwischen staatlichen und nicht-staatlichen Akteuren, die na-

1 Als Überblick vgl. Mark Spoerer, Zwangsarbeit unter dem Hakenkreuz. Ausländische Zivilarbeiter, Kriegsgefangene und Häftlinge im Deutschen Reich und im besetzten Europa 1939-1945, Stuttgart/München 2001, S. 233-241; sowie Constantin Goschler, Schuld und Schulden. Die Politik der Wiedergutmachung für NS-Verfolgte seit 1945, Göttingen 2005, S. 248-253 u. 450-471.

2 Vgl. etwa Constantin Goschler, Streit um Almosen. Die Entschädigung der KZ-Zwangsarbeiter durch die deutsche Nachkriegsindustrie, in: Dachauer Hefte 2 (1986), S. 175-194; Dieter Vaupel, Spuren, die nicht vergehen. Eine Studie über Zwangsarbeit und Entschädigung, Kassel 1990; Ulrike Winkler (Hg.), Stiften gehen. NS-Zwangsarbeit und Entschädigungsdebatte, Köln 2000; Matthias Arning, Späte Abrechnung. Über Zwangsarbeiter, Schlußstriche und Berliner Verständigungen, Frankfurt a.M. 2001.

3 Benjamin B. Ferencz, Less than Slaves. Jewish Forced Labor and the Quest for Compensation, Cambridge, Mass. 1979 (dt. Ausgabe: Lohn des Grauens. Die Entschädigung jüdischer Zwangsarbeiter – Ein offenes Kapitel deutscher Nachkriegsgeschichte, Frankfurt a.M./New York 1981).

4 Vgl. vor allem Anja Hense, Verhinderte Entschädigung – die Entstehung der Stiftung „Erinnerung, Verantwortung und Zukunft“ für die Opfer von NS-Zwangsarbeit und „Arisierung“, Münster 2008.

5 Susanne-Sophie Spiliotis, Verantwortung und Rechtsfrieden. Die Stiftungsinitiative der deutschen Wirtschaft, Frankfurt a.M. 2003.

6 Stuart E. Eizenstat, Imperfect Justice. Looted Assets, Slave Labor, and the Unfinished Business of World War II, New York 2003 (dt. Ausgabe: Unvollkommene Gerechtigkeit. Der Streit um die Entschädigung der Opfer von Zwangsarbeit und Enteignung, München 2003).

7 Lutz Niethammer, Beschädigte Gerechtigkeit. Zur Entschädigung von NS-Zwangsarbeitern als Paradigma, in: ders., Ego-Histoire? und andere Erinnerungsversuche, Wien u.a. 2002, S. 89-102, hier S. 93.

tionalen und internationalen Aktionsräume, aber auch die jeweilige Rolle von Politik, Recht und Öffentlichkeit. Bei all dem war die Auseinandersetzung um die Zwangsarbeiterentschädigung stets von der Spannung zwischen Politisierung und Verrechtlichung geprägt.

In einer ersten Phase Anfang der 1950er Jahre tauchte die Frage der Zwangsarbeiterentschädigung zunächst als Aspekt der internationalen Bemühungen zur Regelung der aus dem Zweiten Weltkrieg resultierenden Verpflichtungen und Schulden des Deutschen Reiches auf, als dessen Nachfolgestaat sich die Bundesrepublik verstand.[8] Dementsprechend handelte es sich zunächst um internationale und multilaterale Verhandlungen im weiteren Kontext des Reparations- und Schuldenproblems zwischen Bonn und Vertreter:innen der westlichen Staaten. Dadurch waren die osteuropäischen Zwangsarbeiter:innen, die numerisch den Großteil des Problems ausmachten, generell ausgeschlossen. Doch kam dieser zwischenstaatliche Ansatz zur Regelung der Zwangsarbeiterentschädigung mit der Londoner Schuldenkonferenz, auf der 22 Gläubigerstaaten mit Bonn über die Regelung der Vor- und Nachkriegsschulden des Deutschen Reiches verhandelten, ohnehin an sein Ende: Artikel 5(2) des Londoner Schuldenabkommens von 1953 blockierte die Lohnforderungen der Zwangsarbeiter:innen bis zum Abschluss eines Friedensvertrags mit Deutschland, was auch aus dem damaligen Horizont heraus bedeutete: auf unabsehbare Zeit.[9] Aufgrund dieser reparationsrechtlichen Perspektive auf das Problem blieben die Zwangsarbeiter:innen auch von innerstaatlichen Entschädigungsregelungen für NS-Verfolgte ausgeschlossen, so vor allem aus dem Bundesentschädigungsgesetz. Damit verlagerte sich die Auseinandersetzung um die Zwangsarbeiterentschädigung von der Ebene der internationalen Politik in die Arena des bundesdeutschen Zivilrechts.

In einer zweiten Phase, die ihren Höhepunkt in den 1950er und 1960er Jahren hatte, verklagten einige ehemalige Zwangsarbeiter wie Norbert Wollheim mehrere deutsche Unternehmen – in seinem Fall die I.G. Farben in Liquidation – auf eine Entschädigung für entgangenen Lohn und für die durch ihre Arbeit erlittenen Gesundheitsschäden.[10] Einzelkämpfer wie Wollheim hatten jedoch in der Auseinandersetzung mit den Rechtsabteilungen großer deutscher Unternehmen kaum eine Chance. Deshalb mussten individuelle Zwangsarbeiter:innen Koalitionen mit Organisationen eingehen, die ihren Forderungen mehr Gewicht verleihen konnten. An erster Stelle stand dabei die Jewish Conference on Material Claims against Germany, kurz: Jewish Claims Conference, ein Zusammenschluss von mehr als 20 jüdischen Organisationen aus der ganzen – westlichen – Welt mit Sitz in New York. Nicht-Regierungsorganisationen aus Osteuropa, die gleichfalls Entschädigungsansprüche für ehemalige Zwangsarbeiter:innen anmeldeten, blieben dagegen bis zum Ende des Kalten Krieges chancenlos.[11] Dies spiegelt die im Bereich der Wiedergutmachung insgesamt lange Jahrzehnte geltende Benachteiligung des „Ostens" wider.

Erst in einer dritten Phase seit den 1980er Jahren wurde auch die Öffentlichkeit, zunächst vor allem die bundesdeutsche, zu einem wichtigen Faktor auf diesem Politikfeld. Die Zwangsarbeiter:innen gehörten zu den in diesem Jahrzehnt entdeckten „vergessenen Opfern" der Wiedergutmachung. Daran anschließend wurde auch im bundesdeutschen politischen Raum – vor allem von den GRÜNEN, aber zunehmend auch von der SPD – die Anerkennung und Entschädigung der Zwangsarbeiter:innen gefordert. Der in den frühen 1950er Jahren festgelegte Ausschluss der Zwangsarbeiter:innen aus dem System des Bundesentschädigungsgesetzes erschien der in der Nachkriegszeit aufgewachsenen Generation, die nun auch parlamentarische Würden erlangte, immer weniger nachvollziehbar. Demgegenüber verteidigte die damalige konservativ-liberale Regierungskoalition diesen Zustand hartnäckig unter Verweis auf das Londoner Schuldenabkommen. GRÜNE und SPD forderten aber nunmehr nicht allein eine geänderte Haltung des Staates, sondern auch ein finanzielles Engagement der deutschen Wirtschaft zugunsten der Zwangsarbeiterentschädigung.[12]

Die Debatte um die Zwangsarbeiterentschädigung im letzten Jahrzehnt der alten Bundesrepublik stand im Zeichen eines Funktionswandels von Wiedergutmachungsforderungen: Sollten diese bislang vor allem individuelle Personen für erlittenes Unrecht entschädigen, zielten sie nun zunehmend darauf, systemische Gewalt gegen gruppenbezogene Ungleichheit in der Gegenwart abzustellen.[13] Im Rahmen der Ausbreitung der Identitätspolitik in den westlichen Ländern[14] erwies sich der Opferstatus als wirksames Vehikel aktueller gesellschaftlicher Anerkennungs- und Positionskämpfe. Zumindest für die osteuropäischen ehemaligen Zwangsarbeiter:innen blieben allerdings die materiellen Entschädigungsforderungen stärker auch im Hinblick auf die unmittelbaren sozialen Auswirkungen von Bedeutung. Und so zeigten sich diese gelegentlich „undankbar", sofern sie sich nämlich keineswegs immer damit zufrieden gaben, in der Währung „Anerkennung" entschädigt zu werden. Konkrete materielle Forderungen standen für diese Gruppe gegenüber identitätspolitischen und symbolischen Anliegen klar im Vordergrund.

In der Bundesrepublik der 1980er Jahre begann jedoch ein Anerkennungsdiskurs zumindest teilweise den monetären Entschädigungsdiskurs zu überlagern. Einige Vorzeigeunternehmen der deutschen Wirtschaft wie Daimler-Benz und später etwa auch Volkswagen reagierten darauf, indem sie die Geschichte „ihrer" Zwangsarbeiter:innen offensiv zum Bestandteil ihrer Unternehmensidentität erhoben. Und so kehrte sich das frühere Bild allmählich um: In der zweiten Hälfte des Jahrzehnts begannen manche Unternehmen damit, die Erforschung ihrer Rolle beim Zwangsarbeitereinsatz zu unterstützen und sogar Hilfsprojekte für ehemalige Zwangsarbeiter:innen zu fördern.[15]

Dieser lokale, zivilgesellschaftliche Politikansatz geriet jedoch in der vierten Phase, die nach der Vereinigung der beiden deutschen Staaten einsetzte, alsbald wieder in den Hintergrund: In gewisser Weise stieß die friedliche Revolution im Osten die alte Bundesrepublik gewaltsam in die Weltpolitik zurück, und dies betraf auch das politische Feld der Wiedergutmachung. So wurde die Zwangsarbeiterentschädigung zunächst wieder wenigstens indirekt zum Gegenstand der „großen Politik". 1990 „drohte" der Bundesrepublik ein Friedensvertrag – und damit unter anderem auch der Wegfall der Schutzklausel des Londoner Schuldenabkommens. Deshalb rang die Regierung Kohl um eine alternative Lösung, die mit dem Zwei-Plus-Vier-Abkommen schließlich zustande kam.

Gleichwohl veränderte sich das Politikfeld der Zwangsarbeiterentschädigung nach 1990 nachhaltig: Erstens verhalfen deutsche Gerichte ausländischen Zwangsarbeiter:innen zu größeren Chancen auf Durchsetzung ihrer Forderungen. Als Initialzündung wirkte ein Beschluss des Bundesverfassungsgerichts vom 13. Mai 1996: Dieser betrachtete die Forderungen der Zwangsarbeiter nicht mehr ausschließlich als Teil der zwischenstaatlichen Kriegsfolgenregelung. Stattdessen begründete er eine „Anspruchsparallelität" von individuellen und kollektiven Rechten.[16] Zweitens traten nun auch die ostmitteleuropäischen Staaten im Namen ihrer ehemaligen Zwangsarbeiter mit Ansprüchen an die Berliner Republik heran. Und drittens erreichten auch die internationalen Forderungen aus dem „Westen" eine neue Qualität: Als Folge der ökonomischen Globalisierung wurden transnational orientierte deutsche Unternehmen

8 Vgl. zum Folgenden ausführlich Goschler, Schuld und Schulden, S. 248-253, sowie Ulrich Herbert, Nicht entschädigungsfähig? Die Wiedergutmachungsansprüche der Ausländer, in: Ludolf Herbst u. Constantin Goschler (Hg.): Wiedergutmachung in der Bundesrepublik Deutschland, München 1989, S. 273-302.

9 Dazu ausführlich Goschler, Schuld und Schulden, S. 152-159; vgl. auch Christoph Buchheim, Das Londoner Schuldenabkommen, in: Ludolf Herbst (Hg.): Westdeutschland 1945-1955. Unterwerfung, Kontrolle, Integration, München 1986, S. 219-229; Hans-Peter Schwarz (Hg.), Die Wiederherstellung des deutschen Kredits. Das Londoner Schuldenabkommen, Stuttgart/Zürich 1982; Lothar Gall, Der Bankier Hermann Josef Abs. Eine Biographie, München 2004, S. 164-206; Ursula Rombeck-Jaschinski, Das Londoner Schuldenabkommen. Die Regelung der deutschen Auslandsschulden nach dem Zweiten Weltkrieg, München 2004.

10 Zum Folgenden vgl. Goschler, Schuld und Schulden, S. 250 ff.; Wolfgang Benz, Der Wollheim-Prozeß. Zwangsarbeit für I.G. Farben in Auschwitz, in: Herbst u. Goschler (Hg.), Wiedergutmachung, S. 303-326; Ferencz, Lohn des Grauens.

11 Vgl. Goschler, Streit; Hermann Langbein, Entschädigung für KZ-Häftlinge? Ein Erfahrungsbericht, in: Herbst u. Goschler (Hg.), Wiedergutmachung, S. 327–339.

12 Vgl. Goschler, Schuld und Schulden, S. 352-356

13 Vgl. John Torpey, Introduction. Politics and the Past, in: ders. (Hg.): Politics and the Past. On Repairing Historical Injustices, Lanham u.a. 2003, S. 1-34, hier S. 10.

14 Vgl. Pieter Lagrou, Frankreich, in: Volkhard Knigge u. Norbert Frei (Hg.): Verbrechen erinnern. Die Auseinandersetzung mit Holocaust und Völkermord, München 2002, S. 163-175, hier S. 174.

15 Vgl. v.a. Barbara Hopmann, Mark Spoerer, Birgit Weitz u. Beate Brüninghaus, Zwangsarbeit bei Daimler-Benz, Stuttgart 1994, S. 469-475; Hans Mommsen u. Manfred Grieger, Das Volkswagenwerk und seine Arbeiter im Dritten Reich, Düsseldorf 1997; Constanze Werner, Kriegswirtschaft und Zwangsarbeit bei BMW, München 2006.

16 Vgl. dazu Arning, Späte Abrechnung, S. 36 f.; Spiliotis, Verantwortung, S. 39; Burkhard Heß, Völker- und zivilrechtliche Beurteilung der Entschädigung für wangsarbeit vor dem Hintergrund neuerer Entscheidungen deutscher Gerichte, in: Klaus Barwig, Günther Saathoff u. Nicole Weyde (Hg.), Entschädigung für NS-Zwangsarbeit. Rechtliche, historische und politische Aspekte, Baden-Baden 1998, S. 65-92.

hochgradig verwundbar, besonders in Anbetracht der nun offensiv eingesetzten juristischen Waffe der Sammelklagen. Das US-amerikanische Rechtssystem ebenso wie die dortige Öffentlichkeit wurden zu wichtigen Elementen dieses politischen Feldes.

In der Folge stießen nicht nur unterschiedliche Konzeptionen des Verhältnisses von Wirtschaft, Politik und Recht jenseits und diesseits des Atlantiks aufeinander. Vielmehr wurde auch der Ost-West-Konflikt in neuer Form aktualisiert und zudem vom Gegensatz jüdisch versus nichtjüdisch überlagert. Bei den Verhandlungen um die Stiftung „Erinnerung, Verantwortung und Zukunft" mündete so der Gegensatz zwischen jüdischen ehemaligen Zwangsarbeiter:innen, die von der von den USA aus agierenden Jewish Claims Conference vertreten wurden, und den osteuropäischen, nichtjüdischen ehemaligen Zwangsarbeiter:innen in eine besonders heftige Opferkonkurrenz. Dies galt umso mehr, als die deutsche Regierung ebenso wie die deutschen Unternehmen bei den Verhandlungen um die Verteilung der zugesagten zehn Milliarden DM von der Rolle des Schuldners in die des Schiedsrichters überwechselten.[17]

Hier wirkten zwei weitere Faktoren zusammen, die das politische Feld der Zwangsarbeiterentschädigung in den 1990er Jahren gleichfalls prägten: einerseits die Multilateralisierung der Wiedergutmachungspolitik und zum anderen die Europäisierung des Holocaust. Erstens führte die Bundesrepublik nicht mehr länger bilaterale Verhandlungen vorzugsweise mit der Jewish Claims Conference, sondern mit einer Vielzahl untereinander konkurrierender staatlicher und nicht-staatlicher Repräsentanten der ehemaligen Zwangsarbeiter:innen. Und zweitens traf der vor allem aus den USA gerichtete Vorwurf der aktiven Unterstützung des Holocaust während des Zweiten Weltkrieges nun zunehmend ganz Europa. Dies ist etwa an den über 20 in den 1990er Jahren zur Untersuchung dieses Problems eingerichteten historischen Kommissionen abzulesen. Zwar spielte in diesem Zusammenhang weniger die Zwangsarbeit als die Beteiligung am Raub jüdischen Eigentums die Hauptrolle. Doch genoss die Bundesrepublik als erinnerungspolitischen unverhofften Gewinn am Ende des Jahrtausends eine gewisse Umverteilung der Aufmerksamkeit für die historische Schuld an den NS-Verbrechen.

2. SELBSTBILDER UND FREMDBILDER VON „TÄTER:INNEN" UND „OPFERN"

Wie veränderte sich nun in den vergangenen fast 80 Jahren die Selbst- und Fremddarstellung der Zwangsarbeiter:innen auf der einen und ihrer ehemaligen „Arbeitgeber:innen" auf der anderen Seite? Beginnen wir mit Letzteren: Auf der Seite der deutschen Wirtschaft ergibt sich der Eindruck großer Kontinuität, hinter der sich eine spezifische Sichtweise ihrer Rolle im Dritten Reich verbirgt. Diese verhält sich gerade spiegelbildlich zu der orthodoxen kommunistischen Auffassung, wonach Hitler ein Agent des Großkapitals gewesen sei: Denn seit den frühen 1950er Jahren vertritt die deutsche Wirtschaft die Auffassung, wonach sie selbst lediglich ein willenloses Werkzeug in den Händen des NS-Regimes gewesen sei. Schon Anfang 1951 existierten im Umfeld von Hermann Joseph Abs, dem einflussreichen Bankier und wirtschaftlichen Berater Bundeskanzler Adenauers, Überlegungen, dieses Deutungsmuster für die Nachkriegsinteressen der deutschen Wirtschaft fruchtbar zu machen. Dies lief darauf hinaus, ausländische Individualforderungen mit Hilfe des Begriffs der *agency*,der die deutsche Industrie zu einem passiven „Werkzeug" des NS-Regimes erklärte, in den Bereich von Reparationsforderungen zu verbannen.[18]

Für diese Argumentationsfigur lassen sich verschiedene Quellen entdecken: Eine erste Spur führt zurück zu der bereits 1945 einsetzenden Auseinandersetzung der deutschen Wirtschaft mit ihrer Rolle bei der „Arisierung" jüdischen Eigentums. Dort waren bereits entsprechende Selbstbeschreibungen verbreitet, bei denen die Verantwortung für diesen Vorgang in aller Regel auf Staats- und Parteiorgane abgeschoben wurde.[19] Eine andere Spur führt hingegen zu den Nürnberger Prozessen. Im Vorfeld dieses alliierten Strafgerichts verfasste der bekannte Staatsrechtler Carl Schmitt, der nach 1945 nicht nur mit der Verteidigung seiner selbst, sondern auch der deutschen Wirtschaft beschäftigt war, ein Gutachten für den Flick-Konzern. Dort betonte er die Ohnmacht des „einzelnen Staatsbürgers, insbesondere des wirtschaftlich tätigen ordinary business man". Dabei schloss der Spindoktor der deutschen Vergangenheitspolitik ausdrücklich eine „Rechtspflicht zum Martyrium" aus.[20] Solche Entlastungsformeln stießen zwar in Nürnberg noch auf Skepsis der alliierten Richter, boten aber mittelfristig den Vorzug, mit den im Kalten Krieg aufblühenden Vorstellungen des Dritten Reiches als eines totalitären Regimes kompatibel zu sein.

Insofern spielte Abs als Leiter der deutschen Delegation auf der Londoner Schuldenkonferenz 1952/53 also gewissermaßen mit gezinkten Karten: Die niederländische Delegation kritisierte dort bekanntlich den Ausschluss von Forderungen, die aus dem Zweiten Weltkrieg herrührten, durch den vorgesehenen Artikel 5(2) als zu weitgehend: Denn dieser ging noch über den Bereich der Reparationen hinaus und drohte deshalb ihrer Ansicht nach unter anderem auch Wiedergutmachungsforderungen auszuschließen.[21] Dabei ging es unter anderem um die Lohnforderungen niederländischer Zwangsarbeiter, die die SS aus Konzentrationslagern heraus an deutsche Unternehmen wie I.G. Farben vermietet hatte. Die niederländische Regierung wollte diesen Problemkomplex regeln und wehrte sich gegen den durch das Londoner Schuldenabkommen festgelegten Aufschub bis zu einem in unbestimmter Ferne liegenden Friedensvertrag.[22] Auch einige andere Staaten, vor allem Norwegen, sympathisierten mit dieser Initiative. Die drei westlichen Alliierten und die deutsche Delegation verteidigten dagegen gemeinsam den Artikel 5(2). Abs versuchte, die vorgebrachten Bedenken bezüglich der Lohnforderungen niederländischer KZ-Zwangsarbeiter beiseite zu wischen. Ihm zufolge blockierte dieser Artikel lediglich Klagen gegen das Deutsche Reich oder gegen Beauftragte des Reiches, nicht aber private Entschädigungsklagen.[23] Demzufolge hätte das Londoner Schuldenabkommen lediglich den völkerrechtlichen, nicht aber den zivilrechtlichen Weg versperrt.

In der Praxis verhielt sich dies jedoch anders: Denn als noch im selben Jahr das Frankfurter Landgericht in erster Instanz die I.G. Farben i. L. zu einer Zahlung von 10.000 DM Schmerzensgeld an Norbert Wollheim für seine in Auschwitz-Monowitz geleistete Zwangsarbeit verurteilte, berief sich die beklagte Firma darauf, dass sie lediglich im Auftrag des Reiches gehandelt habe. Und auch alle anderen später mit zivilrechtlichen Klagen ehemaliger Zwangsarbeiter konfrontierten deutschen Unternehmen bedienten sich dieses Arguments.[24] Damit stützten sie sich in einer Weise auf eben jene Schutzwirkung des Londoner Schuldenabkommens, die Abs in den Verhandlungen noch als abwegig heruntergespielt hatte.

Aufgrund des 1953 ergangenen erstinstanzlichen Urteils im Fall Wollheim versuchten besorgte Industrievertreter, die „Werkzeugtheorie“ auch gesetzlich verankern zu lassen. Im Zuge der Vorbereitung des 1956 erlassenen Bundesentschädigungsgesetzes (BEG) betrieben sie intensive Lobbyarbeit, und ihre dramatischen Schilderungen der verheerenden ökonomischen Konsequenzen möglicher gerichtlicher Erfolge ehemaliger Zwangsarbeiter:innen beeindruckten auch wichtige Bonner politische Kreise. Als direkte Folge solcher Interventionen fasste der Bundesrat die Wünsche der deutschen Industrie in die Form eines Änderungsantrages zum Regierungsentwurf des BEG. Dieser griff die „Werkzeugtheorie“ auf, wonach die deutsche Industrie nur auf Veranlassung des Reiches und der NSDAP oder diesen zugehöriger Einrichtungen oder Dienststellen gehandelt habe.

17 Vgl. auch Michael Jeismann, Auf Wiedersehen Gestern. Die deutsche Vergangenheit und die Politik von morgen, München 2001, S. 56.

18 Vgl. Cornelius Pawlita, „Wiedergutmachung“ als Rechtsfrage? Die politische und juristische Auseinandersetzung um Entschädigung für die Opfer nationalsozialistischer Verfolgung (1945 bis 1990), Frankfurt a.M. 1993, S. 252.

19 Dazu ausführlich Goschler, Schuld und Schulden, S. 104 f.

20 Carl Schmitt, Das internationalrechtliche Verbrechen des Angriffskrieges und der Grundsatz “Nullum crimen, nulla poena sine lege”, hrsg. v. Helmut Quaritsch, Berlin 1994, S. 70 ff. Vgl. auch Friedhelm Kröll, Fall 10: Der Krupp-Prozeß („Krupp Case“), in: Gerd R. Ueberschär (Hg.), Der Nationalsozialismus vor Gericht. Die alliierten Prozesse gegen Kriegsverbrecher und Soldaten 1943-1952, Frankfurt a.M. 2000, S. 176-186, hier S. 183; Norbert Frei, Ralf Ahrens, Jörg Osterloh u. Tim Schanetzky, Flick. Der Konzern, die Familie, die Macht, München 2009, S. 405.

21 Vgl. Netherlands Comments on the Draft Agreement on German External Debts, 13.1.1953, National Archives of the United States (= NARA), RG 56, 450/81/2/2, b. 60. Siehe auch BT-Drucksachen, 1. WP, Nr. 4478, 17.6.1953, Anlage 3. Vgl. auch Herbert, Nicht entschädigungsfähig, S. 280; Peter Helmberger, Der Versuch der Generalbereinigung. Die Verhandlungen zwischen den Niederlanden und der Bundesrepublik um den Ausgleichsvertrag vom 8. April 1960, in: Zentrum für Niederlande-Studien, Jahrbuch 4, 1993, S. 71-98; Pawlita, „Wiedergutmachung“, S. 248-252.

22 Vgl. Goschler, Schuld und Schulden, S. 159; Herbert, Nicht entschädigungsfähig; Helmberger, Generalbereinigung; Pawlita, „Wiedergutmachung“, S. 248-252.

23 Vgl. ebd.

24 Vgl. Ferencz, Lohn; Goschler, Streit; Barwig u.a. (Hg.), Entschädigung; Spoerer, Zwangsarbeit, S. 233-251.

Der Antrag sah vor, dass alle von deutschen Unternehmen im Dritten Reich begangenen Schädigungen exklusiv nach dem BEG zu regulieren sein würden. Die hier geforderte Gesetzesänderung hätte die Wirtschaft künftig von allen Entschädigungs- und Schadensersatzforderungen ehemaliger Zwangsarbeiter:innen frei gestellt.[25] Auch wenn dieser Vorstoß scheiterte, so bezog insbesondere das Bundesfinanzministerium bei späteren Klagen ehemaliger Zwangsarbeiter:innen ausdrücklich Partei für die Seite der deutschen Wirtschaft.[26]

Seit den 1980er Jahren bot die Auseinandersetzung um die Zwangsarbeiterentschädigung einem kleineren Teil der bundesdeutschen politischen Öffentlichkeit eine Plattform zur Kritik der „blutigen Fundamente" der Bundesrepublik und ihrer kapitalistischen Kontinuitäten. Durch diese politische Funktionalisierung der Entschädigungsdebatte verengte sich aber die Problemwahrnehmung stark auf die Rolle der Großindustrie. Die „Werkzeugtheorie" überstand jedoch nicht nur solche Angriffe neomarxistischer Kritik, sondern auch alle Veränderungen des historischen Forschungsstands durch innovative zeithistorische Forschungen. Nicht zuletzt die einschlägigen Arbeiten Ulrich Herberts[27] halfen die verbreitete Auffassung zu revidieren, wonach es sich bei der Zwangsarbeit um eine quasi normale Begleiterscheinung des Krieges und nicht um eine spezifisch nationalsozialistische Verfolgungsmaßnahme gehandelt habe. Zudem setzte sich in der Geschichtswissenschaft seit den 1990er Jahren allmählich die Auffassung durch, dass die Unternehmen zwar vielleicht nicht so sehr für den Einsatz von Zwangsarbeiter:innen an sich verantwortlich gemacht werden könnten. Doch hätten sie zumindest erhebliche Entscheidungsspielräume besessen, soweit es die konkreten Lebensumstände der Zwangsarbeiter betraf.[28]

Um an der auf die „Werkzeugtheorie" gestützten „Freiwilligkeitsthese" festhalten zu können, förderte die deutsche Wirtschaft deshalb seit Mitte der 1990er Jahre das Konzept der kollektiven Verantwortung: Indem im Vorfeld der Gründung der Stiftung „Erinnerung, Verantwortung und Zukunft" eine kollektive Haftung der deutschen Wirtschaft postuliert wurde, erleichterte man nicht nur das pragmatische Geschäft des Geldeinsammelns. Vielmehr vermied man damit auch detaillierte Nachfragen darüber, wie die existierenden Handlungsspielräume bei der Beschäftigung von Zwangsarbeiter:innen individuell genutzt worden waren. Die beharrliche Rede von der „Freiwilligkeit" von Leistungen für ehemalige Zwangsarbeiter:innen spielt somit keineswegs auf das philosophische Konzept der Willensfreiheit an. Vielmehr ist sie als juristische Figur zu verstehen, wonach mit den Leistungen keinerlei rechtliche Verpflichtung anerkannt wird.

Wie verhielten sich demgegenüber die Beschreibungen der ehemaligen Zwangsarbeiter:innen? Insgesamt kann man hier eine allmähliche Veränderung konstatieren: Nach Kriegsende wurden zumindest die Nichtdeutschen unter ihnen, die den weitaus überwiegenden Teil dieser Gruppe ausmachten[29], zunächst zu Displaced Persons bzw. in der deutschen Amtssprache zu „Heimatlosen Ausländern". In der deutschen Öffentlichkeit war deren Ansehen nach 1945 extrem schlecht. Es ließe sich darüber spekulieren, inwieweit sich diese Ablehnung gegenüber den ehemaligen Zwangsarbeiter:innen als ein Abwehrreflex gegenüber eigenen Schuldgefühlen interpretieren ließe, wie sie etwa gegenüber jüdischen NS-Opfern durchaus vorhanden waren. Allerdings spricht wenig dafür, dass ein derartiges deutsches Schuldbewusstsein gegenüber den Zwangsarbeiter:innen überhaupt jemals existiert hatte.

Daran änderte auch der Umstand wenig, dass sich etwa die Verurteilung Albert Speers im alliierten Hauptkriegsverbrecherprozess 1946 oder Friedrich Flicks und Alfried Krupps in den Nürnberger Nachfolgeprozessen 1947 unter anderem auf den Vorwurf der aktiven Beteiligung am Einsatz von Zwangsarbeiter:innen stützte.[30] Die anfänglich zu verzeichnende Erschütterung der deutschen Bevölkerung über die in Nürnberg öffentlich gemachten Verbrechen des NS-Regimes kippte schon bald in eine generelle Ablehnung um, die sich im Begriff der „Siegerjustiz" bündelte.[31] Und so folgte die Öffentlichkeit lieber den Argumenten der Verteidiger der in Nürnberg angeklagten Wirtschaftsführer, die eine Art von „politischem Befehlsnotstand" geltend gemacht hatten[32], wonach ihnen die Zwangsarbeiter:innen durch das NS-Regime aufgenötigt worden seien.

Benjamin B. Ferencz, der 1947/48 Chefankläger im Prozess gegen die Einsatzgruppen des Sicherheitsdienstes der SS vor dem Nürnberger Militärgericht gewesen war und später im Auftrag der Jewish Claims Conference maßgeblich an den Bemühungen um eine Zwangsarbeiterentschädigung beteiligt war, trug jedoch später erheblich dazu bei, die öffentliche Wahrnehmung dieses Themas zu verändern: 1981 wurde sein Erfahrungsbericht unter dem Titel „Lohn des Grauens“ auch in Deutschland veröffentlicht und fand dort weite Aufmerksamkeit. Die von ihm geschilderten Bemühungen der Jewish Claims Conference hatten sich auf die jüdischen Zwangsarbeiter:innen konzentriert, die von der SS aus Konzentrationslagern heraus an deutsche Wirtschaftsunternehmen vermietet worden waren und die er mit dem Begriff der „Sklavenarbeiter“ bezeichnete. Damit war die Gruppe der – meist jüdischen – KZ-Zwangsarbeiter:innen, die bis dahin als einzige überhaupt wenigstens zum Teil eine Entschädigung seitens einiger deutscher Industriefirmen erhalten hatten, gegenüber dem Großteil der überwiegend osteuropäischen, nichtjüdischen Zwangsarbeiter:innen semantisch herausgehoben. Ohnehin hatten zumindest die Zwangsarbeiter:innen aus der Sowjetunion nach 1945 in ihrer Heimat mit erheblichen Schwierigkeiten und Diskriminierungen zu rechnen, da sie dort lange Zeit als Kollaborateure behandelt wurden. Eine Selbstzuschreibung zu dieser Gruppe wurde dadurch vermutlich nicht gefördert, während dies etwa in Polen und vor allem in den westlichen Ländern in vergleichsweise selbstbewusster Weise der Fall war.

Die semantische Unterscheidung zwischen „Zwangsarbeitern“ und „Sklavenarbeitern“ drückte nicht nur ein unterschiedliches Verfolgungsschicksal aus, sondern stützte auch eine unterschiedliche öffentliche Bewertung des Schicksals beider Gruppen in der deutschen Öffentlichkeit und Politik: Im Gegensatz zu den „Sklavenarbeitern“ galten die „Zwangsarbeiter“ weiterhin vielfach als quasi-normale Begleiterscheinung des Zweiten Weltkrieges. Solche Distinktionen spielten auch noch in den Verhandlungen über die Stiftung EVZ eine große Rolle. Zum einen wurde in Deutschland vor allem das Schicksal der im Zweiten Weltkrieg in der deutschen Landwirtschaft beschäftigten polnischen und osteuropäischen Zwangsarbeiter:innen stärker in der Kontinuität der Wanderarbeit als im Kontext der NS-Verfolgung interpretiert. Zum anderen drängte die Jewish Claims Conference, die die besondere Härte des jüdischen Verfolgungsschicksals hervorhob, erneut auf eine Unterscheidung zwischen „Zwangsarbeitern“ und „Sklavenarbeitern“. Sie setzte auch durch, dass entsprechend dieser Differenzierungslinie unterschiedlich hohe Pauschalbeträge geleistet wurden.[33]
Der Kampf um Wörter war damit gleichermaßen ein Kampf um Anerkennung wie um die Verteilung materieller Ressourcen.

25 Vgl. Otto Heinrich Greve, BT-Protokolle, 2. WP, 14.12.1955, S. 6333 ff.

26 Vgl. Bulletin des Comité International des Camps, 11.4.1967; Dieter Lau, Unterstützt Bonn ehemalige Sklavenhalter?, in: Süddeutsche Zeitung vom 20.6.1967.

27 Vor allem: Ulrich Herbert, Fremdarbeiter. Politik und Praxis des „Ausländereinsatzes“ in der Kriegswirtschaft des Dritten Reiches, Bonn 1985.

28 Vgl. Cornelia Rauh-Kühne, Hitlers Hehler? Unternehmerprofite und Zwangsarbeiterlöhne, in: Historische Zeitschrift 275 (2002), S. 1-55; Spoerer, Zwangsarbeit, S. 233-241; vgl. auch die aktuelle Debatte um die Freiheit unternehmerischen Handelns im NS-Deutschland zwischen Peter Hayes und Christoph Buchheim/Jonas Scherner: Hayes, Corporate Freedom of Action in Nazi Germany, Bulletin of the GHI 45 (2009), S. 29-41; Buchheim u. Scherner, Corporate Freedom of Action in Nazi Germany: A Response to Peter Hayes, ebd. S. 43-50; Hayes, Rejoinder, ebd., S. 51.

29 Vgl. die Übersichten bei Ulrich Herbert: Zwangsarbeiter im „Dritten Reich“ – ein Überblick, in: Barwig u.a. (Hg.), Entschädigung, S. 17-32, sowie Spoerer, Zwangsarbeit.

30 Vgl. Bradley F. Smith, Der Jahrhundert-Prozeß. Die Motive der Richter von Nürnberg. Anatomie einer Urteilsfindung, Frankfurt a.M. 1979, S. 240-245; Telford Taylor, Die Nürnberger Prozesse. Hintergründe, Analysen und Erkenntnisse aus heutiger Sicht, München 1992, S. 688 f.; Klaus Drobisch, Fall 5: Der Prozeß gegen Industrielle (gegen Friedrich Flick und andere), in: Ueberschär (Hg.), Nationalsozialismus vor Gericht, S. 121-132; Kröll, Fall 10; Ferencz, Lohn des Grauens, S. 57 f.; Annette Weinke, Die Nürnberger Prozesse, München 2006, S. 84-91.

31 Vgl. Norbert Frei, Vergangenheitspolitik. Die Anfänge der Bundesrepublik und die NS-Vergangenheit, München 1996.

32 Vgl. Kröll, Fall 10, S. 184.

33 Vgl. Günter Saathoff, Entschädigung für Zwangsarbeit? Entstehung und Leistungen der Bundesstiftung „Erinnerung, Verantwortung und Zukunft“ im Kontext der Debatte um die „vergessenen Opfer“, in: Hans Günter Hockerts u. Christiane Kuller (Hg.), Nach der Verfolgung. Wiedergutmachung nationalsozialistischen Unrechts in Deutschland, Göttingen 2003, S. 241-273, hier S. 246; Eizenstat, Imperfect Justice, S. 262-266, hier S. 266; Spiliotis, Verantwortung, S. 129-134; Goschler, Schuld und Schulden, S. 462.

3. ENTSCHÄDIGUNG VON ZWANGSARBEITER:INNEN UND VERGANGENHEITSPOLITIK

Diese Beobachtung leitet über zum letzten Punkt: Wie wandelten sich die Formen der Zwangsarbeiterentschädigung? Und wie hing dies mit den Konjunkturen der bundesdeutschen Vergangenheitspolitik zusammen? Veränderungen ergaben sich insbesondere in dreierlei Hinsicht: Handelte es sich um materielle Leistungen oder um symbolische Anerkennung? Wurden diese von privater oder von öffentlicher Seite geleistet? Und waren diese individuell bemessen oder wurden sie pauschaliert? Anhand dieser Kriterien lassen sich wenigstens acht unterschiedliche Modelle der Zwangsarbeiterentschädigung unterscheiden:

Ein erstes Modell bilden Lohnentschädigungen und Schmerzensgeld, die in seltenen Ausnahmefällen aufgrund zivilrechtlicher Klagen seitens der Industrie an individuelle Kläger gezahlt wurden. Dies blieb freilich der absolute Ausnahmefall und führte in den ersten Jahrzehnten der Bundesrepublik zu äußerst bescheidenen Resultaten. So betrug die Entschädigung für den ehemaligen jüdischen KZ-Zwangsarbeiter Adolf Diamant, zu der das Landgericht Braunschweig die Firma Büssing verurteilte, gerade einmal 178,80 DM, nachdem der Betrag auch noch an die Währungsreform angepasst und um den Faktor 1 zu 10 abgewertet worden war.[34]

Ein zweites Modell bilden die „freiwilligen" Leistungen einiger deutscher Großunternehmen an die Jewish Claims Conference zugunsten ehemaliger jüdischer KZ-Zwangsarbeiter in den 1950er/1960er Jahren. Hier handelte es sich um pauschale materielle Zahlungen von privater Seite, die dann von der Jewish Claims Conference an jüdische ehemalige Zwangsarbeiter:innen verteilt wurden. Die individuellen Auszahlungsbeträge beliefen sich etwa im Falle der ehemaligen Zwangsarbeiter:innen von Rheinmetall auf 1.700 DM und im Falle von I.G. Farben i. L. auf maximal 5.000 DM.[35]

Ein drittes Modell bilden inoffizielle bzw. indirekte Entschädigungsleistungen im Rahmen zwischenstaatlicher Globalabkommen der Bundesrepublik. In einer ersten Welle wurden in den 1950er/1960er Jahren mit westeuropäischen Staaten globale Entschädigungszahlungen für NS-Verfolgte abgeschlossen. Diese schlossen zum Schutz des bundesdeutschen Reparationsmoratoriums Zwangsarbeiter:innen zwar offiziell aus, was allerdings nicht alle Staaten daran hinderte, diese Gruppe in die Verteilung der Leistungen einzubeziehen. Demgegenüber kamen die unter anderem als Gegenleistung seit den 1970er Jahren an Ostblockstaaten wie Polen auch als Antwort auf Entschädigungsforderungen für Zwangsarbeit gewährten zinsgünstigen Kredite den betreffenden Menschen allenfalls indirekt in Form staatlicher sozialpolitischer Leistungen zugute.[36]

Als viertes Modell entwickelten sich seit den 1980er Jahren neue Formen der symbolischen Entschädigung für ehemalige Zwangsarbeiter:innen. Dabei spielten einerseits einige deutsche Großunternehmen, andererseits aber auch private lokale Initiativen sowie einige Kommunen eine wichtige Rolle. Dazu gehörten Spenden zur medizinischen Betreuung von Zwangsarbeiter:innen ebenso wie Besuchsprogramme etc. In den 1990er Jahren initiierten zudem einige Unternehmen darüber hinaus auch finanzielle Leistungen für ihre ehemaligen Zwangsarbeiter:innen. Dabei ging es aber um Unterstützung in schwierigen Lebenslagen und nicht um Lohnentschädigung.[37]

Als ein fünftes Modell lassen sich jene zwischenstaatlichen Stiftungen ansehen, mit deren Hilfe der deutsche Staat in den 1990er Jahren versuchte, das nach dem Ende des Kalten Krieges offensichtlich gewordene Gerechtigkeitsgefälle in der Wiedergutmachung zuungunsten des „Ostens" zu verkleinern. Solche „Versöhnungsstiftungen" wurden nunmehr in Polen sowie den Nachfolgestaaten der Sowjetunion eingerichtet.[38] Dies war zugleich ein Versuch, von einer vergangenheitsorientierten zu einer zukunftsorientierten Politik umzusteuern. Im Rahmen dieser Bemühungen wurden pauschalierte Leistungen an individuelle Zwangsarbeiter:innen geleistet, die aufgrund ihrer bescheidenen Höhe mehr symbolisch als materiell zu verstehen waren. In Warschau, Moskau, Minsk und Kiew hatten bis 1997 etwa 1,4 Millionen Berechtigte Einmalleistungen zwischen 500 und 1.400 DM erhalten, in besonders schweren Fällen waren Beträge bis zu 6.000 DM möglich. Dabei wurde nach der Schwere der Verfolgung differenziert: KZ-Haft wurde höher entschädigt als Zwangsarbeit außerhalb der Konzentrationslager.[39]

Im selben Zeitraum vertieften jedoch Vereinbarungen zugunsten US-amerikanischer NS-Verfolgter die bestehende Gerechtigkeitslücke zwischen Ost und West noch weiter: So lässt sich ein 1995 abgeschlossenes Globalabkommen der Bundesrepublik mit den USA als sechstes Modell der Zwangsarbeiterentschädigung ansehen: Um drohende Gesetzesänderungen in den USA zu verhindern, welche dort die Rechtslage zuungunsten deutscher Firmen neu regeln sollten, zahlte die Bundesregierung drei Millionen DM an die US-Regierung, die dieses Geld nach eigenem Ermessen verteilen konnte. Auf diese Weise gingen erhebliche finanzielle Leistungen an Hugo Princz und zehn andere ehemalige Zwangsarbeiter, die bereits zum Verfolgungszeitpunkt die amerikanische Staatsbürgerschaft besessen hatten. Die geleisteten finanziellen Entschädigungen orientierten sich an den im amerikanischen Rechtssystem üblichen Streitwerten und übertrafen deshalb eklatant die Leistungen, die ein osteuropäischer ehemaliger Zwangsarbeiter erwarten konnte. Princz, der ursprünglich 17 Millionen Dollar Schadensersatz gefordert hatte, erhielt den Großteil des Geldes. Hinzu kam überdies ein Abkommen mit mehreren deutschen Firmen, die sich zur Zahlung einer unbekannt gebliebenen Summe an Princz als Ausgleich für die von ihm geleistete Zwangsarbeit verpflichteten.[40]

Ein siebtes Modell bildet die als Schlussstrich unter die Zwangsarbeiterentschädigung wie unter die Wiedergutmachung überhaupt gedachte Stiftung EVZ. Damit wurde zugleich das Prinzip der kollektiven Verantwortung der deutschen Wirtschaft gegenüber einem konkurrierenden Ansatz durchgesetzt, bei dem einzelne Unternehmen jeweils individuell für ihre Zwangsarbeiter:innen Entschädigungen leisteten. Der ursprüngliche zivilgesellschaftliche Ansatz verwandelte sich im Verlauf der Verhandlungen in ein gemischtes finanzielles Engagement des Staates und der Wirtschaft, womit am Ende wieder der traditionelle deutsche Korporatismus gesiegt hatte. In diesem Rahmen wurden nun nach „Zwangsarbeit" und „Sklavenarbeit" abgestufte pauschalierte Zahlungen verteilt, die in einem Fall 5.000 DM, im anderen 15.000 DM erreichen konnten. Zu den materiellen Leistungen trat aber erstmals auch eine offizielle Entschuldigung durch den damaligen Bundespräsidenten Johannes Rau. Damit reihte sich auch die Bundesrepublik in die globale Konjunktur der Entschuldigungen für historisches Unrecht ein.

Als achtes Modell steht hier schließlich das 2002 erlassene „Gesetz zur Zahlbarmachung von Beschäftigungszeiten in einem Ghetto" (ZRBG). Demzufolge sollten diejenigen Ghettobewohner eine Sozialversicherungsrente erhalten, die dort ein freiwilliges und entlohntes Arbeitsverhältnis eingegangen waren – in anderen Worten: keine Zwangsarbeit im arbeitsrechtlichen Sinne geleistet hatten.[41] Zunächst wurden nahezu alle Antragsteller abgelehnt, da ihnen nun ironischerweise vorgehalten wurde, dass es sich bei ihnen um Zwangsarbeit und nicht um freiwillige Arbeitsverhältnisse gehandelt habe. So begann das erste Jahrzehnt des neuen Jahrtausends mit komplizierten Rechtsstreitigkeiten über die Frage nach subjektiven, arbeitsrechtlichen und historischen Definitionen von freiwilliger und unfreiwilliger Arbeit, in deren Verlauf die bisherigen Frontlinien in der Auseinandersetzung um die Entschädigung nationalsozialistischer Zwangsarbeit zum Teil umgekehrt wurden.

Mit Blick auf den Zusammenhang zwischen den Veränderungen der Formen der Zwangsarbeiterentschädigung und der Vergangenheitspolitik lassen sich somit mehrere Schlussfolgerungen ziehen: Erstens

34 Vgl. Ferencz, Lohn, S. 214.

35 Vgl. ebd., S. 264 f.

36 Vgl. Goschler, Schuld, S. 233-247 u. 316-322, sowie Hans Günter Hockerts, Claudia Moisel u. Tobias Winstel (Hg.), Grenzen der Wiedergutmachung. Die Entschädigung für NS-Verfolgte in West- und Osteuropa 1945-2000, Göttingen 2006.

37 Vgl. Beate Brüninghaus, Entschädigung durch Daimler-Benz und Besuche ehemaliger Zwangsarbeiter, in: Hopmann u.a., Zwangsarbeit, S. 469-475.

38 Vgl. Goschler, Schuld und Schulden, S. 429-437, sowie Herbert Küpper, Die Wiedergutmachung nationalsozialistischen Unrechts in den Nachfolgestaaten der Sowjetunion, in: Osteuropa 46 (1996), S. 639-663; ders., Die Wiedergutmachung nationalsozialistischen Unrechts in den Staaten Osteuropas, in: ebd., S. 758-768.

39 Vgl. Bundestags-Drucksache, 13. WP, Nr. 8454, 4.9.1997, S. 4 f.

40 Vgl. Goschler, Schuld und Schulden, S. 436 f.

41 Vgl. hierzu und zum Folgenden Eva Dwertmann, Zeitspiele. Zur späten Entschädigung ehemaliger Ghettoarbeiter, in: Norbert Frei, José Brunner u. Constantin Goschler (Hg.), Die Praxis der Wiedergutmachung. Geschichte, Erfahrung und Wirkung in Deutschland und Israel, Göttingen 2009, S. 635-659; Jürgen Zarusky (Hg.), Ghettorenten. Entschädigungspolitik, Rechtsprechung und historische Forschung, München 2010.

wechselte die Bezugsgröße der jeweiligen Leistungen: Standen lange Zeit Lohnforderungen und Schmerzensgeld im Mittelpunkt, so wurde am Ende des beschriebenen Prozesses eine davon gewissermaßen abstrahierte allgemeine Anerkennung des Leidens der Zwangsarbeiter:innen honoriert.[42] Einhergehend damit vollzog sich zweitens eine allmähliche Verlagerung von am Einzelfall orientierten individuellen materiellen Leistungen hin zu einer Mischung aus pauschalierten Geldzahlungen und symbolischer Anerkennung. Das hatte gewiss verfahrenstechnische Vorteile. Hiermit ging jedoch zugleich auch eine Abstraktion von konkreter Schuld einzelner Unternehmen einher. In beiderlei Hinsicht weist das am Sozialrecht orientierte ZRBG allerdings gerade wieder in die umgekehrte Richtung, da es hier nicht um pauschalierte Anerkennung von Leiden, sondern um individuelle Anrechnung von Ersatzzeiten in der Sozialversicherung auf der Grundlage fiktiver ordentlicher Arbeitsverhältnisse geht.

Eine dritte Veränderung folgte schließlich aus der unterschiedlichen Bedeutung des Zeitfaktors auf der Seite der Schuldner und der Gläubiger: Während die Zwangsarbeiter:innen zum Zeitpunkt ihres Arbeitseinsatzes oftmals sehr jung gewesen waren und deshalb viele von ihnen noch bis in die jüngste Zeit auf eine Entschädigung warteten, hatte sich auf den Führungsetagen der deutschen Wirtschaft und Politik ein umfassender Generationenwechsel vollzogen, so wie dies auch für die deutsche Gesellschaft insgesamt zutrifft. Damit standen sich schließlich die Letzten der Erlebnisgeneration auf der einen und die Nachfahren auf der anderen gegenüber.[43] Auf diese Weise hatte sich über die Jahrzehnte hinweg eine generationelle Schere geöffnet: Während die Schuldfrage auf der Gläubigerseite, d.h. bei den ehemaligen Zwangsarbeiter:innen, auch Jahrzehnte nach Kriegsende noch konkreten Gehalt besaß, hatte sie sich auf der Schuldnerseite in eine Form der symbolischen Anerkennung einer historischen Verantwortung transformiert, die allerdings oftmals mit einem zunehmenden Unverständnis weiterer materieller Forderungen einhergeht. Die Zwangsarbeiterentschädigung ist so am Anfang des 21. Jahrhunderts endgültig aus jenem vergangenheitspolitischen Koordinatensystem herausgetreten, das sie seit den 1950er Jahren beherrscht hatte.

FAZIT UND AUSBLICK

Auf dem politischen Feld der Zwangsarbeiterentschädigung spiegeln sich die grundlegenden außen- und innenpolitischen Veränderungen wider, welche die Bundesrepublik seit 1949 durchlief. Die Auseinandersetzung wechselte von der Ebene der internationalen Politik und lokaler Initiativen hin und her. Zugleich geriet sie abwechselnd in das Kräftefeld außenpolitischer Kriegsfolgenbewältigung und gesellschaftspolitischer Liberalisierungstendenzen. Als bleibender Gegensatz erwies sich bis zum Schluss der zwischen jüdischen und nicht-jüdischen ehemaligen Zwangsarbeiter:innen, der vor allem in der Zeit des Kalten Krieges durch den Ost-West-Konflikt verstärkt wurde, aber auch danach Bedeutung behielt. Hinzu kommt, dass sich die Zwangsarbeiter:innen in den Jahrzehnten vom Kriegsende bis zur Gegenwart gewissermaßen von „Arbeitern“ zu „Opfern“ verwandelten. Nicht mehr entgangener Lohn, sondern zugefügtes Leiden steht nun in der Regel im Mittelpunkt der Entschädigungsdebatte wie der öffentlichen Erinnerung an die ehemaligen Zwangsarbeiter:innen. Diese Beobachtung lässt sich vielleicht als Resultat zweier unterschiedlicher Prozesse deuten: So hinterließen anscheinend auch in der Auseinandersetzung um die Zwangsarbeiterentschädigung die allmähliche Verabschiedung der Arbeitsgesellschaft zum einen und der Aufstieg einer Kultur der Viktimisierung zum anderen ihre Spuren.

Mit der Einrichtung der Stiftung „Erinnerung, Verantwortung und Zukunft“ dürfte die Auseinandersetzung um die materielle Entschädigung der Zwangsarbeiter:innen der deutschen Kriegswirtschaft nach menschlichem Ermessen abgeschlossen sein, und so wird das Thema vermutlich früher oder später gänzlich auf das Feld einer am universalisierten Maßstab des Holocaust organisierten Erinnerungskultur wandern. Dabei ist offen, ob die vielfältigen Formen der Zwangsarbeit in der deutschen Kriegswirtschaft künftig im Sinne eines Gesamtphänomens erinnert werden, oder ob es zu einer Fragmentierung der Erinnerung entlang nationaler, ethnischer oder sonstiger Trennungslinien kommen wird. Vor allem die Aussichten für ein Zusammengehen der jüdischen und der nichtjüdischen-osteuropäischen Erinnerungen, wie sie auch in der semantischen Unterscheidung von „Sklavenarbeitern“ und „Zwangsarbeitern" angelegt ist, scheinen dabei eher gering zu sein. So bleibt abzuwarten, in welcher Weise sich diese Trennungslinien in der Art und Weise niederschlagen werden, in der die deutsche Gesellschaft künftig mit diesem Phänomen umgehen wird.

Gegenüber der damit angesprochenen internen Opferkonkurrenz gewann zudem in den letzten Jahren in Deutschland eine externe Opferkonkurrenz wieder stärker an Bedeutung: Vielleicht ermöglichte gerade der Umstand, dass die Entschädigung der Zwangsarbeiter:innen ebenso wie anderer Gruppen von NS-Verfolgten nunmehr als endgültig erledigt gilt, das Anschwellen der Diskussion um die eigenen „Opfer des Krieges" in den letzten Jahren. Denn hinter dem jahrzehntelangen Widerstand gegen eine Entschädigung der Zwangsarbeiter:innen der deutschen Kriegswirtschaft stand neben reparationsrechtlichen Einwänden implizit – und manchmal auch explizit – eine Gegenrechnung, die sich auf die von deutschen Kriegsgefangenen nach 1945 geleistete Zwangsarbeit bezog. Hatten so in der Diskussion um die „vergessenen Opfer" seit den 1980er Jahren die ausländischen Zwangsarbeiter:innen der deutschen Kriegswirtschaft eine Hauptrolle gespielt, werden seit einigen Jahren deutsche Kriegsgefangene, aber auch Opfer von Bombenkrieg, Vertreibung und Zwangsarbeit nach 1945 bevorzugt als die neuen „vergessenen Opfer" thematisiert.[44] Die deutsche Gesellschaft vermochte in der Auseinandersetzung mit den Folgen des Nationalsozialismus und des Zweiten Weltkrieges bislang zu keiner Balance zwischen der Trauer über die Opfer des eigenen Handelns und die selbst erlittenen Opfer zu finden, bei der gleichermaßen der existentiellen Unhintergehbarkeit individuellen menschlichen Leidens wie der Spezifik historischer Kontexte angemessen Rechnung getragen würde. Die Geschichtswissenschaft sollte sich darum bemühen, zur Lösung dieser schwierigen Aufgabe beizutragen.

Prof. Dr. Constantin Goschler,
geb. 1960, ist Professor für Zeitgeschichte an der Ruhr-Universität Bochum. Veröffentlichungen u.a.: Schuld und Schulden. Die Politik der Wiedergutmachung für NS-Verfolgte seit 1945, Göttingen ²2008; (mit Rüdiger Graf) Europäische Zeitgeschichte nach 1945, Berlin 2010.

42 Vgl. auch Saathoff, Entschädigung, S. 244 f.

43 Vgl. dazu Norbert Frei, Deutsche Lernprozesse. NS-Vergangenheit und Generationenfolge seit 1945, in: ders., 1945 und wir. Das Dritte Reich im Bewusstsein der Deutschen, München 2005, S. 23-40.

44 Vgl. dazu einerseits als zeithistorische Darstellung Svenja Goltermann, Die Gesellschaft der Überlebenden. Deutsche Kriegsheimkehrer und ihre Gewalterfahrungen im Zweiten Weltkrieg, München 2009; sowie als literarische Verarbeitung der stalinistischen Zwangsarbeit Rumäniendeutscher Herta Müller, Atemschaukel, München 2009.

DIE ENTSCHÄDIGUNG FÜR NS-ZWANGSARBEIT DURCH DIE STIFTUNG „ERINNERUNG, VERANTWORTUNG UND ZUKUNFT“ 1999 – 2007

Benno Nietzel

Erst Jahrzehnte nach dem Ende des Zweiten Weltkrieges wurde im Jahr 2000 mit der Stiftung „Erinnerung, Verantwortung und Zukunft“ (EVZ) eine zu gleichen Teilen aus öffentlichen Mitteln und Mitteln der deutschen Wirtschaft finanzierte Institution geschaffen, die den noch lebenden Opfern der NS-Zwangsarbeit eine späte Kompensation zukommen lassen sollte. Dabei arbeitete die deutsche Stiftung mit sieben Partnerorganisationen zusammen, die in ihrem Verantwortungsbereich Anträge auf Entschädigung entgegennahmen, prüften und die Leistungen an die Berechtigten ausbezahlten. Zwischen 2001 und 2007 wurden auf diese Weise etwa 4,5 Milliarden Euro an 1,6 Millionen ehemalige Zwangsarbeiter:innen in 100 Ländern ausgezahlt.[1] Das Entschädigungsprogramm war aber nicht einfach die technische Umsetzung des internationalen Verhandlungskompromisses von 1999/2000. Stattdessen wird es im Folgenden als ein offener Prozess des Suchens und der Aushandlung beschrieben, da in die Stiftungslösung unterschiedliche Sichtweisen und Deutungen der beteiligten Akteur:innen eingegangen waren und in der Verfahrenspraxis wirksam wurden.[2]

DIE STRUKTUR DER STIFTUNG EVZ

Vor dem Hintergrund der „Wiedergutmachung“ für NS-Unrecht in der Bundesrepublik Deutschland stellt sich die Stiftung EVZ als eine Mischung aus Altem und Neuem dar.[3] Eine Veränderung in den Grunddoktrinen der deutschen Wiedergutmachungspolitik brachte sie nicht.[4] Auch die Stiftung vertrat weiterhin die Grundhaltung, einklagbare Rechtsansprüche auf eine Entschädigung für NS-Unrecht gebe es nicht mehr und gewährte daher die Leistungen an ehemalige Zwangsarbeiter:innen ohne Anerkennung einer Rechtspflicht. Die Empfänger:innen dieser Leistungen mussten zudem schriftlich versichern, auf alle zukünftigen Ansprüche gegen Deutschland und deutsche Unternehmen zu verzichten. Neu war jedoch, wofür nun Entschädigung geleistet wurde. Die Präambel des Gesetzes zur Errichtung der Stiftung EVZ vom August 2000 nannte die NS-Unrechtsmaßnahmen der „Deportation, Inhaftierung, Ausbeutung bis hin zur Vernichtung durch Arbeit“ beim Namen. Anerkannt und kompensiert werden sollten die Erfahrung von Entrechtung und Ausbeutung, Ohnmacht und Demütigung und das damit zugefügte Leid. Das Stiftungsgesetz konzedierte, dass dieses Unrecht nicht im Wortsinne „wiedergutgemacht“ werden könne und fasste die Zahlung daher vor allem als eine symbolische Geste der Anerkennung.[5] Zu dieser Betonung des Symbolischen – die immer auch die Sichtweise stützte, dass es nicht um rechtliche Ansprüche ging – gehörte es auch, dass die Beschlüsse über die Errichtung der Stiftung vom Dezember 1999 von einer Erklärung des Bundespräsidenten Johannes Rau begleitet wurden, in der dieser das Leiden der NS-Zwangsarbeiter:innen öffentlich würdigte und die Betroffenen im Namen des deutschen Volkes um Vergebung bat.[6]

Die Stiftung EVZ war international zusammengesetzt, verfügte aber über einen deutschen Kernbereich, der aus dem Vorstand und den deutschen Mitarbeiter:innen bestand. Den internationalen Bereich stellte das 27-köpfige Kuratorium dar, in dem alle an den zugrundeliegenden Verhandlungen beteiligten Akteur:innen vertreten waren. Polen, die Tschechoslowakei, die Ukraine, Belarus und Russland verfügten als Staaten über je einen Sitz, außerdem noch die USA und Israel. Die Jewish Claims Conference (JCC) und die International Organization for Migration (IOM), die als Partnerorganisation für den sogenannten „Rest der Welt“ gewonnen worden war, stellten ebenfalls je eine:n Vertretende:n. Die amerikanischen Sammelklageanwält:nnen wurden von dem amerikanischen Juristen und Bürgerrechtsanwalt Burt Neuborne repräsentiert. Im Kuratorium war aber eine deutsche Mehrheit gegen die ausländischen Mitglieder sichergestellt.[7]

Die internationalen Kurator:innen waren fast alle auch die Leistungspersonen der Partnerorganisationen, was sachlich nahelag, aber nicht zwangsläufig so hätte sein müssen. In der Praxis erfüllte dieser Umstand aber eine wichtige integrative Funktion, denn er dämmte das Konfliktpotential zwischen Vorstand und Kuratorium sowie zwischen Deutschen und Opfervertretenden innerhalb der Stiftung EVZ stark ein. Die Leitenden der Partnerorganisationen verstanden sich als Repräsentant:innen der jeweiligen Opfergruppen, konnten sich auf diese Position aber nicht einfach zurückziehen, sondern waren in die Verantwortung für das Ganze eingebunden. Auf diese Weise absorbierte die Stiftung EVZ die Dynamik und die Brisanz der Entschädigungsdebatten der 1990er Jahre auf wirksame Weise.

DIE ZUSAMMENARBEIT MIT DEN PARTNERORGANISATIONEN

Die Aufgabe, innerhalb kurzer Zeit über einer Million Menschen, die über die ganze Welt verstreut lebten, eine Entschädigung zu zahlen, war präzedenzlos. Zu Beginn der Stiftungsarbeit bestanden nur unklare Vorstellungen, wie diese Herausforderung anzugehen war. Ging man zunächst davon aus, das Auszahlungsverfahren könne in einem oder in zwei Jahren vom Vorstand mit einem halben Dutzend Mitarbeitenden bewältigt werden, musste die Stiftung ihr Personal schließlich auf zeitweilig bis zu 50 Mitarbeitende aufstocken. In dieser Hinsicht erwies es sich als günstig, dass sich der Beginn der Auszahlungen noch bis Mitte 2001 verzögerte, weil noch über die Frage der Rechtssicherheit für die deutsche Wirtschaft gestritten wurde. Die Gründungsunternehmen der Stiftungsinitiative hatten erhebliche Schwierigkeiten, weitere Firmen zur Beteiligung zu bewegen. Erst als sie im März 2001 eine Ausfallbürgschaft für die noch fehlenden 1,4 Milliarden DM übernahmen, war der finanzielle Beitrag der Wirtschaft gesichert.[8] Nun waren auch die amerikanischen Gerichte bereit, die dort noch anhängigen Klagen gegen deutsche Unternehmen abzuweisen.[9]

Um die gegenseitige Zusammenarbeit zu regeln, schloss die Stiftung EVZ mit allen Partnerorganisationen bilaterale Verträge. Die Perspektive der deutschen Stiftungsvertretenden waren dabei in starkem Maße durch die schlechten Erfahrungen mit den Entschädigungsabkommen geprägt, welche die Bundesregierung in den 1990er Jahren mit fünf ostmittel- und osteuropäischen Staaten geschlossen hatte.[10] In der Ukraine versickerten Millionenbeträge in korrupten Strukturen, in Russland wurde der Vorsitzende der mit der Auszahlung beauftragten Versöhnungsstiftung der Unterschlagung verdächtigt, darüber hinaus gingen hier und in Polen Gelder durch Finanzspekulationen verloren. Angesichts dessen forderten manche, die Leistungen diesmal durch die deutsche Stiftung direkt an die Berechtigten auszuzahlen.[11] Allerdings war eine solche Lösung von vornherein unrealistisch, weil die Organisation des Verfahrens eine wichtige politisch-symbolische Dimension besaß. Insbesondere die nationalen Partnerorganisationen besaßen ein hohes Eigeninteresse daran, gegenüber

1 Als offizieller Bericht der Stiftung Michael Jansen/Günter Saathoff (Hg.), „Gemeinsame Verantwortung und moralische Pflicht“. Abschlussbericht zu den Auszahlungsprogrammen der Stiftung „Erinnerung, Verantwortung und Zukunft“, Göttingen 2007.

2 Ausführlicher Benno Nietzel, Das letzte Kapitel der Wiedergutmachung? Die Stiftung „Erinnerung, Verantwortung und Zukunft“ und die Entschädigung für NS-Zwangsarbeit, in: Constantin Goschler (Hg.), Die Entschädigung von NS-Zwangsarbeit am Anfang des 21. Jahrhunderts. Die Stiftung „Erinnerung, Verantwortung und Zukunft“ und ihre Partnerorganisationen, Bd. 1: Die Stiftung. Der Abschluß der deutschen Wiedergutmachung?, Göttingen 2012, S. 235-303.

3 Vgl. Benno Nietzel, Business finished? Transnationale Wiedergutmachung historischen Unrechts in Europa seit 1989, in: Zeitschrift für Geschichtswissenschaft 57 (2009), S. 26-50.

4 Constantin Goschler, Schuld und Schulden. Die Politik der Wiedergutmachung für NS-Verfolgte seit 1945, Göttingen 2005.

5 Gesetz zur Errichtung einer Stiftung Erinnerung, Verantwortung und Zukunft, 2.8.2000, Bundesgesetzblatt I, S. 1263.

6 Erklärung des Bundespräsidenten Johannes Rau am 17.12.1999, in: Jansen/Saathoff, Verantwortung, S. 175 f.

7 Zur Struktur auch ebd., S. 229-232.

8 Susanne-Sophia Spiliotis: Verantwortung und Rechtsfrieden. Die Stiftungsinitative der deutschen Wirtschaft, Frankfurt a. M. 2003, S. 126-129; Anja Hense, Verhinderte Entschädigung. Die Entstehung der Stiftung „Erinnerung, Verantwortung und Zukunft“ für die Opfer von Zwangsarbeit und „Arisierung“, Münster 2008, S. 227-248.

9 John Authers/Richard Wolffe: The Victim's Fortune. Inside the Epic Battle over the Debts of the Holocaust, New York 2002, S. 322-349.

10 Herbert Küpper, Die Wiedergutmachung nationalsozialistischen Unrechts in den Nachfolgestaaten der Sowjetunion, in: Osteuropa 46 (1996), S. 639-656.

11 Protokoll der 4. Kuratoriumssitzung, 24./25.1.2001, EVZ-Archiv, 105.00. Dokumente werden nach dem internen Aktenplan der EVZ zitiert, deren Akten sich mittlerweile als Bestand B 439 im Bundesarchiv Koblenz befinden.

den Antragstellenden als Auszahlende aufzutreten. Das hing damit zusammen, dass ihre Stellung als Opfervertretungen keineswegs unumstritten war. Einige Partnerorganisationen besaßen im eigenen Land und unter den nationalen Verfolgtenverbänden keinen guten Ruf und waren daran interessiert, sich als opferfreundliche und effiziente Organisation zu beweisen.

Weil sich jede Partnerorganisation in einem unterschiedlichen Umfeld bewegte, nahmen die Verhandlungen auch jeweils einen ganz eigenen Charakter an. Im Fall der belarussischen Stiftung „Verständigung und Aussöhnung" dauerten die Gespräche nur zwei Tage. Sie war eingebunden in das diktatorische System des Lukašenka-Regimes, in dem eine Kultur autoritärer Anweisung von oben nach unten vorherrschte.[12] Die belarussischen Repräsentant:innen sahen sich daher von vornherein als Befehlsempfänger:innen der deutschen Stiftung. Völlig anders sah dies am anderen Ende des Spektrums bei der Jewish Claims Conference aus. Die JCC verteilte seit Jahrzehnten deutsche Entschädigungsgelder an jüdische Holocaust-Überlebende und besaß von allen Beteiligten die größte Erfahrung auf diesem Gebiet. Sie trat daher sehr selbstbewusst auf und stellte zahlreiche eigene Forderungen.[13] Die Gespräche mit der ukrainischen und der russischen Partnerorganisation drehten sich vor allem um die technischen Fragen des Auszahlungsverfahrens und waren von großem Misstrauen auf Seiten der Deutschen geprägt, was die Gefahren von Misswirtschaft und Korruption anging. Konnte sich die Stiftung EVZ hier mit ihren Vorstellungen durchsetzen, erwiesen sich die polnischen Verhandlungsführenden als so unnachgiebig, dass die Stiftung der polnischen Partnerorganisation als einziger zugestehen musste, den ihr zugesprochenen Fondsanteil in der Landeswährung Zloty zu erhalten und auszuzahlen. Für die unter einem großen Erwartungsdruck der polnischen Öffentlichkeit agierende Partnerorganisation ging es dabei auch um symbolisches Prestige und die Demonstration, sich gegenüber den Deutschen durchsetzen zu können. Dies erwies sich allerdings als ein Pyrrhus-Sieg, denn der Umtausch der ersten Rate von 1,3 Milliarden DM mündete in die sogenannte „Złoty-Affäre" und eine der schwersten Krisen der Stiftung EVZ. Erst nachdem auf polnischer Seite ein neuer Stiftungsleiter eingesetzt worden war, normalisierten sich die Beziehungen wieder.[14]

In den Partnerverträgen hatte die Stiftung EVZ einige wichtige Instrumente zur Sicherheit des Auszahlungsverfahrens verankert. Hierzu gehörten die Überweisung der Gelder an die Partnerorganisationen in einzelnen Tranchen, mit denen nur bereits positiv entschiedene Ansprüche bedient wurden, der Nachweis der erfolgreichen Auszahlung durch die beteiligten Bankhäuser sowie ein nachträgliches Kontrollverfahren, bei dem sich die Stiftung bei zufällig ausgewählten Antragstellenden nochmals direkt schriftlich nach dem Erhalt der Entschädigung erkundigte.[15] Die Stiftung zog sich jedoch nicht auf die technische Aufsicht zurück. Dem Stiftungsvorstand war per Gesetz die Aufgabe übertragen worden, die Einhaltung der gesetzlichen Bestimmungen durch die Partnerorganisationen zu überwachen, aber es war nicht bestimmt worden, auf welche Weise er dies tun sollte. Die deutschen Repräsentant:innen entwickelten schließlich die Sichtweise, dass die Stiftung die Praxis der Antragsbearbeitung bei den Partnerorganisationen auch inhaltlich kontrollieren müsse und dabei die letzte Entscheidungshoheit besitze. Hierzu wurden Prüfteams gebildet, welche die Partnerorganisationen in regelmäßigen Abständen besuchten und zur Kontrolle ihrer Entscheidungen die Antragsunterlagen vor Ort stichprobenartig einsahen.

Mit dieser Entscheidung interpretierte die Stiftung EVZ ihren Auftrag in einer spezifischen Weise. In den Partnerverträgen war die rechtliche Verantwortung für die Leistungsbewilligung und die Ablehnung von Anträgen an die Partnerorganisationen übertragen worden. Die Antragsteller konnten gegenüber der Stiftung EVZ keine juristischen Ansprüche geltend machen.[16] Mit den ehemaligen Zwangsarbeitenden kam die deutsche Stiftung daher nur indirekt in Berührung. Allerdings hatte auch sie ein Interesse daran, sich als eine Organisation für die Opfer des NS-Unrechts zu profilieren. Die Entwicklung des aufwändigen Prüfverfahrens lässt sich somit auch als ein Versuch interpretieren, eine Brücke zu den Antragstellenden zu schlagen. Es war das erklärte Ziel der Stiftung EVZ, für eine übergreifende Verfahrensgerechtigkeit zu sorgen und gleiche Entscheidungsstandards bei allen Partnerorganisationen durchzusetzen. Sie entwickelte für sich immer stärker den Anspruch, neben den und notfalls auch gegen die Partnerorganisationen die allgemeinen Interessen der Opfer zu vertreten. Dabei konnte auf eine Reihe von

Fällen verwiesen werden, bei denen die Überprüfungen durch die Stiftung sich zugunsten der Antragsteller auswirkten.[17] Bei den Partnerorganisationen erfreuten sich die Besuche der Prüfteams vor allem in der Anfangszeit alles andere als großer Beliebtheit. Letztlich saß die deutsche Stiftung aber am längeren Hebel, da sie allein über die Stiftungsmittel verfügen und die Auszahlung aus ihrer Sicht klärungsbedürftiger Anträge schlicht verweigern konnte.

In den Auseinandersetzungen um die Prüfteams ging es nicht zuletzt um die strittige Frage, wer von allen Beteiligten die Interessen der Opfer am besten vertrat. Allerdings suchte die Stiftung EVZ mit ihrer offensiven Haltung, die Kontrollen als eine Arbeit für die Opfer darzustellen, zu überspielen, dass es dabei noch um andere Zwecke ging. Denn diese erstreckten sich genauso auf die Korrektheit der schriftlichen Erklärungen, mit denen die Antragstellenden auf alle weiteren Ansprüche wegen NS-Zwangsarbeit unwiderruflich verzichten mussten. Diese Verzichtserklärung war Teil des Antragsformulars, was vielen Anspruchsteller:innen ein mulmiges Gefühl bereitete, sollten sie doch auf Ansprüche verzichten, bevor sie ihre Entschädigung erhalten hatten. Die Verweigerung der Unterschrift oder Streichungen auf dem Formular waren daher nicht selten. In solchen Fällen verpflichtete die Stiftung EVZ die Partnerorganisationen, die Verzichtserklärung erneut einzuholen, was mit großem Aufwand verbunden war.[18]

Letztlich erfüllte das Prüfverfahren vor allem auch eine symbolische Funktion. Die deutsche Stiftung setzte ihren Anspruch auf Kontrolle, Beteiligung und die letzte Entscheidung wirksam in Szene. Was die Gesamtkonstruktion des Entschädigungsfonds anging, war dies nicht ohne Risiko. Denn je umfangreicher sich die Bundesstiftung in der konkreten Bewilligungspraxis engagierte, desto mehr gefährdete sie den Standpunkt, dass die Entscheidung über die Anträge gänzlich in der Verantwortung der Partnerorganisationen liege und die deutsche Stiftung daher rechtlich unangreifbar sei. Aus diesem Grund wurden immer wieder die Verantwortlichkeit der Partnerorganisationen hervorgehoben und die eigenen Interventionen offiziell als „Vorschläge“ und „Empfehlungen“ deklariert.[19] Für die Stiftung stellte die Arbeit der Prüfteams auch eine zentrale Schnittstelle dar, über die sie überhaupt einen eigenen sachlichen Einblick in das Antragsverfahren gewann. Insofern war sie in ihrer Rolle als Hüterin des Verfahrens gleichzeitig immer auch Teilnehmerin eines gemeinsamen Lern- und Klärungsprozesses, denn das Auszahlungsverfahren trug starke Züge eines work in progress.

DIE PRAXIS DES AUSZAHLUNGSVERFAHRENS

Das Stiftungsgesetz war in seinen grundlegenden Bestimmungen zur Leistungsberechtigung erstaunlich kurz gefasst. Nicht einmal der zentrale Begriff der „Zwangsarbeit“ wurde definiert oder näher erläutert. Entscheidend waren nicht die Art und Weise der geleisteten Zwangsarbeit, sondern die Lebensbedingungen, unter denen sie verrichtet werden musste. Wer in einem Konzentrationslager, Ghetto oder einer ähnlichen Haftstätte inhaftiert gewesen war, erhielt den gesetzlichen Höchstbetrag von 15.000 DM (Kategorie A). Alle übrigen Antragsteller:innen, die bis zu 5.000 DM erhalten konnten, mussten neben der erzwungenen Arbeit in einem Unternehmen oder im öffentlichen Bereich in das Deutsche Reich oder ein von Deutschland besetztes Gebiet deportiert

12 Tanja Penter, Die belarussische Stiftung „Verständigung und Aussöhnung“ – Zwangsarbeiterentschädigung im Schatten der Lukašenka-Herrschaft, in: Goschler, Entschädigung, Bd. 4: Helden, Opfer, Ostarbeiter. Das Auszahlungsprogramm in der ehemaligen Sowjetunion, Göttingen 2012, S. 104-193.

13 Benno Nietzel/Patrice G. Poutrus, Die Jewish Claims Conference und die Entschädigung für NS-Zwangsarbeit, in: Ebd., Bd. 2: Transnationale Opferanwaltschaft. Das Auszahlungsprogramm und die internationalen Organisationen, Göttingen 2012, S. 7-79.

14 Michael G. Esch, Durchsetzung, Praxis und Deutung der Auszahlungen an ehemalige Zwangsarbeiterinnen und Zwangsarbeiter in Polen, 1998 bis 2000, in: Ebd., Bd. 3: Nationale Selbstbilder, Opferdiskurse und Verwaltungshandeln. Das Auszahlungsprogramm in Ostmitteleuropa, Göttingen 2012, S. 77-157.

15 Memo: Der gesetzliche Kontrollauftrag der Stiftung: Verfahrensfragen, 18.11.2000, EVZ-Archiv 540.00.

16 Bundesministerium der Justiz an Günter Saathoff, 26.10.2000, EVZ-Archiv 501.00; Bundesministerium der Finanzen an Günter Saathoff, 17.5.2005, EVZ-Archiv 601.00.

17 Kurze Stellungnahme der Bundesstiftung zum Positionspapier der Partnerorganisationen vom 30. Juli 2001, 3.9.2001, EVZ-Archiv 540.00.

18 Vermerk vom 28.1.2003, EVZ-Archiv 540.00.

19 Vermerk: Einleitung zum Prüfverfahren, o.D., EVZ-Archiv 540.00.

worden und dort besonders schlechten Lebensbedingungen unterworfen gewesen sein (Kategorie B). Eine Öffnungsklausel erlaubte es außerdem, noch weitere Verfolgtengruppen als leistungsberechtigt anzuerkennen, was vor allem auf Zwangsarbeitende in der Landwirtschaft gemünzt war.[20] Das Gesetz spannte also das Spektrum der Leistungsberechtigung in nicht ganz klar bestimmter Weise auf. Erst in der Praxis des Verfahrens bildeten sich die Mechanismen von Inklusion und Exklusion heraus.

Hatte die frühere deutsche Entschädigungsgesetzgebung den NS-Verfolgten eine völlig unrealistische Dokumentation ihres Schicksals auferlegt, vereinfachte nun das Stiftungsgesetz das Prozedere der Antragsbewilligung von vornherein in drastischer Weise. Auf eine Mindestdauer der geleisteten Zwangsarbeit wurde verzichtet, deren Feststellung einen nicht zu leistenden dokumentarischen Aufwand verursacht hätte. Vom Faktor der Zeit wurde auch in der Frage der Leistungshöhe abstrahiert. Ob ein Verfolgter drei Wochen Zwangsarbeit geleistet hatte oder drei Jahre, spielte weder für die grundsätzliche Leistungsberechtigung noch für die Höhe seiner Leistung eine Rolle. Nur die beiden gesetzlichen Kategorien A und B stellten eine grobe Differenzierung nach der Schwere des Schicksals her, mit der dem kategorialen Unterschied zwischen der auf physische Vernichtung zielenden, zumeist rassistisch motivierten Verfolgung und dem typischen Schicksal der vorwiegend osteuropäischen Zwangsarbeiter in der deutschen Industrie Rechnung getragen wurde.

Die groben Pauschalierungen des Stiftungsgesetzes waren schon deswegen erforderlich, weil jeder Versuch einer genaueren Differenzierung von Verfolgungsschicksalen notwendigerweise am Mangel ausreichender Nachweise gescheitert wäre. Ehemalige Zwangsarbeitende hatten fast 50 Jahre nach Kriegsende schon größte Mühe, überhaupt irgendwelche schriftlichen Unterlagen zum Belege ihres Aufenthaltes im Deutschen Reich beizubringen. Hunderttausende verfügten über gar keine Nachweise, mit denen sie ihre Leistungsberechtigung hätten belegen können. Die Partnerorganisationen durften Anträge ohne beigefügte Belege nicht einfach zurückweisen oder ablehnen, sondern waren durch das Stiftungsgesetz verpflichtet worden, auch selbst geeignete Unterlagen heranzuziehen. Dabei helfen sollte der Internationale Suchdienst in Bad Arolsen, der nach 1945 von den alliierten Besatzungsmächten eingerichtet worden war und im Laufe der Zeit ein gewaltiges Archiv mit fast 50 Millionen Einzelnachweisen über Personenschicksale im Zweiten Weltkrieg aufgebaut hatte.[21] Zusätzlich wurde ein Archivverbund ins Leben gerufen, dem die Landes- und Kommunalarchive, aber auch einige private Unternehmensarchive angehörten.[22] Es stellte sich aber schließlich heraus, dass die aufwändige Nachweissuche in den Archiven nur wenige Treffer erzielen konnte und damit das Antragsverfahren eher blockierte als voranbrachte. Ein großer Teil der Anträge wurde in der Folge auf der Basis glaubhafter Indizien wie unbeglaubigten Kopien, Fotos, privaten Briefe aus der Zeit des Weltkrieges, aber auch eigenen schriftlichen Darstellungen des Verfolgungsschicksals seitens der Antragsteller oder Zeugenaussagen entschieden.[23] Anders als auf diesem Wege hätten sehr viele Fälle gar nicht bearbeitet werden können.

Die Abwägung, ob die vorliegenden Indizien oder Erklärungen das Schicksal der Zwangsarbeit glaubhaft machten oder nicht, erforderte viel historische Expertise. Angaben der Antragsteller:innen zu den Orten ihres Arbeitseinsatzes mussten auf ihre Wahrscheinlichkeit und die Konsistenz mit den bekannten Tatsachen überprüft werden. Jedoch war die Antragsbearbeitung nicht einfach ein Abgleich mit dem bestehenden historischen Wissen. Vielmehr setzten Tausende von Anträgen erst neue Erkundigungen in Gang, da sie Angaben zu Lagern, Haftstätten und anderen Orten der Zwangsarbeit enthielten, über die bisher wenig oder nichts bekannt war. Die Stiftung und die Partnerorganisationen bündelten dieses neue Wissen über Orte der NS-Zwangsarbeit und nutzten es, um Antragstellenden den Nachweis ihres Schicksals zu erleichtern. Hierdurch wurde die Zwangsarbeitsentschädigung auch zu einem Motor historischen Wissens, denn die umfangreichen Recherchen erweiterten die Kenntnisse um den nationalsozialistischen Arbeitseinsatz in Europa und lieferten neue Einblicke in dessen Ausmaß und Vielfalt.[24]

Die Vielfalt unterschiedlicher Haft- und Verfolgungsschicksale konnte in den groben Kategorien des Stiftungsgesetzes nicht abgebildet werden. Die Partnerorganisationen hatten die Möglichkeit, für einige Gruppen von Antragstellennden auch Entschädigungen unterhalb des Höchstbetrages zu gewähren, was sie hauptsächlich aufgrund der begrenzten Mittel taten.[25] Bestimmte Verfolgtengruppen, über die in den internationalen Verhandlungen keine Einigung erzielt worden war, konnten darüber hinaus auf einem reduzierten Entschädigungsniveau berücksichtigt werden, wenn die Mittel nach Auszahlung der beiden gesetzlichen Kategorien hierzu ausreichten. Dies zielte vor allem auf die zahlreichen Zwangsarbeiter:innen in der deutschen Landwirtschaft, für die sich besonders die polnische Partnerorganisation stark machte. Im Ergebnis ergab sich bei einigen Partnerorganisationen eine Spanne in der Leistungshöhe, die vom Höchstbetrag von 15.000 DM bis hinunter zu wenigen hundert DM reichte. Besonders die polnische, die belarussische und die tschechische Partnerorganisation nutzten diese Möglichkeit der Flexibilität sehr ausgiebig. Sie konnten damit in der Entschädigungspraxis unterschiedliche Schwerpunkte setzen und unterschiedliche Vorstellungen von historischer Gerechtigkeit zur Geltung bringen. Das Spektrum verlief von der Jewish Claims Conference auf der einen Seite, die sich auf die schwerstverfolgten Anspruchsteller:innen in der Kategorie A konzentrierte, und der polnischen Partnerorganisation auf der anderen Seite, bei der schließlich 74 Prozent der Anspruchsberechtigten eine Entschädigung über die genannte Öffnungsklausel erhielten.[26] Ihr klares Ziel war es, möglichst viele Verfolgte in das Entschädigungsprogramm zu integrieren, auch wenn viele von ihnen dann nur noch recht geringe Beträge erhielten.

Die Flexibilität des Auszahlungsverfahrens hatte allerdings Grenzen. Diese gingen auf politische Festlegungen im Vorfeld der Stiftungsgründung zurück, die ihre Wirkung erst in der Praxis entfalteten. Zwangsarbeitende aus westeuropäischen Staaten waren zwar nicht explizit von Entschädigungsleistungen ausgeschlossen. Es herrschte aber die allgemeine Auffassung, dass sie in der Regel nicht den gleichen unmenschlichen Lebensbedingungen unterworfen waren wie Zwangsarbeitende slawischer Herkunft. Anspruchssteller aus Westeuropa mussten daher ihre schlechte Behandlung im jeden Einzelfall durch Dokumente belegen, was nur selten möglich war.[27] Daher hatten ihre Anträge nur geringe Aussicht auf Erfolg, so wie es politisch auch gewollt war. Die größte Barriere wurde unterdessen gegenüber Antragstellenden errichtet, die als Kriegsgefangene Zwangsarbeit geleistet hatten. Sie waren in jedem Fall von einer Leistung ausgeschlossen. Erst 2015 beschloss der Bundestag eine finanzielle Anerkennung auch für diese Gruppe, in deren Genuss allerdings nur noch knapp 1.800 Überlebende kamen.[28] Die größte vom Ausschluss betroffene Gruppe waren die Italienischen Militärinternierten (IMI). Nach der Besetzung Italiens 1943 waren die Angehörigen der italienischen Armee gefangengenommen, zwangsweise in den Zivilstatus überführt und zur Zwangsarbeit in das Deutsche Reich deportiert worden, wo ihre Lebensbedingungen katastrophal waren. Die IMI genossen also in der Praxis weder den rechtlichen Status von Kriegsgefangenen noch die im relativen Sinne „privilegierte" Position der übrigen westeuropäischen Zwangsarbeiter, die das Entschädigungsprogramm eigentlich voraussetzte. Die Stiftung ging daher zunächst durchaus von der Leistungsberechtigung der Betroffenen aus. Allerdings übertraf die Zahl der An-

20 Jansen/Saathoff, Verantwortung, S. 110f.

21 Jan Erik Schulte, Nationalsozialismus und europäische Migrationsgeschichte. Das Archiv des Internationalen Suchdienstes in Arolsen, in: Zeithistorische Forschungen 4 (2007), S. 223-232.

22 Memo: Hilfe für ehemalige Zwangsarbeiter bei der Suche nach Nachweisen über ihre Zwangsarbeit in Deutschland, Entwurf, 25.6.2001, EVZ-Archiv 620.00.

23 Materialien zur Informations- und Arbeitstagung der Bundesstiftung mit den Verbänden der NS-Opfer in Deutschland am 16.3.2001, korrigierte Fassung, 23.3.2001, EVZ-Archiv 530.00.

24 Die Ergebnisse dieser begleitenden Forschung werden durch das Bundesarchiv dauerhaft dokumentiert: Verzeichnis der KZ-ähnlichen Lager und Haftstätten sowie von Institutionen und Betrieben, in denen Zwangsarbeit geleistet wurde (ehemals Haftstättenverzeichnis der Stiftung EVZ), https://www.bundesarchiv.de/zwangsarbeit/haftstaetten/.

25 Memo: „Andere Haftstätten" – gesetzliche Vorgaben: zwei Lesarten des Gesetzes, o. D, EVZ-Archiv 505.02.

26 Esch, Durchsetzung, S. 137.

27 Memo: Zur Leistungsberechtigung von westeuropäischen Zwangsarbeitern nach dem Stiftungsgesetz, 20.8.2001, EVZ-Archiv 540.00.

28 Andreas Hilger, Schwieriges Gedenken. Sowjetische Kriegsgefangene im Erinnerungshaushalt der Bundesrepublik Deutschland nach 1989, in: Alexandra Klei/Katrin Stoll (Hg.), Leerstelle(n)? Der deutsche Vernichtungskrieg 1941-1944 und die Vergegenwärtigung in der Bundesrepublik Deutschland nach 1989, Berlin 2019, S. 117-136.

träge ehemaliger Militärinternierter die Erwartungen erheblich und drohte damit die Grundarchitektur des Stiftungsfonds zu sprengen.

Weil die Frage der IMI große Tragweite besaß, gab der Stiftungsvorstand die Entscheidung an die Bundesregierung ab. Diese ließ ein völkerrechtliches Gutachten erstellen, das den IMI die Leistungsberechtigung nach dem Stiftungsgesetz absprach.[29] Das zentrale Argument des Gutachtens lautete, dass die Überführung der Betroffenen in den Zivilstatus durch das NS-Regime völkerrechtswidrig und daher ungültig gewesen sei. Rechtlich gesehen seien die Internierten daher weiterhin Kriegsgefangene geblieben. Es verwundert kaum, dass diese Argumentation erhebliche Verwunderung und Kritik hervorrief. Der Vorstand lehnte sich gegen die Entscheidung jedoch nicht auf. So blieb es beim willkürlichen Ausschluss dieser schwerstverfolgten Opfergruppe, die auch bis heute nie in der deutschen Wiedergutmachung berücksichtigt worden ist. Diese Entscheidung stellte allerdings die Entschädigung von Zwangsarbeiter:innen als entscheidenden Schritt zur Bewältigung aller noch offenen Herausforderungen in der Wiedergutmachung für NS-Unrecht nachhaltig in Frage und belastete das Image der Stiftung EVZ als einer Organisation für die Opfer erheblich.

WAHRNEHMUNGEN UND WIRKUNGEN

Die ehemaligen Zwangsarbeiterinnen und Zwangsarbeiter, die von der Stiftung EVZ eine finanzielle Leistung erhielten, waren eine höchst vielfältige Gruppe mit sehr unterschiedlichen historischen Erfahrungen. Für alle traf zu, dass es sich um hochbetagte Menschen in der letzten Phase ihres Lebens handelte, von denen ein nicht geringer Teil noch zwischen dem Erhalt der ersten und zweiten Rate verstarb. Für die allermeisten von der NS-Zwangsarbeit Betroffenen kam der Stiftungsfonds ohnehin zu spät. Die Art und Weise, wie die Empfänger:innen die Anerkennungsgeste der Entschädigung wahrnahmen, hatte sowohl mit ihrer Verfolgungsgeschichte zu tun als auch damit, wie sie in der bisherigen Wiedergutmachung für das NS-Unrecht berücksichtigt worden waren. Hier bestand der größte Unterschied wohl zwischen jüdischen Holocaust-Überlebenden, die bereits im Rahmen der bundesdeutschen Entschädigungsgesetzgebung und mehreren Sonderprogrammen als NS-Verfolgte anerkannt worden waren und deswegen schon über viele Jahrzehnte Erfahrungen mit Wiedergutmachungsleistungen aus Deutschland gemacht hatten.[30] Die osteuropäischen Zwangsarbeiterinnen und Zwangsarbeiter hingegen waren zum allergrößten Teil zum ersten Mal in die deutsche Wiedergutmachung für NS-Unrecht einbezogen worden, für sie bedeutete die Anerkennung durch die Stiftung EVZ also eine durchaus entscheidende Geste. Pauschalisierende Aussagen lassen sich davon abgesehen kaum treffen: Viele Antragstellende äußerten Dankbarkeit und Genugtuung über die Entschädigungszahlung, häufig klagten sie aber auch darüber, dass diese sehr spät kam und ziemlich gering ausfiel, ein Eindruck, der durch die Überweisung in zwei Raten noch verstärkt wurde.

Für diejenigen jüdischen Empfänger:innen, für die die Zwangsarbeitsentschädigung eher eine deutsche Zahlung unter etlichen weiteren darstellte, änderte sich wohl weder materiell noch symbolisch viel. In den Nachbefragungen durch die Stiftung EVZ konnten sich einige von ihnen gar nicht an den Empfang erinnern oder ihn kaum dem richtigen Kontext zuordnen. Für jüdische Betroffene war die geleistete Zwangsarbeit nur einer von vielen Aspekten ihres Verfolgungsschicksals, so dass sie sich selbst auch nicht vorrangig als „Zwangsarbeitende" (bzw. „Sklavenarbeitende") verstanden und beschrieben, sondern als Holocaust-Überlebende.[31] Eine ganz andere Wirkung hatte die Zahlung hingegen auf diejenigen ehemaligen Ostarbeiter:innen, die nach ihrer Ausbeutung durch das „Dritte Reich" in der Sowjetunion als Kollaborateur:innen diskriminiert worden waren und aus Furcht oder Scham kaum jemals über ihr Schicksal hatten sprechen können. Für sie war die Zwangsarbeit im Nationalsozialismus eher eine Etappe einer epochenübergreifenden Verfolgungsgeschichte, die durch die Entschädigungszahlung auch insgesamt nun einer grundstürzenden symbolischen Neubewertung unterzogen wurde.[32] Ebenfalls neuartige Erfahrungen machten viele der in Rumänien und Ungarn lebenden Roma, deren Erinnerung an die NS-Zwangsarbeit oftmals durch bis in die Gegenwart andauernde Erfahrungen von Diskriminierung überlagert wurde. Sie waren es kaum gewohnt, dass amtlich-bürokratische Verfahren zu ihren Gunsten ausfielen und sich eine öffentliche Institution aktiv darum bemühte, ihnen zu einer materiellen Leistung zu verhelfen.[33] Auf diese Weise hatte das Auszahlungsverfahren insbesondere in den Staaten Ostmittel- und Osteuropas gesellschaftliche Wirkungen weit über den reinen Transfer einer Geldsumme hinaus.

FAZIT

Die Frage, ob mit der Arbeit der Stiftung EVZ die deutsche Wiedergutmachung für NS-Zwangsarbeit zu einem erfolgreichen Abschluss gebracht worden ist, lässt sich auf unterschiedliche Ebenen beziehen. In jedem Fall ist es gelungen, die vorgesehenen Leistungen unfallfrei an die noch lebenden Antragsberechtigten auszuzahlen, was angesichts der Dimension der Aufgabe als keine geringe Leistung anzusehen ist. Auch was die Rechtssicherheit für deutsche Unternehmen angeht, ist die Lage eindeutig. Seit Errichtung der Stiftung EVZ hat keine Klage gegen ein deutsches Unternehmen aufgrund des NS-Unrechts mehr Erfolg gehabt, bis 2009 wurden alle noch anhängigen Verfahren abgewiesen oder eingestellt.[34] Für die deutsche Wirtschaft ist das Thema insofern erledigt. Auch die Klagen italienischer Militärinternierter gegen die Bundesrepublik, die in Italien in mehreren spektakulären Entscheidungen des Obersten Kassationsgerichtshofes zwischen 2004 und 2008 für zulässig erklärt worden waren, sind gescheitert. Deutschland rief in der Sache den Internationalen Gerichtshof in Den Haag an und berief sich dabei auf die herkömmliche Staatenimmunität. Im Februar 2012 entschied der Gerichtshof, dass ausländische Gerichte den deutschen Staat nicht zu Entschädigungsleistungen für NS-Opfer verurteilen dürfen.

Große öffentliche Aufmerksamkeit kam diesen Vorgängen allerdings nicht mehr zu, das Thema der NS-Zwangsarbeit hatte in den 2010er Jahren entscheidend an gesellschaftlicher und politischer Zugkraft verloren. Das hing nicht zuletzt damit zusammen, dass mit der Errichtung der Stiftung EVZ die Dynamik der Restitutionsdebatten der 1990er Jahre erfolgreich eingefangen und absorbiert werden konnte. Hierzu hat die finanzielle Ausstattung des Zwangsarbeitsfonds beigetragen, nicht zuletzt aber auch die Uneindeutigkeiten, die seiner Konstruktion Flexibilität verliehen. So wurden die lautstarken Anspruchsgruppen der internationalen Verhandlungen in die Stiftung eingebunden, ohne dass sie sich in jeder Hinsicht einig sein mussten, an welcher Veranstaltung sie teilnahmen und was der Sinn des Ganzen sei. Auch die Bestimmungen zur Leistungsberechtigung erwiesen sich als so flexibel, dass die Partnerorganisationen in ihrer Arbeit unterschiedliche Schwerpunkte setzen konnten, die ihren je eigenen Vorstellungen von historischer Gerechtigkeit entsprachen. Zahlreiche Opfer, die im Stiftungsgesetz nicht berücksichtigt waren, konnten in das Auszahlungsverfahren integriert werden, auch wenn es dabei klare Grenzen gab und einige Verfolgtengruppen willkürlich ausgeschlossen blieben. Politisch bewerten kann man all das unterschiedlich: In einer positiven Sicht war die Stiftung EVZ flexibel genug, um scheinbar Unvereinbares vereinbar zu machen. In einer kritischen Sicht ließe sich sagen, dass sie die Konflikte und Debatten der 1990er Jahre um das NS-Unrecht wirksam abgewürgt hat, obwohl gar nicht alle Fragen und Probleme gelöst waren.

PD Dr. Benno Nietzel,
geb. 1978, ist wissenschaftlicher Mitarbeiter an der Europa-Universität Viadrina und Privatdozent an der Universität Bielefeld. Veröffentlichungen u.a.: Handeln und Überleben. Jüdische Unternehmer aus Frankfurt am Main 1924-1964, Göttingen 2012.

29 Christian Tomuschat, Leistungsberechtigung der Italienischen Militärinternierten nach dem Gesetz zur Errichtung einer Stiftung „Erinnerung, Verantwortung und Zukunft"?, 31.7.2001, EVZ-Archiv 540.00.

30 Als Überblick Marilyn Henry, Confronting the Perpetrators. A History of the Claims Conference, London/Portland 2007.

31 Nietzel/Poutrus, Jewish Claims Conference, S. 65 f.

32 Günter Saathoff, Entschädigung für Zwangsarbeiter? Entstehung und Leistungen der Bundesinitiative „Erinnerung, Verantwortung und Zukunft" im Kontext der Debatte um die „vergessenen Opfer", in: Hans Günter Hockerts/Christiane Kuller (Hg.), Nach der Verfolgung. Wiedergutmachung nationalsozialistischen Unrechts in Deutschland?, Göttingen 2003, S. 241-273.

33 Paul Erker, Compensating the Rest of the World. Das Entschädigungsmanagement der International Organization for Migration (IOM), in: Goschler, Entschädigung, Bd. 2, S. 80-196.

34 Elfter Bericht der Bundesregierung über den Stand der Rechtssicherheit für deutsche Unternehmen im Zusammenhang mit der Stiftung „Erinnerung, Verantwortung und Zukunft", 15.4.2010, BT-Drucksache 17/1398.

ZWANGSARBEIT IM NATIONALSOZIALISMUS

Eine Ausstellung der Stiftung Gedenkstätten Buchenwald und Mittelbau-Dora, gefördert von der Stiftung Erinnerung, Verantwortung und Zukunft, durch die Beauftragte der Bundesregierung für Kultur und Medien aufgrund eines Beschlusses des Deutschen Bundestages sowie vom Thüringer Ministerium für Bildung, Wissenschaft und Kultur.

Leitung	Prof. Dr. Volkhard Knigge (bis 2020), Prof. Dr. Jens-Christian Wagner (ab 2020)
Kuratoren	Dr. Daniel Logemann (ab 2018), Rikola-Gunnar Lüttgenau, Prof. Dr. Jens-Christian Wagner
Ausstellungsteam	Dr. Jens Binner, Eva Rincke, Dr. Lutz Prieß, Friedemann Rincke, Jens Schley, Dr. Sabine Schweitzer, Johanna Wensch
Betreuung Wanderausstellung	Dr. Gero Fedtke, Jens Schley
Mitarbeit	Dr. Gerhard Baumgartner, Sonja von Behrens, Nora Borodziej, Dr. Ramona Bräu, Tobias Bütow, Małgorzata Cebulska, Urszula Czerska, Kathrin Erbe, Stefan Gehrke, Maria Gussewa, Olga Goleta, Elisabeth Hartjens, Iris Hax, Kathrin Janka, Jan Jansen, Jan Jeskow, Dr. Vaios Kalogrias, Holm Kirsten, Dr. Ewa Krauss, Susanne Langsdorf, Johannes Leicht, Markus Pape, Dr. Tetjana Pastushenko, Rebecca Rinas, Dr. Dorothee Schlüter, Katharina Schubert, Kateryna Simonova, Dmitri Titarenko
Wissenschaftliche Begleitung	Kuratorium der Stiftung Gedenkstätten Buchenwald und Mittelbau-Dora unter der Leitung von Prof. Dr. Norbert Frei (bis 2020) und Prof. Dr. Sybille Steinbacher (ab 2021)
Ausstellungsgestaltung, architektur und -umsetzung	gewerkdesign, Berlin
Künstlerische Leitung:	Jens Imig, Stefan Rothert, Birgit Schlegel
Ausstellungsarchitektur:	Jens Imig, Carsten Saalmann
Produktionsleitung, Projektmanagement:	Julia Junghänel
Produktionskoordination:	Julia Junghänel
Erscheinungsbild und Ausstellungsgrafik:	Birgit Schlegel
Satz:	Klaus Böhm
Medienproduktion und -koordination:	Jörgen Pisarz, artavi
Ausstellungsbau	Walther Expointerieur, Coswig; Möbeltischlerei Gränz, Weimar

Erklärfilm Foyer	buchstabenschubser, Potsdam
Regie und Animation:	Ellen Stein
Regie und Produktion:	Jan Gabbert
Animation:	Yeni Harkányi
Epilog, Wandbild	buchstabenschubser, Potsdam
Konzept und Entwurf:	Ellen Stein
Konzept und Produktion:	Jan Gabbert
Umsetzung:	Ellen Stein und Jan Gabbert (buchstabenschubser), Juliane Kownatzki (Studio Elm)
Epilog, animierte Loops, Interviews	buchstabenschubser, Potsdam
Audioguide	
App und Programmierung	itour city Guide GmbH, www.itour.de in Zusammenarbeit mit der INITREE Software GmbH, www.initree.de
Aufnahmen und Sounddesign	
Produziert durch:	TON & SPOT audiodesign, Berlin
Produktionsleitung:	Michael Hug
Koordination:	Yvonne Weisner
Toningenieur:	Dirk Beck
Musik:	Michael Hug
Sprechende:	Christine Kewitz, Frank Riede (DT), Manan Thale, Terry Martin (EN), Maryan Bartilla, Patrice Luc Doumeyrou (FR), Michal Goren, Guy Dimenstein (HEB), Heleen Joor, Sjors Houkes (NL), Monika Sedzierska, Thomas Kycia (PL), Irina Platon, Artur Weimann (RU)
Deutsche Gebärdensprache	yomma GmbH
Lichteinrichtung	Light-Tool Lichtdesign, Falkensee
Objekteinrichtung	Thomas Fißler und Kollegen, Niederschöna
Audioproduktion, Tonaufnahmen	speak low Krewer & Teichmann GbR
Regie:	Vera Teichmann, Harald Krewer
Sounddesign:	C60 Studio, Christian Mevs
Sprecher:innen:	Ulrike Hubschmann, Michael Rotschopf, Christa Lewis, Clayton Nemrow
Lithografie	Bildpunkt Druckvorstufen GmbH, Berlin; Bild1Druck GmbH, Berlin
Digital-Druck	Bild1Druck GmbH Berlin; Lissowski Werbung, Radebeul; Novak Siebdruck, Berlin

Reproduktionen	Daniel Porsdorf, Schein Berlin
Modellbau	Peter Götz, Sehen + Verstehen, München
Übersetzungen	Alison Borrowman, Berlin Basil Byrt, Speyer Urszula Czerska, München Natalja Jeske, Rostock Judith Rosenthal, Frankfurt (Main) und Chicago Patricia Szobar, Berlin und Denver Christel Trouvé, Berlin Leonard Unglaub, Montreal Wioletta Wąsik-Kühn, Jena Amanda Werner, Weimar
Gestaltung des Begleitbandes	werkraum_media, Weimar Frieder Kraft
Verwaltung	Antje Hitzschke
Öffentlichkeitsarbeit	Dr. Dorothee Schlüter

Dank

Zum Gelingen der Ausstellung haben zahlreiche Personen und Institutionen mit Leihgaben, Auskünften, Rat und Hilfe beigetragen. Sie werden nachfolgend aufgeführt. Sollte trotz sorgfältiger Zusammenstellung jemand vergessen worden sein, bitten wir um Nachsicht. Allen Beteiligten sei sehr herzlich für ihre Hilfe und Unterstützung gedankt.

Alternatives Jugendzentrum e.V., Dessau
Dr. Miriam Yegane Arani, Berlin
Association pour la Mémoire de la Déportation du Travail Forcé (A.M.D.T.F), Paris
Archiv B&M Chochola, Prag (Blanka Chocholová, Marek Chochola)
Archiv des Instituts für Geschichte und Biographie „Deutsches Gedächtnis", Lüdenscheid (Almut Leh)
Archive der Rundfunkanstalten der ARD
Archiv der Republik, Wien
Archiv der Stadtverwaltung Petershagen
Archive moderner Sozialgeschichte (ASKI), Athen
Archives Nationales, Paris
Archiwum Akt Nowych, Warschau
Archiwum Państwowe w Łodzi (Adam Lajdenfrost)
Arolsen Archives, Bad Arolsen (Nicole Dominicus, Elke Helmentag, Udo Jost, Dr. Karsten Kühnel)
Fietje Ausländer, Papenburg
Michael Barczyk, Bad Waldsee
Dr. Marc Bartuschka, Jena
Bayerisches Hauptstaatsarchiv, München (Bernhard Grau)
Bayerisches Staatsarchiv, München
Bayerische Staatsbibliothek München
Bayerisches Wirtschaftsarchiv, München
Belarussische Stiftung „Verständigung und Aussöhnung", Minsk
Belorusskij gosudarstwennyj archiw kinofotofonodokumentow Dzerzhinsk
Belorusskij gosudarstwennyj muzej istorii Welikoj Otetschestwennoj wojny, Minsk (Natalja A. Jazkevich)
Bergbau-Archiv Bochum
Berlin-Brandenburgisches Wirtschaftsarchiv e.V.
Berliner Geschichtswerkstatt e.V. (Gisela Wenzel)
Bibliothek der Universität Wien
Biblioteka Narodowa, Warschau
Henryk Birnbach, Berlin
BMW Group Archiv, München (Ruth Standfuss)
bpk – Bildagentur für Kunst, Kultur und Geschichte
Braunschweigischer Geschichtsverein e.V.
Matthias Breit, Absam
Bridgeman, Private Collection
Walter Brill, Genf
Patrick Brion, Vilvoorde
Antoni Bryliński, Poznań
Bundesarchiv, Berlin
Bundesarchiv, Freiburg
Bundesarchiv, Koblenz (Martina Caspers)
Burgenländisches Landesarchiv, Eisenstadt
CEGES-SOMA, Brüssel
Centre d'Histoire de la Résistance et de la Déportation, Lyon
Centro di ricerca "Schiavi di Hitler", Cernobbio
Andrea D'Arrigio, Turin
DB Museum, Nürnberg
Derschawnyj archiw Kijiwskoji oblasti
Dr. Frauke Dettmer, Rendsburg
Deutsche Nationalbibliothek, Leipzig
Deutsche Zentralbibliothek für Wirtschaftswissenschaften, Kiel
Deutsches Historisches Museum, Berlin (Anne Dorte Krause)
Deutsches Museum, München (Wilhelm Füßl, Anna Krutsch)
Deutsches Rundfunkarchiv
Deutsch-Tschechischer Zukunftsfonds, Prag (Dr. Tomáš Jelínek, Martin Hořák)
Digitales Archiv „Zwangsarbeit 1939-1945.", Freie Universität Berlin (Jan Henselder, Wolfram Lippert, Verena Nägel, Dr. Cord Pagenstecher)
Albert van Dijk, Kampen
Dokumentations- und Kulturzentrum Deutscher Sinti und Roma, Heidelberg
Dokumentationsarchiv des Österreichischen Widerstandes, Wien
Dokumentationsstätte Stalag 326 (VI K), Senne
Dokumentationszentrum NS-Zwangsarbeit (Daniela Geppert, Dr. Christine Glauning)
Dokumentationszentrum Oberer Kuhberg, Ulm (Silvester Lechner, Ilona Walosczyk, Nicola Wenge)
Dokumentationszentrum Reichsparteitagsgelände Nürnberg (Hans-Christian Täubrich, Henrike Zentgraf)
Sabine Eberhardt, Ortenberg
Fédération Nationale des Victimes et Rescapés des Camps Nazis du Travail Forcé, Paris
Erika Fehse, Köln
Patrick Fick, Göttingen
Dr. Piotr Filipkowski, KARTA, Warschau
Dr. Karola Fings (Universität Heidelberg)
Fortunoff Video Archive for Holocaust Testimonies, Yale University Library
Fotoatelier Louis Held, Weimar
Hanns-Peter Frentz, Berlin
Fritz Bauer Institut, Frankfurt (Main) (Werner Renz, Johannes Beermann-Schön)
Gedenkstätte Breitenau
Gedenkstätte Buchenwald
Gedenkstätte Falstad, Norwegen
Gedenkstätte Hadamar / Archiv des Landeswohlfahrtsverbandes Hessen (Dr. Georg Lilienthal)
Gedenkstätte Ehrenhain Zeithain
Gedenkstätte und Museum Sachsenhausen
Gedenkstätte und Museum Trutzhain (Waltraud Burger)
Gedenkstätte Stille Helden, Berlin
Gemeindearchiv Großeutersdorf
Dr. Carlo Gentile, Universität Köln
Michael Gentner, M.I.X. Sound & Musik Production, Hamburg
Geschichtsort Villa ten Hompel, Münster (Karin Berz)
Geschichts- und Forschungsverein Walpersberg e.V. (Markus Gleichmann)
Frank Golischewski, Trossingen
Prof. Dr. Constantin Goschler, Bochum
Gosudarstwennyj archiw Minskoj oblasti, Minsk
Gosudarstwennyj archiw Rossijskoj Federazii, Moskau
Jürgen Grafen, Dinslaken
Ernst Große, Bibra
Dr. Wolf Gruner, Los Angeles
Hamburger Institut für Sozialforschung
Dr. Gabriella Hauch, Linz

Karl Hauke, Schkopau
Haus der Bayerischen Geschichte, Augsburg
Haus der Wannsee-Konferenz, Berlin
Jana Havlíková, Prag
Hessisches Staatsarchiv Darmstadt
Hessisches Staatsarchiv Marburg
Hessisches Staatsarchiv Marburg und Bauernhausmuseum Wolfegg
Dr. Oliver Hirsch, Steffenberg
Historicmedia-Verlag Dietrich Klose
Herbert Hoß, Kreuztal
Dr. Jens Hoppe, Frankfurt (Main)
Dr. Ela Hornung, Wien
Chris Humbs, Berlin
Wanda Hummel, Berlin
Imperial War Museum, London
Institut für Stadtgeschichte Gelsenkirchen
Institut für Zeitgeschichte, München
Instytut Pamięci Narodowej, Warschau (Sylwia Kurzyp)
Instytut Zachodni w Poznaniu
International Organisation of Migration, Genf
Internationale Gesellschaft MEMORIAL, Moskau
Istituto storico della resistenza e dell'eta contemporanea in Ravenna e provincia, Archivi del Novecento, Ravenna
Junk & Reich Architekten BDA, Weimar (Ulrich Junk)
Margret Jüssen, Erfstadt-Erp
ISTORETO, Turin
Jewish Claims Conference, Frankfurt (Main)
Cordula Kappner, Zeil am Main
Michael Keller, Friedberg
Prof. Dr. Jerzy Kochanowski, Warschau
Körber-Stiftung, Hamburg (Stefan Frindt)
Dr. Kusma Kozak, Universität Minsk
Dr. Helmut Kramer, Braunschweig
Dr. Ulrike Krampl, Paris
Martin Kranzl-Greinecker, Pichl bei Wels
Kreisarchiv Düren
Kreisarchiv Saale-Holzland-Kreis, Camburg
Kreisarchiv Unna
KZ-Gedenkstätte Dachau
KZ-Gedenkstätte Flossenbürg
KZ-Gedenkstätte Mauthausen
KZ-Gedenkstätte Mittelbau-Dora
Landesarchiv Nordrhein-Westfalen, Abteilung Rheinland
Landesarchiv Nordrhein-Westfalen, Abteilung Westfalen
Landesarchiv Schleswig-Holstein
Landeshauptarchiv Koblenz
Susanne Langsdorf, Berlin
Dr. Ernst Langthaler, Frankenfels
Alexander Letetzki, Weimar
Library of Congress, Washington
Dr. Andrea Löw, Berlin
Freddy Litten, München
LVR Industriemuseum, Archiv St. Antony-Hütte, Oberhausen
Dieter G. Maier, Mannheim
Stanisław Masny, Warschau
Le Mémorial de Caen
Mercedes-Benz Classic, Archive, Stuttgart
Mitteldeutscher Rundfunk, Leipzig
Thomas Muggenthaler, Regensburg
Museum der Arbeit, Hamburg
Národní archiv České republiky, Prag
Narodowe Archiwum Cyfrowe, Warschau
National Archives, London
National Archives, Washington D.C.
Nazionalnyj archiw Respubliki Belarus, Minsk
Niederösterreichisches Landesarchiv, St. Pölten (Dr. Stefan Eminger)
Niedersächsisches Bergarchiv, Clausthal-Zellerfeld
Niedersächsisches Landesarchiv – Abteilung Aurich
Niedersächsisches Landesarchiv – Abteilung Hannover
Niedersächsisches Landesarchiv – Abteilung Wolfenbüttel
Clemens und Regina Nißl, Obereichstatt
NIOD Instituut voor Oorlogs-, Holocaust- en Genocidestudies, Amsterdam
Norges Hjemmefrontmuseum, Oslo
NS-Dokumentationszentrum Köln
Oberösterreichisches Landesarchiv, Linz
Daniela Ozacky, Moreshet Archives, Givat Haviva
Państwowe Muzeum Auschwitz-Birkenau, Oświęcim
Prof. Dr. Tanja Penter, Heidelberg
Prof. Dr. Bertrand Perz, Institut für Zeitgeschichte Wien
Photo-Collection Otto Spronk Polish Institute and Sikorski Museum, London
Politisches Archiv des Auswärtigen Amts, Berlin (Herbert Karbach)
Franz Pötscher, Gutau
Privatarchiv Hornung / Langthaler / Schweitzer
Konstantin I. Prochorenko, Meshdunarodnoe obschtschestvennoe obedinenie „Vsaimoponimanie", Minsk
Rijksinstituut voor Oorlogsdocumentatie, Amsterdam
Riksarkivet, Oslo
Rossijskij gosudarstwennyj archiw kinofotodokumentow, Krasnogorsk
Rossijskij Gosudarstwennyj Woennyj Archiv, Moskau
Joanne Rudof, Yale University Library
Ruhr Museum, Essen
SAEML Parisienne la Photographie
Saltdal Kulturenhet, Norwegen
Sammlung der Körber-Stiftung, Hamburg
Sammlung Brigitte Sawade-Meyer, Petershagen
Sammlung George G. Werbizky
Cornelia Schmalz-Jacobsen, Berlin
Vernon Schmidt, Fresno
Susanne Schmidt, München
Dr. Tobias Schönauer, Ingolstadt
Dr. Claudia Schoppmann, Berlin
Dr. Deborah Schultz, Sussex
Lothar Schuster, Berlin
Ljuba Sotschka, Kiew
SPIEGEL TV, Hamburg
Dr. Walter Spelsberg, Remscheid
Marco Serena, Archivi del Novecento, Ravenna
Staatsarchiv Amberg
Staatsarchiv Bamberg
Staatsarchiv Ludwigsburg
Staatsarchiv München (Robert Bierschneider)
Staatsarchiv Nürnberg
Staatsarchiv Würzburg
Staatsbibliothek zu Berlin – Preußischer Kulturbesitz
Stadtarchiv Bergisch-Gladbach
Stadtarchiv Bielefeld
Stadtarchiv Bietigheim-Bissingen
Stadtarchiv Chemnitz
Stadtarchiv Eisenach
Stadtarchiv Geretsried

Stadtarchiv Hattingen
Stadtarchiv Karlsruhe
Stadtarchiv Kreuztal
Stadtarchiv Ludwigsburg
Stadtarchiv München
Stadtarchiv Münster
Stadtarchiv Neu-Ulm
Stadtarchiv Nürnberg
Stadtarchiv Roth
Stadtarchiv Sömmerda
Stadtarchiv Trossingen
Stadtarchiv Ulm
Stadtarchiv Weimar
Stadtarchiv Wolfratshausen
Stadtgeschichtliches Museum Leipzig
Stadtmuseum Hofgeismar
Stadtmuseum Ingolstadt
Stadtverwaltung Petershagen
Standesamt Kahla
Sandra Starke, Dresden
Státní oblastní archiv v Třeboni, Tschechische Republik
Státní Ústřední Archiv, Prag
Stiftung „Denkmal für die ermordeten Juden Europas“, Berlin
Stiftung Erinnerung, Verantwortung und Zukunft, Berlin
Stiftung „Polnisch-Deutsche Aussöhnung“, Warschau
(Dariusz Pawłoś, Jakub Deka, Magda Wida)
Stiftung „Verständigung und Aussöhnung“ der Russischen Föderation, Moskau
Michael Stokke, Bergen
Süddeutsche Zeitung Photo, München (Sven Riepe)
Thüringer Landesamt für Bau und Verkehr
(Hans-Karl Rippel, Andrea Simonn)
Thüringer Landesamt für Denkmalpflege und Archäologie
(Knut Reichel)
Thüringer Landesverwaltungsamt
(Frank Roßner, Angelika Heidemann)
Thüringer Staatskanzlei
(Christina Halwas, Sylvie Knoblich, Anja Mau)
Thüringisches Hauptstaatsarchiv Weimar
(Dr. Bernhard Post, Dr. Frank Boblenz, Gabriele Krynitzki)
Thüringisches Staatsarchiv Altenburg
The Arnold Daghani Trust, Sussex
Dorota Tułasiewicz, Poznań
Ukrainische Nationalstiftung „Verständigung und Aussöhnung“, Kiew
ullstein bild, Berlin
United Nations Archives, New York
United States Holocaust Memorial Museum, Washington D.C.
(Susan Goldstein Snyder)
USC Shoah Foundation Institute
Verein Freunde Giesings e.V.
Voices of the Holocaust (http://voices.iit.edu), Paul V. Galvin Library, Chicago
Volksbund Deutsche Kriegsgräberfürsorge, Landesverband Hessen
(Judith Zimmermann)
Výbor pro odškodnění romského holocaustu, Tschechische Republik
Wiener Stadt- und Landesarchiv
Prof. Dr. Michael Wildt, Berlin
Dr. Zofia Wójcicka, Warschau
Laurence Wuillemin, München
Yad Vashem, The Holocaust Martyrs' and Heroes' Remembrance Authority, Jerusalem
YIVO – Institute for Jewish Research, New York
Zentralnyy derschavniy istorichnij archiv Ukrayni, Kiew
Zentralstelle der Landesjustizverwaltungen Ludwigsburg
Stefan Zimmermann
Živá paměť, Prag
Nicole Zucca, Paris
Żydowski Instytut Historyczny im. Emanuela Ringelbluma, Warschau
(Jan Jagielski, Agnieszka Reszka)

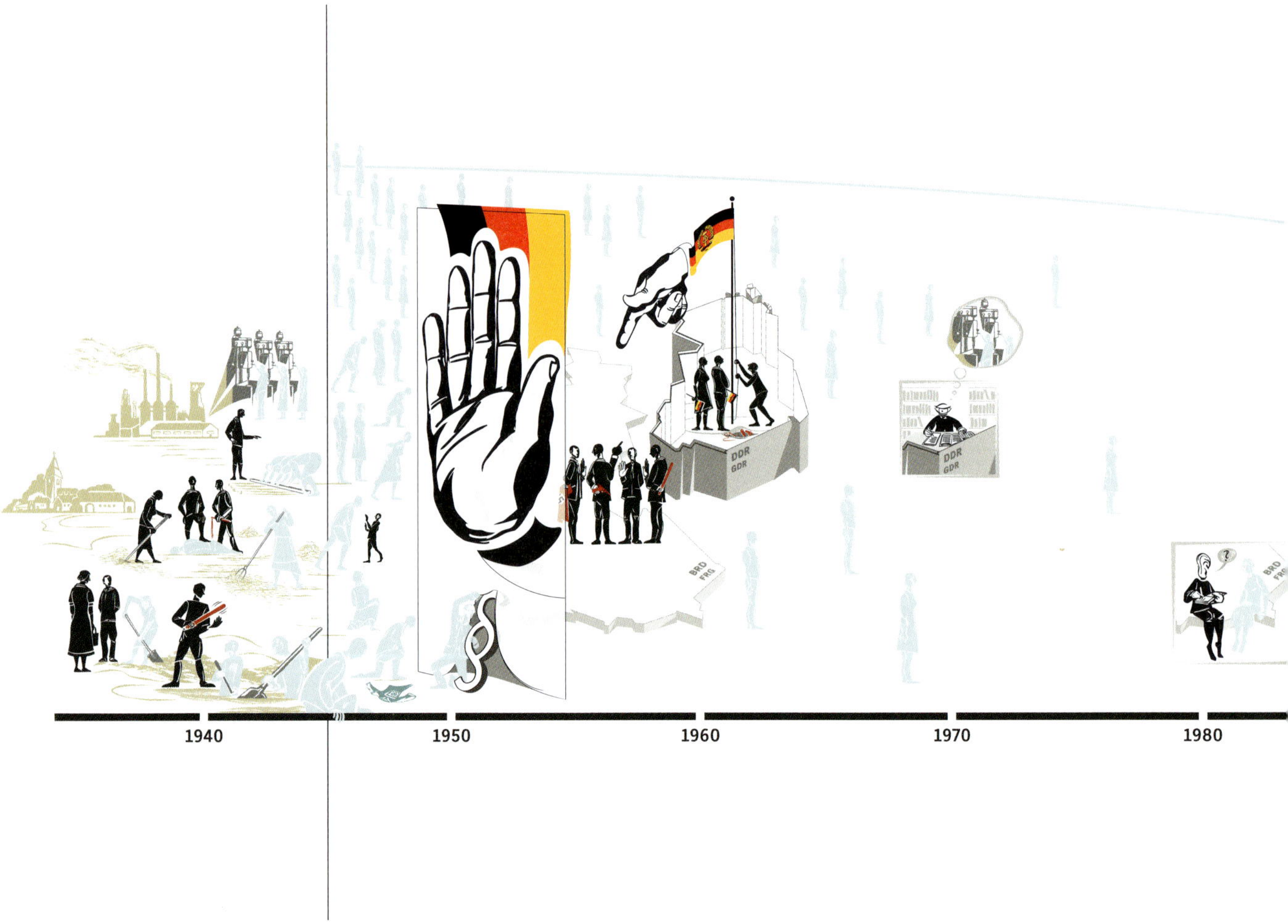

Beschädigte Gerechtigkeit. Der Umgang mit ehemaligen Zwangsarbeiter:innen nach 1945. Wandbild im Museum Zwangsarbeit im Nationalsozialismus, 2024. (Konzept und Realisierung: buchstabenschubser, Potsdam; Ausführung in Zusammenarbeit mit: Studio Elm, Berlin)